환경사상의 흐름

해질녘 스쿨 01

환경사상의 흐름

데카르트에서 포스터까지,
자연을 사유한 10인의 사상가

김일방 지음

그린비

지은이의 말

우리나라에선 '환경사상'이란 용어가 그리 친숙하지 않다. 오히려 익숙한 것은 환경윤리·환경철학이란 용어다. 아마도 이는 우리나라에 인문 분야 환경 관련 연구물들이 소개될 당시 주로 환경윤리나 환경철학이라는 명칭으로 제시돼 왔기 때문으로 보인다.

　우리나라에서 환경윤리·환경철학에 대한 연구가 움튼 시점은 1990년대였다. 그런 의미에서 1990년대를 환경윤리·환경철학의 태동기라 부를 수 있지 않을까 한다. 철학 관련 학술지를 중심으로 한 해에 두세 편 정도의 논문과 함께 학위논문들도 비록 적은 수이긴 하나 일부 발표되었기 때문이다. 당시 발간된 환경윤리·환경철학 관련 저작물의 제목을 보면 대부분 '환경윤리'라는 표현을 쓰고 있다. 그 이후 현재에 이르기까지도 환경철학, 생태철학이라는 표제가 약간 추가되는 걸 빼면 기존 추세와 크게 다르지 않다.

　환경윤리·환경철학은 주 관심사를 인간의 내면세계, 곧 가치관의 변혁에 둔다. 환경파괴의 한 동인으로 작용해 온 것으로 알려진 인간중심주의 사고 및 가치관을 어떻게 바꿔 나갈 것인가가 주요 과제인 셈이다. 물론 환경문제를 극복해 나가는 데 가치관의 변혁이 매우 중요한 요소임에는 틀림없다. 하지만 그것만으로는 역부족이다. 좋은 가치관을 지닌다고 하여 그것이 곧바로 인간과 자연 간의 조화와 균형적 관계를 보장해 주는 것은 아니기 때문이다.

요즘의 환경문제는 산업사회의 다양화·고도화에 따라 지구 그 자체가 위협받는 단계에까지 이르렀다. 지구생태계 및 생물다양성의 훼손, 지구적 기후변화, 지구환경오염의 월경성 문제, 범지구적 공유자원의 파괴 등의 사례에서 볼 수 있듯 문제가 다양하고 복합적이다. 더불어 시·공간상의 파급효과 또한 매우 크다는 성질을 띤다. 지구의 어느 한 지역에서 발생한 환경문제가 그곳의 문제만으로 국한하지 않고 공간적으로 아주 멀리 떨어진 곳에, 시간적으로도 아주 먼 미래에까지 영향을 미칠 위험이 있다는 것이다. 정리하자면 오늘날의 환경문제는 다양하고 복합적일 뿐 아니라 공간상으론 지역문제에서 지구 전체 문제로, 시간상으론 현세대의 문제에서 다음 세대 이후를 포함한 문제로 확장 및 심화되고 있다.

지구환경 문제가 이처럼 복잡다단한 만큼 이를 극복하기 위한 접근방식 또한 그에 상응하는 대안을 요구하게 마련이다. 무엇보다 먼저 요구되는 것은 유기적인 학제적 연구다. 정치, 경제, 법, 윤리·철학은 물론 과학, 공학 등이 유기적으로 연관된 종합적 연구가 필요하다는 의미다. 더불어 현실적·실용적 접근 또한 중요하다. 환경문제에 관한 연구가 이론에 치우침으로써 현실성을 반영하지 못한다면 그것은 메아리 없는 외침에 불과하기 때문이다. 마지막으로 요구되는 것은 문제해결을 지향하는 접근방식이다. 환경문제에는 다른 어떤 사회문제보다 절박한 사안들이 많다. 가령 기후변화는 전 세계적으로 광범위한 혼란을 야기하고 있다. 가뭄, 폭염, 홍수, 폭설, 산불 등으로 인해 인류의 생존 기반마저 위협받는 상황이다. 이는 그만큼 그 해결의 긴급성을 요구하고 있다는 의미다. 이처럼 환경문제에 대한 접근방식이 실효성을 거두려면 학제적이고 현실적이며, 문제해결을 지향할 필요가 있다. 환경사상적 접근 또한 바로 이러한 방향성을 추구해야 함은 물론이다.

한편 우리나라에서의 환경사상은 기본적으로 철학적·윤리학적 범주에서 크게 벗어나지 못한 상황이다. 가치관의 변혁이라는 내면세계의 변혁을 지향하는 단계에 머물러 있다는 의미다. 지구환경 문제의 속성상 이와 같은 어느 한 가지 접근방식만으로는 문제해결에 결코 다가설 수 없다. 그러기에 환경윤리·환경철학이라는 내적 변혁을 지향하는 사상으로부터 환경정치·환경경제·환경법 등의 현실적·정책적 변혁을 지향하는 사상으로 관심을 확대할 필요가 있다. 그리하여 내적 변혁을 지향하는 사상과 외적 세계의 변혁을 지향하는 사상을 유기적으로 통합하는 연구, 이른바 구체적으로 문제해결에 기여하는 환경사상에 대한 연구가 이뤄져야 한다. 아직은 턱없이 부족한 단계지만 현 상황에 대한 깊은 성찰을 토대로 점차 업그레이드해 나가야 한다. 환경사상의 궁극적 목적은 환경정책의 의사결정자들에게 보다 강력한 영향력을 끼침으로써 문제해결을 도모하는 데 있다. 더구나 지구환경 문제는 그 해결의 긴급성을 요하는 사안들이 많은 만큼 정책결정자들에게 영향력을

지은이의 말

끼칠 수 있으려면 사상적 접근에 대한 연구는 매우 시급하다.

이 책을 내는 동기는 우리나라에서의 환경사상에 대한 연구 붐이 일기를 기원하는 마음에 있다. 그동안 우리나라에서의 환경 관련 연구는 분야별로 독립적 성향이 강한 반면 학제성은 취약했다. 환경문제의 속성이 다원적·복합적·지구 전체적인 만큼 그에 대한 대응 역시 그에 부응할 수 있어야 함에도 현실은 그러지 못했다. 이에 대한 반성을 토대로 지구환경 문제 극복에 적절히 부응할 수 있는 환경사상 연구가 진척되기를 기대한다. 우선 각 분야에서 독립적으로 연구돼 온 사상들을 하나의 사상체계로 집약해 나가는 노력이 필요해 보인다. 그러한 노력에 의해 개별 사상 차원에선 지닐 수 없었던 새로운 안목과 비전을 확보해 나갈 수 있기 때문이다.

이 책에서 다루고 있는 대상은 17세기에서 21세기에 걸친 총 10명의 사상가들이다. 환경사상이 태동한 것이 낭만주의 시기이긴 하지만 그 이전의 사상가들한테서도 선구적 혜안을 발견할 수 있기에 낭만주의 이전 시기의 사상가들도 일부 포함하였다. 인물의 선정은 17세기에서 21세기까지 환경문제와 관련하여 각 시대를 대표한다고 여겨지는 사상가들을 중심으로 택했다. 물론 이들 말고도 다뤄져야 할 사상가들은 많다. 그래서 앞으로 이 책을 토대로 더 많은 환경사상가들을 포함하여 고대-중세-근대-현대 편으로 나누어 좀 더 체계적으로 정리해 볼 구상을 하고 있다.

장의 순서는 사상가들의 출생 연도를 기준으로 정렬하였고, 허먼 데일리 편(9, 10장)을 제외하면 책의 구성이 체계적 계열성을 띠고 있지는 않다. 따라서 어느 장을 먼저 읽든 각자가 관심이 가는 장을 골라 읽어도 이해하는 데 무리는 없다. 다만 처음부터 읽어 내려가는 것이 환경사상의 전체적 흐름을 파악하는 데는 효율적일 수 있다. 특히 1장에선 환경사상의 개념 정의와 그 의의, 자연관의 흐름 그리고 환경사상의 간략한 내력 등에 대해 정리해 놓은바, 환경사상을 이해하는 데 대강의 얼개를 형성할 수 있으리라 본다. 환경사상에 대한 궁금증을 지니고 있는 독자라면 누구든 일독을 권하고 싶다. 일독 후 선구적 사상가들의 탁월한 혜안을 발견함과 더불어 환경적 아포리아의 돌파구를 찾는 데 조금이라도 도움 받을 수 있다면 더 이상 바랄 게 없겠다.

한 권의 책이 탄생하여 세상과 마주하는 데는 여러 사람들의 앙상블을 요구한다. 학문적 성과를 담아내고자 책의 주제와 씨름하는 지은이의 성실함, 가독성을 위한 편집인의 꼼꼼한 원고 검토 및 교정교열, 시각적 돋보임을 위한 디자이너의 예술적 감각 등이 함께 어우러질 때 비로소 한 권의 책은 완성된다. 이러한 모든 과정이 한데 엮여 마침내 이 책이 세상의 빛을 볼 수 있도록 세심하게 신경 써 준 그린비 임유진 주간님께 고마움을 전하고 싶다. 홍민기 편집자의 노고 또한 잊을 수 없다. 탁월한 편집 솜씨로 가독성을 극대화해 준 성의에 깊이 감사드린다. 책은 제목 못지않게 목차 구성 또한 중요하다. 목차를 단단히 구성하는 데 도움을 준 제주대학교 교육학과 이인회 교수에게도 더불어 감사함을 표하고 싶다.

2022년 5월 끝자락

陽遊齋 서재에서

차례

환경사상의
흐름

일러두기

1 단행본·정기간행물의 제목에는 겹낫표(『 』)를, 논문·단편·기사 등의 제목에는 낫표
   (「 」)를 사용했다.

2 외국어 고유명사는 2002년에 국립국어원에서 펴낸 외래어표기법을 따르는 것을 원칙
   으로 하되, 관례가 굳어서 쓰이는 것은 그것을 따랐다.

3 서지정보의 페이지 표기는 해외서의 경우 'p.'로, 국내서의 경우 '쪽'으로 통일했다.

1장
환경사상이란 무엇인가?

1. 환경사상과 환경철학·환경윤리학의 관계

보통 '사상'이라 하면 어렵고 고상한 말로 들린다. 하지만 사상이란 말은 단어 뜻 그대로 생각·사유를 의미한다. 물론 그렇다고 단순한 생각이나 상상, 직관을 뜻하진 않는다. 어떠한 결론을 얻으려는 관념의 과정, 어떤 주장을 체계화하려는 정신적 활동이 수반되어야 한다. 그러한 과정을 거쳐 논리적 정합성을 지닌 통일된 사유체계가 정립되었을 때, 그때그때의 사고가 아니라 원리적 통일성을 지닌 판단체계가 성립되었을 때, 생각에 생각을 거듭하여 정리된 내용체계를 갖추었을 때 사상이라 부를 수 있다.

이에 의거하면 환경사상이란 말의 의미도 쉽게 추론된다. 그것은 곧 '환경문제에 관한 거듭된 생각을 토대로 사회에 일정한 영향을 끼칠 만큼 세련되게 정리된 사유체계'라 할 수 있다. 물론 이러한 사유체계는 일부 전문가들의 전유물이 아니다. 특별히 철학이나 윤리를 전공으로 해야 하는 것도 아니다. 무엇을 전공으로 하든 환경문제에 관하여 체계적이고 탁월한 생각·사유를 지니고 있다면 누구나 환경사상가라 부를 수 있기 때문이다.

환경사상은 기본적으로 철학적·윤리학적 카테고리를 벗어나 있다. 환경철학·환경윤리학이라는 내적 세계의 변혁을 지향하는 사상은 물론 환경정치·환경경제·환경법 등의 현실적·정책적이면서 외적 세계의 변혁을 지향하는 사상 또한 포괄하기 때문이다. 그런 의미에서 환경사상이란 '환경문제를 해결하기 위한 올바른 사고·가치관의 형성뿐만 아니라 현실적인 정책적 대안까지 모색하는 학제적 탐구'라고 정의 내릴 수 있다.

그렇다면 환경사상과 환경철학·환경윤리학은 어떻게 다른가? 먼저 환경철학과 환경윤리학 사이의 관계에 대해서부터 살펴본다.

전통적으로 볼 때 철학은 '세계란 무엇이며, 왜 존재하는가?', '세계 안에서 인간은 어떤 지위를 차지하는가?' 하는 물음, 요컨대 세계관·인간관을 밝히고자 한다. 윤리학은 철학의 한 분과로 당위와 가치를 문제 삼는다. 우리가 마땅히 해야 할 바를 규명하고 우리가 추구해야 할 가치를 제시하는 게 본분이기 때문이다. 따라서 '세계 안에서 인간은 어떤 지위를 차지하는가?' 하는 철학적 물음이 윤리학에선 '세계에 대해서 인간은 어떻게 관여해야 하는가?' 하는 물음이 된다.

이 점을 토대로 할 때 환경철학이 '자연환경이란 무엇이며, 왜 존재하는가?', '자연 속에서 인간은 어떤 지위를 차지하는가?'를 밝히고자 한다면, 환경윤리학은 '인간은 자연환경에 어떻게 관여해야 하는가?'를 밝히고자 한다. 요컨대 환경철학이 '자연환경의 존재론적 의미'와 '자연관'을 탐구하고자 한다면, 환경윤리학은 '자연환경에 대한 인간 행위의 윤리적 평가'를 문제 삼는다.

여기서 생각해 볼 문제가 있다. 그것은 '자연환경에 대한 인간 행위의 윤리적 평가'와 '인간에게 있어서의 자연환경의 존재론적 의미'를 어디까지 구분할 수 있느냐 하는 것이다. '인간이 자연환경에 어떻게 윤리적으로 관여해야 하는가?'를 고찰하기 위해선, 우선 그 전제로서 '인간은 자연 전체 가운데 어떤 위치에 있는가?'를 밝혀야 한다. 곧 자연에 대한 전체적 관점인 자연관의 정립이 먼저 요청된다.

그리고 환경철학은 자연관을 포함한다. 자연관은 과학의 성과에 의거하지만 개별적 연구로부터 자동적으로 생성되지는 않는다. 과학의 성과를 종합하여 하나의 자연관으로 나아갈 경우 거기에는 철학적 해석이나 가치평가가 개입되지 않을 수 없다. 따라서 환경철학이 가치평가와 완전히 담을 쌓은 상태에서 자연의 '존재론적 의미'를 파악한다고는 볼 수 없다. 여기서의 평가가 행위에 대한 윤리적 평가보다는 넓은 개념이긴 하지만 여전히 평가라는 점에선 윤리적 성격을 수반한다. 이처럼 환경문제에 대한 철학적 고찰은 윤리학적 고찰과 결코 떼어 놓을 수 없는 것이다.

정리해 보면 이렇다. 윤리학은 철학의 일부이므로 환경철학의 물음은 환경윤리학의 물음을 포함하고 있고, 따라서 환경철학이 환경윤리학보다 그 범위가 넓다 할 수 있다. 하지만 이는 어디까지나 이론적 차원의 이야기일 뿐, 실천적 차원에선 양자의 구분이 사실상 어렵다. 환경윤리학과 환경철학, 양 학문의 연구는 그 직접적인 실행 과정에서 동시 병행될 수밖에 없기 때문이다.

그렇다면 환경철학·환경윤리학과 환경사상과의 관계는 어떤가? 환경철학·환경윤리학은 학문의 일종이다. 학문이란 체계화된 지식을 말한다. 세련된 지식체계를 형성하려면 논리적 정합성을 지닌 사유체계가 전제되어야 한다. 이는 곧 환경철학·환경윤리학에는 환경사상의 요소가 이미 내포돼 있음을 의미한다. 따라서 환경윤리학자·환경철학자는 곧 환경사상가라고 불러도 무방해진다. 그러나 환경사상가가 곧 환경윤리학자이거나 환경철학자이지는 않다. 전공학문이 무엇이든 관계없이 환경문제에 관해 보통 사람들보다 더 정교한 사고체계를 지니고 사회에 영향을 준다면 그들은 곧 환경사상가가 되기 때문이다.

2. 환경사상의 의의

환경문제는 나날이 악화일로다. 이러한 상황에서 환경문제에 대한 사상적·역사적 접근은 어떤 의미를 갖는가?

사상이나 역사 연구가 환경문제에 대한 대책을 수립하는 일에 어떻게 연결되는지 선뜻 이해하기 쉽지 않을 것이다. 특히 자연과학자들이나 공학자들의 경우엔 '대체 환경문제에 사상 따위가 웬

말인가, 무슨 상관이 있단 말인가?' 하고 의아해할지도 모른다. 환경문제라는 '문제'를 해결하는 것은 기술에 의한 대책 또는 법률에 의한 규제, 행정에 의한 제도적 조정 등이 더 긴급하고 실효성 있는 방안이라 여기는 경우가 많기 때문이다. 현실의 긴박한 환경실정에 비춰 본다면 사상이나 역사 등이 유유자적한 놀이나 시간의 허비 같아 보일지 모른다.

하지만 여기서 생각해 봐야 할 사항이 있다. 그것은 어떤 환경문제이건 처음부터 지구 전체를 뒤덮을 만큼 영향을 미치지는 않았다는 사실이다. 출발은 아주 작은 점에 지나지 않았으나 생각해 보면 그것이야말로 환경문제의 본질이라 할 수 있다. 환경문제가 애초에 어디서 발생했고 그것이 어떻게 확장돼 나갔는지를 분석한다면 오늘날 인류가 겪는 환경문제의 근간을 밝힐 수 있고 그것을 근원적으로 해결하는 정책 또한 마련할 수 있을 것이다. 어떤 환경문제이건 그 근본적 원인을 찾아 해결하는 것이 가장 현명하다.

그리고 놓치지 말아야 할 것은 모든 환경문제의 이면에는 그것을 야기하는 사상·관념이 뿌리 깊숙이 내재하고 있다는 점이다. 환경문제가 어디서 발생했고 어떻게 확대되어 왔는지 그 역사와 사상을 탐구하는 이유가 바로 여기에 있다. 최초로 발생한 환경문제는 어떤 형태였으며, 그것을 야기한 원인은 무엇이었고, 그 문제를 가속화한 것은 무엇이었는지를 탐구하는 일은 환경문제의 근간을 밝히는 작업으로 그 의의가 매우 크다.

환경사상과 환경문제의 역사를 탐구할 때 환경문제는 그 근원에서부터 해결될 가능성이 열릴 수 있다. 근간에 내재한 '악화로 치닫게 하는 시각'을 바로잡음으로써 방향을 바꿔 나갈 수 있기 때문이다. 개별적인 환경문제에 대한 기술적 해결이 아니라 다양한 환경문제를 야기하고 있는 뿌리를 치유함으로써 환경문제를 근원적으로 해결하는 길을 모색할 수 있기 때문이다. 이는 마치 논밭의 잡초가 생길 때마다 제초제를 이용하여 없애는 방식이 아니라 논밭의 토양 자체를 개량함으로써 잡초가 애초부터 자라지 않는 방식을 모색하는 일과 같다. 환경사상을 탐구한다는 것은 말하자면 환경문제를 발생시키는 토양을 분석하고 그 토양 개량을 위한 방책을 고안해 내는 일이다.

문제는 환경사상이 아직 일원화되어 있지 않고 다양한 유형의 사상들이 병존하고 있다는 점이다. 그들이 다 환경문제에 대응하고 있기에 환경사상임에는 틀림없다. 하지만 공통적인 것은 '환경사상'이라는 것뿐이다. 환경사상을 하나의 사상체계로 집약해 가는 작업이 이뤄지지 않았던 것이다. 환경사상의 궁극적 역할은 환경문제의 구체적 해결을 도모하는 데 있다. 그러려면 기존의 여러 환경사상들이 각개 약진할 게 아니라 유기적으로 연관된 학제성을 지향해야 한다. 그래야 정책결정자들의 의사결정에 영향을 미칠 수 있는 힘을 확보할 수 있다.

우리나라에선 환경사상이라는 표제가 달린 연구서들을 찾아보기가 쉽지 않다. 『환경사상과 운동』(2006), 『환경사상 키워드』(2007), 『현대 환경사상의 기원』(2008)과 같은 번역서 말고는 국내 학자의 직접적인 연구서는 잘 보이지 않는다. 환경사상에 대한 연구가 거의 부재한 실정이라 봐도 무방할 것이다. 아직도 우리는 환경윤리학·환경철학이 중심을 이룸으로써 환경의식의 변혁이라는 내적 변혁을 지향하는 단계에 머물러 있다. 이러한 단계를 넘어서 외적 세계의 변혁까지 아우를 수 있는 환경사상 연구가 절실한 시점이다.

환경사상은 인간과 자연에 관한 철학적·윤리학적 고찰만을 행하는 게 아니라 환경문제를 현실적으로 해결하기 위한 관점·방법·방책을 구현하고자 한다. 이러한 목표를 이뤄 내려면 환경문제에 대한 접근방식이 학제적이고 현실적이며 문제해결을 지향하는 방향으로 나아가야 할 것이다. 앞으로 우리나라에서도 이러한 방향을 염두에 두고 정책결정에 직접적 영향을 끼칠 수 있는 환경사상 연구 붐이 일어나길 기대해 본다.

3. 자연관의 흐름

1) 고대의 자연관

200만 년 전 남부 및 동부 아프리카에 출현한 인류는 전 지구상으로 퍼져 나가 1만 년 전에는 거의 모든 곳에 정주하게 된다. 이 초기의 인류는 주로 열매와 씨앗의 채취로 연명하며 가끔은 동물을 사냥하며 살아가는 소규모 집단에 불과했다. 이들이 삶을 지탱하는 데 의존했던 필수적 수단은 채취와 수렵이었고, 이 방식은 농경이 시작되기 전까지는 인류의 기본적 생존양식으로 이어져 왔다.[1]

인류 역사에 농업이 처음 등장한 것은 약 1만 년 전이었다. 식량을 더욱 집약적으로 생산할 수 있게 만든 이 체계는 인류 역사상 가장 중요한 변화를 가져왔다. 많은 양의 식량생산이 가능해졌기에 안정되고 복잡한 계급적 사회로 진화할 수 있었고 인구도 급격히 증가하였다. 그러나 농업의 출현은 곧 광범위하고 급속한 환경파괴가 시작됨을 의미하는 것이기도 했다. 농업은 작물재배를 위한 밭을 만들고 가축을 기를 초지를 마련하기 위해 자연생태계의 심각한 변화를 초래하는 생활양식이었기 때문이다(앞의 책, 64쪽 참조). 실지로 농업으로 인해 여러 가지 문제들이 야기되었음은 물론이다. 표토의 침식으로 인한 토양의 황폐화, 관개농업 시 염분 증가로 인한 토양의 척박화, 정착사회의 유지에 필요한 목재 수요의 증가로 인한 숲의 파괴 등이 이미 고대사회에 발생했던 환경파괴의 예들이다.[2] 특히 이 가운데 숲의 파괴는 중세사회를 거쳐 산업혁명 이전까지 지속적으로 전개돼 왔다.

고대인들이 기후변화, 오존층 파괴, 핵폐기물 등과 같은 문제들을 알았을 리는 만무할 것이다. 하지만 그들 역시 현대세계가 직면하고 있는 여러 가지 환경문제들에 견줄 만한 심각한 문제들에 직면했던 것으로 보인다. 그러기에 도널드 휴스는 고대세계를 현대가 안고 있는 문제들의 출발점으로 간주하여 되돌아봐야 한다고

---

1 클라이브 폰팅, 『클라이브 폰팅의 녹색세계사』, 이진아·김정민 옮김, 민음사, 2019, 38~39쪽 참조.

2 이필렬, 「환경문제의 역사」, 유네스코한국위원회, 『교양 환경론』, 따님, 1995, 32~37쪽 참조.

말한다.[3] 여기서 문제들이란 인간의 탐욕과 오·남용으로 인해 파괴돼 가는 자연환경과 인간의 문명 그 자체라 할 수 있다.

이러한 문제를 논하려 할 때마다 거의 고전처럼 자주 인용되는 논문이 있다. 그것은 린 화이트의 「생태위기의 역사적 기원」(1967)을 말한다.[4] 이 논문에서 저자는 자연에 대한 근대 서구인들의 태도의 기원을 중세로까지 소급시킨다. 그러나 휴스에 따르면 현대 환경위기의 기원은 고대세계에 그 뿌리를 두고 있다(『고대문명의 환경사』, 254쪽 참조). 특히 그리스·로마 문명이라는 토양에 뿌리를 내리고 성장하였다. 그 뿌리의 핵심은 자연이란 인간이 마음대로 정복해도 좋고, 계속해서 지배·이용해야 할 하나의 대상에 불과한 것으로 바라보는 태도를 가리킨다. 바로 이러한 태도가 현대인의 사고와 행동에 지속적 영향을 끼침으로써 오늘날 환경위기의 제1원인으로 작용해 왔다는 것이다.

휴스에 따르면 오늘날 이러한 태도와 가치관이 만연하게 된 것은 고대인들이 지니고 있었던 생각들로부터 점차 증폭돼 왔기 때문이다. 고대인들은 원래 애니미즘적 자연관을 따랐다. 애니미즘은 자연계의 모든 사물은 생물이든 무생물이든 간에 생명이 있는 것으로 보고 그것에 정령, 특히 영혼 관념을 인정한다. 자연세계와 인간세계를 구분 짓지 않고 자연 사물들 또한 인간적 속성들을 지

---

3 도널드 휴스, 『고대문명의 환경사』, 표정훈 옮김, 사이언스북스, 1998, 253쪽 참조.

4 Lynn White, "The Historical Roots of Our Ecological Crisis", ed. Louis P. Pojman, *Environmental Ethics*, 3rd ed., Belmont: Wadsworth, 2001, pp. 13~19 참조.

1장·환경사상이란 무엇인가?

닌 것으로 인식한다. 또한 자연계에서 발생하는 사건들이나 사물들을 때때로 숭배나 존경의 대상으로 바라본다. 그러한 태도는 사실 고대문명의 초기에는 일상적이고 당연한 일로 여겨졌다.

그러나 이러한 태도는 점차 사라져 가는 반면 전혀 다른 사고와 가치관이 들어서기 시작한다. 가령 이스라엘에서는 초월적 일신론이 애니미즘을 대신하였다. 자연은 이제 그 자체로 신성한 존재가 아니라 신의 창조질서 가운데 아주 낮은 지위를 차지하게 되었다. 신에 대해서만 책임을 지는 인간의 손에 위탁된 대상에 불과해졌다(앞의 책, 253~255쪽 참조). 더구나 인간은 자기 자신을 신에 의해 위탁받은 자연의 관리자·청지기로서가 아니라 자연의 지배자로 인식하였다. 인간은 자신이 원하는 바를 달성하기 위한 수단으로 자연세계를 마음껏 활용해도 좋은 백지위임으로 받아들인 것이다.

자연에 대한 인간의 태도 변화 가운데 결코 빼놓을 수 없는 것은 그리스 철학자들의 애니미즘으로부터의 이탈이다. 그들은 자연세계에 대한 전통적인 신화적·종교적 설명방식을 거부하였다. 대신에 그들이 택한 것은 이성적 접근이었다. 그에 따라 신령스러운 존재들로 가득 차 있어 신비로웠던 자연환경은 합리적 사고와 분석의 대상으로 바뀌게 된다. 자연에 대한 숭배는 단순한 의례에 불과했고 자연은 더 이상 순수한 경외감이나 존경심의 대상이 아니었다. 그러한 숭배는 철학적 사유와 인식으로 대체되어 갔다. 프로타고라스의 말처럼 이제 '인간은 만물의 척도'가 된 것이다(앞의 책, 255쪽 참조).

그리스의 문화적 유산을 이어받은 로마인들은 실용적 성격이 뛰어났다. 그리스인들이 자연세계를 철학적 사유의 대상으로 여겼다면 로마인들은 응용과 변혁의 대상으로 여겼다. 로마인들은 자신들의 실용주의적 성향에 대한 정당화가 필요하면 그리스 철학을 빌려 와 적절하게 활용하는 데도 능했다. 결국 그리스인들의 합리적 사고방식과 로마인들의 실용적 기술이 결합하여 로마제국은 현대인들과 유사한 자연관을 형성해 나갔다. 휴스에 따르면 오늘날 서구인들의 자연에 대한 태도가 실용주의적·실리추구적·인간중심적인 것은 로마인들의 태도에까지 그 근원을 소급할 수 있다(앞의 책, 256쪽 참조).

하지만 휴스의 견해가 절대적으로 옳다고 보기는 어렵다. 그의 주장대로 환경위기의 기원이 전적으로 그리스·로마 문명에서 발원한다고 단정 짓기는 무리라는 의미다. 휴스와 달리 린 화이트는 환경위기의 기원을 중세 그리스도교 문명에서, 캐럴린 머천트는 근대 유럽에서 발생한 세계관의 변화, 곧 기계론적 세계관의 파급에서 찾는다. 이처럼 환경위기의 기원을 찾는 지점은 관점에 따라 서로 다르다. 필자가 보기에 환경위기의 역사적 뿌리를 어느 한 가지 요인에서만 찾는 것은 무리라고 판단된다. 인간사회에 큰 영향을 끼쳐 온 세계관은 시대에 따라 변화돼 왔기 때문이다.

2) 중세의 자연관

서양의 중세란 476년 서로마제국의 붕괴로부터 1453년 동로마제국의 멸망에 이르기까지 약 1000년의 기간을 말한다. 중세 사상은

1장·환경사상이란 무엇인가?

고대 그리스 사상을 계승함과 더불어 그리스도교 사상을 결합한 것이다. 즉 그리스 사상과 그리스도교의 결합에 의해 중세 사상이 형성되었다는 의미다. 이 결합에서 중심이 됐던 것은 그리스도교이므로 중세 자연관을 파악하려면 먼저 그리스도교의 자연관에 대한 이해가 요청된다.

그리스도교의 자연관을 한마디로 압축하면 '피조물로서의 자연', '신에 의해 창조된 것으로서의 자연'이라 할 수 있다. 창조자인 신은 초월적 존재다. 곧 신은 자연 및 인간과 직접적으로 연속되지 않으며 차원이 전혀 다르다. 신과 자연, 신과 인간 사이에는 넘을 수 없는 심연이 가로놓여 있다.

여기서 주목해야 할 부분은 자연과 인간의 관계다. 자연과 인간은 모두 신의 피조물이지만 동등하지 않고 계층적 차이가 있다. 그 차이란 인간이 자연보다 우위에 놓인다는 것이다. 양자는 동등한 피조물이긴 하나, 보다 높은 계층에 있는 인간과 보다 낮은 계층에 있는 자연으로 구분된다. 유일하게 신의 모습에 따라 창조된 인간은 그렇지 않은 자연과는 질적으로 다르며 우월한 존재다. 곧 인간은 다른 피조물의 세계를 지배할 수 있으며, 그 권한은 신으로부터 주어졌다. 자연을 지배할 수 있는 인간은 자연으로부터 초월한 존재이며 그러기에 인간과 자연은 서로 이질적 타자다. 이질적 타자인 자연은 인간에게는 미지의 세계다. 미지의 세계를 지배하려면 자연을 알아야 하고 이를 위해선 자연을 객관화·대상화하는 작업이 필요했다. 이는 결국 근대과학의 실험적 조작에 의해 정비될 수 있었다.

물론 그리스도교의 자연관이 곧바로 실험과학을 낳은 것은 아니나 중세 초기에서 근세에 이르는 약 1000년의 시간은 그리스도교의 자연관이 서서히 자리 잡아 가는 과정이었다.[5] 근대과학이 탄생하는 데 그리스도교적 자연관이 오랜 기간에 걸쳐 그 토대를 제공해 준 셈이다.

3) 근세 이후의 자연관

근세는 이른바 르네상스로부터 시작된다. 르네상스란 14~16세기 사이에 서구에서 있었던 문예부흥운동으로 고대 그리스·로마 문화를 재생시킴으로써 새로운 문화를 창출해 내려는 운동이다. 이 덕분에 이 시기는 인간과 자연의 재발견이라는 새로운 시대로 평가받는다. 여기서 유의할 점은 재발견이라는 말의 의미다. 그것은 고대의 인간관·자연관으로의 회귀가 아니라 오히려 새로운 인간관·자연관의 형성이었다.

중세 말기로 접어들자 십자군의 실패로 교회의 권위가 실추되었고, 봉건 제후 또한 몰락하여 중앙집권적 민족국가가 태동하였다. 더불어 인쇄술이 발명되고 지리상의 발견도 이루어졌다. 이러한 외적 환경의 변화에 따라 인간의 지성과 감정이 해방되어 자연적 욕망이 긍정되었고 자유의식이 확대되었다. 이른바 자율적 인

---

5 구니야 준이치로, 『환경과 자연인식의 흐름』, 심귀득·안은수 옮김, 고려원, 1992, 112~113쪽 참조.

간이 탄생함으로써 인간중심주의 시대를 열 수 있게 된 것이다. 자연은 이미 중세 때부터 인간의 하위체계에 놓여 있었고, 인간은 자연을 초월하여 이를 객관화할 수 있다는 태도가 배양되어 왔다. 이를 토대로 근세에 접어들자 자연은 실험을 통해 객관적으로 파악 가능한 대상이 되었다. 자연을 논할 때 영혼이나 생명 등과 관련짓는 것은 이제 무의미해졌다. 자연은 그저 죽은 물질과 같이 수학적·과학적 검증을 통해 파악 가능한 객관적 사물로 변화된 것이다.

하지만 르네상스기 동안 자연연구에 관심이 늘긴 했지만 아직 과학적 방법이 확립되진 못했기에 자연에 대한 사고에는 공상적·신비적 측면이 남아 있었다.[6] 범신론적 자연철학이 대두했다든가 점성술과 마술이 행해진 점 등이 이를 입증해 준다(『환경과 자연인식의 흐름』, 181쪽 참조). 이와 같이 르네상스기의 자연관은 범신론적 자연관과 기계론적 자연관이 중첩되어 존재하던 어중간한 시기였다.

이러한 상태에서 기계론적 자연관으로 온전히 이행하게 된 것은 과학혁명기[7]인 17세기에 들어와서였다. 기계론적 자연관의 성

---

6 1500년경의 유럽 과학은 독자적 분야를 이루지 못하여 철학의 한 분야에 머물렀고, 더 정확히 말하면 신학을 뒷받침하기 위해 존재했다. 과학이 그 자체로서 고유한 분야를 이룬 것은 1700년경쯤이었다. 김영식, 『과학혁명』, 아르케, 2001, 20~21쪽 참조.

7 코페르니쿠스가 『천체의 회전에 관하여』를 출판한 1543년부터 뉴턴이 『자연철학의 수학적 원리』(1687) 및 『광학』(1704)을 펴낸 17세기 말까지, 약 150년 정도의 기간을 말한다. 데이비드 페퍼, 『현대환경론』, 이명우 외 옮김, 한길사, 1989, 87쪽 참조.

립은 자연에 대한 실험적·수학적 방법에 의한 연구가 가능해졌음을 의미한다. 이러한 과학혁명의 도화선 역할을 한 것은 코페르니쿠스였다. 그의 지동설 제창과 케플러에 의한 천체역학의 성립은 자연에 대한 수학적·실험적 연구의 성과였다. 그러나 진정으로 근대과학을 수학적·실험적으로 확립했던 이는 갈릴레이와 데카르트, 그리고 뉴턴이었다(『환경과 자연인식의 흐름』, 183쪽 참조).

서구의 18세기는 계몽주의 시기라 불린다. 이 시기는 16, 17세기의 과학혁명에 힘입어 새로운 기술을 확보할 수 있었고, 그에 따라 '자연의 정복'을 이루어 인간 삶을 풍요롭게 할 수 있었다. 이처럼 과학의 성공이 직접적인 삶의 풍요를 가져다주자 사람들은 과학의 가치를 더욱더 중시할 뿐 아니라 절대시하는 경향마저 생겨났다. 기계론적 세계관이 이미 17세기에 확립되었음에도 계몽주의 시기에 와선 과학의 절대화·이성의 절대화를 지향하는 경향까지 보였던 것이다.

더불어 계몽주의는, 인류는 거의 무한히 진보해 나갈 수 있도록 '교육될' 수 있다고 믿었다. 이 믿음은 다름 아닌 존 로크의 심리학에 근거한 것이다. 로크는 『인간오성론』(1690)에서 기존의 가정을 폐기하였다. 즉 관념은 본유적으로 타고난다는 데카르트의 주장을 거부하고, 대신에 모든 지식은 감각작용에서 생긴다고 주장하였다. 그에 따르면 태어날 때의 인간 오성은 백지상태이며, 따라서 거기엔 아무것도 기록되어 있지 않다. 사물을 경험할 때, 곧 감각기관으로 외부세계를 인식하기 시작할 때 비로소 어떤 것이 오성 속에 남게 된다는 것이다. 이러한 관점을 수용한 계몽사상가들

1장·환경사상이란 무엇인가?

은 모든 인간은 교육을 통해 가장 완벽한 귀족들과 동등해질 수 있고, 인간이 진보할 잠재력은 무한하다고 보았다.[8]

데카르트의 영향이 강한 대륙에서는 경험보다 이성을 중시하여 합리주의철학이 형성된 반면, 베이컨과 로크의 영향이 강한 영국에서는 이성보다 경험에 기초한 경험주의철학이 형성되었다. 전자의 주축이 수학적 이성이라면 후자의 주축은 경험적 오성이었다. 이처럼 계몽주의 시대는 이성의 시대라 할 만큼 인간의 이성이 절대화된 시기였다.

17~18세기를 거치며 비약적으로 발전한 과학은 산업혁명의 가장 강력한 동인으로 작용하였다. 그 결과 19세기에 이르면서 전반적인 산업체계의 변화뿐 아니라 비인간화 또한 초래되었다. 부연하자면 산업화, 도시화, 노동의 분화, 농촌의 피폐, 비인간화 등이 19세기 사회의 모습이었다. 이처럼 과학에 의해 부정적 결과가 초래되자 이에 대한 비판의 목소리 또한 커졌다. 그 대표 격에 해당하는 것이 다름 아닌 낭만주의자들이었다.

이들 세계관의 토대를 이루었던 것은 자연과학을 비판적으로 극복하고자 했던 자연신비학 또는 자연철학이었다. 이들은 자연과학의 발달이 초래한 폐해를 인식하고 이를 극복하기 위해 등장했다고 볼 수 있다. 이들은 기계론적 자연관에 의해 야기된 다양한 문

---

8 E. M. 번스·R. 러너·S. 미첨, 『서양 문명의 역사 하』, 손세호 옮김, 소나무, 2007, 769~772쪽 참조.

제를 사회적·철학적·문학적 차원에서 직시하였고, 그 문제들을 극복하려는 의도에서 자연 및 세계를 신비적으로 파악하였다.[9]

이들은 근대과학과 경험론적 인식론에서 생성된 물질주의적 자연관을 거부하였다. 뉴턴적 자연관은 신을 물질계의 창조주로 자리매김하였고, 로크 등의 경험적 인식론은 자연의 본질을 2차적 성질이나 수학적 측정 대상으로서의 물질적 양으로 규정하였다. 이에 대해 낭만주의자들은 18세기로부터 물려받은 이러한 물질적 자연관이 인간의 감성, 상상력을 말살하고, 자연과 인간의 분열을 초래했다고 비판하면서 자연과 인간의 통합적 관계를 회복하기 위한 노력을 펴 나갔다(앞의 책, 75쪽 참조).

이처럼 낭만주의의 출발 계기는 계몽주의 시대에 성립한 뉴턴적 우주관과 경험론적 인식론 그리고 물리학적인 분석적 사고방식의 단점을 극복하고자 하는 의지였다. 바꿔 말하면 자연에 대한 통합적 안목을 회복함으로써 자연과 인간의 단절을 극복하려는 시도였다. 하지만 안타깝게도 낭만주의 자연관이 일반 대중에는 파급되지 못했다. 낭만주의 자연관 및 자연철학은 19세기 중반 이후 사회가 자본주의화하면서 쇠퇴하기 시작했기 때문이다. 자연철학을 대신한 것은 유물론적 철학이었으며, 이는 자연과학적 인식과 불가분의 관계를 맺게 된다. 이에 따라 자연은 다시 구체적 질료로 파

---

9 윤효녕·최문규·고갑희, 『19세기 자연과학과 자연관』, 서울대학교출판부, 1997, 8~9쪽 참조.

악됨과 동시에 인과법칙에 의해서만 설명되었고, 인간의 의지나 표상능력은 기계론적으로 파악된 자연의 법칙에 종속되었다(앞의 책, 159쪽 참조).

과학과 이성, 진보에 대한 믿음이 풍미했던 19세기를 거쳐 20세기로 건너온 인류는 역사상 가장 많은 물질적 풍요를 누리게 되었다. 물론 그러한 풍요는 경제발전의 결과였다. 20세기는 경제의 세기라 불릴 만큼 경제의 정신이 중심축을 차지했다. 존 R. 맥닐에 따르면 20세기 말 전 세계 GDP는 1500년과 비교할 때 약 120배나 성장했으며 이 성장의 대부분은 1820년 이후의 성과이고, 특히 제2차 세계대전 종전 이후의 성장은 인류 역사상 전례가 없는 것이었다. 평균적으로 볼 때 오늘날 우리의 개인소득은 1500년의 약 9배, 1900년의 약 4배이다. 지난 500년 동안 인류가 이룬 성취는 그야말로 눈부셨는데, 그중에서도 지난 20세기의 성취는 놀라움 그 자체라 할 수 있다.[10]

물론 그러한 성취의 이면에는 많은 에너지 사용이 있었다. 20세기의 고도성장만큼이나 인류 역사에서 한 세기 동안 에너지 사용이 그렇게 증가한 사례는 없었을 정도다. 심지어 지난 20세기에 쓴 에너지양은 그 이전까지 인류가 쓴 모든 에너지의 합보다 더 많았을 것으로 추정된다(앞의 책, 69쪽 참조). 그러기에 맥닐은 "20세기는 인류 역사상 최초로 그 규모나 심각성 면에서 운석

---

10 존 R. 맥닐, 『20세기 환경의 역사』, 홍욱희 옮김, 에코리브르, 2008, 57~58쪽 참조.

이나 화산에 비견될 만큼 생태계에 지대한 영향을 끼쳤다(앞의 책, 53쪽)"라고 말한다. 그러면서 그는 20세기를 생태적 관점에서 "아주 방탕했던 기이한 세기(앞의 책, 54쪽)"라고 부른다.

모두들 희망의 세기가 될 것이라고 예견했던 21세기의 인류는 어떤가? 안타깝게도 20세기로부터 물려받은 유산인 생태위기를 여전히 겪고 있다. 희망보다는 오히려 짙은 어두움이 드리워져 위기감이 더욱 증폭되고 있는 상황이다. 원인은 자연을 대하는 근본적인 세계관·자연관의 변화가 없기 때문이다. 인류사회가 겪고 있는 각종 생태위기의 이면에는 기계론적 세계관이 공고하게 자리 잡고 있다. 17세기 과학혁명의 산물인 이 세계관은 자연에 대한 애니미즘적이고 유기체적인 가정들을 제거함으로써 '자연의 죽음'을 초래했다.[11] 17세기 이래 서구세계를 지배해 온 이 세계관은 오늘날에도 건재하여 산업자본주의 이데올로기와 그에 따른 자연지배라는 사고를 정당화하면서 지속되고 있다.

4. 환경사상의 간략한 흐름

1) 낭만주의에서 환경사상의 선구자인 레이철 카슨까지

서양에서의 환경사상의 태동은 19세기 낭만주의자들의 사고에서

---

11 캐럴린 머천트, 『래디컬 에콜로지』, 허남혁 옮김, 이후, 2007, 80쪽 참조.

1장·환경사상이란 무엇인가?

이루어졌다. 낭만주의는 자연을 과학적으로 설명할 수 있고, 기계적인 것으로 환원시킬 수 있다는 계몽주의 사상에 대한 반동으로 등장하였다. 과학의 발달이 초래하는 폐해를 인식하고 이에 대한 비판과 그 극복 방안을 마련하는 것이 그들의 주 관심사였다. 중요한 것은 낭만주의자들의 태도가 과학에 대한 비판적 측면에 큰 무게를 두고 있었다는 점이다.

그들이 이렇게 비판적이었던 것은 과학의 발달로 산업화가 진전되고 그 결과 비인간화가 초래되었다는 사회적 경험과 한편으로는 인식론적 차원에서 기계론적 세계관이 자연을 순수물질의 차원으로 전락시켜 인간의 기쁨과 감동을 앗아 갔다는 판단에서 비롯한다(『19세기 자연과학과 자연관』, 68쪽 참조). 이에 대한 대안으로 그들은 인간과 자연은 하나이며, 자연을 기계적으로 분석할 게 아니라 직관이나 상상력으로 통찰할 것을 주장한다. 이들의 입장을 정리하면 이렇다.

먼저 이들은 기계론적 자연관에 대해 비판적 태도를 취한다. 이러한 물질적 자연관은 인간의 감성이나 상상력을 말살하고 자연과 인간의 분열을 초래한다는 판단 때문이다. 그런 차원에서 시인 윌리엄 블레이크는 계몽주의 시대에 과학정신을 주도한 베이컨, 뉴턴, 로크를 근대 물질주의의 세 원흉으로 보고 이들을 '지옥의 삼위일체'로 규정한다(앞의 책, 75쪽 참조).

그 대안으로 그들은 주관적 내면세계로의 집중성과 전체성을 추구함으로써 물질적 현실을 초월하려는 의지를 고취한다. 따라서 그들은 자연과 인간을 하나로 연결하여 통합적 경험이 느껴지는 상태를 중시하며, 마음속의 낙원을 추구하는 주관적 초월의 경향을 보여 준다. 그리고 물질적 자연을 초월적 자연으로 변환하는 정신적 인식능력으로서 상상력을 강조한다(앞의 책, 98쪽 참조).

독일 최초의 생태문학서인 괴테의 『젊은 베르터의 고뇌』(1774)가 탄생한 것도 낭만주의의 영향 덕분이었다. 베르터의 자연관을 한마디로 간추리면 모든 생명체가 저마다의 형상을 하고 함께 어울려 공존하는 조화로운 세계다. 그의 자연관은 오늘날 생태계전체주의가 주장하는 전체론적 자연관과 매우 유사하다. 생태계전체주의는 세상 모든 만물이 연결되어 있기에 어떤 생명도 소홀히 다뤄선 안 된다는 유기체적 세계관을 바탕으로 하기 때문이다.[12]

미국의 초절주의transcendentalism 역시 낭만주의적 가치관으로부터 깊은 영향을 받았다. 초절주의의 대표자로는 랠프 월도 에머슨과 헨리 데이비드 소로를 들 수 있다.

에머슨은 물질과 정신이 주객전도된 당시의 상황을 개탄했다. 그는 산업혁명에 의해 가속화된 물질문명이 인간의 진보를 지나치게 물질적 측면에서 규정하게 만들고, 물질의 발달에 상응하는 정신의 발달이 이뤄지지 않는 것을 우려했다. 물질의 주인이어야 할 인간이 지나친 탐욕으로 물질의 노예가 되고 있다는 것이다. 그에게 있어서 인간의 자주적 삶을 가로막는 가장 큰 적은 물질에 대한 집착이었다. 그의 물질주의에 대한 경고는 환경파괴보다 인간성

---

12 김용민, 『생태주의자 괴테』, 문학동네, 2019, 36~48쪽 참조.

1장 · 환경사상이란 무엇인가?

파괴에 대한 우려가 더 컸다. 그러한 측면에서 그의 생태주의적 사고는 자연과 인간의 조화로운 공존을 의미한다. 그 공존은 인간의 자주적 삶의 토대가 되는 인간성이 먼저 회복되어야 가능한 것이었다.[13]

자연친화적이며 자주적인 생활방식으로 인간 본연의 삶을 직접 실험한 이는 소로였다. 소로는 자연과 인간의 원초적 관계를 주장한 에머슨의 초절주의 사상을 몸소 실증해 보인 사람이었다. 그의 『월든』은 자연과 인간이 하나가 되어 자급자족하는 단순한 삶이 인간의 행복이라는 측면에서 가장 자주적인 삶임을 실증해 준 보고서였다(앞의 책, 59쪽 참조). 소로 이후의 세계적인 환경운동가 존 뮤어 역시 에머슨의 자연관을 수용하여 원생자연 보호를 주장했다. 뮤어는 자연물을 인간과 마찬가지로 지상의 동료로 여겼으며, 신에 의해 무엇보다 그 자신의 행복을 위해 창조된 것으로 믿었다.

19세기 미국사회는 격변기였다. 특히 남북전쟁 후 약 30여 년간 미국의 산업은 혁명이라 할 만큼 비약적 발전을 이루었다. 그 결과 1890년대 중반경 미국의 공업생산액은 영국, 독일, 프랑스 등을 제치고 세계 최고에 이르렀다. 급격한 공업화에 의해 새로운 기술이 계속 등장했고 역으로 이는 여러 가지 형태로 환경에 영향을 끼쳤다.

19세기까지 지속돼 온 산업화의 첫 번째 물결의 원동력은 직물업, 철강업, 중화학공업 등이었다. 하지만 19세기 말에 접어들자 이들 산업은 정체되기 시작한다. 대신에 공업화의 두 번째 물결을 형성한 새로운 산업이 등장하는바, 그것은 유기화학산업, 전기기계공업, 자동차공업 등으로 19세기 말부터 발전을 시작하여 20세기 전반기 내내 성장을 거듭해 간다(『클라이브 폰팅의 녹색세계사』, 470~471쪽 참조).

이처럼 선진국들이 환경파괴를 야기하면서 고도성장에 한창 돌진하는 가운데 환경과 생명에 대해 경고하는 한 권의 책이 발간된다. 그 책은 다름 아닌 레이첼 카슨의 『침묵의 봄』(1962)이었다. 이 책을 탄생시킨 계기는 살충제인 DDT였다. 1957년 여름 매사추세츠주정부는 모기를 박멸하기 위해 북부 해안 지역에 DDT를 공중 살포하였다. 하지만 이 살포는 모기 박멸이라는 목표를 달성하는 대신 오히려 의도치 않았던 새, 방아깨비, 벌 등의 죽음을 불러왔다. 이에 카슨의 친구인 조류학자 올가 허킨스가 주 당국에 항의를 했음에도 주 당국은 DDT가 인간에게는 안전하다고 주장하며 허킨스의 주장을 묵살했다. 이를 신뢰하지 못한 허킨스는 이와 유사한 사례를 찾아 나섰고 마침내 뉴욕주에서도 살충제 살포로 무수한 물고기, 새, 벌 등이 죽어 나갔음을 발견하게 된다. 허킨스는 1958년 『보스턴 헤럴드』에 항의 편지를 기고함과 동시에 이 편지를 카슨에게도 보내 주었다. 이를 본 카슨은 크게 놀랐고 이 문제를 책으로 다룰 것을 결심하는데 바로 그 결과물이 『침묵의 봄』이었다.[14]

---

13 서동석, 『에머슨, 조화와 균형의 삶』, 은행나무, 2014, 57~58쪽 참조.

14 임경순, 「레이첼 카슨의 『침묵의 봄』(1962) 출현의 역사적 배경 및 그 영향」, 『醫史學』 제5권 2호, 대한의사학회, 1996, 104쪽 참조.

『침묵의 봄』은 대중들로부터 커다란 반향을 불러일으켰고 환경운동이 시작되는 기폭제 역할을 했다. 1964년 야생보호법 제정을 비롯하여 수많은 환경규제법안이 생겨났고, 1969년에는 미연방 환경정책법이 의회를 통과했다. 1965~70년 사이에 생태학은 새로운 학문 분야로 주목을 끌었고, 수많은 환경단체들이 결성되었다. 더불어 병충해 방제에 대해서는 천적 활용법과 같은 카슨이 제안한 생물학적 방법이 적극 모색되었다. 『침묵의 봄』은 살충제 사용 문제를 공공정책의 문제로까지 비화시킴으로써 적극적인 정부정책을 이끌어 냄과 동시에 환경운동의 획기적 전기를 마련했다(앞의 글, 106~107쪽 참조). 그러기에 카슨을 환경보호주의자일 뿐 아니라 환경사상의 선구자로 불러도 무방하리라 본다.

2) 탈인간중심주의 환경사상

1970년대로 접어들면서 주목받을 만한 새로운 환경사상이 대두한다. 그것은 이른바 탈인간중심주의 환경사상이었다. 이는 인간＝목적, 자연＝수단으로 등식화했던 전통적인 인간중심주의 사상의 틀을 허물고 인간 이외의 존재에게도 도덕적 권리를 인정할 것을 주장한다.

　　그 선두주자는 노르웨이의 철학자 아르네 네스였다. 그는 1972년 부쿠레슈티에서 개최된 제3회 세계미래연구회의에서 기조강연을 하고, 그 요지를 「표층생태운동과 장기적 관점을 지닌 심층생태운동」이라는 제목으로 이듬해인 1973년, 『탐구』*Inquiry*지에 게재했다.[15]

네스는 생태운동을 표층생태운동과 심층생태운동, 두 가지로 구별한다. 전자는 '환경오염과 자원고갈에 맞서 싸우는 운동'으로 선진국 사람들의 건강과 물질적 풍요를 목표로 지극히 인간중심적인 노선을 따른다. 반면에 후자는 인간을 둘러싼 환경이라는 인간중심적 환경의 이미지로부터 탈피하여 관계주의적·전 영역적 관점을 취함으로써 전체론적인 탈인간중심주의 입장을 따른다.

표층운동은 생태운동의 초점을 환경오염과 자원고갈 문제에 한정함으로써 환경위기의 직접적인 영향에만 관심을 기울인다. 재채기나 기침이 우리의 일상생활을 방해하듯 오염이나 고갈도 현대산업사회의 방해가 된다. 하지만 재채기나 기침 증세에만 약을 처방하여 그 근본원인을 검사하지 않는 것은 오류다. 심층운동은 현재의 환경위기를 그 깊은 철학적 원인까지 추적하여 우리의 철학적 관점을 근본적으로 전환할 때 비로소 위기로부터 벗어날 수 있다고 본다.

네스가 주장하는 심층생태학은 피터 싱어의 동물해방론과 더불어 미국의 탈인간중심주의 환경윤리학의 형성에 영향을 주었다. 미국에서는 1970년대 중반경부터 심층생태사상과 서로 공감하면서 자연이나 생명체의 고유가치 또는 내재적 가치를 주장하는 탈인간중심주의 환경윤리학의 논의가 이뤄져 갔다.

---

15 Arne Næss, "The Shallow and the Deep, Long-Range Ecology Movement: A Summary", eds. Alan Drengson and Yuichi Inoue, *The Deep Ecology Movement: An Introductory Anthology*, Berkeley: North Atlantic Books, 1995, pp. 3~9 참조.

인간에게 동물에 관한 어떤 배려를 해줄 의무가 있다고 주장하기 위한 인간중심적 이유를 드는 것은 어렵지 않다. 예를 들면 동물에 대한 소유권이라든가 동물학대 행위가 인간성에 끼치는 악영향 등 인간과 관련된 가치를 매개로 동물에게 다양한 방식으로 가치를 부여할 수 있다. 이에 반해 싱어가 주도하는 동물해방론에서는 동물이 도덕적 배려의 직접적인 당사자로 간주된다. 싱어는 공리주의를 근거로 인간 이외의 쾌고감수능력을 지닌 감각적 존재자 sentient being 또한 인간과 동등한 도덕적 대우를 받을 자격이 있다고 본다. '한 사람을 한 사람으로 계산하고 결코 그 이상으로 계산해선 안 된다'라는 동등한 고려에 대한 평등원리는 인간 이외의 동물에게도 적용돼야 하며, 동물에게 정당한 사유 없이 고통을 가하는 것 역시 부당한 행위로 간주된다.[16]

이러한 싱어의 주장에 대해 톰 리건은 비판적 태도를 취한다. 싱어에게 있어서 도덕적 가치가 부여되는 것은 어떤 동물의 존재 그 자체가 아니라 쾌고의 존재나 선호 충족이다. 따라서 축산에 대해서건 동물실험에 대해서건 문제는 동물이 사육되는 방식이라든가 다뤄지는 방식일 뿐, 동물을 가축화하는 것, 동물을 실험용으로 활용하는 것 그 자체는 비판 대상이 될 수 없다. 이러한 이유에서 리건은 공리주의가 아니라 고유한 가치에 의거한 권리이론을 전개한다. 그에 따르면 고유한 가치란 어떤 존재 그 자체가 갖는 가치이

---

16 피터 싱어, 『실천윤리학』 제3판, 황경식·김성동 옮김, 연암서가, 2013, 3장 참조.

며, 그것은 그 존재의 삶이 행복하다든가 고통스럽다든가 하는 감수성과 관계가 없다. 그리고 어떤 개체가 고유한 가치를 갖는다고 한다면, 그것은 동등성을 전제로 한다. 리건은 이러한 입장에서 개체에게 동등하게 속하는 고유한 가치가 평등하게 존중받아야 할 것을 요구한다.

그렇다면 모든 개체가 이와 같은 고유한 가치를 갖는 것일까? 그에 따르면 고유한 가치를 갖는 존재는 일정한 조건, 즉 '삶의 주체 기준'을 충족하는 개체다. 그가 이 조건으로서 드는 것은 확신이나 욕구, 지각, 기억, 미래에 대한 감각, 쾌고 등의 감각, 선호, 자기 욕구나 목표를 추구하여 행위하는 능력, 지속적인 자기동일성, 타인으로부터 독립적인 자기 자신의 행복 등을 소유하는 것이다.[17] 그리고 삶의 주체의 범위에 들 수 있는 경계선은 '정상적인 1세 이상의 포유류'를 염두에 두었다.

요컨대 그의 논의의 요점은 지금까지 인간만의 속성으로 여겨져 온 위와 같은 특성들이 실은 일부 동물에게도 공유되고 있고, 따라서 이를 근거로 동물을 배제하여 인간에게만 고유한 가치를 인정해선 안 된다는 데 있다. 더불어 그는 어떤 개체가 삶의 주체이고 그러므로 고유한 가치를 갖는다고 한다면, 그것은 또한 기본적인 도덕적 권리, 즉 '정중한 대우respectful treatment를 받을 동등한 권리'

---

17 Tom Regan, *The Case for Animal Rights,* 2nd ed., Berkeley: University of California Press, 2004, p. 243 참조.

도 소유한다고 주장한다(*Ibid.*, p. 276 참조).

도덕적 배려의 대상을 동물뿐만 아니라 식물까지 포함하여 모든 생물개체로까지 확장하는 입장도 나타났다. 이 입장은 이른바 생명중심주의라 불리며, 이를 대표하는 자는 폴 테일러다. 그의 생명중심주의에선 생명체의 선 혹은 복리가 내재적 존엄성inherent worth을 갖는다. 한 생명체가 내재적 존엄성을 갖는다는 것은 ① 그 존재가 도덕적 관심과 배려를 받을 자격이 있는 도덕주체로 간주되며, ② 모든 도덕행위자는 그러한 존재자의 선을 목적 그 자체로서 증진하거나 보호할 의무가 있음을 함의한다. 테일러는 바로 이러한 내재적 존엄성에 의거한 도덕적 태도를 '자연존중의 태도'라고 부른다. 자연존중의 태도를 취한다는 의미는 곧 동식물들을 내재적 존엄성을 지닌 존재로 대우하는 것과 같다.[18]

19세기 이후 생태학의 발전과 더불어 하나의 사상운동으로서 큰 흐름을 형성하고 있는 생태계중심주의도 등장했다. 그 대표 격으로는 환경윤리의 아버지로 불리는 알도 레오폴드의 대지윤리를 들 수 있다.[19] 대지윤리는 무기물까지 포함한 생태계 전체의 보존을 무엇보다 중시한다. 여기서는 행위의 시비선악 판단이 생명공동체, 곧 생태계 전체에 미치는 영향에 따라 내려진다. 생물개체가 아

---

18 Paul W. Taylor, *Respect for Nature*, Princeton, N. J.: Princeton University Press, 1986, pp. 71~76 참조.

19 알도 레오폴드, 『모래땅의 사계』, 윤여창·이상원 옮김, 푸른숲, 1999, 244~271쪽; 알도 레오폴드, 『모래 군의 열두 달』, 송명규 옮김, 따님, 2000, 244~268쪽 참조.

니라 개체들의 상호의존 관계에 의해 형성되는 생태계 전체에 초점을 두고 생태계 전체로서의 온전성, 안정성, 아름다움이 옳고 그름의 기준이 된다. 이 입장에 서게 되면 전통적인 인간중심주의는 물론이고 개체중심주의, 감각중심주의 등도 비판받을 수밖에 없게된다. 나아가 대지윤리는 '전체'로서의 생태계를 도덕적 배려의 직접적 대상으로 간주한다는 점에서 전통 윤리의 근본적 변혁을 요구한다.

　레오폴드의 사상을 계승하여 더욱 발전시켜 나간 이도 등장한바, 그는 바로 J. 베어드 캘리콧이었다. 그 역시 개체주의 입장을 거부한다. 그에 따르면 생태계 전체의 보호를 주장하는 전체론적 환경윤리는 인간중심주의 윤리에 맞선다는 측면에선 동물해방론과 공동전선을 펼 수 있지만, 서로의 양립은 불가능하다. 동물해방론은 동물개체의 권리를 주장하기 때문이다. 이와 관련하여 그는 "환경윤리학에서의 궁극적 가치는 생물공동체이며, 이를 구성하는 개체의 도덕적 가치는 생물공동체의 이익을 기준으로 상대적으로 결정된다. 아마 이 점이 대지윤리와 동물해방론 간의 가장 근본적인 차이다"[20]라고 말한다. 캘리콧은 생태계 내의 내재적 가치를 인정하고 생태계 전체의 보호를 주장하는 생태계중심주의 입장에 서고 있다.

---

20 J. Baird Callicott, "Animal Liberation: A Triangular Affair", *In Defense of the Land Ethic: Essays in Environmental Philosophy*, Albany: State University of New York Press, 1989, p. 37.

위에서 살펴본 탈인간중심주의 환경윤리를 '철학의 녹색화'로 개괄하면서 자연의 권리를 인권의 연장선상에 자리매김하려는 시도도 나타났다. 그 주인공은 다름 아닌 로더릭 내시였다. 그는 『자연의 권리: 환경윤리의 역사』(1989)에서 영국 및 미국에서의 환경보호운동과 탈인간중심주의 환경윤리학, 생태학의 흐름들을 역사적으로 고찰하였다.

그에 따르면 권리의 역사는 그 향유 주체를 영국 귀족→미국 이주민→노예→여성→아메리카 원주민→노동자→흑인→자연 순으로 확대해 온 역사이기도 하다.[21] 여기서 주목할 만한 점은 자연의 권리를 소수자의 권리 확대 역사의 연장선상에 자리매김하고 있다는 점이다. 그는 만약 자연 그 자체의 고유한 가치를 인정하여 윤리적 공동체에 소속될 수 있다고 간주한다면 법적·윤리적 측면에서 생태계 전체로까지 권리 개념을 확대할 수 있다고 보았다.

3) 탈인간중심주의에 대한 비판사상

탈인간중심주의 주장을 비판하는 사상도 등장했다. 이 입장에선 내재적 가치나 권리라는 개념은 어디까지나 인간에게만 관련된 것임에도 이를 무시하고 인간 이외의 존재에까지 적용하는 것은 오류라고 본다. 환경에 대한 접근은 기본적으로 인간중심적 입장에

---

21 Roderick F. Nash, *The Rights of Nature: A History of Environmental Ethics*, Madison: The University of Wisconsin Press, 1989, p. 7 참조.

서 전개되어야 한다는 주장이다. 이러한 입장을 따르는 대표적 학자로는 존 패스모어가 있다. 그의 입장은 다음의 글에서 확인할 수 있다.

> 열렬한 보존론자인 한 동료는 나를 '인간우월주의자'human chauvin-ist라고 비난한다. 요컨대 내가 윤리에 관해 논할 때 언제나 인간의 이익을 최고의 가치로 다루고 있다는 것이다. 그 사실에 대해 나는 해명하고 싶지 않다. 왜냐하면 "대지 및 대지 위에서 생육하는 동식물과 인간의 관계를 다루는 윤리"는 명백히 밝혀졌듯이 인간의 행동을 문제로 삼을 뿐만 아니라 인간의 이익에 대해 정당화할 수 있는 것이어야 하기 때문이다. … 인간 이외의 존재가 '권리'를 갖는다는 상정은 이미 내가 주장해 왔듯 결코 지지할 수 있는 게 아니다. … 과연 서구에는 '새로운 윤리'(환경윤리)가 필요하다고도 말할 수 있을 것이다. 하지만 서구가 필요로 하는 것은 '새로운 윤리'라기보다는 오히려 그동안 익숙해져 온 윤리를 한층 더 고수하는 일이다.[22]

위 주장은 『자연을 위한 인간의 책임』(1974)에 실려 있으며, 이 책은 1970년대 초반에 탄생했다. 70년대 초반은 전통적인 인간중

---

22 John Passmore, *Man's Responsibility for Nature*, 2nd ed., London: Duckworth, 1980, p. 187.

심주의 입장을 거부하는 탈인간중심주의 사상의 싹이 막 솟아오르던 시점이다. 하지만 기존의 인간중심주의 사고에 젖어 있는 사상가가 탈인간중심주의 사고를 수용하기란 당연히 무리였을 것이다. 그래서 패스모어는 주변 동료들이 자기 자신을 인간우월주의자라 불러도 아랑곳하지 않으며, 나아가 새로운 탈인간중심주의 윤리는 필요치 않고 전통적 윤리를 고수하는 것만으로도 문제를 충분히 해결할 수 있다고 주장한다. 패스모어에 따르면 인간 이외의 존재는 내재적 가치나 권리를 지니지 않으며, 어디까지나 인간의 이익을 위해 존재할 뿐이다.

기본적으로는 이러한 입장을 따르면서도 패스모어의 입장을 다소 완화시킨 약한 인간중심주의도 대두하였다. 그 대표 격에는 브라이언 G. 노턴이 있다. 그는 자연이 고유한 가치를 갖고 있지는 않다 해도 인간의 정신을 고양시켜 주는 수단으로서 기여하는 가치는 분명히 갖추고 있다고 본다. 자연을 단순한 소비의 대상으로만 보는 입장과는 분명히 선을 긋고 있는 것이다.

노턴에 따르면 자연체험과 같은 인간과 자연의 교류는 사람들로 하여금 생태학적 관점에서 자기 자신을 되돌아보고 타자와의 관계를 묻도록 촉진하는 효과가 있다. 중요한 것은 이러한 효과에 의해 환경과 인간의 조화를 긍정하는 이상적 규범을 만들어 낼 수 있다는 점이다. 자연과의 다양한 접촉을 통해 우리는 개발지향적·소비중심적 선호로부터 생태학적 세계관과 양립할 수 있는 친환경적 자세를 지닐 수 있도록 우리 자신을 변화시킬 수 있다는 주장이다.

강한 인간중심주의는 삼림의 생물학적 가치를 단지 상업상의 관점에서 단순한 재료 이상으로 보지 않는 데 반해, 노턴의 약한 인간중심주의는 그 가치를 다른 식으로 평가한다. 노턴은 삼림 경관에서 아름다움을, 문화적 표현을, 레크리에이션의 치유적 가치를, 자연에 대한 배려심을 불러일으키는 힘을 감지한다. 그에 따르면 자연은 현재나 미래의 사람들 사이에 공유되고 있는 선이며, 인간 이상의 교사 역할을 한다. 노턴은 약한 인간중심주의를, 인간 이외의 존재를 경제적 입장에 의거하여 평가하는 강한 인간중심주의와 자연의 고유가치를 인정하는 탈인간중심주의 사이에 위치하는 온건한 선택지로서 자리매김하고 있다.[23]

탈인간중심주의 사상에 대해 비판적 태도를 취하는 입장으로는 환경실용주의도 있다. 환경윤리학계에서 실용주의의 입장이 처음 제기된 것은 1985년, 앤서니 웨스턴의 논문 「내재적 가치를 넘어서: 환경윤리학에서의 프래그머티즘」[24]에서였다. 이 논문은 탈인간중심주의를 확립하려는 환경윤리학의 주류적 입장, 특히 자연에 내재적 가치를 인정하고 이를 이론적으로 정당화하려는 기본전략에 대해 철저한 비판을 가하고 있다. 이 논문은 발표 후 즉각 격렬한 재비판을 불러일으키는 한편 노턴, 앤드루 라이트 등 유력한 논

---

23 Bryan G. Norton, *Why Preserve Natural Variety?*, Princeton, N. J.: Princeton University Press, 1987, pp. 11~13 참조.

24 Anthony Weston, "Beyond Intrinsic Value: Pragmatism in Environmental Ethics", *Environmental Ethics*, 7, Winter 1985, pp. 321~339 참조.

자들의 동조 또한 이끌어 냈다.

　기존의 환경윤리학을 비판하며 새로운 방향전환을 시도하는 이러한 입장을 라이트가 최초로 환경실용주의라고 명명한 것이 1992년이었고,[25] 이어서 라이트가 에릭 카츠와 함께 16명의 기고자를 모아 『환경실용주의』[26]를 펴낸 것이 1996년이었다. 바로 이 『환경실용주의』 출간 이후 '실용론적 전회'pragmatic turn라 불리는 큰 흐름이 환경윤리학계에 정착되었고 현재까지 세계적 트렌드로 이어지고 있다.

　환경실용주의는 대체 무엇을 주장하는지 그 실체를 압축 정리하면 다음 세 가지가 될 것 같다.

　첫째는 자연과 인간을 엄격하게 분리해서 보는 이원론적 관점을 거부한다는 점이다. 환경실용주의에서는 인간과 자연·환경을

---

25 Clare Palmer, "An Overview of Environmental Ethics", eds. Andrew Light and Holmes Rolston III, *Environmental Ethics: An Anthology*, Malden: Blackwell Publishing, 2003, p. 32 참조. 하지만 환경실용주의라는 용어 자체에 대해서 의문을 제기하는 학자도 있었다. 가령 라르스 사무엘손이 그렇다. 그에 따르면 환경실용주의자들은 실효성 있는 문제해결책을 우선시하므로 이론적 논쟁을 배격한다. 그래서 그들은 환경철학자들로 하여금 이론적 논쟁에서 벗어나 실천적 문제해결책 탐구에 몰두할 것을 강조한다. 그러나 사무엘손은 그러한 태도야말로 철학적 태도가 아니라고 비판한다. 철학이란 우리를 혼란시키는 문제들을 명백히 밝히는 노력인 데 반해 오히려 환경실용주의는 이에 역행하고 있고, 따라서 환경문제를 실용주의와 결합하는 것은 '잘못된 결혼'이라는 것이다. Lars Samuelsson, "Environmental Pragmatism and Environmental Philosophy: A Bad Marriage!", *Environmental Ethics*, 32, Winter 2010, pp. 405~409 참조.

26 Andrew Light and Eric Katz eds., *Environmental Pragmatism*, New York: Routledge, 1996 참조.

분리하지 않으며 각각 독립적인 존재로 여기지 않는다. 이에 관해선 환경실용주의자인 켈리 A. 파커의 표현이 잘 입증하고 있다.

> 우리는 어디까지나 환경과 연결되어 있고, 또한 환경은 우리와 연결되어 있다는 이 가르침은 환경에 관한 프래그머티즘적 사상의 알파요 오메가다.[27]

인식 주체인 인간은 객체인 자연의 바깥에 머무는 게 아니라 경험을 매개로 늘 세계 안에 있고 세계와 함께 상호작용한다는 의미다. '인간으로부터 완전히 독립적인 자연'은 존재할 수 없다는 것이 환경실용주의의 기본 입장 중 하나라 할 수 있다.

둘째는 도덕적 다원주의를 주장한다는 점이다. 프래그머티즘은 기본적으로 일원론을 배제하고 다원론을 따른다. 왜냐하면 프래그머티즘은 하나의 원리로부터 연역적으로 도출하는 것을 거부하기 때문이다. 이러한 입장은 환경실용주의에서도 적극적으로 계승되고 있다. 라이트와 카츠에 따르면 "도덕적 다원론의 요청은 … 환경실용주의의 중심적 특징이다".[28]

환경실용주의에 따르면 종래의 환경윤리학은 'A인가, B인가' 하는 양자택일식 문제를 설정해 놓고 어느 한쪽을 택하도록 강요

---

27 Kelly A. Parker, "Pragmatism and Environmental Thought", *Environmental Pragmatism*, New York: Routledge, 2001, p. 35.

28 Andrew Light and Eric Katz, "Introduction", *Environmental Pragmatism*, p. 5.

해 왔다. 예를 들면 '인간중심주의인가, 비인간중심주의인가', '자연의 도구적 가치인가, 내재적 가치인가' 하는 대립이 그것이다. 이 경우 환경윤리학은 대체로 전자를 부정하고 후자를 옹호하였다. 바꿔 말하면 환경윤리학은 '비인간중심주의', '자연의 내재적 가치'라는 도덕적 일원론을 추구해 온 셈이다.

환경실용주의는 이러한 도덕적 일원론에 맞서서 다양한 가치의 다원론을 채택한다. 이러한 특징은 '환경실용주의'의 개념 규정에서부터 그대로 드러난다. "우리에게 있어서 환경실용주의란 인간과 환경과의 관계에 있어서 발생하는 현실적 삶의 문제를 향한 '무제약적 탐구'open-ended inquiry다(Ibid., p. 2)." 환경실용주의는 환경철학을 동질화하려는 어떠한 시도에도 저항한다는 의미다.

셋째는 이론의 실효성을 중시한다는 점이다. 이론이 현실적으로 유효한지의 여부는 실용주의의 성립 당시부터 그 사활과 연관된 문제였다. 물론 이론의 진리성과 유용성과의 관계를 어떻게 규정할 것인지는 실용주의 내부에서도 의견이 분분하지만 적어도 이론이 현실에서 유효한지의 여부 문제를 제외하고 실용주의를 이야기할 수는 없다. 환경실용주의에서는 유용성이 없는 이론은 대개 의미가 없는 것으로 간주한다. 바로 이러한 입장을 기존 환경윤리학에 적용할 경우 현실적 실효성 면에서는 이미 실패했다는 것이 환경실용주의자들의 진단이다. 이와 관련하여 라이트의 진단을 직접 살펴보기로 한다.

환경윤리학은 대부분의 경우 응용철학의 한 분야로서 성공을 거두지 못하고 있다. … 왜냐하면 자연의 가치를 둘러싼 논쟁은 '환경보호론은 인간의 이해관심interests에 기초를 둘 수 있다'라는 유익한 논법을 배제해 왔기 때문이다.[29]

이러한 진단을 토대로 환경실용주의자들은 '현실적으로 유효한 환경철학을 어떻게 확립할 것인가' 하는 것을 근본과제로 설정하고 있다.

4) 지구의 유한성에 근거한 환경사상

지구 또는 자원의 유한성에 근거하여 지구환경의 보호를 강조하는 환경사상도 등장했다. 대표적인 것은 우주선 지구호spaceship earth 사상이다. 우주선 지구호라는 용어는 미국의 유엔 대사였던 아들라이 스티븐슨에 의해 1965년 제네바에서 행한 연설에서 먼저 쓰인 것으로 전해진다. 이를 경제학자 케네스 E. 볼딩이 경제학에 도입하여 「다가올 우주선 지구호의 경제학」(1966)이라는 논문을 발표하면서 널리 보급되었다.[30]

볼딩은 위 논문에서 지구를 열린 계로 그리고 무진장한 자원

---

29 Andrew Light, "Contemporary Environmental Ethics from Metaethics to Public Philosophy", *Metaphilosophy*, vol. 33, no. 4, July 2002, p. 427.

30 우주선 지구호라는 용어가 대중화되는 데에는 볼딩의 논문과 함께 1969년 초판 출간된 벅민스터 풀러의 『우주선 지구호 조종 매뉴얼』 또한 영향을 주었다. R. Buckminster Fuller, *Operating Manual for Spaceship Earth*, Carbondale: Southern Illinois University Press, 1969 참조.

의 저장소로 간주하는 현대의 경제를 카우보이경제라 부른다. 지구를 무한히 착취 가능한 미개지로 삼는 이러한 사고는 인류가 창안해 낸 가장 오래된 지구관 중의 하나다. 하지만 현대의 지구환경 문제는 이러한 지구관에 의문을 제기하게 만들었다. 그래서 볼딩은 미래경제의 모습을 유한한 자원에 기초한 우주인경제라고 부른다. 이는 지구의 수용력이 유한함을 자각하고 순환적인 생산 시스템을 확립할 필요성을 주장한다.[31]

현대경제와 미래경제 사이에는 에너지 및 천연자원의 소비에 있어서 결정적 차이가 있다. 카우보이경제에서는 소비와 생산이 장려된다. 이 경제는 생산요소로서 소비되는 자원의 양으로 측정되기 때문이다. 이 경제에서의 목표는 GNP를 위해 천연자원의 소비를 극대화하는 데 있다. 반면에 우주인경제는 소비를 극소화하고 천연자원의 재고를 보존하는 데 강조점을 둔다.

이와 같이 지구를 우주선에 비유하는 것은 양자 간의 유사성이 있다고 보기 때문이다. 그 유사성을 정리하면 이렇다. 첫째는 우주선과 지구, 양자 모두가 닫힌 시스템이라는 점이다. 둘째는 쌍방 모두 유한하다는 점, 즉 우주선이든 지구든 그 안에서의 활동이 무한정 확대되는 것은 불가능하며, 어느 쪽의 탑재 능력에도 한계가 있다는 것이다. 셋째는 쌍방 모두 승객들의 생명을 유지하기 위해

---

31 K. E. Boulding, "The Economic of the Coming Spaceship Earth", *Beyond Economics*, Ann Arbor: University of Michigan Press, 1988, pp. 281~282 참조.

균형을 중시하며, 독자적으로 자기를 유지하는 시스템에 따르고 있다는 점이다. 만약 지구에서건 우주선에서건 그 중요한 내적 시스템이 작동하지 않으면 승객들은 살아남을 수 없게 된다.

지구를 우주선에 비유하는 것이 너무 단순한 경향은 있지만 그래도 이 비유는 지구가 상대적으로 닫힌 계로서 유한하다는 본질적 인식을 심어 주고 있다는 점에서 의의가 있다.

우주선 지구호 사상과 결이 다르긴 하지만 지구자원의 유한성을 토대로 한 환경사상에는 개릿 하딘의 '공유지의 비극'과 '구명보트윤리'도 있다. 하딘은 「공유지의 비극」(1968)이라는 논문에서 '유한한 세계는 유한한 인구밖에 부양할 수 없다'라고 주장한다. 그는 이러한 주장을 누구에게나 개방돼 있는 유한한 목초지에 소들이 과도하게 방목되는 결과 야기되는 비극의 비유로 설명해 간다.[32] 이 비극이론은 지구의 유한한 자원과 환경 아래에서 각 개인이 경제적 이익추구의 자유를 전제로 가장 합리적인 개인적 이익추구의 행위를 지속한다면 조만간 자원고갈과 환경파괴에 의해 모두가 최악의 손실을 볼 수 있음을 시사하고 있다.

이어서 「구명보트에서의 삶」(1974)이라는 논문에서는 인간이 인간으로서의 존엄을 유지하며 살아가려면 구명보트윤리에 따를 것을 주장한다.[33] 이 윤리에 따르면 선진국들은 풍요롭고 적절한 수

---

32 Garrett Hardin, "The Tragedy of the Commons", ed. K. S. Shrader Frechette, *Environmental Ethics*, 2nd ed., Pacific Grove: The Boxwood Press, 1991, pp. 242~252 참조.

33 Garrett Hardin, "Commentary: Living on a Lifeboat", *BioScience*, vol. 24, no. 10, Oc-

1장 · 환경사상이란 무엇인가?

의 승객들이 타고 있는 구명보트로, 미개발국들은 매우 혼잡하고 초만원인 구명보트로 간주된다. 미개발국 사람들의 간절한 소망은 혼잡한 보트에서 빠져나와 부유한 구명보트에 승선하는 일이다. 바로 이때 도덕적 딜레마가 발생한다. 그것은 미개발국 사람들이 생존을 위해 부유한 보트로 헤엄쳐 올 때 그들의 승선을 허락할 것이냐 말 것이냐 하는 점이다. 이에 대한 해결책으로 하딘은 이미 승선해 있는 부유국 사람들의 생존을 보호하고 안전을 유지하기 위해 승선을 허락하지 말 것을 권고한다. 만일 승선을 허락하면 한도 초과로 보트는 침몰해 버리기 때문이다.

인구증가, 무제한의 이민, 경제발달의 촉진이 환경에 부과하고 있는 짐은 이미 그 한도를 넘어섰다는 게 하딘의 진단이다. 따라서 하딘은 우리가 구명보트윤리에 따름으로써 이러한 경향 전체에 대해 제한을 가해야 하며, 만약 그렇지 않을 경우 미래세대의 환경권을 침해하게 된다고 주장한다.

지구의 유한성에 근거한 환경사상을 전개한 이로는 허먼 데일리 또한 빼놓을 수 없다. 그에 따르면 인류의 경제활동은 유한하고 성장하지 않으며 물질적으로 닫힌 생태계 안에서 이루어진다. 따라서 데일리는, 경제활동에 대한 요구는 생태계가 투입input 원재료를 재생하고 산출output 폐기물을 흡수할 수 있는 수준, 곧 생태적으로 지속가능한 수준에서 제한되어야 하며, 그것이 지속가능한 발

---

tober 1974, pp. 561~568 참조.

전의 조건이라 말한다.[34]

데일리에게 있어서 지속가능한 발전이란 성장경제에서 정상상태경제로의 이행을 의미한다. 성장경제에서는 상품을 생산하고 소비하는 경제활동을 영위하게 해주는 물질·에너지 처리량의 물질적 규모가 증가하기를 원하며 그것이 곧 성장이다. 그러나 정상상태경제에서는 총처리량이 일정하다. 처리량이란 저엔트로피 원자재가 상품으로 전환되어 궁극적으로는 고엔트로피 폐기물로 전환되는 과정을 말한다. 이는 곧 소모로 시작하여 오염으로 끝난다. 성장이 처리량의 물질적 규모가 수량적으로 증가하는 것이라면, 발전이란 주어진 한도의 처리량을 사용하는 가운데 이루어지는 질적 개선을 의미한다. 데일리의 주 관심사는 성장이 아니라 발전에 있다. 그는 성장과 발전, 양 개념을 분명히 구분 지으며 정상상태경제란 발전할 수는 있지만 성장할 수는 없다고 말한다(앞의 책, 55~88쪽 참조).

데일리는 기존의 성장경제의 한계점을 분석적으로 밝힘과 더불어 정상상태경제라는 새로운 패러다임 구축을 그 대안으로 제시하고 있다. 단순히 환경의 중요성을 강변하는 수준에 머물지 않고 성장경제가 지니고 있는 한계를 지적하며 새로운 대안을 마련하는 과정이 분석적이고 체계적이라는 점에서 주목할 만한 가치가 크다.

---

34 허먼 데일리, 『성장을 넘어서』, 박형준 옮김, 열린책들, 2016, 11~19쪽 참조.

1. 환경사상의 개념을 정의해 보고 환경사상과 환경철학·환경윤리학은 어떻게 다른지 설명해 보자.

2. 사상적·역사적 접근 방식으로 환경문제에 대한 해결책을 모색하는 것을 의아해하는 사람들이 있을 수 있다. 특히 자연과학자나 공학자의 입장에선 양자의 관계에 대해 더 많은 의구심이 들지도 모른다. 이들의 의구심을 불식시킬 수 있는 환경사상의 의의에 대해 밝혀 보자.

3. 도널드 휴스에 따르면 오늘날 서구인들의 자연에 대한 태도가 실용주의적·실리추구적·인간중심적인 것은 그리스·로마 문명에까지 그 근원을 소급할 수 있다. 그러한 주장의 근거는 무엇인지 생각해 보고, 그 주장의 타당성에 대해서도 밝혀 보자.

4. 근세 이후 현대까지의 자연관이 어떻게 변천돼 왔는지 그 흐름을 정리하고 그것이 환경에는 어떠한 영향을 끼쳐 왔는지에 대해서도 설명해 보자.

5. 서양에서의 환경사상의 맹아는 낭만주의자들의 사고에서 발견할 수 있다. 그 배경에 대해 말해 보자. 그리고 레이철 카슨을 환경사상의 선구자로 평가하는 이유에 대해서도 밝혀 보자.

6. 탈인간중심주의 환경사상이 전개돼 온 흐름에 대해 정리해 보자.

7. 탈인간중심주의 사상에 반발하는 인간중심주의 환경사상의 유형과 그 특징에 대해 밝혀 보자. 특히 환경실용주의 입장이 대두하게 된 배경과 그 특징에 대해서도 정리해 보자.

8. 지구 또는 자원의 유한성에 근거한 환경사상에는 어떤 입장들이 있으며, 이들 각 입장의 특징에 대해서도 정리해 보자.

르네 데카르트

기계론적 자연관은 자연환경에 어떤 영향을 끼쳤는가?

1. 데카르트의 자연관을 들여다보는 이유

주지하다시피 데카르트(1596~1650)는 대표적인 기계론적 자연관의 소유자다. 기계론적 자연관은 자연을 기계처럼 인식하고 다룬다. 기계를 인간이 관리, 지배, 제어할 수 있듯이 자연 또한 관리, 지배, 제어 가능하다고 본다. 중세 자연관에선 개개의 사물을 바라볼 때 그 자체로서 목적도 있고 형상도 있었다. 근대 초기만 해도 많은 사람들이 자연계를 신비하게 바라보고 있었다. 그러나 데카르트에 와서 자연현상을 바라보는 시각이 단순 명료해졌다. 자연계의 물체를 수학적으로 환원하는 데 모든 장애가 사라진 것이다.

데카르트는 기계론적 자연관을 철학적 방식으로 명확히 표현했다. 그에 따르면 자연은 연장을 속성으로 하는 물체로 채워지고, 그 변화는 운동에 의해 설명되며, 운동 자체는 외부의 힘을 원인으로 발생하는데 일단 운동이 시작되면 물체는 자동적으로 계속 움직인다. 데카르트철학에 있어서 모든 물질적 존재는 동일한 역학법칙의 지배를 받는 기계이며, 인간 역시 동식물이나 무기물과 차이가 없다. 데카르트에게 있어서 살아 있는 인간의 육체란 하나의 시계에 다름 아니다. 자연도 기계이고 인간(육체)도 기계다. 그것은 시계와 같이 감겨진 태엽에 의해 움직이며, 따라서 태엽과 운동이 인과연쇄로 결부돼 있다.

기계론적 자연관의 더욱 중요한 특징은 자연지배의 관념이다. 데카르트는 명확히 자연지배의 철학을 주장하고 있다. 우리를 둘러싼 온갖 물체의 힘과 작용을 판명하게 알고, 그것들을 어떤 용도에든 이용하고, 그럼으로써 우리 자신을 자연의 지배자이자 소유자가 되도록 하자는 게 그의 신념이었다. 여기서 유의할 것은 자연지배라 할 때 '지배'라는 말의 의미다. 데카르트에 따르면 그것은 자연의 메커니즘에 대한 파악을 토대로 자연의 각종 힘이나 소재를 인간의 다양한 목적을 위해 응용하는 것이다. 그의 주장대로 물질적 존재, 즉 모든 자연을 동일한 역학법칙에 의해 통일적으로 파악할 수 있다면 이를 토대로 자연의 내적 힘을 우리의 목적을 위해 이용할 수 있다.

이 지점에서 제기하고 싶은 물음은 이러한 데카르트의 기계론적 자연관이 자연환경과 어떤 상관이 있는가 하는 점이다. 일반적으로 기계론적 자연관이 환경적 관점에서는 부정적으로 인식되는 경향이 강하다. 이 자연관을 토대로 인간중심주의 사고가 뿌리내리고 이는 환경문제의 한 요인으로 작용해 왔다는 이유에서다. 그렇다면 기계론적 자연관은 이처럼 부정적으로밖에 인식될 수 없는지, 아니면 새롭게 인식되어야 할 부분을 놓치고 있는 것은 아닌지 이에 대해 검토해 볼 필요가 있다.

이를 위해 데카르트철학의 기초 및 데카르트 자연관의 핵심적 내용과 그것이 대두하게 된 배경을 먼저 살펴보고 난 뒤, 그것이 자연환경에는 어떤 영향을 끼쳤는지 그 공과를 따져 봄과 동시에 그 대안 또한 모색해 보는 순으로 논의를 전개할 것이다.

2. 데카르트철학의 기초

데카르트는 프랑스의 수학자, 과학자, 철학자다. 수학자로서는 해석기하학을 창시했고, 방정식의 미지수에 최초로 x를 사용했을 뿐 아니라 거듭제곱을 표현하기 위한 지수 사용 등을 발명했다. 과학자로서는 물리학 분야에 큰 기여를 하였다. 굴절의 법칙을 증명함과 더불어 시력에 관한 다양한 연구 결과를 내놓았고, 이를 현미경과 망원경의 개념에까지 확대하였다. 철학자로서는 근대사상의 기본 틀을 최초로 확립함으로써 근대철학의 문을 열었다.[1]

데카르트가 철학을 통하여 이루고자 했던 것은 절대 확실한

---

1 최명관, 「데카르트의 생애」, 르네 데카르트, 『데카르트 연구: 방법서설·성찰』 개정판, 최명관 옮김, 창, 2010, 12~18쪽.

진리의 근거를 찾아내고 이를 바탕으로 새로운 학문체계를 정립하는 일이었다. 진리의 근거를 찾기 위해 데카르트가 적용한 방법은 사람들이 당연하다고 믿는 모든 것에 대해 일단 의심해 보는 이른바 방법적 회의였다. 이는 '회의를 위한 회의'가 아니라 조금도 의심할 수 없는 확실한 진리를 발견하기 위한 '방법으로서의 회의'를 의미했다.

이 방법을 통해 데카르트는 한 가지 분명한 사실에 도달했는데 그것은 '지금 나는 의심하고 있다'라는 사실이었다. 의심하고 있는 사실만은 더 이상 의심할 수가 없다는 것이다. 이를 데카르트는 "나는 생각한다, 고로 존재한다"[2]라는 말로 표현했는데, 그는 이것을 가장 확실한 원리, 곧 제1원리로 여겼고 철학은 이와 같은 명백한 원리 위에 정립돼야 한다고 보았다.

데카르트의 제1원리는 그 의미가 매우 크다. 왜냐하면 제1원리는 인간이 '생각한다'라는 자신의 힘만으로 진리를 탐구할 수 있다고 한 이성의 독립선언이었기 때문이다. 더 이상 신께 가르침을 청할 필요는 사라졌다. 인간은 이제 이성을 통해 참된 것을 판단할 수 있다는 새로운 사실을 깨닫게 된 것이다. 이처럼 이성에 절대적 신뢰를 두는 입장을 합리론이라 부르는데 이는 바로 데카르트에게

2　데카르트, 『방법서설』, 이현복 옮김, 문예출판사, 1997, 185쪽; René Descartes, "Discourse on the Method of Rightly Conducting the Reason", *The Philosophical Works of Descartes*, vol. 1, trans. Elizabeth S. Haldane and G. R. T. Ross, London: Cambridge University Press, 1979, p. 101.

서 비롯한 것이다.

데카르트가 찾아낸 의심의 여지가 없는 '자아(이성)의 존재'는 그의 철학의 출발점으로 작용한다. 그리고 이성은 인간에게 본래부터 주어져 있다는 것이 그의 믿음이었다. 이의 설명을 위해 데카르트는 관념을 도입한다. 그에 따르면 관념에는 외래관념, 인위관념, 본유관념 세 가지가 있다. 외래관념이란 외부로부터 오는 관념으로 소리, 춥고 더움 등이 이에 해당한다. 인위관념이란 지어낸 관념으로 인어나 도깨비 등이 이에 속한다. 본유관념이란 인간의 마음속에 태어날 때부터 형성되는 것으로 자아, 진리, 수학적 공리 등이 이에 포함된다.[3]

여기서 놓치지 말아야 할 것은 중세철학자들과의 차이점이다. 중세철학자들에게는 생각하는 능력을 그리스도 혹은 신이 제공해 주었다는 사실이 가장 중요하다. 그들에게 인식의 목표는 신과 영혼이었기 때문이다. 그들에게 자연물의 인식이나 기타 유사한 지식은 그 자체로는 불필요한 것이었고 오직 신학적 명제를 증명하기 위해 필요한 것인 반면, 데카르트에게는 이성 능력을 누가 주었는가는 별로 중요하지 않다. 중요한 것은 '나'라는 자아가 자신의 능력으로써 확실한 것을 생각할 수 있다는 사실이며, 또 이 능력이 인간 안에 구비돼 있다는 사실이다. 데카르트에 의해 의심할 수

---

3   데카르트, 「성찰」, 『데카르트 연구』, 178쪽; Descartes, "Meditations on First Philoso-phy", *The Philosophical Works of Descartes*, vol. 1, p. 160 참조.

없는 확실한 존재인 나는 신의 도움 없이도 이미 구비돼 있는 이성에 의해 확실하게 판단할 수 있는 존재가 된 것이다. '생각할 줄 아는 자아'는 신으로부터 독립한 '주체'라는 뜻이다. 이와 같은 신으로부터의 독립 때문에 데카르트의 사고는 중세에서 벗어나게 되고, 나아가 철학은 신학의 시녀 지위에서 이탈하는 계기를 마련할 수 있었다.[4]

여기서 관심을 기울여야 할 것은 신으로부터 독립한 주체라는 개념이다. 신으로부터 독립하기 위해선 독립적으로 사고할 수 있는 주체가 필수적이다. 바꿔 말하면 주체는 확실한 지식에 이르기 위한 출발점, 사고의 기초, 지식의 기초가 된다. 이런 의미에서 근대철학을 주체철학이라 부르는 것도 과언이 아님을 알 수 있다. 그런데 주체라는 말은 객체 또는 대상을 전제로 하는 표현이다. '생각하는 주체'라는 표현은 이 주체가 생각하는 어떤 객체나 대상이 없으면 성립할 수 없다. 물론 여기서 그 객체나 대상에 해당하는 것은 생각하는 주체를 제외한 자연세계일 것이다. 결국 주체인 인간은 신으로부터 독립했을 뿐만 아니라 자연세계로부터도 분리되었음을 말해 준다.

이와 같이 데카르트는 자아의 존재, 자연세계의 존재를 증명하는 작업과 더불어 진리의 발견 작업에도 나선다. 진리를 발견하려면 인식 주체가 인식하고 있는 내용이 인식 대상과 일치하는 지

---

4 이진경, 『철학과 굴뚝청소부』, 그린비, 2005, 36~41쪽 참조.

식, 곧 올바른 인식에 이를 수 있어야 한다. 이를 위해 데카르트가 들고 나온 것이 실체론이다. 실체란 현존하기 위해 다른 어떤 것의 도움도 필요로 하지 않는 것을 말한다.[5] 이는 다른 변화를 만들어 내지만 다른 것에 의존하지 않는 불변적 본질, 세계의 가장 근원적 존재라고도 할 수 있다. 이런 의미에서 볼 때 가장 엄밀한 실체는 신밖에 없다. 다른 모든 것은 적어도 자신을 창조한 자를 필요로 하기 때문이다.

그런데 데카르트는 신 이외에 좀 더 일반적인 차원에서, 즉 모든 사물에 공통적으로 존재하는 실체를 찾으려 한다. 이에 대한 그의 답변은 '연장'과 '사유'다(「철학의 원리」, 210쪽; "The Principles of Philosophy", p. 240). 연장은 물질·물체·육체의 실체로 어떤 공간을 차지하고 있다는 것이고, 사유는 정신의 실체로 생각하는 특성을 말한다. 물질(육체)은 연장을 가지고 있고 기하학적 공간에 위치하므로 섞여 있거나 겹치지 않는다. 또한 기하학의 원리에 따라 무한 분할이 가능하며 모든 물체의 위치와 공간은 기하학적 공간에서 좌표화가 가능해진다. 한편 정신은 연장의 특징이 없고 불가분적이므로 물질과는 확연히 구분된다. 데카르트에 따르면 육체 없이도 존재하는 나를 상상할 수 있는데 이는 물질과는 독립적인 정신이라는 실체가 있기 때문이다.

---

5 데카르트, 「철학의 원리」, 『방법서설/성찰/철학의 원리/세계론/정념론/정신지도를 위한 규칙』 제3판, 소두영 옮김, 동서문화사, 2016, 209쪽; Descartes, "The Principles of Philosophy", *The Philosophical Works of Descartes*, vol. 1, p. 239 참조.

이와 같이 정신과 육체가 별개의 실체라면, 바꿔 말해 인식하는 정신과 인식되는 대상이 별개라면 이 양자는 대체 어떻게 일치할 수 있는가? 이를 해결할 수 있어야 올바른 인식에 이를 수 있기에 데카르트에게 있어 이는 매우 중대한 문제다. 이를 해결하고자 데카르트는 세 가지 방법을 제시한다(『철학과 굴뚝청소부』, 45~54쪽 참조).

첫째는 '이성 능력의 완전성'이라는 대안이다. 그에 따르면 이성은 완전한 것을 인식할 수 있는 본유관념인 만큼 이에 의해 진리에 이를 수 있다. 사물에 대한 감각 경험은 불완전하지만 인간의 이성은 완전한 것을 인식할 수 있는 능력을 지니고 있다는 것이다.[6]

두 번째 방법은 과학을 통한 접근이다. 과학의 발전을 통해 대상에 대한 올바른 인식, 즉 객관적 진리를 발견할 수 있다는 입장이

---

6 바로 이러한 관점에서 데카르트는 이성에 우위를 두는 관념론자임을 알 수 있다. 데카르트는 이 이성 능력의 완전성을 증명하기 위해 신을 끌어들인다. 완전한 개념은 불완전한 것에서 나올 수 없듯이 완전한 이성은 완전한 존재인 신에게서 비롯한다는 것이다. 이렇게 보면 데카르트의 주장은 중세신학자 아우구스티누스의 주장과 일치하게 된다. 하지만 양자 간에는 중대한 차이가 있다. 아우구스티누스는 신이 우리에게 이성을 준 것은 신과 영혼을 증명하고 신에 대한 믿음으로 나아가는 데 그 목적이 있다고 보았던 반면, 데카르트는 신이 인간에게 이성을 준 것은 완전한 것을 인식할 수 있는 능력을 통해 '확실한 지식'에 이르는 데 그 목적이 있다고 보았다. 아우구스티누스에게 인식의 목표는 신과 영혼이었다. 이 인식을 토대로 신앙을 공고히 하고자 했던 것이 아우구스티누스라면, 데카르트는 이성을 통해 신이 아니라 확실한 지식에 이르고자 했던 것이다. 데카르트는 이성의 완전성을 위해 신을 끌어들이고 있는 반면, 아우구스티누스는 신의 존재와 신앙을 위해 진리를 인식할 수 있는 이성의 능력을 끌어들이는 것이다. 따라서 그들 각자에게 중심축은 정반대되는 방향을 향하고 있는 셈이다. 앞의 책, 36~47쪽 참조.

다. 경험적 사실은 극히 불확실한 것이어서 그대로 둔다면 결코 진리가 될 수 없다. 그것이 참지식(진리)으로 인정받으려면 법칙으로의 정식화, 바꿔 말하면 수학적 형태로 환원될 수 있어야 한다는 것이 데카르트의 생각이다.

세 번째 방법은 정신과 육체의 일치, 이성과 감정의 일치를 이루기 위한 것으로 데카르트는 가치론·도덕론을 제시한다. 우리가 우리 자신의 육체를 지배하고 통어하려면 육체에서 파생하여 육체에 작용을 가하는 감정·정념에 대해 충분히 알고 있어야 한다. 이를 위해선 완전한 능력을 갖춘 이성을 발휘하는 것이 최선의 방책이다. 바꿔 말하면 감정·정념·욕망 등을 진리에 이르는 완전한 능력을 갖춘 이성이 통제하고 지배해야 한다는 것이다. 그런데 정신과 육체는 각각 독립적 실체들이다. 그래서 제기되는 문제가 인간의 이성·정신은 감정·정념·욕망 등을 어떻게 지배할 수 있을까 하는 것이고, 이 문제를 다루는 도덕론은 그 중요성이 크게 부각되지 않을 수 없다.

3. 데카르트의 자연관

1) 기계론적 자연관

중세문화의 상징이 그리스도교라면 근대문화의 상징은 과학혁명이다. 서양의 근대를 규정지을 때 '과학혁명의 시대' 이상의 표현은 없다. 과학혁명에 비하면 근대역사의 신호탄인 종교개혁과 르네상

2장·르네 데카르트

스도 중세 그리스도교 사회에서 일어난 작은 변화에 지나지 않을 정도다. 반면에 과학혁명은 패러다임의 전환을 초래한 대변혁이었다. 16, 17세기에 걸쳐 유럽을 무대로 과학의 여러 분야에서 급격한 변화가 초래됐던 것이다.[7]

그 변화는 16세기에는 천문학 중심으로, 17세기에는 천상물체는 물론이고 지상물체의 운동도 함께 다루는 역학을 중심으로 전개되었다.[8] 지구중심체계를 태양중심체계로 바꾼 천문학혁명은 코페르니쿠스, 케플러, 갈릴레이 등이 주역이었고, 관성의 원리와 중력법칙으로 대표되는 역학혁명은 갈릴레이, 데카르트, 뉴턴, 라이프니츠 등이 주역이었다.[9]

과학혁명은 고·중세과학을 지배한 아리스토텔레스주의 자연학을 허물고 기계론이라는 새로운 자연철학을 낳았다. 기계론이란 모든 자연현상을 물체의 운동으로 설명하고 목적을 고려하지 않는 관점이다. 근대 기계론의 정점은 데카르트의 자연철학이다. 그의

---

7 김영식, 『과학혁명』, 아르케, 2001, 16~17쪽 참조.

8 고·중세인들은 천상과 지상을 지배하는 자연법칙이 서로 다르다고 믿었다. 신이 살고 있는 천상의 자연법칙은 완전하고 아름다워야 한다고 보았던 반면, 인간이 사는 지상의 자연법칙은 불완전하다고 보았다. 천상물체인 별들이 완전한 형태인 원을 그리며 멈추지 않고 영원히 운동하는 것이 전자의 증거라면, 지상의 물체는 힘이 가해져야 운동하며 힘이 가해지지 않는 경우는 움직이던 물체도 정지한다고 보는 것이 후자의 증거다. 그런데 16, 17세기에 걸쳐 자연법칙에 대한 그동안의 믿음이 옳지 않다는 증거가 서서히 드러나는 가운데, 지상과 천상을 포함한 모든 자연현상에서 성립하는 자연법칙을 찾아낸 것은 17세기에 와서였다. 데이비드 Z. 앨버트, 『양자역학과 경험』, 차동우 옮김, 한길사, 2004, 9~11쪽 참조.

9 김성환, 『17세기 자연 철학』, 그린비, 2008, 18쪽 참조.

자연철학에 의해 고·중세에 걸쳐 2000년 동안 위상을 지녔던 아리스토텔레스주의 자연학이 무너져 갔기 때문이다(앞의 책, 24쪽; 『양자역학과 경험』, 24쪽 참조).

데카르트의 기계론은 정신과 물체의 이원론이라 불리는 형이상학원리가 그 배경을 이룬다. 데카르트의 이원론에 따르면 정신은 '사유하는 것'이라고 능동적으로 표현되듯 활동성을 지니지만, 물체는 '연장된 것'이라고 수동적으로 표현되듯 비활성을 지닌다. 물체의 비활성이란 물체 안에 스스로 운동하는 원인이 없다는 의미다. 데카르트의 물체는 수동적인 것이다. 따라서 물체가 본성에 따라 스스로 하는 운동이라고 아리스토텔레스가 규정한 자연운동을 데카르트에게선 찾아볼 수 없다(『17세기 자연 철학』, 24~25쪽 참조).

데카르트는 각 물체에 고유한 형상 또는 본질을 제거함으로써 사물의 질적 구별을 없애고, 다양하고 풍요로운 자연세계를 한 가지 모습의 균질한 물체세계로 바꿔 놓았다. 더불어 그는 피조물에 대해서는 목적인을 고려해서도 안 된다고 주장하며 다음과 같이 말한다.

우리는 신이나 자연이 자연물들을 창조할 때 세운 목적에 따라 모든 사물들이 존재하는 것이라고는 결코 생각하지 않는다. 왜냐하면 우리는 (신이 추구하는 목적의 대상으로서) 신의 계획에 참여하고 있다고 생각할 만큼 우쭐대서는 안 되기 때문이다(「철학의 원리」, 199쪽; "The Principles of Philosophy", p. 230).

2장·르네 데카르트

이처럼 데카르트는 목적인을 제거하고 아리스토텔레스나 토마스 아퀴나스가 인정하고 있었던 모든 생물의 성장이나 번식을 위한 운동과 행동이 생물에 내재하는 자발적인 것임을 부정하였다. 데카르트에 따르면 자연세계는 생명이 없는 물질적 대상으로 거기에는 어떤 목적이나 의미 따위가 존재하지 않는다. 자연은 정교하게 설계된 기계처럼 각 부분이 인과적·법칙적으로 연결되어 있는 것으로 간주하는 것이다.

이러한 기계론적 자연관을 최초로 명확하게 표명한 이는 갈릴레이였다. "모든 자연현상은 불변의 수학적 법칙에 따라 움직이는 관성물체에 의해 발생하는 결과에 지나지 않는다"[10]라는 표현이 이를 입증해 준다. 더불어 갈릴레이는 이렇게도 말하고 있다.

철학은 우리 눈앞에 끊임없이 펼쳐진 이 가장 거대한 책인 우주에 쓰여 있다. 그러나 먼저 우리가 그 책의 언어를 이해하고, 거기에 쓰여 있는 문자를 해독하는 것을 배우지 않는 한 그것을 이해할 수 없다. 그 책은 수학적 언어로 쓰여 있고, 그 문자는 삼각형, 원, 그밖의 기하학적 도형들이다. 이들 수단이 없다면 인간의 능력으로는 그 언어를 이해할 수 없다.[11]

---

10 杉田聡, 『カント哲学と現代』, 大津: 行路社, 2012, p. 222에서 재인용.

11 R. G. 콜링우드, 『자연이라는 개념』, 유원기 옮김, 이제이북스, 2004, 152쪽에서 재인용.

위 내용의 핵심은 자연현상이란 수·도형·운동을 통해 정량화 가능한 방식으로 설명될 수 있다는 것이다. 이른바 자연의 수학화·기계화가 얼마든지 가능하다는 주장이다. 이 점에선 데카르트 역시 마찬가지였다.

위 두 사람이 일치하는 측면은 또 있다. 갈릴레이는 물체의 크기, 형태, 운동 등의 성질과 색, 맛, 소리, 향기 등의 성질 사이를 근원적으로 구별하고 전자는 물체의 기본적 성질인 반면, 후자는 비본질적·상대적 성질에 불과하다는 견해를 피력하였다. 데카르트 역시 이 견해를 그대로 수용한다. 그는 감각적으로 지각하는 사물 중 '명석하고 판명하게' 지각하는 것만을 참으로 존재하는 것으로 인정하고, 불명료하게밖에 지각할 수 없는 것은 존재하지 않는다고 본다. 그리고 물체의 관념에서 명석 판명하게 지각할 수 있는 것은 물체의 크기(연장), 형태, 위치, 운동, 수라고 한다. 반면에 물체의 빛, 색, 소리, 향, 맛, 열, 차가움, 촉각적 성질 등은 불명료하게밖에 지각할 수 없다. 이와 관련하여 데카르트는 다음의 결론을 도출한다.

물질 또는 넓은 의미에서 물체라는 것의 본성은 딱딱함의 정도나 무게, 색깔 또는 그 밖에 어떤 방식으로든 감각을 자극하는 데 있는 게 아니라, 단지 길이와 폭, 깊이 등의 연장에 있다(「철학의 원리」, 227쪽; "The Principles of Philosophy", pp. 255~256).

데카르트에게 있어서 명료하게 지각할 수 있는 것이란 양적으로 측정할 수 있는 것이다. 형태나 크기는 공간적 넓이를 갖고 있기에 길이, 면적, 부피 면에서 수학적 측정이 가능하다. 운동 역시 거리와 시간으로 표현되므로 수학적으로 양화할 수 있다. 이에 반해 빛, 색, 소리, 향기, 맛 등은 질적 차이를 가지므로 정량화할 수 없게 된다. 데카르트는 이렇게 정량화할 수 없는 성질은 물체의 본성에서 배제함과 동시에 '존재'하지 않는 것이라고 규정한 반면, 수량적으로 측정할 수 있는 것만을 참의미에서 '존재'한다고 보았다. 이와 관련하여 데카르트는 이렇게 말한다.

> 나는 기하학이나 순수수학의 추상적 원리만을 자연학의 원리로서 인정하거나 요청한다. 이러한 원리들에 의해서만 모든 자연현상을 설명할 수 있으며 확실한 증명을 할 수 있기 때문이다. … 내가 물체적 사물의 자료로서 인정하는 물질은 기하학자들이 양이라 부르며, 그들의 논증 대상으로 삼고 있는 물질, 즉 그 모든 게 분할될 수 있고 형성될 수 있고 움직여질 수 있는 물질뿐이다. 그리고 이러한 물질 자료들의 분할·형태·운동 말고는 어떤 현상도 고찰하지 않는다(「철학의 원리」, 263~264쪽; "The Principles of Philosophy", p. 269).

자연 연구 시 수학적·기하학적 방법이 무엇보다 중요하다는 주장으로, 이는 자연현상을 수량화해 내는 데 이러한 방법 이상이 없다는 판단 때문이다.

2) 물체의 운동

다음에는 물체의 운동에 관한 데카르트의 생각을 살펴보기로 한다. 기계론이란 물질의 운동법칙으로 모든 자연현상을 설명하는 관점이기에 이에 대한 고찰은 필수적이다.

데카르트에 따르면 물체는 수동적인 만큼 그 내부에 스스로 운동하는 원인이 없다. 이처럼 물체가 스스로 운동할 수 없다면 무엇이 운동을 일으키는 것일까? 데카르트의 답변은 신이다. 태초에 신이 모든 물체를 창조할 때 운동도 함께 부여했다는 것이다(「철학의 원리」, 246~247쪽; "The Principles of Philosophy", p. 267 참조). 신이 운동을 창조하였다는 말은 신이 자연법칙을 제정하였고, 그 후에는 자연계가 그 법칙에 따라 운동한다는 의미다.

데카르트는 이러한 자연법칙을 "사물은 일단 움직여지면 항상 운동을 지속하고자 한다", "모든 운동은 그 자체의 본성상 직선적이다", "어떤 물체가 더 강한 다른 물체와 충돌하면 자신의 운동을 조금도 잃지 않지만, 보다 약한 물체와 충돌하면 약한 물체에 옮겨지는 만큼의 운동을 잃는다"(「철학의 원리」, 247~249쪽; "The Principles of Philosophy", p. 267) 등으로 표현한다. 이들 자연법칙의 바탕에 깔려 있는 요점은, 물체란 자신의 힘에 의해 운동을 하는 게 아니라 단지 다른 물체에 의해 움직여질 뿐이라는 인식이다. 이와 관련한 데카르트의 말을 살펴본다.

아마 나는 다음과 같이 설명했을 것이다. 물체란 … 스스로 운동하지 않지만 다른 사물과 접촉함으로써 다양한 방식으로 운동하는 것이라고. 왜냐하면 스스로 운동하는 힘은 감각하는 힘이나 사유하는 힘과 마찬가지로 물체의 본성에는 결코 속하지 않는다고 판단했기 때문이다(「성찰」, 165쪽; "Meditations on First Philosophy," p. 151).

자연계의 물체는 결코 자기 자신의 힘으로는 움직일 수 없다는 주장이다. 물체가 움직이는 경우는 다른 물체와의 접촉에 의하거나 또는 인간(이성)에 의한 경우뿐이다. 앞에서 데카르트가 목적인을 부정했다는 사실을 지적한 바 있지만, 물체가 자발적 운동을 할 수 없다는 것은 이 목적인 부정의 연장선상에 있다. 데카르트는 생물의 운동·변화의 원인으로서 자기 보존과 번식이라는 내재적 목적 또한 인정하지 않는다. 그가 인정하는 것은 작용인뿐이고, 이는 운동·변화하는 바로 그 사물의 외부에서만 작용한다. 데카르트의 작용인은 궁극적으로는 제1원인으로서의 신이고 신이 제정한 자연법칙이지만, 직접적으로는 바로 그 사물에 충돌하는 다른 물체다. 아리스토텔레스는 작용인으로서 외부로부터의 힘과 내발적인 힘, 양쪽을 인정하였던 반면 데카르트는 전자만을 인정하고 후자는 부정했던 것이다.

그렇다면 데카르트가 생물, 특히 동물의 운동에 대해선 어떻게 설명하고 있는가? 그는 우선 동물에게는 이성이 없다고 주장한다. 인간은 말을 할 수 있다는 데서 알 수 있듯이 이성을 가지고 있지만, 동물은 말을 할 수 없으므로 이성을 갖지 못한다는 것이다.

까치와 앵무새는 우리 인간들처럼 말을 토해 낼 수 있어도 우리처럼 말하는 것, 즉 자신들이 생각한 것을 말하고 있다는 증거를 보이면서 말할 수는 없다. … 이는 짐승들이 사람들보다 이성을 적게 가지고 있다는 것뿐만 아니라 이성을 전혀 가지고 있지 않음을 보여 주는 것이다. … 말과 자연적인 동작을 혼동해서도 안 된다. 자연적인 동작은 정념의 표출이므로 동물과 마찬가지로 기계도 흉내를 낼 수 있다. 또 어떤 고대인들처럼 짐승들도 말을 하는데 단지 우리가 그들의 언어를 이해하지 못하고 있을 뿐이라고 생각해선 안 된다(『방법서설』, 214~215쪽; "Discourse on the Method of Rightly Conducting the Reason", p. 117).

이와 같이 동물에게는 이성이 없다고 단정 짓고 난 뒤, 데카르트는 더 나아가 이성을 갖지 못한 존재는 자기 자신의 힘으로 운동할 수 없으므로, 동물의 운동은 자발적이 아니라 시계와 같은 기계적인 운동에 불과하다고 말한다.

많은 동물들이 어떤 행동에선 우리보다 더 많은 재능을 보여 주지만 다른 많은 경우에 있어선 전혀 그렇지 않다. 따라서 그들이 우리보다 더 잘한다는 사실만으로는 그들에게 정신이 있다는 것을 입증하지 못한다. 왜냐하면 만일 그렇다면 동물들은 우리보다 정신력이 높고, 또 어떤 일에서건 우리보다 잘하게 될 것이기 때문이다. 그게 아니라 그것은 오히려 동물들에게는 정신이 없고, '자연'에 의해 배치된 기관에 따라 작동하고 있음을 증명하고 있다. 그것은 마치 톱니바퀴와 태엽만으로 조립되어 있으면서도 우리가 아무리 많은 신경을 썼을 때보다도 정확하게 시간을 잴 수 있는 시계와 같다(『방법서설』, 215~216쪽; "Discourse on the Method of Rightly Conducting the Reason", p. 117).

톱니바퀴와 태엽을 통해 전달되는 외부 힘에 의해 작동하는 시계와 마찬가지로 동물 역시 기관에 전달된 외부 힘에 의해 기계적으로 움직이고 있음에 불과하다는 주장이다. 아리스토텔레스가 동식물 내부에 인정하고 있었던 생명 또는 정신의 다양한 자발적 능력과 활동은 데카르트에 의해 외부로부터 가해진 힘을 통한 수동적이고 기계적인 운동으로 바뀐 것이다. 살아 있었던 자연이 데카르트로 인해 생명이 없는 물체로서의 자연으로 변화한 셈이다.

4. 데카르트 자연관의 형성 배경과 영향 그리고 대안

1) 데카르트 자연관의 형성 배경

여기서는 데카르트의 자연관이 형성된 배경을 살펴보고자 한다. 먼저 데카르트가 주장하는 기계론적 자연관의 핵심 내용부터 간추려 본다.

자연관이란 인간 또는 사회가 자연을 바라보는 시각·관점을 말한다. 이 관점을 잘 따져 보면 거기엔 인식과 태도가 포함돼 있다. 자연관이란 자연을 어떻게 볼 것인가 하는 인식의 문제와 더불어 자연을 어떻게 다룰 것인가 하는 태도의 문제를 함축한다.

그렇다면 기계론적 자연관은 자연을 어떻게 인식하는가? 기계론적 자연관은 서로 밀접한 두 가지 용어, 곧 '수학적'과 '기계론적'이라는 말로 그 특성을 규정할 수 있다. 수학적 특성이란 질적으로 다양하게 체험되는 자연현상들을 측정 가능한 양적 관계로 환원하고 이를 수학적 법칙으로 파악하려는 것이다. 기계론적 특성이란 자연현상을 기계처럼 각 부분이 인과적·법칙적으로 연결돼 있는 대상으로 파악하는 것을 가리킨다. 데카르트가 종종 자연현상을 시계에 비유하여 표현했던 것도 바로 이러한 특성에서 연유하는 것이다. 그런데 자연을 시계처럼 정교하게 설계된 기계로 본다면 그 시계를 설계한 설계자로서의 신을 가정할 수밖에 없게 된다.

사실 데카르트가 자연을 시계에 비유한 것은 기계론적 특성도 있지만 이신론의 신념을 정당화하려는 의도도 있었다. 초기 근대 과학자들은 인격적 신보다 법칙적 신, 종교적 신보다 과학자의 신을 강조하고 싶어 했다. 이신론에 따르면 신은 수학적 법칙에 따라 자연을 창조했기에 자연의 모든 것은 그 법칙의 지배를 받는다. 시계에 비유하자면 시계 제작자는 시계를 만들고 난 뒤에는 그것에 관여하지 않는다. 완전히 기계적으로 작동하므로 개입할 여지가 없는 것이다. 남겨진 사람들의 과제는 시계를 분해·조립하여 그 작동원리(인과법칙)만 알면 되는 것이다.[12] 요컨대 기계론적 자연관

---

12 강신주, 『철학 vs 철학』 개정판, 오월의봄, 2016, 602~603쪽; 박삼열, 「데카르트 실

2장·르네 데카르트

은 자연을 수량화 가능한 대상으로 그리고 결정론적 인과율에 따르는 대상으로 인식하는 것이 큰 특징이라 할 수 있다.

다음의 궁금증은 기계론적 자연관의 자연에 대한 태도, 곧 자연을 어떻게 다루는가 하는 문제다. 기계론적 자연관이 파급된 이후 이를 바탕으로 과학상의 제 발견과 기술상의 응용들이 이루어졌고 이는 근현대 물질문명을 추동하는 원동력으로 작용하였다. 그런데 여기서 주목해야 할 것은 물질문명의 발전에 의해 세상이 물질적으로 크게 바뀌어 갔음과 동시에 자연에 대한 인간의 태도 또한 큰 변화를 겪게 되었다는 점이다.

그 태도란 자연을 얼마든지 지배할 수 있다는 신념이다. 인간은 자연의 내적 비밀을 해명하고, 자연이 지닌 각종 힘이나 물질을 이용하는 기술을 확보함으로써 자연을 통제·지배할 수 있다는 믿음을 갖게 된 것이다. 과학자가 아닌 일반 시민들마저 기술의 성과를 자신들의 일상생활의 일부로 삼는 것을 통해 마찬가지의 자연 이해 및 자연에 대한 대처법을 익히게 되었다. 일반 시민의 이성조차 기술적 이성이 된 것이다. 자연이란 인간이 기계처럼 다루고 어떤 이익을 끄집어낼 수 있는 길들여진 타자가 되고 말았다. 자연은 이미 예전과 같이 어떠한 생명이, 더구나 신이 머무는 존재가 아니다. 요컨대 인간이 경외심과 함께 두려워하고 우러러보는 존재가

체 개념의 문제점과 후대 합리론자들의 해결방안」, 『철학논집』 제20권, 서강대학교철학연구소, 2010, 136~137쪽 참조.

아니라 인간의 지배를 받는 오로지 수동적 존재가 되었던 것이다 (『カント哲学と現代』, p. 223 참조).

기계론적 자연관은 인간이 기계를 관리, 지배, 제어할 수 있듯이 자연도 관리, 지배, 제어 가능하다고 본다. 강물의 흐름을 잘 관리, 지배, 제어하기 위해 준설작업을 한다거나 해일을 잘 관리, 지배, 제어하기 위해 높은 방조제를 쌓는 경우들이 그런 예에 해당한다. 자연에 대해서도 마치 기계를 다루는 것과 같은 태도를 취한다는 것이다.

이어서 따져 볼 문제는 기계론적 자연관의 공과다. 이 자연관은 일반적으로 환경문제와 관련해서는 긍정적 평가를 받지 못한다. 이 자연관이야말로 인간 = 목적, 자연 = 수단이라는 의식과 태도를 낳음으로써 환경파괴의 주요 원인으로 작용했다고 비판받는 것이 일반적이다. 그렇다면 실지로 기계론적 자연관에 대한 이러한 비판이 정당한지, 이 문제를 검토해 보기로 한다.

데카르트가 자신의 자연관을 형성할 때 자연을 부정적으로 인식하고 함부로 파괴하려는 의도를 가지고 있었다고 보기는 어려울 것이다. 데카르트가 그의 자연관을 정립하게 된 배경을 제대로 이해하지도 않고 그저 환경문제가 심각한 현 상황을 타개해 나가기 위한 손쉬운 방편으로 데카르트의 자연관을 부정적으로만 평가하는 것은 허수아비 공격의 오류를 범할 수도 있다.

따라서 필자는 좀 더 공정한 평가를 위해 데카르트의 자연관이 대두하게 된 배경을 먼저 살펴보고자 한다. 모든 사상은 그 시대가 낳은 산물이기에 데카르트의 자연관이 형성되는 데 어떠한 시대적 배경이 작용했는지를 검토하는 것은 당연한 절차라 본다. 데카르트는 17세기 전반을 살았기에 그 당시 유럽의 상황을 주목해 봐야 한다. 이 시기에 대해 과학철학자 스티븐 E. 툴민은 이렇게 말하고 있다.

> 1605~1650년의 기간은 안락한 번영의 세월이기는커녕 전 유럽사 중에서도 가장 불안했던 시기, 심지어 광란으로 점철되었던 시기다. 따라서 우리는 근대과학과 근대철학을 여유와 풍요의 산물이 아니라, 동시대의 위기에 대한 반응으로 보는 것이 맞다.[13]

17세기 전반기의 유럽은 매우 불안하고 혼란스러운 시기였다는 진단인데, 이는 프랑스 역사가 롤랑 무니에Roland Mousnier에 의해서도 입증된다.

> 17세기는 인간존재의 전반에 걸쳐 영향을 끼친 하나의 위기가 닥쳐온 시대였다. 이것은 인간의 모든 활동, 즉 경제·사회·정치·종교·과학·예술 등 모든 면에서 그리고 인간의 본질, 즉 생명력·감정·의지의 가장 깊은 수준에서 일어났다.[14]

---

13 스티븐 E. 툴민, 『코스모폴리스: 근대의 숨은 이야깃거리들』, 이종흡 옮김, 경남대학교출판부, 1997, 35쪽.

데카르트가 활약했던 17세기 전반기의 유럽은 한마디로 '총체적 위기'(『코스모폴리스』, 36쪽, 121쪽 참조)라고 진단하는 것이 타당해 보인다. 그 혼란의 원인으로는 다음의 요인들을 들 수 있다.

첫째는 소빙하기라 불리는 기후조건이다. 이러한 기후조건의 변화는 즉각 농업생산의 안정성을 크게 허물었다. 인구의 80~90퍼센트 정도가 농업에 종사하던 시절, 흉작은 유럽의 전역에 걸쳐 기아와 빈곤을 야기했다.

둘째는 서유럽의 불안한 정치·경제·사회적 상황이다. 한동안 안정을 보였던 종교 갈등도 신교에 관용정책을 폈던 프랑스왕 앙리 4세의 암살 그리고 독일 30년전쟁의 발발로 혼란을 더욱 키웠다. 또한 페스트의 유행이라든가 남미대륙으로부터의 금·은 유입에 의한 물가 불안정 등도 그러한 혼란을 더욱 촉진했던 것으로 볼 수 있다.

셋째는 가치관의 혼란이다. 전쟁, 기아, 전염병 등에 의해 누구든 언제 죽을지 모르는 상황, 눈앞에서 많은 사람들이 죽어 가는 상황, 더구나 종교개혁에 의해 어제까지 의심받지 않던 것이 오늘이 되어선 믿을 수 없게 돼버린 상황, 이러한 상황에서 인간은 무엇을 기반으로 삼아 살아갈 것인지 그 푯대를 잃어버리게 마련이다. 사회구성원들 사이에 공유되는 가치관의 상실은 사회의 존립 그 자

---

14 이매뉴얼 월러스틴, 『근대세계체제 2』, 유재건 외 옮김, 까치, 1999, 13쪽에서 재인용.

2장·르네 데카르트

체를 위태롭게 할 뿐만 아니라 우리가 살아가는 근거 그 자체를 위태롭게 한다. 17세기의 혼란은 사회라는 인간의 외부뿐만 아니라 인간의 내부에서도 혼란을 초래했던 것이다.[15]

이러한 시대를 살았던 당시의 사상가들은 당연히 혼란스러운 사회적 상황을 외면할 수 없었다. 코페르니쿠스, 케플러, 갈릴레이, 뉴턴, 라이프니츠로 이어지는 근대과학이 이제까지는 고려되지 않았던 명증성·엄밀성을 추구했던 것도 당시의 시대적 상황과 결코 무관하지 않다. 데카르트 역시 해석기하학의 창시자로서 그 큰 흐름에 동참하는 가운데 근대과학의 기초를 닦아 나갔다. 그러니까 데카르트는 17세기 사회의 혼란을 배경으로 중세 유럽의 대학 지식의 중심에 있던 아리스토텔레스 철학에 대한 대항,[16] 그리고 근대

---

15 大倉茂, 『機械論的世界観批判序説: 内省的理性と公共的理性』, 東京: 学文社, 2015, pp. 29~30 참조.

16 그 배경을 소개하면 이렇다. 오늘날의 대학은 12세기 중세 유럽의 대학에 그 연원을 두고 있다. 중세 유럽 대학은 중세 도시가 갖는 '도시의 자유'를 기반으로 하고 있었으며, 이러한 '대학의 자유'를 떠받쳐 주었던 것은 '사고의 자유'였다. 그리고 이러한 사고의 자유 근저에는 아리스토텔레스가 있었는데, 12세기 유럽에서는 아리스토텔레스의 '환류' 현상이 일고 있었다. 그러나 절대주의국가화되면서 대학의 자유는 제한받았고, 종교개혁에 의해 그리스도교가 개신교와 가톨릭으로 분열되었으며, 대학도 그러한 상황 속에서 사고의 자유를 잃어 갔다. 그 결과 대학 본연의 모습 또한 상실할 수밖에 없었다. 그에 따라 1500년 이후의 근대 지식은 대학이 아니라 대학 외부에서 육성돼 갔다. 그런데 이 사실은 근대 지식이 중세 유럽 대학의 지식의 근원에 있었던 아리스토텔레스를 대치하는 것도 의미했다. 베이컨이 아리스토텔레스의 저서인 『오르가논』에 대항하여 『노붐(새로운) 오르가논』을 펴낸 것이 그 예에 해당한다. 데카르트 역시 이러한 분위기 속에서 아리스토텔레스에 대한 대립적 의식을 지니게 되었다. 데카르트를 비롯한 근대인의 눈에 아리스토텔레스주의는 학문 진보에 큰 걸림돌로 여겨졌던 것이다. 앞의 책, pp. 28~29 참조.

과학의 정초화를 일생의 과제로 삼았던 것이다(앞의 책, pp. 30~31 참조).

그렇게 혼란스럽고 회의주의가 만연한 시대 상황 속에서조차 데카르트가 '의심하는' 데서부터 철학을 시작해야 한다고 왜 그렇게 힘주어 강조했겠는가? 당시의 혼란한 사회 상황에 대한 철저한 반성이 없었으면 결코 제기될 수 없는 문제의식이다. 데카르트가 의심의 여지가 없는 '확실한 것'에서 철학을 구축하고자 했던 것은 당시의 사회적 혼란, 가치관의 혼란이라는 시대적 상황에서 연유했던 것이다. 데카르트의 사상은 당시의 시대적 상황에 대한 철저한 반성 위에서 시대적 문제를 어떻게 개선해 나갈 것인지에 대한 깊은 고민의 결과물인 셈이다.

데카르트의 자연관 역시 그러한 맥락과 잇닿아 있다. 데카르트의 자연관은 자연을 단순한 지배의 대상으로 간주하여 인간의 자의적 파괴를 허용하고자 한 게 아니라 당시의 시대적 불안을 극복해 나가기 위한 대안을 마련코자 하는 의도에서 형성된 것이었다. 이를 뒷받침해 주는 데카르트의 말을 들어 본다.

내가 자연학에 관한 몇 가지 일반적 개념(원리)들을 획득하고 이것들을 여러 가지 특수한 어려운 문제들에 적용해 보기 시작하면서, 이것들이 어디까지 미칠 수 있고 또 사람들이 이제까지 사용해 왔던 원리들과 얼마나 다른지를 알게 되자마자 나는 이 개념(원리)들을 숨겨 둘 수 없으며, 만약 숨겨 둔다면 우리에게 주어진 모든 힘을 다 바쳐 모든 인류의 전체적 행복을 도모하라는 율법에 크게 죄를 짓는 일이라고 믿었다. 왜냐하면 이런 일반 개념들이 나에게 보여 준 바는, 우리는 삶에 아주 유용한 여러 지식에 이를 수 있고, 강단에서 가르치는 사변적 철학 대신에 실제적인 것을 발견할 수 있으며, 이로써 우리는 물, 불, 공기, 별, 하늘 및 우리 주변의 모든 물체의 힘과 작용을 판명하게 앎으로써 장인처럼 이 모든 것을 적절한 곳에 사용하고, 그래서 우리는 자연의 주인이자 소유자가 될 수 있기 때문이다(『방법서설』, 220쪽; "Discourse on the Method of Rightly Conducting the Reason", p. 121).

이를 요약하면 이렇다.

- 나는 나 자신이 터득한 자연과학의 원리를 나 혼자 간직할 게 아니라 전 인류의 복리를 위해 활용해야 한다는 것을 깨달았다.
- 우리는 우리 자신이 발견한 자연과학의 원리를 사변적 차원에 머물게 할 게 아니라 우리 삶에 실제적으로 유용할 수 있도록 해야 하며, 장인과 같이 그 활용방법들을 판명하게 앎으로써 자연의 주인이자 소유자로 거듭날 수 있다.

데카르트가 말하는 '자연의 주인·소유자'는 자연을 제멋대로 이용하는 파괴자로서의 주인이 아니라 자연의 운행과정에 대한 통찰력을 토대로 자연을 인간의 편의와 건강을 위해 활용할 줄 아는 기술자로서의 주인을 의미한다. 이를 통해 알 수 있는 것은 데카르트의 자연관에는 실천적 측면이 매우 중요한 비중을 차지하고 있다는 사실이다. 그 자연관은 실제적 응용을 의식적으로 구상하고 있기 때문이다.[17]

2) 데카르트 자연관의 영향과 한계

데카르트의 자연관은 실제로 어떠한 영향을 끼쳤는가? 고대인들은 인간의 기술을 위대한 기술자인 '자연'의 희미한 그림자에 불과한 것으로 보았다. 기술이란 자연을 모방하는 것에 지나지 않으며 기술의 기원 역시 자연의 모방에 있다는 것이다. 기술은 오직 자연의 시녀이며 자연이 이미 시작해 놓은 일을 완성하도록 도와줄 수 있을 뿐이라는 관념이 고대인들 사이에선 지배적이었다. 그리고 이와 같은 자연과 기술의 관계에 관한 고대의 관념은 중세에도 그대로 남아 있었다. 이리한 관념이 변화의 계기를 맞이한 것은 17세기 기계론적 자연관의 대두였다. 기계론적 자연관이 득세하면서 기술과 자연 간의 관계 개념이 크게 바뀌었던 것이다.

　기계론적 자연관에는 자연의 비신격화가 함축되어 있다. 이 자연관에 의해 고대인들이 자연을 신격화함으로써 야기됐던 장애물들은 서서히 제거되기 시작했고, 이제 자연을 객관적이고 합리적으로 인식할 수 있게 되었다. 이러한 인식을 토대로 이제는 인간

---

17 오트프리트 회페 엮음, 『철학의 거장들 2: 근대편 1』, 이현복 외 옮김, 한길사, 2001, 125쪽 참조.

　　　　　　　　　　　　　　　　　　2장 · 르네 데카르트

이 자연과 경쟁할 수 있다거나 심지어 자연을 능가할 수 있다는 태도 또한 수용돼 갔다. 근대 초기까지만 해도 사람들은 자연의 힘에 대한 끊임없는 두려움 속에서 살았지만 기계론적 자연관이 득세하면서 이제는 어떤 금기도 존재하지 않게 되었고 자연의 신비스럽고 성스러운 성격 또한 사라졌던 것이다.[18] 이와 관련된 니체의 말을 들어 본다.

> 감사하라! 이제까지의 인류가 거둔 위대한 성과는 우리가 야수에 대해서, 야만인에 대해서, 신들에 대해서, 우리의 꿈들에 대해서 더 이상 계속해서 공포를 품을 필요가 없다는 것이다.[19]

인류가 자연에 대한 두려움으로부터 벗어나는 일은 근대적 자연지배를 통해서 비로소 가능하게 되었다는 얘기다. 기계론적 자연관에 의거하여 두려움의 대상이었던 자연이 이제는 지배·개발의 대상으로 바뀌었고, 그에 따라 문명의 발전과 함께 신분적 차별 구조의 사회로부터도 벗어날 수 있었다.

이렇게 이해하고 보면 데카르트의 자연관을 맹목적으로 비판하는 것은 정당하지 못함이 드러난다. 그의 자연관을 입체적이 아닌 어느 한 측면에서만 보고 비판하는 것은 데카르트의 입장에서

---

18 R. 호이카스, 『근대과학의 출현과 종교』, 손봉호·김영식 옮김, 정음사, 1987, 69~79쪽 참조.

19 프리드리히 니체, 『서광』, 이필렬·임수길 옮김, 청하, 1983, 22쪽.

는 결코 수용될 수 없을 것이기 때문이다. 그렇다면 데카르트의 자연관은 아무 문제가 없는 완벽한 이론인가 하고 물으면 그렇다고 답변하기는 또 어렵다. 기계론적 자연관이 가진 한계 또한 자명하기 때문이다.

첫 번째 한계는 이것이 끼쳐 온 영향에서 드러난다. 기계론적 자연관은 근대화 과정에서 절대적 영향을 끼쳐 왔다. 자연은 수량화될 수 있고 결정론적 인과율에 따라 작동한다는 인식하에 자연을 효율적이고 생산적으로 관리·지배하는 것이 근대화 과정의 특징이었기 때문이다. 그렇다면 현대는 어떠한가? 현대 역시 필자는 기계론적 자연관이 지배적인 영향을 끼치고 있다고 판단한다. 근대에 형성된 기계론적 자연관이 현대사회에도 여전히 건재해 있고, 바로 이 자연관하에서 우리는 자연을 대하고 있다.

하지만 기계론적 자연관이 사회에 미치는 영향은 달라졌다. 근대화 이전의 사회에선 순기능적 측면이 컸으나 근대화 이후의 사회에선 역기능적 측면이 더 크게 작용하고 있기 때문이다. 근대화 이후 과도한 개발이 이루어진 사회에서는 개발보다 보전가치가 더욱 중시돼야 함이 옳다. 그러나 기계론적 자연관은 내재적으로 보전보다 개발을 우선시할 수밖에 없고, 따라서 환경에 악영향을 미칠 수밖에 없다.

그 근거는 어디에 있는가? 기계론적 자연관에 따르면 자연은 수량화 가능한 대상으로 파악된다. 그러나 자연의 모든 것이 수량화될 수 있는 것은 아니다. 이처럼 수량화 불가능한 것들이 기계론적 자연관에선 사상되고 만다. 사상돼 버리는 것 중에 대표적인 예

로 들 수 있는 것이 자연이 지닌 고유한 가치다. 자연으로부터 고유
가치는 박탈되며, 가치부여는 오로지 주체에 위임된다. 이른바 인
간중심주의의 철학적 근거가 데카르트의 기계론적 자연관을 통해
확보되었다고 볼 수 있다.[20] 이렇게 확보된 인간중심주의에 의해 자
연에 대한 무한 개발의 길이 활짝 열리게 되었고, 그것이 환경파괴
라는 결과를 낳고 있다는 것이다.

인간중심주의는 인간을 주체·목적으로, 자연을 객체·수단으
로 등식화한다. 인간중심주의에서 인간은 자연을 지배하고 거기서
이득을 얻어야 할 주체로, 자연은 인간에 의해 지배받고 인간에게
이득을 제공해야 할 객체로 자리매김된다. 인간중심주의는 인간과
자연의 관계를 주체와 객체, 지배자와 피지배자로 규정하는 것이
다. 이것이 이른바 인간중심주의의 주객도식이다. 이 주객도식은
주체와 객체의 구별과 분리를 전제한다. 객체가 의미를 지닐 수 있
는 것은 주체에게 유익함을 주는 한에서다.[21]

이 인간중심주의에서 객체인 자연세계는 하나의 시계와 같이
물건으로 취급된다. 자동기계의 모든 작동이 이미 주어진 법칙에
따라 결정되어 있듯이 자연세계의 모든 움직임도 그 자신의 내적
법칙, 곧 인과율에 따라 결정되어 있다. 지구 역시 영원히 변치 않

---

20 최종욱, 「환경(생태계)문제의 철학적 의미에 관한 비판적 소론」, 『어문학논총』 제
   13권, 국민대학교어문학연구소, 1994, 337~339쪽 참조.
21 김균진, 「기계론적 자연관의 생태학적, 이데올로기적 문제성」, 『신학논단』 제37권,
   연세대학교신과대학, 2004, 210쪽 참조.

는 운동법칙에 따라 태양의 주변을 맴도는 하나의 바윗덩이에 지나지 않을 뿐이다. 과학의 임무는 이 생명도 영혼도 없는 기계로서의 자연세계를 작동케 하는 메커니즘을 찾아내는 데 있다(앞의 글, 208쪽 참조). 이와 같이 데카르트의 기계론적 자연관을 토대로 완성된 인간중심주의가 분명히 자연환경 파괴의 한 원인으로 작용했다는 사실은 결코 부정할 수 없다.

기계론적 자연관의 두 번째 한계는 과학의 발전 과정에서 자연스럽게 드러난다. 근대 자연관이 무너지는 것은 바로 양자역학 또는 양자론이 출현하면서 시작되었다. 닐스 보어가 제안한 수소원자모델을 예로 들어 보자. 수소는 전자 하나를 가진 가장 단순한 원자다. 보어의 모델에 따르면 중심에 원자핵이 있고 그 주변에 전자 하나가 일정한 궤도로 회전하는 단순한 모형이다. 이렇게 회전하고 있는 전자에 에너지가 가해지면 회전이 더 빨라진 전자는 원자핵과 힘의 균형을 맞추기 위해 상위 궤도로 비약하는데 이를 양자도약이라 부른다. 반대로 상위 궤도를 돌고 있는 전자가 에너지를 밖으로 분출하면 이 전자는 다시 원래 궤도로 돌아와 원자핵 주변을 돌게 된다. 그런데 여기서 주목할 점은 외부 에너지가 공급된다고 하여 곧바로 전자가 상위 궤도로 도약하는 것은 아니라는 점이다. 즉 수소에 에너지를 공급한다고 하여 전자가 상위 궤도로 비약할지의 여부는 불확실하다는 것이다. 이처럼 양자의 논리가 옳다면 기계론적 인과율은 그대로 적용하기 어려워진다. 여기서 또한 가지 양자역학의 난제는 전자라는 입자의 상태를 규정하는 것이다. 전자가 비약하는 데 어느 정도의 에너지가 필요한지를 알려면, 이 전자라는 작은 입자의 상태가 어떠한지를 파악해야 한다. 하지만 전자가 입자인지 아니면 파동인지 명확히 규정되지 않은 상황이다. 그러기에 하이젠베르크는 불확정성원리로 이에 답한다. 우리는 미시세계의 실체를 확인할 수 없고 단지 가능한 것은 불확실하게 추측할 수 있을 뿐이라는 것이다(『철학 vs 철학』, 607~608쪽). 이와 같은 양자역학에 의해 기계론적 인과율에 기초한 근대 자연관은 더 이상 인정받기 어렵게 되었다.

이상에서 보다시피 데카르트의 기계론적 자연관은 17세기 전반기의 정치·경제·사회·종교·가치관 등의 혼란스러운 상황에서 이를 구원하려는 야심 찬 의도에서 대두하였고, 실지로 근대화 과정에서 지배적인 영향을 끼쳐 왔다. 그러나 이 자연관이 그 후 널리 파급되면서 하나의 패러다임으로 고착되었고, 그 결과 환경파괴의 요인으로 작용하고 있을 뿐만 아니라 과학적으로도 더 이상 인정받을 수 없게 되었다.

3) 대안 모색: 차등적 자연관

데카르트의 기계론적 자연관이 그 의도와 달리 더 이상 유지될 수 없는 한계를 노정했다면 이제 그 대안을 모색해야 한다. 대안 모색의 시발점은 인간에 대한 이해에서 출발해야 하리라 본다. 인간은 이원적 존재, 곧 자연초월적이면서도 자연종속적 존재라 할 수 있다. 인간은 자연의 존재의미를 물을 수 있고 자연의 법칙을 객관적으로 파악할 수 있다는 점에서 자연초월적이다. 하지만 인간은 자연 안에서 태어나고 자연 안에서 죽어 가는 존재라는 점에서 자연종속적이다.

양 측면 가운데 인간은 근대 이후 자연초월적 측면에 도취돼 살아왔다. 좀 더 구체적으로 말하면 기계론적 자연관이 근거하고 있는 형이상학적 가정을 진리인 양 여기며 살아왔다고 할 수 있다. 그 형이상학적 가정을 간추리면 이렇다.

- 자연세계는 어떠한 내재적 가치·목적도 갖지 않는 단순한 물질적 대상이다.
- 자연세계는 물질이기에 수학적으로 양화될 수 있다.
- 자연세계는 결정론적 인과율이 지배하므로 이 메커니즘을 파악하기만 하면 얼마든지 지배·관리·제어할 수 있다.

이와 같은 가정은 인간중심주의적 인식과 태도를 낳았고 인간중심주의는 자연파괴의 한 동인으로 작용해 왔다. 자연초월적 인간중심주의가 하나의 패러다임으로 고착돼 오면서 상상할 수 없을 정도의 자연파괴를 초래했다는 점에서 이제는 수정이 불가피해진 상황이다. 그렇다면 이에 대한 대안은 그동안 무시돼 왔던 인간의 자연종속적 측면을 되돌아보고 이를 자연관 안에 반영해 나가는 일일 것이다.

인간의 자연초월성이 기계론적 자연관과 인간중심주의에 연결된다면, 인간의 자연종속성은 목적론적 자연관과 자연중심주의에 직결된다. 목적론적 자연관은 기계론적 자연관과는 그 성격이 크게 다르다. 후자는 조건 지어진 것만을 인정한다. 즉 A라는 조건에서는 B라는 자연법칙에 따라 C라는 사건이 일어난다는 식으로 자연현상을 기술한다.[22] 반면에 전자는 인간뿐만 아니라 다른 존재자들의 무조건적 성격을 인정한다. 기계론적 자연관이 모든 존재자들의 질적 구별을 무시하고 균질성을 주장하는 반면, 목적론적 자연관은 인간과 동식물을 포함한 모든 존재자는 다른 존재 유형으로 결코 환원될 수 없는 고유한 존재방식을 갖는다고 본다.

기계론적 자연관은 자연을 효율적으로 지배하기 위한 자연 탐구를 지향하는 반면, 목적론적 자연관은 자연세계에 대한 공감적 이해를 지향한다. 자연세계를 단순한 지배 대상이 아니라 함께 더불어 사는 독립적 주체로서 이해한다(앞의 글, 318~319쪽 참조). 기계론적 자연관에서는 한갓 물질 덩어리에 불과했던 자연세계의 모든 존재자들이 목적론적 자연관에서는 주체성을 인정받음으로써 무분별한 자연파괴 행위에 일정한 제한을 가할 수 있게 된다.

그러나 여기서 유의할 사항이 있다. 그것은 기계론적 자연관에 대한 대안으로 목적론적 자연관의 필요성을 강조한다고 하여 전자를 송두리째 폐기해야 할 대상으로 간주해선 안 된다는 점이다. 두 자연관은 양자택일의 대상이 아니라 상호보완의 대상으로 인식해야 하기 때문이다(앞의 글, 319쪽 참조). 기계론적 자연관에서 강조하는 자연에 대한 인과적 탐구는 목적 달성에 필요한 '수단

---

22 박찬국, 「목적론적 자연관에 대한 재검토」, 『시대와 철학』 제15권 1호, 한국철학사상연구회, 2004, 300쪽 참조.

에 관한 탐구'로 볼 수 있다. 그러나 기계론적 자연관은 달성하고자 하는 목적을 인간의 이득·유용성에 국한함으로써 환경파괴라는 부정적 결과를 초래하는 약점을 가지고 있다. 반면에 목적론적 자연관에는 이 약점을 보완할 수 있는 장점이 있다. 기계론적 자연관에서 강조하는 과학적 자연 탐구가 항상 올바른 목적을 염두에 두고 수행될 수 있도록 방향을 제시해 줄 수 있다는 것이다.

그런데 양 자연관을 상호보완의 대상으로 파악해야 한다는 주장만으로는 구체적으로 자연을 어떻게 다루라는 말인지 크게 와 닿지 않는다. 양 자연관의 입장 차이가 확연한 만큼 양자를 상호보완한다는 것이 결코 쉽지 않기에 이에 대한 깊은 고민이 필요해 보인다.

이에 필자는 차등적 자연관을 제시하는 것으로 그 돌파구를 찾아보려 한다. 기계론적 자연관은 자연을 기계로 간주하여 자연의 모든 과정이 필연적·자연적 인과법칙의 지배를 받는 것으로 본다. 자연을 기계로 간주하기에 전체는 부분으로 구성돼 있다는 요소환원주의적 입장을 취한다. 반면에 목적론적 자연관은 자연을 유기체로 간주하여 유기체의 각 부분은 나름의 기능과 목적을 가지고 있고 전체의 목적에 부합하도록 작용하는 것으로 본다. 전체와 부분은 하나로 융합되어 분리할 수 없는 관계에 있고 늘 연관성 속에서 전일적으로 기능하고 있다는 관계주의적 입장을 취한다.

예를 들어 보자. 우리가 손목시계를 분해·청소할 때, 우선은 시계를 구성하고 있는 개개의 부품으로 분해한다. 그리고 개개의 부품을 청소한 후 다시 그것들을 조립하여 시계를 재생시킨다. 시계는 기계이므로 전체를 부분으로 분해할 수 있고, 또 부분을 조립하면 다시 시계는 작동하기 시작한다. 이 과정에 아무 문제도 발생하지 않는다. 반면에 우리 육체의 경우, 육체를 개개의 부분으로 분할하면 전체에서 분리된 부분은 그 기능이 정지돼 버린다. 부분이 도려내진 육체 자체도 경우에 따라선 죽음에 이른다. 한번 죽은 개개의 부분을 조립하더라도 육체가 다시 소생하는 일은 없다. 이처럼 육체의 경우는 전체와 부분이 불가분의 관계에 있고, 전일성이 훼손되면 기능은 정지한다. 생물 유기체에 있어선 전체는 부분의 총화 이상의 것이다.

위 예에서 알 수 있듯 우리 주변에는 기계적 특성을 지닌 것도, 유기체적 특성을 지닌 것도 존재한다. 이를 무시하고 모든 것에 기계론적 자연관을 획일적으로 적용하면 당연히 부적합한 사태가 발생하기 마련이다. 현재 지구촌에서 일어나고 있는 다양한 문제군의 배경에는 두 가지 자연관의 적용 오류가 연관돼 있지 않은가 하는 생각이다.[23] 그러니까 양 자연관은 어느 하나를 획일적으로 적용할 게 아니라 대상에 따라 달리 적용해야 한다는 것이다.

필자는 그 적용 기준으로 우선 생명을 들고 싶다. 생명을 지닌 존재들에는 목적론적 자연관을, 무생명체에는 기계론적 자연관을 적용하자는 것이다. 생명체와 달리 생명이 없는 존재는 내재적 목

---

23 中川光弘, 「二つの世界観の適用誤謬について」, 関陽子·増田敬祐 編著, 『自然といのちの尊さについて考える』, 東京: ノンブル社, 2015, pp. 41~43 참조.

적을 가지고 있다고 보기 어렵기 때문이다. 그러면 여기서 예상되는 질문은 생명체라는 이유로 모든 존재에 목적론적 자연관을 적용할 때, 인간과 타 생명체들을 동등하게 볼 수 있느냐 하는 것이다. 이에 대해 필자는 차등 적용으로 대응하고자 한다. 생명체라는 이유로 바이러스를 비롯한 각종 세균들마저 인간과 동등하게 볼 수는 없는 만큼 인간을 비롯하여 인간과 유사한 능력을 지닌 것으로 평가되는 고등동물 그리고 멸종위기에 직면한 동식물에는 개체에, 그렇지 않은 동식물에는 종에 차등하여 적용하자는 것이다. 그래서 필자는 이를 차등적 자연관이라 부르고자 한다.

이를 정리하자면 ① 기계론적 자연관과 목적론적 자연관은 차등적으로 적용돼야 한다. 그 기준은 생명의 소유 여부에 있다. ② 생명체에 적용되는 목적론적 자연관 역시 획일적으로 적용돼선 안 된다. 인간을 비롯한 고등동물, 멸종위기에 처한 동식물은 개체에, 그 이외의 동식물은 종에 차등 적용한다.

이 주장에 대하여 여러 가지 반론이 제기될 수 있다. 먼저 예상되는 반론은 차등적 자연관은 기계론적 자연관의 한계를 넘어설 수 있는가 하는 것이다. 자연을 이용·개발·착취의 수단으로 여기는 것이 기계론적 자연관의 맹점인데 차등적 자연관 역시 정도의 차이가 있을 뿐 그 약점에서 벗어나고 있지 못하다고 보는 것이다. 또 한 가지 비판은 차등적 자연관이 미래를 선도할 수 있을 만한 비전을 제시할 수 있는가 하는 것이다. 적어도 새로운 관점이라면 현재의 문제를 타파하고 새로운 미래를 열어 갈 수 있는 비전을 제시할 수 있어야 하는데 차등적 자연관이 과연 그럴 수 있겠는가 하는 것이다. 차등적 자연관은 자연환경이 위기에 처한 현 상황에서 우선 이 급한 상황만이라도 탈피해 보자는 식의 대증요법적 자연관에 불과하다고 보는 것이다.

　그러나 곰곰이 반성해 볼 때 우리에게 분명 필요한 것은 기계론적 자연관에 대한 대안 마련이다. 그리고 그 대안은 기존 자연관의 한계를 극복할 수 있는 것이어야 한다. 이 차원에서만 본다면 인간＝자연＝목적으로 보는 자연중심적 자연관·목적론적 자연관이 가장 명쾌한 대안이 될 수 있을 것이다. 하지만 목적론적 자연관은 '현실적 실천 가능성' 면에서 치명적 한계를 드러낸다. 모름지기 관점이란 인식과 실천적 태도를 함축한다. 목적론적 자연관은 인식 면에선 적격이지만 태도 면에선 부적격이다. 바로 이 인식과 태도를 고려할 때 차등적 자연관이 나름대로 그 대안으로서의 역할을 충실히 해낼 수 있을 것으로 본다.

5. 요약

데카르트에 따르면 자연은 한마디로 정교하게 설계된 기계와 같다. 자연세계는 영혼·생명이 없는 물질적 대상으로 거기에는 어떠한 목적·의미도 존재하지 않는다. 자연세계는 그저 정해진 법칙에 따라 작동하는 결정론적 인과율의 지배를 받을 뿐이다. 자연세계는 또 수학적으로 정량화될 수 있으며, 그렇게 양화할 수 있을 때 비로소 자연세계는 제대로 파악될 수 있다. 그리고 이처럼 명석 판명하게 지각할 수 있는 것들만이 그 존재를 인정받는다. 따라서 자연 탐구 시 이를 수량화해 내는 것이 중요한 만큼 수학적·기하학적 방법이 필수적으로 요구된다.

자연은 기계처럼 죽은 물체이기에 스스로 운동할 수 없다. 신이 제정한 자연법칙에 따라 움직일 뿐이다. 데카르트는 생물의 운동·변화의 원인으로 자기 보존과 번식이라는 내재적 목적도 인정하지 않는다. 그가 인정한 것은 작용인뿐이고, 이는 운동 변화하는 바로 그 사물의 외부에서만 작용한다. 데카르트는 이러한 시각에서 동물 또한 기계와 같이 취급한다. 동물은 말을 할 수 없는데 이는 이성이 없음을 증명하는 것이며, 이성이 없는 존재는 자발적으로 운동할 수 없고 시계와 같이 기계적 운동을 할 뿐이라는 것이다.

데카르트는 전형적인 기계론적 자연관의 소유자였다. 기계론적 자연관은 일반적으로 환경문제와 관련하여 긍정적 평가를 받지 못한다. 이 자연관에 의거하여 인간중심주의 사고가 뿌리를 내리게 되고 이는 자연파괴의 한 동인으로 작용해 왔다는 이유에서다. 하지만 이러한 비판이 오늘날의 관점에서는 정당할지 모르나 데카르트가 살았던 당시의 관점에서는 수용되기 어렵다고 본다. 그 근거는 데카르트의 자연관이 형성된 배경에서 찾을 수 있다. 데카르트가 활약했던 17세기 전반기는 총체적 위기라 불릴 만큼 개인적·사회적으로 무척 혼란스러웠다. 데카르트의 자연관은 이러한 시대적 상황에 대한 철저한 반성 위에서 시대적 문제를 어떻게 해결해 나갈 것인지에 관한 깊은 고민의 산물이었다.

데카르트의 자연관은 기술과 자연 간의 관계 개념을 크게 바

　　　　　　　　　　　　　　2장·르네 데카르트

꿔 놓았다. 기술은 오직 자연의 시녀로서 자연을 모방하는 것에 불과하다는 종전의 자연관을 허물고 기술에 의해 자연을 얼마든지 관리·지배할 수 있다는 새로운 자연관이 대두한 것이다. 데카르트의 자연관에 의거하여 두려움의 대상이었던 자연이 지배·개발의 대상으로 변모됐고 이는 문명의 발전이라는 위대한 성과를 가져다 주었다. 이처럼 데카르트의 자연관은 단순히 이론적 차원에만 머물지 않고 실사구시의 일념하에 형성된 산물이었다. 따라서 데카르트의 자연관을 그 형성 배경은 도외시한 채 그것이 초래한 부정적 결과만을 놓고 비판하는 것은 공정하지 못하다고 볼 수 있다.

하지만 데카르트 자연관의 한계 또한 자명하였다. 기계론적 자연관이 근대화 과정에 절대적 영향을 끼침으로써 삶의 여건을 크게 개선시켜 준 점은 높이 평가할 만하나, 이것이 오늘날에 와서까지 지배적 자연관으로 기능함으로써 오히려 자연환경에 악영향을 끼치는 한 동인으로 작용한 점은 비판받지 않을 수 없다. 기계론적 자연관에서는 인간 = 목적, 자연 = 수단으로 등식화한다. 바로 이러한 관점에 의거하여 인간중심주의의 근거가 확보되었고 이것이 환경문제의 주요 원인으로 작용해 왔던 것이다.

기계론적 자연관에서는 자연을 수량화 가능한 대상으로 파악한다. 수량화할 수 없는 것들은 전부 사상돼 버린다. 자연이 지닌 고유한 가치 역시 철저히 박탈돼 버리며, 가치부여는 오로지 주체인 인간에게 맡겨진다. 이른바 인간 = 주체·목적, 자연 = 객체·수단으로 등식화하는 인간중심주의의 철학적 근거가 데카르트의 기계론적 자연관을 기초로 확보되었던 것이다. 이 인간중심주의적 사고와 태도가 환경파괴의 주요 원인으로 작용하고 있다는 사실을 인정하지 않을 수 없다. 이처럼 데카르트의 기계론적 자연관은 데카르트의 의도와 달리 오늘날의 시점에선 더 이상 유지될 수 없다는 한계를 드러냈다.

이에 필자는 그 한계를 넘어설 수 있는 대안으로 차등적 자연관을 제시해 보았다. 이는 기계론적 자연관과 목적론적 자연관 가운데 어느 한쪽을 획일적으로 적용하는 게 아니라 양쪽을 현실에 맞게 차등하여 적용하자는 입장이다. 이를 좀 더 구체화하면 이렇다. 일단 생명체에는 목적론적 자연관을, 비생명체에는 기계론적 자연관을 차등해서 적용한다. 그리고 목적론적 자연관은 또다시 차등 적용되는데, 인간·유인원·멸종위기 동식물에는 개체에, 그 이외의 동식물에는 종에 적용하자는 것이다.

차등적 자연관이 기존의 자연관이 안고 있는 문제를 일거에 해결할 수 있는 만능이 될 순 없을 것이다. 하지만 생명을 거의 다한 기계론적 자연관 대신 현실적으로 실천 가능한 자연관을 모색할 때 차등적 자연관은 나름대로 그 기대에 부응할 수 있을 것으로 본다.

1. 자연관이란 우리가 자연을 바라보는 시각·관점을 말한다. 이 '관점'의 의미를 잘 따져 보면 거기에는 인식과 태도가 포함돼 있다. 자연관이란 자연을 어떻게 볼 것인가 하는 인식의 문제와 함께 자연을 어떻게 다룰 것인가 하는 태도의 문제를 함축한다. 그렇다면 기계론적 자연관은 자연을 어떻게 인식하며 어떻게 다루는지, 이에 대해 설명해 보자.

2. 모든 사상은 시대의 산물인 만큼 데카르트의 자연관 역시 당시의 시대적 배경으로부터 영향을 입었다. 데카르트의 자연관이 형성되는 데 구체적으로 어떠한 시대적 배경이 영향을 미쳤는지 이에 대해 설명해 보자.

3. 기계론적 자연관은 근대화 이전의 사회를 근대화하는 데 긍정적으로 기여를 해왔다. 자연은 수량화될 수 있고 결정론적 인과율에 따라 작동한다는 인식하에 자연을 효율적이고 생산적으로 관리·지배하는 것이 근대화 과정의 특징이었기 때문이다. 하지만 오늘날 기계론적 자연관은 많은 비판을 받는다. 그 이유는 무엇인지 설명해 보자.

4. 기계론적 자연관은 자연을 효율적으로 지배하기 위한 자연 탐구를 지향하는 반면, 목적론적 자연관은 자연세계에 대한 공감적 이해를 지향한다. 기계론적 자연관에서는 한갓 물질 덩어리에 불과했던 자연세계의 모든 존재자들이 목적론적 자연관에서는 주체성을 인정받음으로써 무분별한 자연파괴 행위에 일정한 제한을 가할 수 있게 된다. 따라서 후자는 전자의 대안으로 종종 고려된다. 그러나 유의할 사항이 있다. 그것은 전자에 대한 대안으로 후자의 필요성을 강조한다고 하여 전자를 송두리째 폐기해야 할 대상으로 간주해선 안 된다는 점이다. 두 자연관은 양자택일의 대상이 아니라 상호보완의 대상으로 인식해야 하기 때문이다. 그러나 양 자연관의 입장 차이가 확연한 만큼 양자를 상호보완한다는 것이 결코 쉽지 않기에 이에 대한 깊은 고민이 필요해 보인다. 그 고민의 결과 제시된 것이 이른바 차등적 자연관이다. 이 자연관의 개념과 특징은 무엇인지 이에 대해 설명해 보자.

3장

존 로크

자연은 순전히 이용 대상에 불과한 것인가?

1. 로크의 자연관을 들여다보는 이유

로크(1632~1704)는 기본적으로 전통적인 종교적 세계관(신에 의한 세계 창조, 섭리, 영혼, 구원, 내세 등의 교리)을 수용하면서도, 다른 한편으로 자연관에 관해서는 당시 발전하고 있던 근대과학의 성과를 끌어들임으로써 경험론적 관점으로의 전환을 이루고 있다. 로크에게 있어서 자연은 경험과 관찰을 토대로 입증될 수 있으며, 실용적 지식을 기초로 얼마든지 활용될 수 있는 대상으로 간주된다.

하지만 오늘날의 관점에서 볼 때 로크의 이러한 자연관은 그대로 수용되기 어려우며 오히려 강한 비판 대상이 될 수 있다. 로크의 자연관에 따를 경우 자연은 어디까지나 이용의 대상에 머물게 되기에 그 이용을 놓고 집단·국가 간의 분쟁이 끊임없이 일어날 수 있기 때문이다. 더불어 자연은 인간의 이득을 위해 지속적으로 이용될 수밖에 없을 것이고, 그럴 경우 자연생태계의 파괴로 우리 삶의 기반 또한 허물어질 수 있기 때문이다.

과연 로크의 자연관에 따를 경우 이와 같은 부정적 결과를 초래하고 마는가? 로크의 자연관에는 단순히 비난만 가할 수 없는 또 다른 측면이 들어 있는 것은 아닐까? 이들 물음에 대한 답을 찾고자 여기서는 로크의 텍스트에 의거하여 그의 자연관의 골자를 드러낸 연후에 이를 환경윤리적 시각에서 들여다보고자 한다.

여기서의 목적은 크게 두 가지다. 하나는 로크의 자연관을 분석하는 일이다. 이를 위해 로크의 자연관이 잘 드러나는『통치론』의 2장과 4장을 토대로 로크 자연관의 핵심을 밝혀 보고자 한다. 다른 하나는 로크의 자연관을 환경윤리적 시각에서 분석하는 일이다. 환경윤리의 관점에서 볼 때 로크는 제한적 인간중심주의자, 제한적 프런티어윤리론자로 규정지을 수 있는바 그 근거를 제시할 것이다.

그리고 로크의 자연관을 분석하는 과정에서 발견할 수 있는 더욱 중요한 사실은 '로크식 관점'이다. 로크식 관점이란 우리가 누리고 있는 자연자원을 총체적으로 어느 특정 국가의 소유가 아니라 인류의 공유물·공동자산으로 여기는 관점을 말한다. 이러한 관점은 환경문제를 해결해 나가는 데 하나의 소중한 돌파구를 제공해 줄 수 있다는 점에서 의의가 있다.

2. 로크철학의 기초

로크는 정치·사상적으로 혼돈과 변혁의 시기였던 17세기 중·후반기를 살았던 인물로 근대정신의 토대를 정립한 철학자다. 인식론·존재론·언어철학 등의 분야에서 그가 남긴 업적은 오늘날에도 많은 영향을 끼치고 있다. 특히 로크는 위의 분야들 중에서도 인식론을 철학의 중요한 연구 대상으로 삼아 이 방면에 많은 관심을 기울였다. 철학은 지식 자체의 본질과 인간의 인식 기능에 대해 검토하는 일이어야 한다고 확신한 그는 자신의 철학적 작업의 목적을 인간 지식의 원천과 확실성 그리고 그 범위에 대한 탐구라고 천명하였다.[1]

로크는 지식의 기원에 관한 한 본유관념을 부인한다. 합리론자들은 신이 인간을 창조할 때 인간에게 본유관념을 부여한 것으로 확신하고 이를 진리의 근거로 삼았다. 하지만 로크는 본유관념을 믿는 것은 스스로 진리를 찾으려는 노력을 포기하는 것이나 다름없다고 말할 정도로 이를 배격하였다.

로크에 따르면 인간의 모든 관념들은 경험에서 온다. 로크는, 인간은 본유관념을 전혀 갖고 있지 않기에 경험 이전의 인간의 마음은 백지이며 공허한 암실과도 같다고 보았다. 백지 상태의 마음이 지식을 구성하려면 외부 사물들의 관념을 받아들여야 한다. 외

1　서양근대철학회 엮음, 『서양근대철학』, 창비, 2001, 214쪽 참조.

부 사물들에 대한 관념이 지식의 재료가 되므로 지식은 곧 경험에서 얻어진다는 게 로크의 주장이다.[2]

관념은 지식을 구성하는 재료인 만큼 로크에게 있어서 이는 중요한 개념이다. 그러기에 로크는 관념을 분석해 들어가는데 우선 관념을 단순관념과 복합관념으로 구분한다.

단순관념이란 감각에서 비롯하는 것으로 감각은 이성과 지식을 형성케 하는 1차적 재료가 된다. 로크는 단순관념을 다시 세 가지로 나눈다. 첫째는 감각기관이 외부 대상에 대하여 얻는 감각관념이다. 색깔, 촉감, 냄새, 맛, 소리 등이 이에 속하며, 이 관념들은 육체적 감각에 의해 마음에 전달된다. 둘째는 마음이 그 내부에서 이루어지는 작용들을 성찰함으로써 얻어지는 내성內省관념이다. 지각, 사유, 의심, 믿음, 추리 등을 포함한 여러 작용들이 이에 속한다. 셋째는 위 두 종류에 속하지 않는 계기관념ideas of succession이다. 즐거움이나 기쁨, 고통, 불안, 힘 등이 이에 속한다. 이 관념들은 감각과 내성, 이 두 가지 통로를 통해 마음으로 전달된 후 그 두 관념들과 결합된다(앞의 책, 175~177쪽; 『서양근대철학』, 216~217쪽 참조).

단순관념은 2차적으로 복합관념을 형성한다. 감각과 내성을 통해 받아들이는 관념들 중 상당수가 두 가지 이상의 단순관념들로 이루어져 있는데 이러한 관념이 복합관념이다(앞의 책, 217쪽 참조). 로크에 따르면 우리의 마음은 단순관념들을 온전히 수동적으

---

2 존 로크, 『인간지성론 1』, 정병훈 외 옮김, 한길사, 2014, 150쪽 참조.

로 받아들인다. 마찬가지로 복합관념 역시 대상의 성질들에 대응하는 단순관념들의 결합에 의해 생겨나므로 우리의 마음은 복합관념을 수동적으로 수용한다. 그러나 우리의 마음이 늘 그렇게 수동적이지만은 않다. 인간은 오성에 의해 단순관념이나 복합관념을 결합하여 새로운 복합관념을 능동적으로 만들어 낼 수 있기 때문이다. 단순관념들을 결합·비교·추상함으로써 새로운 복합관념들을 형성할 수 있다는 것이다(『인간지성론 1』, 243~244쪽 참조).

그러한 방식으로 형성되는 복합관념을 로크는 세 유형으로 구분한다. 첫째는 독립적으로 존재하지 않고 실체에 의존하는 복합관념으로 시간, 자유, 거리의 단위 등과 같은 양태mode의 관념이다. 둘째는 인과성, 동일성, 무한성, 공간·시간, 도덕 등 관념들 간에 이루어지는 관계의 개념이다. 이는 두 관념들을 하나로 묶지 않고 나란히 놓고 바라볼 때 형성되는 복합관념이다. 셋째는 여러 가지 실체의 성질들이 결합하여 나타나는 실체의 관념이다. 예를 들면 노란색, 묵직함, 열을 받으면 녹는 성질, 반지, 시계 등의 관념들이 모여 황금에 대한 관념을 형성하는 식이다.[3]

이와 같이 인간은 무수한 복합관념들을 갖는다. 육안으로 겨우 보일 정도의 미소한 벌레의 관념, 곡물의 분말 형태인 미립자의 관념도 만들어 낸다면 국가, 인류, 우주와 같은 거대한 존재들의 관

---

3 앞의 책, 245~247쪽; 남경태, 『사람이 알아야 할 모든 것: 철학』, 들녘, 2007, 256쪽 참조.

념도 형성할 수 있다. 또한 아름다움, 명예, 책임, 진리, 영원 등과 같은 추상적 관념도 구성할 수 있다. 하지만 이들 복합관념은 모두 인간의 감각과 내성을 통해 얻어진 단순관념들을 재료로 형성된 것에 다름 아니다. 그런데 인간의 관념과 지식이 감각과 내성이라는 기원에 한정돼 있다면 인간이 가질 수 있는 지식은 자연계의 거대함, 심오함에 비하여 극히 작은 것에 지나지 않는다. 인간이 지니고 있는 다섯 종류의 감각 능력은 모두 한계를 지니고 있어서 그 한계를 초월한 곳의 먼 것, 또한 미소한 것을 보거나 듣거나 할 수는 없기 때문이다.

사실 로크는 인간이 가질 수 있는 관념과 지식의 기원이 감각과 내성에 한정된다는 경험론으로부터의 귀결로서 인간에게 획득 가능한 지식의 범위가 우주 전체에 비교하여 극히 좁다는 것을 명확히 인식하고 있었다(『인간지성론 1』, 62쪽 참조). 관념과 지식의 원천인 감각과 내성은 너무나도 작고, 무지는 헤아릴 수 없을 만큼 크다는 것이다.

> 항해자가 측연선測鉛線의 길이를 아는 것으로 대양의 모든 깊이를 측정할 수 없다고 해도 그것은 항해자에게 매우 유용하다. 항해를 인도하고 항해자를 위험에 빠뜨릴 수도 있는 모래톱에 부딪히지 않도록 항해자에 주의를 주는 일이 필요한 곳에서 그 선이 충분할 정도로 길다는 것을 항해자가 아는 것이 좋다. 여기서 우리가 할 일은 모든 사물을 아는 게 아니라 우리의 행위와 관련된 것을 아는 것이다. 이 세계에서 인간이 처해 있는 상황에 놓인 어느 이성적

피조물이 자신의 의견과 그 의견에 따른 행동을 지배할, 또 마땅히 지배해야 하는 척도를 발견할 수 있다면 몇몇 다른 사물이 우리의 지식에서 벗어나 있다고 하여 우리가 걱정할 필요는 없다(앞의 책, 63~64쪽).

위 내용의 요지는 이렇다. 우리는 바다 모든 곳의 깊이를 알지 못하더라도 곤란할 게 없다. 우리가 알 필요가 있는 것은 배가 난파될 우려가 있는 얕은 여울의 수심뿐이다. 우리는 우주만물에 관하여 자세히 알지 못하더라도 걱정할 필요가 없다. 우리가 알아야 할 것은 인간이 살아가는 데 필요한 것, 즉 '우리의 행위에 관계있는 것'뿐이다.[4]

로크에 따르면 인간이 살아가는 데 기본적으로 필요한 것은 내세에서의 영원한 행복을 얻게 해주는 종교·도덕과 현세에서의 생존에 필요한 실제적 지식이다. 굳이 생존에 필요한 실제적 지식 이상의 지식은 갖추지 않더라도 무방한 것이다. 더구나 인간은 실제적 지식을 획득할 만한 능력을 충분히 갖추고 있다는 게 로크의

---

4 이 요지를 로크식의 용어를 활용하여 표현하면 이렇다. 우리는 사물의 제1성질이나 실재적 본질을 알지 못하더라도 두렵지 않으며, 우리가 알 필요가 있는 것은 가능한 한 많은 사물의 제2성질과 유명적 본질이다. 우리의 행위에 관계가 있고 실생활에 필요한 것은 제2성질과 유명적 본질이기 때문이다. 제2성질은 우리의 감각과 내성, 관찰과 경험에 의해 획득할 수 있고, 또 유명적 본질은 제2성질의 제 관념으로부터 우리의 이성에 의해 형성할 수 있는 것이며, 우리는 그러한 능력을 신으로부터 부여받고 있다.

3장·존 로크

생각이다. 그러니 인간이 자연계에 관하여 알지 못하는 사항들이 방대하지만 그 무지에 특별히 걱정할 필요는 없는 것이다.

3. 로크의 자연관

1) 인간과 자연의 관계

로크에 따르면 자연은 인간 삶의 편의를 위하여 신으로부터 주어졌다.

> 사람들에게 세계를 공유물로 주신 하느님은 … 대지와 그것에 속하는 모든 것은 인간의 부양과 안락을 위해서 모든 인간에게 주어진 것이다.[5]

> 신은 사람들에게 세계를 공유물로 주셨다. 그러나 신은 세계를 사람들이 그것으로부터 취할 수 있는 이익과 최대한의 편익을 위해 주었으므로…(앞의 책, 39쪽).

신은 인간들에게 자연을 하사했는데 그 의도는 인간 삶에 최대한의 이득이 되도록 하는 데 있다는 주장이다. 따라서 인간은 자

---

5   로크, 『통치론』, 강정인·문지영 옮김, 까치, 1996, 34쪽.

연을 자신의 이익과 편익을 위해 얼마든지 이용할 수 있게 된다. 로크에게 있어서 자연은 인간을 위한 수단으로 여겨지고 있다. 그렇다면 인간은 자연을 어떻게 이용할 수 있는가? 로크에 따르면 자연을 이용할 수 있는 원천은 인간의 이성과 노동에 있다. "신은 사람들에게 삶에 최대한 이득이 되고 편의에 봉사하도록 세계를 이용할 수 있는 이성을 주셨다(앞의 책, 34쪽)." 이러한 이성의 판단에 의거하여 자연에 대해 작용하는 행위가 곧 노동이다.

이와 관련하여 로크는 이렇게 말한다. "하느님께서 세계를 모든 인류에게 공유로 주셨을 때 그는 인간에게 또한 노동할 것을 명하였고, 인간은 자신이 처한 궁핍한 상황으로 인해 노동을 하지 않을 수 없었다. 하느님과 인간의 이성은 인간에게 대지를 정복할 것, 곧 삶에 이익이 되도록 그것을 개량하고 그것에 그 자신의 것인 노동을 첨가할 것을 명하였다(앞의 책, 38쪽)." 신은 인간에게 이성을 내려 주었고 이 이성에 의해 인간은 자연을 자신에게 유리하도록 개량할 수 있는 노동을 부가할 수 있게 되었다는 것이다.

더 나아가 로크는 이 노동에 더욱 특별한 의미를 부여한다.

떡갈나무 밑에서 자신이 주운 도토리나 숲속의 나무에서 딴 사과를 섭취한 사람은 확실히 그것들을 그 자신의 것으로 수취한 사람이다. … 거기에 가해진 노동이야말로 이 과실들을 공유물과 구분 짓게 한다. 노동이 만물의 공통된 어머니인 자연보다 더 많은 무엇을 그것들에 첨가한 것이다. … 나 자신의 것인 노동이 그것들을 원래의 공유 상태에서 제거함으로써 나의 소유권을 그것들에 설정

3장 · 존 로크

한다(앞의 책, 35~36쪽).

노동이야말로 사적 소유권의 원천이라는 주장이다. 만약 누군 가가 자신의 육체노동에 의해 동물을 수렵하거나 토지의 산물을 획득한다면 그 수확물은 노동의 성과이므로 그의 소유가 된다. 자연과 그 산물에 대해 어떠한 노동을 가한 자는 그 결과물을 사적으로 소유할 권리를 갖게 된다는 것이다. 로크는 이 권리를 자연법(또는 이성의 법)의 일부로 간주한다(앞의 책, 37~38쪽, 42~44쪽 참조). 그에 따르면 자연법이란 창조주인 신이 제정한 기본적인 법이며, 여러 민족이나 국가의 실정법을 초월한 보편타당성을 지니고 있다. 로크는 노동이 자연(토지나 그 산물)에 대한 사적 소유권의 근거가 된다는 주장에 그만큼의 중요성을 불어넣고 있는 것이다.

그러나 로크가 노동에 의거하는 소유권을 무제한 허용하고 있지는 않다. 그는 자연법이 '전 인류의 평화와 존속'을 목적으로 하고 있다고 기술하고, 그 관점에서 자연법이 각인의 소유권에 일정한 제한을 마련하고 있다고 본다. 그에 따르면 소유권에는 일정한 제한이 수반되고 있다.

그 제한이란 첫째, 소유권은 우리가 즐길 수 있는 만큼만 허용된다. 누구든지 소유물은 삶에 이득이 되도록 사용할 수 있는 만큼만 그 소유가 인정된다는 의미다. 그보다 많은 것은 그의 몫을 넘어선 것으로 타인의 몫에 속한다. 만일 소유물이 적절하게 사용되지 않고 썩거나 상하게 되면 그 소유자는 공통의 자연법을 위반한 것으로 처벌을 받게 된다. 그 행위는 이웃의 몫을 침해한 셈이기 때문이다. 둘째, 소유권 취득은 타인의 권리를 침해하거나 이웃에 피해를 끼치지 않는 범위 이내로 한정된다. 어떤 이가 토지 또는 그 산물을 취득할 때 다른 이들도 취득할 수 있도록 충분히 남겨야 한다. 이처럼 다른 사람들도 사용할 수 있을 만큼 넉넉히 남겨 놓는 사람은 전혀 아무것도 취하지 않은 셈이나 마찬가지다(앞의 책, 37~39쪽 참조).

요컨대 로크는 우리가 소유해도 좋은 것은 우리 자신의 생존에 필요한 범위 이내로 한정되며, 또 일부 사람의 과도한 소유로 인해 다른 사람들의 소유권이 침해받지 않도록 소유량을 제한해야 함을 주장하고 있다. 로크는 이처럼 한편으로는 노동에 의거한 사적 소유권을 인정하면서도, 다른 한편으로는 인류 또는 사회 전체의 공존공영의 관점에서 소유에 일정한 제한조건을 둠으로써 인간과 인간 및 인간과 자연 간에 건전한 관계를 수립할 수 있다고 보았던 것이다.

2) 노동의 가치 대 자연의 가치

인간은 살아가려면 삶에 필요한 여러 가지 제품들을 산출해야 한다. 그 제품들의 산출에는 두 가지 요소가 요구된다. 하나는 자연이요, 다른 하나는 노동이다. 로크에 따르면 "대지가 자연스럽게 산출하는 모든 과실과 대지가 양육하는 모든 동물은 자연발생적 작용에 의해 생산된(앞의 책, 34쪽)" 것들로, "자연은 만물의 공통된 어머니(앞의 책, 35쪽)"다. 우리가 일상생활에서 쓰는 여러 가지 생필품들은 일차적으로 자연이 제공해 준다는 얘기다. 한편 자연이 제공해 준 여러 가지 것들을 직접 이용할 수 있으려면 노동이 요구된다. 이와 관련하여 로크는 "사람이 자연이 제공하고 그 안에 놓아둔 것을 그 상태에서 꺼내 거기에 자신의 노동을 섞으면 그것은 그의 소유가 된다(앞의 책)"라고 말한다.

여기서 제기하고 싶은 물음은 그렇다면 인간이 획득한 생필품의 가치는 자연과 노동, 양자 가운데 어느 쪽에서 유래한 것이 더 많을까 하는 점이다. 이 물음에 대해 로크는 명확히 노동 쪽이 자연 쪽보다 훨씬 더 많은 가치를 창출한다고 주장한다. 그에 따르면 "자연과 대지는 그 자체로서는 단지 거의 무가치한 재료를 제공할 뿐(앞의 책, 49쪽)"이다. 또 그는 "토지에 최대한의 가치를 부여하는 것은 노동이며, 그것이 없다면 토지는 거의 아무런 가치도 없다(앞의 책, 48쪽)"라고 말한다. 자연과 토지에는 낮은 가치를 부여하고 있는 반면, 인간의 노동에는 아주 높은 가치를 부여하고 있다.

이러한 주장을 관철하기 위해 로크는 빵, 포도주, 직물을 예로 들어 설명한다. 이 세 가지 제품들은 일상적으로 쓰이는 물자로서 넘쳐나게 존재하는 것들이다. 하지만 노동이 없었다면 도토리, 물, 잎사귀나 가죽으로 그냥 남아 있을 것임에 틀림없다(앞의 책, 47쪽 참조). 노동이 자연을 가치 면에서 압도하고 있다는 것인데, 이를 구체적으로 계산하면 로크는 10분의 9라고 말한다. 심지어 로크는 인간의 삶에 유용한 토지 생산물 중에서 10분의 9가 노동의 결과라 해도 그것은 대단히 낮춰 잡은 계산이라 주장하고 있다. 그래서 로크는 어떤 제품이 우리의 사용에 기여하는 정도에 따라 엄밀하게 평가한다면 대부분의 경우 100분의 99가 노동의 산물이라 주장한다(앞의 책, 46쪽 참조).

하지만 노동의 가치와 자연의 가치 비교는 로크가 주장하고 있듯이 그렇게 단순하지만은 않다. 양 가치는 다양한 조건에 의해 변화되는 상대적인 것이기 때문이다. 노동의 가치는 시장의 변동에 따라 오르내릴 수 있다. 토지의 가치는 또한 그 나라의 인구밀도나 경제 혹은 문화 발전 정도에 따라 크게 달라지는 법이다.

로크가 토지를 '거의 무가치'하다고 평가하는 배경에는 신대륙 아메리카의 광대한 토지의 존재를 염두에 두고 있었던 것으로 보인다. 17세기의 아메리카는 유럽의 여러 나라가 경쟁적으로 식민지를 확대하고 있었던 미개척지였다. 토지의 광대함에 비해 원주민의 인구는 적었고, 식민자들의 토지 취득은 아주 용이했다. 식민지의 농업경영자들에게 있어서 토지의 구입 가격은 극히 낮았고, 로크의 표현대로 '거의 무가치'에 가까웠으리라 평가된다.

3) 식민지화를 통한 자연의 정복

17세기 영국의 상업, 특히 해외무역의 발달은 당시 유럽인의 아메리카에 대한 식민 및 아메리카와의 무역을 빼놓고는 이야기할 수 없다. 무역의 확대는 상품생산의 확대를 촉진한다. 상품 및 그 원료 생산은 많은 토지를 필요로 한다. 하지만 영국의 국토는 그 필요를 충족하기에 너무나 부족한 상황이었다.[6] 이러한 토지에 대한 욕구

---

6 三浦永光, 『環境思想と社会』, 東京: 御茶の水書房, 2006, p. 95 참조.

에 부응했던 것이 아메리카 식민이었다. 그래서 로크는 아메리카에 대한 식민을 적극 장려하고 있다.

> 아메리카인들의 몇몇 나라들은 땅은 풍부하게 가지고 있지만 삶의 편익에 있어서는 빈곤하다. 이들 나라에 자연은 다른 어느 민족들에게보다도 풍성한 자원, 곧 식품, 의복 및 생활의 기쁨을 주는 것을 풍부하게 생산할 수 있는 비옥한 땅을 마련해 주었지만 그들은 노동을 통해서 그 땅을 개간하지 않았기 때문에 우리가 향유하는 편익의 100분의 1도 누리지 못하고 있다(『통치론』, 46쪽).

로크는 아메리카 대륙의 땅은 풍부한 자원을 갖추고 있지만 이를 개발하지 않았기에 문명사회 사람들이 누리는 편익의 100분의 1도 누리지 못하고 있음을 개탄하고 있다.

로크에 따르면 아메리카에는 이처럼 광대한 미개척 토지가 널려 있다. 원주민이 이용하고 있는 토지는 약간에 불과하고 아메리카의 토지 대부분은 인간의 손이 닿지 않았으므로 이는 '인류 공유의 것'이다. 로크는 이러한 토지를 자연상태에 있는 토지라 부른다. 자연상태의 토지는 인간이 개척하여 이용하라고 신이 내려 준 것이다. 로크는 "신이 토지를 부여해 준 것은 근면하고 합리적인 사람들이 사용케 하기 위한 것이다(앞의 책, 39쪽)"라고 말하며, 문명화되지 못한 원주민이 아니라 문명화된 유럽인들이야말로 아메리카의 토지를 개척하는 데 적합하다고 보고 있다. 로크는 토지 소유권의 근거로서 노동을 들고 있는데, 그가 말하는 '노동'은 아메리카

원주민의 노동이 아니라 문명화된 여러 국민의 노동인 것이다. 예를 들면 영국인의 노동은 토지를 개척하여 효율적으로 이용함으로써 토지의 생산력을 높이고 있는 반면, 원주민은 토지를 충분히 활용하고 있지 못하므로 수확량이 적을 수밖에 없다.

자연에 방치된 아메리카 대륙의 천연림의 경작되지 않은 황무지에 개간, 개량, 재배 없이 놓여 있는 1000에이커의 땅이 궁핍하고 가난한 원주민들에게 [영국의] 데본셔의 동일한 비옥도를 지닌 그러나 잘 개발된 100에이커의 땅이 제공할 수 있는 것만큼 많은 삶의 편익을 제공한다고 말할 수 있을 것인가(앞의 책, 43쪽)?

아메리카에서는 광대하고 비옥한 영토의 왕이 영국의 일용노동자보다 의식주에서는 훨씬 못 살고 있다(앞의 책, 46쪽).

아메리카 대륙의 미개척 토지의 지배자보다 영국의 일용노동자의 삶이 훨씬 나은 근거는 합리적으로 토지를 이용하여 높은 생산고를 올릴 수 있는 영국인의 앞선 능력에 있다. 합리성, 근면한 노동, 높은 생산력이야말로 자연상태의 토지를 취득할 권리를 얻는 조건이다. 그리고 이러한 조건을 구비하고 있는 것은 영국과 같은 문명국가의 사람들이지 아메리카 원주민이 아니다(『環境思想と社会』, p. 96 참조). 로크는 이와 같은 논리를 전개함으로써 당시 추진되고 있던 영국을 비롯한 유럽 여러 나라에 의한 아메리카에서의 식민지 건설의 정당성을 확보하고자 했던 것이다.

4. 로크의 자연관에 관한 고찰과 그 의의

1) 제한적 인간중심주의자로서의 로크

환경문제에 관한 윤리적 입장은 크게 두 가지로 나뉜다. 하나는 자연환경은 어디까지나 인간의 이익을 위하여 보전되어야 한다는 입장이고, 다른 하나는 자연환경은 인간의 이익과 무관하게 그 고유한 가치 때문에 보존되어야 한다는 입장이다. 전자를 인간중심주의라 한다면 후자는 탈인간중심주의라 할 수 있다. 인간중심주의에서는 인간이 목적이라면 자연은 그 목적 달성을 위한 수단적 가치를 지닌다고 본다. 반면에 탈인간중심주의에서는 인간 이외의 존재 역시 인간과 대등한 가치를 지니는 것으로 간주한다. 물론 후자는 인간과 대등한 가치를 지닌 존재의 범위를 어떻게 설정하는가에 따라 인간·동물복지주의, 생명중심주의, 자연중심주의 등으로 구분할 수 있다.

앞에서 살펴본 존 로크의 입장은 위 입장들 가운데 전형적인 인간중심주의에 속하는 것으로 간주된다. 이를 입증할 수 있는 증거들을 정리해 보면 이렇다.

> 대지와 그것에 속하는 모든 것은 인간의 부양과 안락을 위해서 모든 인간에게 주어진 것이다(『통치론』, 34쪽).

> 대지와 모든 열등한 피조물은 만인의 공유물이다(앞의 책).

신은 세계를 사람들이 그것으로부터 취할 수 있는 이익과 최대한의 편익을 위해 주었으므로…(앞의 책, 39쪽).

신은 인간에게 [대지를] 정복하라고 명함으로써 수취할 권한을 주었다(앞의 책, 41쪽).

자연과 대지는 그 자체로서는 단지 거의 무가치한 재료를 제공할 뿐이라는 것이다(앞의 책, 49쪽).

이상의 로크의 말들을 요약하면 자연에 속하는 모든 것들은 인간의 삶을 위해 존재하는 수단적 가치만을 지녔으며, 이는 신의 명령에 의해 정당화된다고 할 수 있다. 신의 명령에 의거하여 자연에 대한 인간의 절대적 지배를 정당화하고 있는 것이다. 그리스도교에서는 인간이 신의 창조물 가운데 으뜸으로서 신성시되는 데 반해, 자연은 신성하지 않은 것으로 간주된다. 이러한 관점에 기초할 때 자연은 닥치는 대로 개발되어도 괜찮은 대상으로 여겨진다. 자연은 인간의 목적을 위해 이용될 수 있는 생명 없는 물질 덩어리에 지나지 않게 되는 것이다. 이 경우 자연은 결코 '당신'thou이 될 수 없으며 다만 '그것'it일 뿐이다. 로크는, 자연은 어디까지나 인간 삶을 위해 존재한다는 자신의 주장을 인간중심적 사상인 그리스도교 사상에 의거하여 정당화하고 있는 것이다.

모든 사상은 시대의 산물임을 고려할 때 로크의 자연관 역시 그가 살았던 근대 초기 이후 자연관의 반영임을 알 수 있다. 15,

16세기까지는 유기체적 자연관이 지배적이었다. 자연은 생명을 지니고 있고, 자연현상의 원인으로는 생명이 가진 감각과 욕망 등이 고려되었다. 이는 물활론적 자연관으로 그 이면에는 목적론이 관통하고 있다. 이른바 아리스토텔레스적 자연관이 중세를 거쳐 이때까지 지배적이었던 것이다. 르네상스기에는 자연 연구에 관심이 많았으나 아직 과학적 방법이 확립되지 못했기에 자연에 대한 견해는 공상적·신비적이었다. 그러나 이러한 자연관은 17세기 자연과학의 발달로 극복되면서 기계론적 자연관으로 이행하게 되었다.[7]

자연의 생명을 인정한다는 것은 거기에 이미 인간의 주관이 투입돼 있음을 전제한다. 그러나 기계론적 자연관에서는 이 주관성을 제거한다. 그에 따라 자연세계에는 객관성이 증대되고 그로부터 생명 없는 물질적 덩어리로서의 자연이 출현한다. 이러한 물질적 자연에 대해 기계론적 사고방식이 적용될 수 있었던 것이다. 기계론적 자연관에서는 자연을 하나의 기계처럼 인식한다. 이처럼 자연을 기계로 간주할 때 이 기계를 만든 어떤 존재를 따로 고려하지 않을 수 없는데 그 존재는 창조주로서의 신이 된다. 그리스도교의 신은 모든 존재를 창조하였다. 그리고 이 신에 의해 자연에는 법칙이 주어졌고 인간에게는 이 법칙을 이해할 수 있는 이성이 부여되었다.

---

7 구니야 준이치로, 『환경과 자연인식의 흐름』, 심귀득·안은수 옮김, 고려원, 1992, 181~182쪽 참조.

자연에 속하는 모든 것은 인간의 편익을 위해 주어진 것이고 인간은 자연의 정복자이며, 이 모든 일은 신의 명령에 의해 정당화된다는 로크의 주장은 17세기 초에 형성된 자연관의 영향을 크게 받고 있음을 거듭 확인할 수 있다. 로크 역시 여타의 인간중심주의자들처럼 인간=목적, 자연=수단으로 등식화하는 입장을 취하고 있는 것이다. 그러기에 로크를 인간중심주의자로 규정하는 것은 무리가 아니다. 하지만 로크를 단순히 인간중심주의자로만 단정 짓는 데는 선뜻 동의하기 어려운 측면이 있다. 인간의 자연 이용을 무제한 허용하고 있지는 않기 때문이다. 로크가 허용하는 인간의 자연 이용·개발은 타인의 권리를 침해하거나 이웃에게 피해를 끼치지 않는 범위 이내로 한정된다. 로크는 인간의 자연 이용은 '전 인류의 평화와 존속'이라는 대목적하에서 이루어져야 한다고 주장하고 있다.

로크에게 있어서 1차적으로 중요한 것은 전 인류의 공존공영이다. 이는 인간의 자연 이용권의 가이드라인으로 작용한다. 전 인류·사회 전체의 공존공영의 관점에서 인간의 자연 이용을 허용하고 있을 뿐, 타인의 자기 보존 권리를 침해하면서까지 이뤄지는 무제한적 자연 이용은 허용하고 있지 않은 것이다. 그러기에 로크를 제한적 인간중심주의자로 규정하는 것에 근거가 박약하지는 않다고 본다.

2) 제한적 프런티어윤리론자로서의 로크
환경윤리에서 말하는 '환경'이란 생명체를 둘러싼 외적 조건의 총체다. 대부분의 경우 그 생명체는 인간을 지시한다. 인간을 둘러싸고, 인간에 의해 누려지고, 인간이 영향을 주거나 받기도 하는 생물학적·화학적·물리적 요소의 총체가 곧 환경이다. 환경이란 용어의 최대 범위는 지구 전체가 될 수 있다. 지구환경이라는 표현에서 드러나듯 환경윤리 분야에서 논해지는 환경의 범위는 지구 전체를 포함하고 있다.

지구환경은 무한히 열린 세계가 아니라 닫힌 세계다. 지구환경의 유한성·폐쇄성은 이미 오래전부터 우리의 공통된 인식이 되어 왔다. 우주선 지구호라는 비유에서도 알 수 있듯 환경의 유한성과 폐쇄성은 오늘날의 환경론자들에게 있어서 공통의 전제라 해도 좋을 것이다. 지구는 우주선과 마찬가지로 폐쇄적 시스템이라는 인식에 의거하여 인구, 경제성장, 환경오염의 억제를 도덕원리로 삼는 것이 이른바 '우주선 윤리'다.[8]

반면에 자원의 풍부함과 환경의 무한성을 전제로 삼는 도덕원리는 프런티어윤리(카우보이윤리)라 불린다.[9] 남아돌 만큼의 풍부한 자원과 광대한 미개척 영역의 존재를 전제로 하면서 프런티어윤리의 지지자들은 급속한 경제적 확장과 그에 수반되는 자원의 급속한 소비를 촉진해 왔다. 환경에 대한 이와 같은 태도는 과거의

---

8 K. S. Shrader-Frechette, "Spaceship Ethics", ed. K. S. Shrader-Frechette, *Environmental Ethics*, 2nd ed., Pacific Grove: Boxwood Press, 1993, pp. 45~54 참조.

9 Shrader-Frechette, "'Frontier Ethics' and 'Lifeboat Ehics'", *Environmental Ethics*, p. 32 참조.

아메리카 대륙 개척자들의 모습에서 그 원형을 발견할 수 있다. 그리고 프런티어 개척자들에 의한 토지 착취는 유대·그리스도교가 인간에게 부여한 자연 지배자로서의 우월적 지위에 의해 정당화되어 왔다(Ibid.). 지구환경의 유한성이 인류의 공통 인식이 되고 이미 자원의 무한성을 전제할 수 없는 현대에도 프런티어윤리는 아직 그 건재함을 유지하고 있다.

여기서 프런티어윤리를 거론하는 까닭은 로크의 자연관을 분석해 볼 때 로크는 인간중심주의자이면서 프런티어윤리론자로도 볼 수 있다는 판단 때문이다. 프런티어윤리에서는 자연자원의 풍부함을 전제로 자연을 어디까지나 프런티어의 경제적 확장을 위한 정복 대상으로 여긴다. 따라서 자연을 개척하고 새로운 영토와 대륙의 부를 착취하던 프런티어들은 통상 고귀하고 용감한 인물로 간주되었다. 그들이 '야생적'이고 '야만스러운' 것을 지배하기 위한 '성전'battle을 벌이고 있는 한 신뢰를 받았고, 그들 행위의 대부분은 급속한 경제성장 및 물자생산의 증대라는 인간의 목표상 유용한 것이었다(Ibid.). 프런티어윤리에 따르면 프런티어·카우보이의 개발·개척·개간 행위는 선으로 간주된다.

로크는 "전적으로 자연에 맡겨진 땅, 곧 목장화나 개간, 경작의 면에서 아무런 개량이 이뤄지지 않은 땅은 너무나 적은 가치만을 인정받기 때문에 실제로 그렇듯이 '버려진 땅'(『통치론』, 47쪽)"이라고 부른다. 인간의 손이 가해지지 않은 채 방치된 땅은 그저 버려진 땅으로 이로부터 인간이 얻을 수 있는 가치는 아무것도 없다. 자연에 맡겨진 땅이 버려진 땅이 아니라 생산성을 지닌 가치 있는 땅이 되려면 이를 적절히 활용할 수 있어야 한다. 로크는 프런티어들의 적극적인 노동과 근면을 요청하고 있는 것이다. 프런티어들의 적극적인 노동이 투입될 때 버려진 땅은 유용성이 높은 가치를 지니게 된다.

> 영국의 1에이커 땅과 … 아메리카 대륙의 1에이커 땅은 의심할 여지 없이 자연적으로 동일한 내재적 가치를 갖고 있다. 그러나 인류가 전자로부터 1년에 얻는 이득은 5파운드에 달하는 반면, 후자로부터 얻는 이득은 … 아마 페니 한 푼의 가치도 안 될 것이다. 내가 진실로 말하건대 기껏해야 1000분의 1의 가치도 안 될 것이다. 그렇다면 토지에 최대한의 가치를 부여하는 것은 노동이며, 그것이 없다면 토지는 거의 아무런 가치도 없다(앞의 책, 48쪽).

거의 무가치한 아메리카 대륙의 땅에 가치를 부여하는 것은 프런티어들의 노동에 달려 있다는 게 로크의 견해다. 더불어 로크는 프런티어들이 아직도 개척할 수 있는 여지가 많이 남아 있다고 말한다.

> 주민들이 여타의 인류처럼 공통된 화폐의 사용에 동의하지 않은 곳에서는 광대한 땅이 여전히 황무지로 남아 있는 것이 발견될 것이다. 그 땅은 그 위에 살고 있는 사람들이 실제 사용하거나 사용할 수 있는 것보다 더 많이 있으며, 따라서 여전히 공유물로 남아 있다(앞의 책, 50쪽).

위에서 살펴봤듯이 로크를 프런티어윤리론자로 간주하는 까닭은 ① 남아돌 만큼의 풍부한 자연자원이 존재하며, ② 아직도 광대한 미개척의 영토가 남아 있다는 것을 전제로, ③ 프런티어들의 적극적 개발행위가 요청된다는 것을 주장하고 있기 때문이다.

그러나 여기에는 유의할 사항이 있다. 그것은 로크를 단순하게 프런티어윤리론자라고만 단정 짓는 것은 무리라는 점이다. 거듭 말하건대 프런티어윤리에서는 인간은 자연의 지배자이며 인간 이외의 존재는 인간이 존중할 만한 어떠한 권리도 가지고 있지 않다고 본다. 이와 같은 인간의 우위성과 더불어 프런티어윤리에서는 '남아돌 만큼의 풍부함이라는 신화' 또한 그 전제로 삼는다("'Frontier Ethics' and 'Lifeboat Ehics'", p. 32 참조). 이러한 신화에 의거하는 한 환경에 대한 현명한 관리도, 앞을 예견한 검약도 불필요해진다. 결국 프런티어윤리에 따를 경우 급속한 경제성장 및 물자생산의 증대라는 유용한 가치를 획득할 수 있는 반면, 자원약탈로 인한 자원고갈, 자연파괴 등과 같은 부산물을 필연적으로 수반한다. 그런데 로크는 프런티어윤리론자답게 자원의 풍요로움이나 미개척 영역의 존재를 전제로 삼으면서도, 자원의 낭비·자연파괴는 허용하지 않는다.

그가 토지를 울타리로 둘러싸서 가축을 기르고 생산물을 사용하면 그 가축과 생산물 역시 그의 것이다. 그러나 그가 울타리를 친 부분의 잔디가 땅 위에서 썩거나 그가 심은 나무에서 열린 과일이 채취되어 저장되지 않고 시들어 버린다면 그가 울타리를 쳤음에도 불구하고 그 부분의 땅은 여전히 황무지로 간주돼야 하며 다른 누군가의 소유물이 될 수도 있을 것이다(『통치론』, 44쪽).

하느님은 우리에게 즐길 수 있는 만큼, 어느 누구든지 그것이 썩기 전에 삶에 이득이 되도록 사용할 수 있는 만큼 주셨다. … 그것보다 많은 것은 그의 몫을 넘어서며 다른 사람의 몫에 속한다. 하느님은 그 어떤 것도 인간이 썩히거나 파괴해 버리도록 만들지는 않았다(앞의 책, 37~38쪽).

우리 자신의 소유물이라 하더라도 그것이 부패하거나 어떤 이유로 인해 더 이상 활용할 수 없게 되면 그것은 자원을 낭비한 셈이다. 그리고 우리는 자연자원을 우리가 쓸 수 있을 만큼만 소유해야지 그 이상은 자연을 파괴하는 부당한 행위라는 것이 로크의 주장이다. 프런티어윤리에 따르면 우리는 자원의 낭비라든지 환경파괴로부터 결코 자유로울 수 없다. 그런데 로크는 이러한 프런티어윤리를 수용하면서도 필요 이상의 자원낭비 및 자연파괴는 엄격히 금하고 있다. 그래서 로크를 단순한 프런티어윤리론자로만 단정 짓는 것은 무리라는 얘기다. 정확히 평가하자면 제한적 프런티어윤리의 신봉자로 진단하는 것이 더 적절하다고 생각된다.

3) 로크식 관점과 그 의의

앞에서 로크는 제한적 인간중심주의자이면서 제한적 프런티어윤리의 신봉자라는 진단이 내려졌다. 하지만 이러한 진단만으로 로크의 환경사상을 온전히 평가했다고는 볼 수 없다. 여기서는 로크의 자연관이 갖고 있는 고유한 특징과 더불어 그 의의에 대해 살펴보기로 한다.

로크에 따르면 신은 인류의 생존유지와 안락한 삶을 위해 자연자원의 일체를 공유물로 인류에게 베풀었다. 그러나 이 자연자원이 그저 공유물에 머무는 한, 이는 누구도 이용할 수 없게 된다. 자연자원이 사람들에 의해 활용되려면 그 이전에 이 자원을 수취할 수 있도록 하는 어떤 수단이 요구된다. 로크는 그 수취 수단으로 바로 노동을 들었다.

내가 타인들과 공유권을 가지고 있는 지역에서 내 말이 뜯어먹는 풀, 내 하인이 떼어 온 잔디의 뗏장, 내가 채취한 광물은 타인의 양도나 동의 없이도 내 소유물이 된다. 나 자신의 것인 노동이 그것들을 원래의 공유 상태에서 걷어 냄으로써 내 소유권을 그것들 내부에 설정한 것이다(앞의 책, 36쪽).

공유지에서 풀을 먹는 것은 말이고, 잔디를 깎는 것은 하인이지만 이것들이 나의 노동에 포함되는 것은 그것들이 누구의 지시나 동의가 아니라 오로지 나의 결정에 따라 행해지고 있기 때문이다. 노동에는 타인의 의지에 의존하지 않는 자유로운 결정이라는 계기가 포함돼 있음을 확인할 수 있다. 물론 이 자유가 방종을 의미하지는 않는다(앞의 책, 13쪽 참조). 그것은 "타인의 허락을 구하거나 그의 의지에 구애받지 않고 자연법의 테두리 안에서 자신이 적당하다고 생각하는 바에 따라 자신의 행동을 규율하고 자신의 소유물과 인신을 처분할 수 있는 것과 같은 완전히 자유로운 상태(앞의 책, 11쪽)"를 의미한다. 여기서 유의할 것은 타자의 허락을 구하거나 혹은 타자의 의지에 의존하지 않는다는 것이 결코 타자를 고려할 필요가 없음을 의미하는 것은 아니라는 점이다. 오히려 자유 상태에서 우리는 타자의 권리에 대한 침해를 금하는 자연법에 의해 규제받고 있는 것이다(앞의 책, 13~14쪽 참조).

로크에 따르면 위에서와 같은 자유로운 상태에서 공유물인 자연에다 노동을 가하여 무엇인가를 산출해 내면 그것은 그의 소유물이 됨과 동시에 소유권을 갖게 된다. 여기서 눈여겨볼 만한 사항은 "자신의 노동에 의해 땅을 수취하는 자는 인류의 공동자산의 가치를 줄이는 게 아니라 오히려 증대시키는 것(앞의 책, 43쪽)"이며, "우리에게 유용한 모든 산물의 대부분의 가치는 노동에서 나오는 것(앞의 책, 48쪽)"임을 강조하고 있는 점이다. 그 자체로서는 거의 무가치한 토지가 인간의 노동에 의해 최대한의 가치를 지니게 되므로 토지의 가치는 대부분 노동에서 유래한다. 그에 따라 노동의 투입을 통하여 토지를 개간하는 자에게는 그 가치 창조를 근거로 그 토지에 대한 소유권이 정당하게 돌아가는 것이다.

그러나 여기서 생각해 봐야 할 사항이 있다. 가령 어떤 자가 노동이라는 이름하에 행한 행위가 늘 인류의 공동자산을 증가시키는 것과 같은 가치 창조 행위로 이어진다고 보장할 수는 없다는 점이다. 그것은 오히려 인류의 공동자산을 감소시키는 단순한 자원의 낭비일 수도 있기 때문이다. 공유자산의 낭비에 관한 로크의 얘기를 직접 들어 본다.

그가 가지고 있는 동안 그것들이 상해서 무용지물이 되지 않도록 하기 위해 그 일부를 다른 누군가에게 준다면 그는 그것들을 이용한 셈이다. 만약 그가 또한 일주일이 지나면 썩었을 법한 자두를 주고 1년 내내 상하지 않고 먹을 수 있는 호두와 교환했다면 그는 아무런 피해를 끼치지 않은 셈이다. 그의 수중에서 어떤 것도 무용하게 상하지 않는 한 그는 공동자산을 낭비하지 않았으며, 남에게 속하는 재산을 조금도 파괴하지 않은 것이다(앞의 책, 51쪽).

어떤 이가 자기 수중에 있는 것을 타인에게 양도하는 것은 정당한 사용에 포함된다. 하지만 그가 그것을 사용하지 않고 부패시켜 버리면 그것은 신이 인류에게 준 공유자산의 낭비이고 타자 소유권의 침해가 된다. 여기서 관심을 끄는 부분은 노동행위가 가치창조인가 아니면 낭비인가 하는 판단, 또는 노동이 소유권의 권원인가 아니면 타인의 소유권을 침해하는 낭비인가 하는 판단이 '세계 혹은 자연자원의 총체를 늘 인류의 공유물·공유자산으로 보는 관점'에서 내려지고 있다는 점이다. 이를 이름하여 로크식 관점이라 부르고자 한다.[10]

---

10 今村健一郎, 『労働と所有の哲学: ジョン・ロックから現代へ』, 京都: 昭和堂, 2011, p. 224 참조.

3장·존 로크

로크가 이러한 관점을 형성하게 된 이면에는 지구자원은 유한하다는 생각이 이미 깔려 있었기 때문이라 본다. 만약 지구자원이 무한하다는 생각을 했다면 소유권 제한은 물론 그 제한기준의 설정 또한 착상조차 하지 못했을 것이다. 그는, 지구자원은 유한하다는 생각 위에 전 인류의 공존공영을 1차적 목적으로 내걸고 노동에 의한 소유권 역시 그 목적하에서 허용하고 있다. 지구자원은 유한하고 전 인류의 공유물인 만큼 과도한 소유권 행사는 공유자산의 낭비 및 타인의 소유권마저 침해하는 결과를 초래하기 때문이다.

여기서 중요한 것은 지구자원은 유한하고 전 인류의 공유물이라는 사고다. 오늘날 환경파괴 문제가 심각해지는 데는 사실 이와 같은 로크식 관점이 부재하다는 점도 한 원인이 되고 있다. 지구자원은 누구에게나 개방돼 있는 주인 없는 물건으로 보는 경향이 아직도 지배적 사고로 자리 잡고 있다. 가령 현재 인류가 가장 힘들어하는 기후변화 문제만 해도 그렇다. 이 문제가 심각하고 개선이 필요하다는 데는 모두가 공감하면서도 그 원인을 치유하는 데는 더디고 소극적이다. 누구나 자연자원을 자유로이 이용은 하면서도 그에 대한 책임은 지지 않으려 한다. 그러는 와중에 기후변화라는 공유지의 비극이 전 지구를 덮치고 있다.

지구자원을 인류의 공유자산으로서 지속적으로 안전하게 유지하려면 지구 규모의 엄격한 제도와 관리가 필요하다고 생각된다. 현 인류는 개인 차원에선 정치사회의 형성에 의해 자연상태로부터 벗어났을지 모르나 그러한 정치사회가 다수 존재하는 국가 차원에선 여전히 자연상태에 머물고 있는 것으로 간주되기 때문이다(『통치론』, 140쪽 참조).

이처럼 인류가 국가 간 관계에서는 여전히 자연상태에 머물러 있다면, 국제사회는 "인간의 편파성과 폭력(앞의 책, 19쪽)"이라는 자연상태에서의 불편함으로부터 아직 벗어나지 못하고 있음을 말해 준다. 각 개인이 자연법의 해석과 집행권을 보유하는 자연상태 하에서는 인간의 편파성이 자연법의 해석을 왜곡하며, 폭력은 자연법의 집행을 불확실하게 만들어 버린다. 국제사회는 이러한 편파성과 폭력을 여러 차례 경험해 왔고 현재 또한 자유롭지 않다. 지구환경이라는 공유물을 어떻게 이용할 것인지를 결정하는 국제정치의 장에서 이 편파성과 폭력이 어떻게 작용하고 있는지를 잘 보여 주는 사례가 있다.

그것은 다름 아닌 2017년 6월에 있었던 미국 트럼프 대통령의 파리기후변화협정 탈퇴 결정 선언이다. 2016년 9월 오바마 당시 미국 대통령이 비준한 지 9개월 만에 세계 2위 탄소배출국인 미국이 탈퇴를 결정하면서 협정은 사실상 존폐의 기로에 놓였다. 이 협정은 2015년 전 세계 195개국이 지구온난화의 주범인 온실가스 배출을 감축하기 위한 협약에 동의함으로써 탄생하였다. 기후변화와 관련하여 사실상 전 세계의 거의 모든 국가가 참여한 첫 번째 협약이라는 점에서 그 의의가 크다고 할 수 있다. 이처럼 중요한 협정에 세계 최대 경제대국인 미국의 탈퇴 선언은 국제사회로부터 따가운 질책과 비난을 받기에 충분했다.[1] 그러나 국제사회의 비난의 목소리는 비난 그 자체로 그쳤을 뿐 미국의 탈퇴 선언을 되돌리진 못하였다. 애초에 이 협정은 구속력이 강한 협약이 아니었기 때문이다.

131   3장 · 존 로크

국제사회가 자연상태에 처해 있음을 보여 주는 좋은 사례가 아닐 수 없다.

다른 또 하나의 사례가 있다. 이는 폭력이 인류의 공유자산인 자연자원의 이용에 어떤 영향을 미치는지를 잘 보여 준다. 그 사례는 다름 아닌 미국의 이라크 폭격 사건(1998년 12월/2003년 3월)이다. 이라크는 세계 2위의 원유매장국가이며, 그 원유는 양질일 뿐 아니라 생산비도 저렴하기 때문에 세계에서 가장 수익성이 높은 원유 중 하나로 평가받는다. 그러기에 한 산업 전문가는 "전 세계에서 이라크를 예의주시하지 않는 석유기업은 단 하나도 없다"[12]라고 말한다. 세계적 석유기업들은 이라크의 풍부한 석유자원을 독점하고 싶어 하는 것이다.

제2차 세계대전 종료 후 미국 전략의 주요목표 역시 걸프지역의 원유자원에 대한 '자유 접근권'을 확보하는 것이었다. 미국이 이라크를 상대로 벌이는 전쟁은 바로 이러한 관점에서만 이해할 수 있다는 게 전문가들의 진단이다. 그들에 따르면 테러리즘, 대량살상무기, 사담 후세인이 저질렀다고 하는 인권유린 등에 대한 모든 주장은 미국의 정책을 추진하는 데서 핵심사항이 아니다. 오히려 이라크 석유에 대한 자유 접근권과 미·영 기업들이 이 지역의 석유

---

11 「트럼프, 파리기후협정 탈퇴 공식 발표… "오늘부터 전면 이행 중단"」, 『서울신문』, 2017년 6월 2일.

12 황야의 목소리, 「경제 제재에 관한 열한 가지 신화」, 놈 촘스키 외, 『미국의 이라크 전쟁』, 이수현 옮김, 북막스, 2002, 148쪽.

에 대한 궁극적인 통제권을 장악하는 것이 핵심이라는 것이다(앞의 글, 151쪽 참조). 바로 이 목적을 위해 미·영은 사담 후세인 정권이 무너지고 친미정권이 수립되기를 바랐고 그래서 이라크를 침공한 것이었다.

자국의 이익을 위해서라면 국제법이나 유엔헌장 따위는 안중에 없는 폭력적 행동이 아닐 수 없다. 이와 관련하여 놈 촘스키는 이렇게 말한다. "깡패국가들에게 국제법과 유엔헌장은 아무것도 아닐 것이다. 특히 폭력적이고 무법적이며, 폭력을 '국가 인격'으로 추진하고 있는 깡패국가들엔 더욱 그럴 것이다."[13] 미국은 강력한 국력을 바탕으로 자국의 이익에 필요하기만 하면 언제든 국제법을 무시하는 깡패국가라는 진단이다.

로크에 따르면 자연자원은 신이 인류에게 내려 준 공유자산이며, 우리에겐 이를 최대한 유효하게 이용해야 하는 의무가 지워져 있다. 바로 이러한 의무를 제대로 수행해 나가려면 국제적 차원의 법률이나 제도를 계속 탐구해 나가야 한다. 국제사회는 아직까지도 자연상태에 놓여 있는 만큼 불공평성과 폭력이라는 불편함에서 벗어나지 못하고 있다. 이러한 현실을 감안할 때 지금이야말로 이들 불편함을 제거해 나가기 위한 국제적 차원의 보다 강력한 노력이 절실히 필요한 시점이다. 이러한 문제를 배제하고서 지구환경 문제를 논하는 것은 소리 없는 아우성에 그칠 우려가 높기 때문이

---

13 놈 촘스키, 「미국의 이라크 정책: 동기와 결과들」, 『미국의 이라크 전쟁』, 115쪽.

3장·존 로크

다. 편파성과 폭력이 횡행하는 국제질서에 대한 반성과 그 해결을 위한 방향을 제시해 준다는 점에서 로크식 관점은 큰 의의가 있다.

5. 요약

로크에 따르면 자연에 속하는 모든 것들은 인간을 위해 존재하는 도구적 가치만을 지니며, 이러한 사실은 신의 명령에 의해 정당화된다. 로크는 그리스도교적 신의 명령에 의거하여 자연에 대한 인간의 절대적 지배를 정당화하고자 하였다. 그리고 남아돌 정도로 자연자원이 풍부할 뿐만 아니라 아직도 광대한 미개척의 영토가 남아 있음을 전제로 개척자들(근면하고 합리적인 문명화된 유럽인들)의 적극적인 자연개발행위를 요청하였다. 이상의 사실들로 로크의 자연관을 평가한다면 그는 전형적인 인간중심주의자, 프런티어윤리론자로 진단 내릴 수 있다. 그러기에 혹자는 로크에게선 생태학적 감수성이란 눈곱만큼도 찾아볼 수 없다고 강하게 비판을 가하는데 이도 무리는 아니라 본다.[14]

하지만 로크의 주장을 좀 더 자세히 들여다보면 로크＝인간중심주의자＝프런티어윤리론자로 단순하게 규정짓는 것은 타당하지 않음을 알 수 있다. 로크가 자연을 수단으로 규정짓고 자연에 대한

---

14 강신주, 『철학 vs 철학』 개정판, 오월의봄, 2016, 139쪽 참조.

개발을 용인하고 있음은 틀림없는 사실이지만 무제한적 자연 소유·이용·개발을 허용하고 있지는 않기 때문이다. 자연을 소유·개발하는 데는 제한조건이 수반된다. 그 제한조건이란 각자가 사용할 수 있는 만큼만 그리고 타인의 권리를 침해하지 않는 범위 이내로 한정됨을 의미한다. 자연에 대한 사적 소유권 및 개발을 허용하면서도 한편으로는 인류사회 전체의 공존공영의 중요성을 강조하고 있는 것이다. 그러기에 로크를 제한적 인간중심주의자, 제한적 프런티어윤리론자로 규정하는 것이다.

온 인류사회의 공존공영의 중요성을 강조하고 있는 로크의 관점을 필자는 이른바 로크식 관점이라 명명해 보았다. 이 관점이란 이 세계 혹은 자연자원의 총체를 인류의 공동자산으로 보는 시각을 말한다. 사실 환경문제를 해결하고자 하는 본질적 의도는 어느 특정 국가·민족만의 복리가 아니라 전 인류사회의 공존공영에 있다. 이러한 목적을 달성해 나가려면 지구촌에서 제기되는 공동의 환경문제에 온 세계가 적극적으로 협력해야 함은 너무도 당연하다.

하지만 현실은 그렇지 못하다. 미국의 파리기후협정 탈퇴 선언, 석유자원 확보를 위한 미국의 이라크 침공 등의 사례에서 보듯 이 세계는 공존공영이 아니라 유아독존의 사고가 팽배해 있다. 여기서 제기되는 난제는 중대한 인류 공동의 문제해결에 동참하지 않는 국가들을 제어할 특별한 방법이 없다는 점이다. 이는 곧 국가적 차원에서는 여전히 이 세계가 자연상태로부터 벗어나지 못하고 있음을 말해 준다.

이러한 상태로부터 벗어나는 데는 두 가지 묘안이 요구된다.

하나는 인류가 누리고 있는 자연자원은 특정 국가의 전유물이 아니라 온 인류의 공동자산이라는 로크식 관점의 정립이고, 다른 하나는 이러한 관점을 토대로 인류의 공유물·공동자산을 해치는 개별 국가의 행위를 엄격히 제한할 수 있는 국제법의 창안과 이를 강제할 수 있는 집행기구의 마련이다. 로크의 자연관에는 인간중심주의적 태도도 다분하지만 현재의 환경문제를 해결해 나가는 데 소중한 단초가 마련되어 있다는 점도 놓쳐서는 안 된다.

1. 로크는 인간과 자연의 관계를 어떻게 보고 있는지, 그의 자연관의 특징을 설명해 보자.

2. 로크는 단순한 인간중심주의자가 아니라 제한적 인간중심주의자라고 부를 수 있다. 그렇게 부를 수 있는 근거는 무엇인지 이에 대해 탐구해 보자.

3. 로크는 프런티어윤리론자라고 볼 수 있다. 그 근거는 로크가 남아돌 만큼의 풍부한 자연자원이 존재하며, 아직도 광대한 미개척의 영토가 남아 있다는 것을 전제로, 프런티어들의 적극적 개발행위가 필요하다는 것을 주장하고 있기 때문이다. 하지만 단순하게 로크를 프런티어윤리론자라고만 단정 짓는 것은 적절하지 않다. 그 이유는 무엇인가?

4. 로크식 관점이란 용어의 개념을 정의하고, 이 개념이 형성된 배경과 그 의의에 대해 밝혀 보자.

5. 현 인류가 개인적 차원에선 정치사회의 형성에 의해 자연상태로부터 벗어났다 하더라도, 그러한 다수의 정치사회를 제어하는 제3의 기관이 존재하지 않는 이상 국가적 차원에선 여전히 자연상태에 머물고 있는 것으로 판단된다. 이처럼 인류가 국가 간 관계에 있어서 여전히 자연상태에 머물러 있다면 국제사회는 '인간의 편파성과 폭력'이라는 자연상태에서의 불편함으로부터 아직 벗어나지 못하고 있다고 봐야 한다. 각 개인이 자연법의 해석과 집행권을 보유하는 자연상태하에서는 인간의 편파성이 자연법의 해석을 왜곡하며, 폭력은 자연법의 집행을 불확실하게 만들어 버린다. 국제사회는 이러한 편파성과 폭력을 여러 차례 경험해 왔고 현재 또한 자유롭지 않다. 지구환경이라는 공유물을 어떻게 이용할 것인지를 결정하는 국제정치의 장에서 이 편파성과 폭력이 어떻게 작용하고 있는지를 구체적 사례를 들어 설명해 보자. 그리고 그러한 자연상태로부터 벗어날 수 있는 방안에 대해서도 떠올려 보자.

4장

이마누엘 칸트

자연의 최종목적은 어디에 있는가?

1. 칸트의 환경사상을 들여다보는 이유

환경문제의 주원인이 기계론적 자연관과 그러한 자연관을 전개했던 데카르트를 비롯한 서양 근대의 인간중심주의 철학에 있다는 지적은 이미 구전된 지 오래다. 칸트철학 역시 인간의 행복만을 목적으로 그 욕망을 달성하기 위한 자연지배를 인정하고 있지는 않다 해도 도덕법칙의 입법자인 인격에 절대적 가치를 부여하고 있다는 점에서 인간중심주의 계보에 자리매김되는 것은 부인할 수 없다.

칸트(1724~1804)가 살았던 시대상의 분위기로 보더라도 그가 인간중심주의 사고를 벗어나기는 어려웠을 것으로 추론된다. 칸트가 활동했던 18세기는 계몽사상의 시대, 비판의 시대, 철학의 황금시대라 불렸으며, 인간, 인간 본성 또는 인류에 대한 연구가 새로운 학문의 여왕으로 부상한 시대였다. 오직 인간의 존재만이 다른 모든 것들의 존재를 의미 있게 만들 수 있는 것으로 여겨졌기 때문이다. 인간은 분명 '독특한 출발점'이었고 '만물이 연관될 수밖에 없는 목적'으로서 그가 없이는 '나머지 자연'은 아무 의미가 없었던 것이다.[1]

이러한 사상적 분위기와 더불어 칸트 시대의 자연파괴 가능성은 오늘날과는 비교조차 되지 않는 차원의 일이었을 것으로 짐작된다. 이러한 점들을 고려한다면 현대 인류가 겪고 있는 대규모 환경파괴 문제에 대한 대응 방안을 칸트철학에 묻는 것은 어쩌면 무의미한 시도일지도 모른다. 하지만 환경문제와 관련하여 한계가 있을 수밖에 없겠지만 그래도 칸트철학에서 배울 점은 분명히 존재한다. 바로 이러한 이유 때문에 칸트철학을 놓고 비판과 옹호가 전개돼 왔다.

양측의 입장을 간추리면 이러하다. 먼저 비판 측의 입장은 '칸트야말로 인간을 목적, 자연을 수단으로 등식화함으로써 인간에게 파괴적인 자연이용의 근거를 제공한 자연적대적 철학자'로 요약된다. 반면에 옹호 측의 입장은 '칸트철학이 인간중심적 입장을 유지하면서도 생태주의적 주장들과 양립할 수 있고, 자연에 대한 인간의 책임과 의무를 정당화할 수 있다'로 정리된다.

---

1 프랭클린 보머, 『유럽 근현대 지성사』, 조호연 옮김, 현대지성사, 1999, 228~229쪽 참조.

이와 같이 환경철학자들 사이에서 칸트철학에 대한 비판과 옹호 입장으로 나뉘고 있는 이유는 무엇보다 칸트철학의 인간중심주의적 요소 탓이라 할 수 있다. 물론 오늘날의 환경위기를 초래한 원인 중의 하나로 인간중심주의를 배제할 수는 없다. 인간이 자연의 주인으로 자처하며 자연 전체를 마치 자신의 노예로 삼아 그 위에 군림하려는 것이 인간중심주의 사고이기 때문이다.

그러나 곰곰이 따져 보면 우리가 환경문제를 염려하고 그 대책을 강구하려는 것은 결국 인간을 연명시키기 위한 시도라 할 수 있다. 비인간중심주의 관점에서 환경문제에 대해 접근하는 것도 사실은 지구 전체를 지키는 것이 앞으로도 인간이 계속 생존하는, 즉 지속가능하게 되는 유일한 방법이기 때문이다. 인간은 지구라는 대지 위에서밖에 살아남을 수 없다. 그러한 의미에서 환경문제가 인간중심주의를 완전히 배제할 수는 없는 법이다. 따라서 칸트가 인간중심주의자라고 하여 그의 주장에 담겨 있는 생태주의적 요소를 전혀 고려하지 않고 배척하는 것은 합리적 처사로 보기 어렵다.

바로 이러한 문제의식하에 여기서는 칸트철학에 담겨 있는 친환경적 시사점을 모색해 보고자 한다. 이 장의 특징이 있다면 한 가지는 칸트철학에서의 인간중심주의적 요소 및 비인간중심주의적 요소를 동시에 살펴보고 난 뒤 후자를 통해서 친환경적 시사점을 찾아내고 있다는 점이고, 다른 한 가지는 이러한 시도가 어디까지나 칸트의 텍스트에 의거하여 맥락적 접근을 취하고 있다는 점이다.

2. 칸트철학에서의 인간중심주의적 요소

환경윤리학에서 칸트는 일반적으로 인간중심주의자의 전형으로 간주된다. 그 이유에 대해 살펴보면 다음과 같다.

첫째는 칸트가 인간＝목적, 인간 이외의 존재＝수단으로 등식화하고 있다는 점이다. 이러한 등식화의 근거는 『도덕형이상학 정초』에서 발견된다.

> 어떤 존재자가 이성이 없는 존재자라면 이들은 단지 수단으로 상대적 가치만을 지니며 따라서 물건이라고 불린다. 그에 반해서 이성적 존재자는 인격이라고 명명된다. … 인격은 주관적 목적이 아니라 객관적 목적이다. 즉 현존 자체가 목적인 것들이다. 게다가 이들 인격은 다른 어떤 목적도 그 자리를 대신할 수 없는 목적으로 다른 목적은 이 목적을 위해 그저 수단으로만 쓰여야 한다. 이런 인격이 없다면 어디에서도 절대적 가치를 가지는 것을 찾을 수 없기 때문이다.[2]

칸트에 따르면 물건과 인격의 구분 기준은 이성의 소유 여부에 달려 있다. 인격＝이성적 존재라면, 물건＝이성이 없는 존재(무

---

2 이마누엘 칸트, 『도덕형이상학 정초/실천이성비판』, 김석수·김종국 옮김, 한길사, 2019, IV428.

생물, 생물, 인공물)다. 그리고 이성이 없는 존재, 곧 인격 이외의 존재는 절대적 가치를 지닌 인격을 위한 수단으로 활용될 수 있음을 명료하게 밝히고 있다.

위와 유사한 맥락의 내용은 『인류사의 추정된 기원』에서도 발견된다.

> 인간이 양에게 "네가 입고 있는 모피는 자연이 너를 위해서가 아니라 나를 위해서 준 것이다"라고 말할 권리가 신에 의해 인간에게 주어졌다(「창세기」, 3:21). 이처럼 인간은 '모든 동물에 대해 행사할 수 있는 특권'을 획득하고, 동물은 인간의 '임의적 의도의 달성을 위해 인간의 의지에 맡겨진 수단, 도구'로서 다뤄지게 되었다.[3]

칸트는 「창세기」의 인용을 통해 인간은 자연의 목적으로서 인간 이외의 모든 동물을 자신의 목적 달성을 위한 수단으로 활용할 수 있는 특권이 있으며 그것은 신에 의해 주어졌다는 주장을 펴고 있다.

둘째는 칸트가 인간 이외의 자연적 존재자에 대해서는 인간의 직접적 의무를 인정하고 있지 않다는 점이다. 그 근거는 『도덕형이상학』에서 찾아볼 수 있다.

---

3 칸트, 『비판기 저작 1(1784~1794)』, 김미영 외 옮김, 한길사, 2019, VIII114.

우리는 어떠한 경험으로도 인간 말고는 의무를 부과할 수 있는 다른 존재를 알지 못한다. 그러므로 인간은 인간 이외의 어떠한 다른 존재에 대한 의무도 가질 수 없다. 만일 인간이 인간 이외의 다른 어떤 존재에 대해서도 의무를 갖는다고 생각한다면 이는 도덕적 반성 개념들의 혼동에서 발생하는 일이다. 따라서 다른 존재에 대한 의무로 추정되는 의무는 [실제로는] 자기 자신에 대한 의무일 뿐이다.[4]

칸트에 따르면 의무 개념을 적용할 수 있는 주체로는 인간밖에 없으며, 우리가 인격 이외의 존재들에 대해 의무를 지니고 있다고 보는 것은 도덕적 반성 개념의 순전한 오해에서 발원하는 것이다. 여기서의 혼동·오해란 일종의 잘못된 가정, 곧 이성적 능력을 소유하고 있지 않은 존재들도 도덕법칙의 적용 대상이 될 수 있다고 보는 가정 또는 이성적 본성을 소유하고 있지 않은 존재들도 그런 본성을 소유하고 있다고 여기는 가정에 기초한 것이다. 바꿔 말하면 칸트 입장에서 볼 때 우리가 비이성적 존재에 대하여 직접적으로 어떤 의무를 지닌다고 생각하는 것은 이른바 일종의 혼동에 기초한 것이며 따라서 그릇된 생각이라 할 수 있다.

셋째는 칸트가 자연의 미는 자연 그 자체에 내재하는 객관적인 것이 아니라 인간의 판단력에 의해 생겨나는 주관적인 것으로

---

4 칸트, 『도덕형이상학』, 이충진·김수배 옮김, 한길사, 2018, VI442.

간주하고 있다는 점이다. 그 근거는 『판단력비판』에서 확인할 수 있다.

> 우리는 어떤 것을 아름답다고 부를 때 우리가 느끼는 쾌감을 다른 모든 사람에게도 취미판단에서 필연적인 것으로, 마치 그것이 그 대상에 개념상으로 규정돼 있는 그 대상의 성질인 것처럼 간주되어야 할 것으로 요구한다. 그럼에도 미란 주관의 감정과 관계없이 그 자체로서는 아무것도 아니다.[5]

자연의 어떤 대상이 아름답다고 느낄 때 그 아름다움은 그 대상의 고유한 성질이 아니라 어디까지나 인간의 주관적 판단의 산물일 뿐, 자연 자체에는 어떠한 고유가치도 없다는 의미다.

이상의 내용만을 고려하면 칸트는 영락없는 인간중심주의자로 불릴 수 있다. 하지만 칸트의 주장 속에는 단순히 그렇게만 여길 수 없는 비인간중심주의적 요소 또한 찾아볼 수 있다.

---

5 칸트, 『판단력비판』, 백종현 옮김, 아카넷, 2009, V218.

4장 · 이마누엘 칸트

3. 칸트철학에서의 비인간중심주의적 요소

1) 자연에서의 인간의 지위

17~18세기의 과학자나 철학자는 대부분 기계론적 자연관을 따랐다. 이들은 자연에는 오직 기계적 법칙만 있고 생물학적 현상이나 목적론적 질서는 모두 인간의 관념으로만 있는 가상이라 믿었다. 하지만 칸트는 기계론적 자연관과 목적론적 자연관이 양립할 수 있다고 보았다.

그는 『순수이성비판』에선 뉴턴물리학을 염두에 두고 자연을 기계론적으로 인식했지만 『판단력비판』에서는 자연을 목적론적으로 파악하였다. 목적론이란 일반적으로 존재자의 존재방식을 규정하는 원리가 그 존재자 자신 속에 있다고 보는 사상이다. 이에 기초한 목적론적 자연관은 생물 혹은 유기체의 신체적 형태나 구조는 기계인과적 방식이 아니라 그 자신 속에 일정한 목적이 구비돼 있는 것으로 설명할 수 있다고 본다.

이러한 관점에서 칸트는 유기체를 자연목적이라 부르며 그 특징을 '자기 자신이 원인이자 결과'에 있다고 말한다(앞의 책, V370~371 참조). 예를 들면 한 그루의 나무는 꽃을 피우고 열매를 맺음으로써 다른 나무를 동일한 유로서 자가산출하지만, 또한 성장을 통하여 스스로 개체로서도 산출한다. 더불어 가지와 잎은 나무의 산물임과 동시에 광합성 등에 의해 나무 자신을 유지한다(앞의 책, V371 참조). 이처럼 유기체는 부분과 전체가 서로 원인이기도 하고 결과이기도 하는 방식으로 서로 의존함으로써 존재하는 것이다.

칸트는 나아가 목적론적 체계는 개별 유기체뿐만 아니라 자연 전체로까지 확대 적용될 수 있다고 보았다. 각각의 자연물을 내적 합목적성에 따라 존재하는 '자연목적'으로 간주하면서도 다른 한편으로 자연물 전체로서의 자연에 대해 '자연의 목적'이 무엇인지를 물을 수 있다는 것이다. 하지만 후자의 경우는 전자에는 없는 사정이 수반된다. 어떤 유기체를 자연목적으로 간주하는 것과 그 유기체가 무엇을 위해 존재하는가 하는 자연의 목적을 묻는 것은 의미가 아주 다르기 때문이다. 그렇다면 '자연의 최종목적'은 어디에 있는가? 예를 들어 여기 한 촉의 풀이 있다 했을 때 이것의 줄기는 풀이라는 유기체의 자기 산물로 볼 수 있다. 그러나 그 풀은 가축에게, 가축은 인간에게 필요하다는 목적론적 연쇄에 주목한다면 대체 인간을 포함한 전체 자연은 무엇을 위해 존재하는지 묻지 않을 수 없게 된다.

이 물음에 대해 칸트는 인간이야말로 자연의 최종목적[6]이라고

---

6 앞의 책, V429. 칸트는 목적론적 자연관을 고찰하면서 자연의 목적을 몇 가지 차원으로 구분하고 있다. 첫째는 **외적 합목적성**이다. 이는 자연의 존재자들이 그 자체로 독립적이지 못하고 수단-목적의 관계 안에서 특정 목적을 실현하는 수단으로 여겨지는 것을 말한다. 둘째는 **내적 합목적성**이다. 이는 유기적 존재자인 생물에서 발견된다. 유기체는 자신의 존재나 활동의 목적이 바로 자기 자신 안에 있는 것으로 여겨진다. 유기체는 그 자체가 원인인 동시에 결과이며, 수단이면서 목적이 된다. 이러한 내적 합목적성의 유기체를 칸트는 자연목적이라고도 부른다. 셋째는 **창조의 최종목적**이다. 인간은 스스로 의식적으로 목적을 세우고 그 달성을 위해 자연을 수단으로 이용할 수 있다. 이런 능력으로 인해 인간은 다른 자연 존재자

답변한다. 인간은 여러 목적을 이해하고 합목적적으로 형성된 사물들의 총합을 자신의 이성에 의해 여러 목적의 체계로 만들 수 있는 유일한 존재자이기 때문이라는 것이다(『판단력비판』, V427 참조). 인간은 자연의 다양한 존재물을 단순한 우연적 기성품으로 파악하는 게 아니라 목적의 체계로서 조정할 수 있는 유일한 존재라

보다 우월하고 자연 전체의 목적론적 통일의 정점에 선다. 자연 존재자 중 인간은 제 목적을 이해하고 합목적적으로 형성된 사물들의 집합을 자신의 이성에 의해 제 목적의 체계로 만들 수 있는 유일한 존재자인 것이다. 인간은 바로 이 점에서 자연의 최종목적이 된다. 그러나 이러한 인간의 활동은 어디까지나 기술적 차원에서의 것으로 자연법칙에서 벗어나지 못한다. 곧 인간은 자연에서의 수단-목적의 연쇄에 여전히 편입되어 제약을 받는다. 넷째는 **창조의 궁극목적**이다. 인간이 다른 자연 존재자에 비해 결정적으로 우위에 설 수 있는 것은 도덕적 존재자로서다. 도덕적 존재자로서의 인간은 이미 자연의 최종목적이 아니라 자연의 외부에 있는 궁극목적, 창조의 궁극목적으로 불린다. 궁극목적이란 자신의 가능성의 조건으로서 다른 어떤 것도 필요로 하지 않는 목적이다. 최종목적이 수단-목적의 관계 안에서 수단의 대척점으로 여겨진다면 궁극목적은 수단-목적을 상정할 필요가 없는 자족적인 것이다. 전자가 조건적이라면 후자는 무조건적이다. 전자는 인과율에 따르는 자연세계에서 발견할 수 있으나 후자는 그렇지 않다. 무조건적인 궁극목적은 조건적 자연세계에서 발견이 불가능하다. 그렇다면 이 궁극목적을 지닌 존재자를 어떻게 만날 수 있을 것인가 하는 과제가 제기된다. 그 존재자는 자연조건에 종속되면서도 그 조건에서 벗어날 수 있는, 곧 감성계를 초월할 수 있는 능력을 갖추고 있어야 한다. 자연 존재자 중에서 초감성적 능력을 지닌, 곧 초월적 자유를 지닌 유일한 존재자가 있는바, 그는 바로 인간이다. 인간은 감성계에 속해 있으면서도 예지계의 원인성을 의식할 수 있는 예지체이기도 하다. 칸트는 '예지체로서의 인간'을 목적론 논의의 가장 높은 정점에 두고 있다. 예지체로서의 인간이란 자율적으로 도덕법칙에 따를 수 있는, 곧 도덕적 존재로서의 인간을 의미한다. 도덕적 존재로서의 인간에 대해선 더 이상 '무엇을 위해 실존하는지'를 물을 수 없다. 도덕적 인간은 이 세상의 모든 목적들의 연쇄가 완벽하게 정초되는 최고의 목적이며 그런 의미에서 자연의 궁극목적이기 때문이다. 김상환, 『왜 칸트인가』, 21세기북스, 2019, 274~281쪽; 차승한, 「칸트의 목적론에서 '자연의 최종목적'으로서의 문화」, 『도덕윤리과교육』 제66호, 한국도덕윤리과교육학회, 2020, 258~263쪽 참조.

는 의미다. 따라서 인간은 스스로 의식적으로 목적을 세우고 그 달성을 위한 수단으로서 자연을 이용할 수 있다. 인간은 이로 인해 다른 자연적 존재자보다 우월하고 자연 전체의 목적론적 통일의 정점에 서게 되는 것이다. 그러기에 인간은 "자연의 주인(앞의 책, V431)"이라고도 불릴 수 있게 된다.

그러나 칸트는 그렇다고 하여 인간이 자연계에서 특별한 존재라고는 볼 수 없다고 말한다.

> 자연이 인간을 그의 특수한 총아로 삼아 모든 동물들에게보다 더 자비로운 은혜를 베풀었다는 것은 어림없는 얘기다. 오히려 자연은 인간을 그것의 위해危害한 작용들에서, 즉 흑사병, 기아, 수재, 동해凍害, 크고 작은 다른 동물들의 습격 등등에서 다른 모든 동물이나 마찬가지로 보호하고 있지 않은 것이다. … 그러므로 인간은 언제나 단지 자연목적들의 연쇄상의 한 항일 따름이다(앞의 책, V430).

인간은 특별한 존재가 아니라 다른 동물과 마찬가지로 자연에서의 '목적-수단'의 연쇄 속에 편입되어 그 제약을 받는다는 주장이다.

이상의 내용을 보면 자연의 목적론적 체계 안에서 인간은 자연에 대해 능동(독립)과 수동(의존)의 이중관계에 서 있음을 알 수 있다. 인간은 한편으로 목적을 세우고 기술 혹은 기능에 의해 자연을 교묘히 이용하며, 자연에 대한 능동성을 증대시킬 수 있다. 그러

4장 · 이마누엘 칸트

나 다른 한편으로 인간의 자연에 대한 작용은 자연 전체의 목적-수단의 연쇄에 편입돼 있고 그 활동도 다른 자연 존재자의 유지 및 자연 전체의 유지를 위한 수단이 된다.

인간이 자신의 목적에 따라 자연을 이용할 수 있는 것은 기술이나 기능에 의해서다. 이러한 기술의 역할을 이미 근대 초엽에 명확히 했던 자가 있는바, 그는 다름 아닌 베이컨이었다. 그는 지식(과학)은 기술에 의한 자연의 지배로 전화된다고 주장하고 "지식은 곧 힘이다"[7]라고 말했다. 그러나 베이컨이 무차별적 자연지배를 주장하지 않은 점은 주목할 만해 보인다. "자연의 심오함은 감각과 지성의 심오함을 넘어서 있다(앞의 책, 41쪽)." "인간이 할 수 있는 일은 다만 자연물을 결합하거나 해체하는 것일 뿐 그 나머지는 자연 그 내부에서 스스로 진행된다(앞의 책, 40쪽)." 베이컨에 따르면 인간은 자연의 위대함을 넘어서지 못한다. 다만 인간이 과학에 의해 자연법칙을 발견하고 이를 충실히 따른다면 기술에 의한 자연지배가 가능하다. 자연에 복종할 때에만 자연에 명령할 수 있다는 의미다. 자연에 대한 인간의 간섭이 성공적이기 위해선 그것이 자연의 근본법칙들과 부합해야 한다는 것이다.[8]

베이컨이 인간의 기술은 자연 기교의 모방이라는 아리스토텔레스 이후의 전통적 견해를 비판하고 인간 기술의 능동성을 강조

---

7 프랜시스 베이컨, 『신기관』, 진석용 옮김, 한길사, 2016, 39쪽.

8 R. 호이카스, 『근대과학의 출현과 종교』, 손봉호·김영식 옮김, 정음사, 1987, 76쪽 참조.

한 것은 틀림없는 사실이다. 그러나 베이컨은 인간이 자연의 일부이고 인간의 인식이나 기술이 자연에 의거할 것을 전제로 하고 있기에 오늘날과 같은 인간중심주의 입장을 취하고 있지는 않다.

칸트 또한 베이컨과 유사한 입장이다. 그 역시 기술을 통한 자연에 대한 작용은 자연의 법칙(특히 인과법칙)에 따를 것을 강조한다. 그에 따르면 인간의 자연에 대한 작용은 '세계 내에서의 원인들과 결과들의 모든 실천적 결합'에 의거하지만 이 결합은 "자연법칙들에 대한 지식 및 이를 자신의 의도대로 이용하는 자연적(신체적)능력에 따른다(『실천이성비판』, V113)". 따라서 기술을 통한 인간의 자연에 대한 작용은 자연의 메커니즘에 따르는 것이고, 이 점에서 보면 인간의 활동은 자연의존적이다. 따라서 인간이 기술을 가진다고 하는 것만으로는 다른 동물에 비해 우위에 선다고 할 수 없게 된다.

> 자연체계 안에서 인간(이성적 동물)은 그 의미가 미미한 존재이며 다른 동물들과 마찬가지로 대지의 산물로선 그저 평범한 가치를 지닌다. 인간이 지성을 가졌다는 점에서 동물보다 우월하고 스스로 목적을 설정할 수 있다는 사실조차 인간 자신에게 그저 유용성이라는 외적 가치(사용가치)만 줄 뿐이다(『도덕형이상학』, VI434).

자연 안에서 인간은 다른 동물들과 마찬가지로 그 가치가 평범하며, 비록 인간이 오성(과학기술)을 가지고 있고 자기 자신을 위해 목적을 세울 수 있다 하지만, 그것은 인간이 다른 존재보다 낫고

유용하다는 외적 가치를 부여하고 있음에 불과하다는 것이다. 이렇게 보면 칸트는 과학기술을 이용한 인간의 자연지배를 정당화하는 인간중심주의와는 분명히 거리가 있음을 알 수 있다.

2) '자연에 관한 의무'와 '자연에 대한 의무'

의무 개념을 적용할 수 있는 주체를 오로지 인간에게만 한정한다면 그것은 전형적인 인간중심주의 입장에 속한다고 볼 수 있다. 하지만 칸트의 의무론을 이론적 맥락 속에서 들여다보면 단순한 인간중심주의로 규정할 수 없는 측면도 발견된다.

칸트의 의무론과 관련하여 환경문제의 맥락에서 자주 인용되는 부분은 『도덕형이상학』의 2부 '삽입절'인 '도덕적 반성 개념들의 모호함에 대하여'다. 이 절에서 칸트는 자연파괴나 동물학대를 금하도록 하고 있는데 바로 여기서 현대 환경사상의 선구적 측면을 들여다볼 수 있다. 이에 관한 칸트의 주장을 직접 살펴보면 이렇다.

> 아름다운 자연사물을 공연히 파괴하고 동물을 잔혹하게 다루는 것은 도덕적 의무를 위반한다. 동물의 도살도 고통을 덜기 위해 신속히 해야 하며, 동물실험을 필요 최소한도로 억제해야 한다. 또한 오랫동안 봉사해 온 가축에 대해 가족의 일원인 것처럼 감사하는 것도 의무다(앞의 책, VI443).

칸트는 자연물 및 동물 보호를 도덕적 의무에 포함함으로써 자연물 파괴 제한, 동물 도살 시 고통의 최소화, 동물실험 억제, 가축에 대한 감사 의무 등을 강조하고 있다. 이어서 칸트는 자연물의 보호는 어떤 의무에 속하는지에 대해서도 말한다.

> 비록 무생물이라 할지라도 자연 안에 있는 아름다운 대상을 단순히 파괴하려는 성향(파괴의 마음)은 자기 자신에 대한 인간의 의무에 대립한다(앞의 책).

칸트에 따르면 "인간은 오직 인간(자기 자신 또는 타인)에 대한 의무 이외에 다른 의무는 갖지 않으며(앞의 책, VI442)", 인간의 의무는 의무의 대상이 자기 자신인지 타인인지에 따라 '자기 자신에 대한 의무'와 '타인에 대한 의무'로 나뉜다(앞의 책, VI413). 이 두 의무 중 자연물의 파괴는 전자에 해당한다는 것이 칸트의 주장이다. 그렇다면 자연물 파괴가 자기 자신의 의무에 반하는 행위가 되는 까닭은 무엇인가? 그 이유는 이러하다.

> 왜냐하면 그러한 성향은 비록 그 자체만으로는 아직 도덕적인 것은 아니지만 도덕성을 크게 촉진하는 감성의 느낌을 약화하거나 근절해 버리기 때문이다(앞의 책, VI443).

생명이 없음에도 아름다운 자연물을 파괴하는 성향은 도덕성을 촉진하는 인간의 내적 감정을 약화시키거나 근절시킬 수 있다는 두려움이 있다. 이어서 칸트는 다음과 같은 주장도 펴고 있다.

4장 · 이마누엘 칸트

비록 이성은 없더라도 생명이 있는 피조물인 동물들을 폭력적으로 그리고 잔인한 방식으로 다루는 것은 자기 자신에 대한 인간의 의무와 더더욱 진정으로 대립한다. 그렇게 함으로써 동물들의 고통에 대한 인간의 공감이 무뎌지게 되고 결과적으로 타인과의 관계에서 도덕성에 대단히 유익한 천성적 소질이 약화되어 점점 더 고갈되기 때문이다(앞의 책).

생명이 없는 자연물 파괴 행위도 자기 자신의 의무에 반하지만 생명이 있는 동물학대는 자기 자신에 대한 의무를 더더욱 등지게 만든다는 주장이다. 그 이유는 동물학대가 인간의 도덕성에 이로운 천성적 소질을 고갈시키기 때문이다. 그렇다면 동물학대 행위와 인간의 도덕성 약화라는 두 가지 요소가 서로 연결되는 까닭은 무엇인가? 그것은 아마도 동물과 인간 사이에 서로 공통된 특징이 있기 때문일 것이다. 이와 관련하여 『윤리학강의』에는 다음과 같은 설명이 있다.

동물은 인간의 유사체analogue이기 때문에 우리가 동물에 대한 의무를 준수하면 인간에 대한 의무를 준수하게 되고 그럼으로써 인간에 대한 우리의 의무를 함양할 수 있다. 예를 들어 개가 주인을 오랫동안 충실하게 섬겼다면 그것은 공적merit의 유사체다. 그러므로 나는 그것을 보상해야 하며 일단 개가 더 이상 봉사할 수 없게 된다면 나는 그를 끝까지 돌봐 주어야 한다. … 따라서 만약 동물의 행동이 인간 행동이 발생하는 것과 동일한 원리에서 생겨나고, 그

리고 전자가 후자의 유사체라면 우리는 동물에 대한 의무를 가지
며 이로써 우리는 인류의 대의를 증진할 수 있다.[9]

동물에 대한 의무 준수는 곧 인간에 대한 의무 준수로 이어지
는데, 그것은 동물이 인간의 유사체로서 양쪽의 행위는 그 발생원
리가 동일하기 때문이라는 것이다. 따라서 동물학대 행위가 만연
하여 동물의 고통에 대한 공감 능력이 둔화된다면 인간의 고통에
대한 공감 능력 또한 둔화될 수밖에 없다.

칸트에게 있어서 자기 자신에 대한 의무란 자신의 '완전성'을
제고하는 것이 요체다. 자신의 완전성이란 인간이 인간으로서의
자기 목적에 부합하는 행위를 마땅히 따라야 함을 말한다. 이는 곧
경향성이나 성향으로부터의 탈피, 이성에 의한 자기 통제, 도덕성
에 어긋나지 않도록 행위하는 것을 의미한다. 바꿔 말하면 자기 자
신에 대한 의무란 한 인간이 인격으로서의 존엄성을 유지할 수 있
도록 인간성을 손상치 않는 것이다.[10] 칸트에 따르면 자연파괴나 동
물학대는 인간성을 약화시키고 인격의 존엄성을 해치는 행위이기
에 금지된다. 여기서 주목할 만한 사실은 자연파괴나 동물학대가
자연 그 자체나 동물을 위해서가 아니라 인간의 도덕성을 훼손하

---

9 Immanuel Kant, *Lectures on Ethics*, trans. Peter Heath, Cambridge: Cambridge University Press, 1997, p. 212.

10 백종현, 「『덕이론의 형이상학적 기초원리』 해제」, 칸트, 『윤리형이상학』, 백종현 옮김, 아카넷, 2012, 408~412쪽 참조.

기에 금지되고 있다는 점이다.

그럼에도 사람들은 자연파괴나 동물학대 금지 의무를 자연이나 동물에 대한 직접적 의무로 오해하는 수가 있다. 이에 관하여 칸트는 이렇게 지적하고 있다.

> 다른 존재에 대한 의무로 추정되는 의무는 실제로는 자기 자신에 대한 의무일 뿐이다. 인간이 이처럼 오해하게 되는 까닭은 그가 다른 존재와 **관련하여** 가지는 자기 의무를 바로 그 존재에 **대한** 의무와 혼동하기 때문이다(『도덕형이상학』, VI442).

칸트는 누군가에 '관한' 의무와 누군가에 '대한' 의무를 구별하고 있다. 칸트에게 있어서 의무란 의무를 지우는 주체뿐 아니라 의무 지워지는 주체도 언제나 인간밖에 없다(앞의 책, VI419). 따라서 인간이 인간 이외의 다른 존재자에 대한 의무라고 생각하고 있는 것은 실은 그저 자기 자신에 대한 의무에 지나지 않는 것이다. 그러기에 칸트는 "인간을 위해 오랫동안 일해 준 말이나 개에 대한 감사는 간접적으로는 이들 동물에 관한 인간의 의무에 속하지만 직접적으로는 언제나 인간의 자기 자신에 대한 의무에 불과한 것이다(앞의 책, VI443)"라고 말한다.

이상의 내용을 간추리면 다음과 같이 정리할 수 있다.

- 자연파괴나 동물학대는 금지돼야 한다.
- 그 이유는 그들 행위가 인격의 존엄성을 훼손함으로써 자기

자신에 대한 의무를 위반하기 때문이다.

- 자연파괴나 동물학대 금지는 인간이 져야 할 직접적 의무는 아니나 간접적 의무에는 속한다.

3) 미적 판단과 공통감

칸트철학에서 생태학적 관심을 엿볼 수 있는 부분으로 미적 판단과 자연미natural beauty 사상 또한 배제할 수 없다.

인간의 마음 작용은 크게 두 가지로 분류되는바, 지각과 욕구가 그것이다. 전자가 인식능력이라면 후자는 실천능력이다. 전자가 세상의 존재자들이 어떠하다는 것을 수동적으로 수용하여 아는 것이라면, 후자는 그들의 존재 양상을 자신의 의지대로 능동적으로 바꿔 가는 행위라 할 수 있다. 그런데 인간의 마음 작용에는 세상의 존재가 어떠하다는 객관적 인식도 아니고, 그 존재들을 어떻게 바꾸겠다는 주관적 실천 욕구도 아닌 제3의 의식활동이 있다. 느낌이 바로 그것이다.

느낌은 인식 및 실천과 관계되기는 하지만 그 자체는 두 가지와 구분된다. 느낌의 표현에도 두 가지가 있다. 하나는 '이것은 기분이 좋다', '이것은 상쾌하다'와 같은 기분의 표현이고, 다른 하나는 '이것은 아름답다', '이것은 숭고하다'와 같은 미적 느낌의 표현이다. 이 둘 중 기분의 표현이 아닌 아름다움이나 숭고함의 표현을 미적 판단이라 한다.[11]

칸트에 따르면 자연 그 자체나 자연 존재자의 아름다움에 대한 인식은 미적 판단에 의해 이루어진다. 미적 판단이란 미적 느낌에 의거하므로 아름다움은 전적으로 느낌의 산물이다. 미에 대한 판단은 앎과 무관한 것이다. 어떤 자연물이 아름답다는 것은 그것이 지닌 어떤 속성 때문이 아니라 그저 그 대상이 마음에 들기 때문이다. 미적 판단이란 주관의 쾌·불쾌에 대한 판단일 뿐 대상에 대한 인식이 아니다. 이처럼 미적 판단은 주관적 느낌에 근거한 주관적 판단이기에 취미판단이라고도 불리는데 이는 순수하게 감성적이다.

> 취미판단은 인식판단이 아니며 따라서 논리적이 아니라 미감적·감성적이다. 미감적·감성적이란 그 규정 근거가 주관적일 수밖에 없다는 뜻이다(『판단력비판』, V203).

여기서 주목할 점은 취미판단이 욕구에 기반한 감각적 판단이나 도덕성에 기반한 도덕적 판단과는 다르다는 것이다. 어떤 대상이 나의 감각적 관심을 충족시킬 때 나는 그 대상으로부터 쾌적감을 느끼게 되고 그렇지 않을 때는 불쾌감을 느낀다. 곧 개인적인 욕망이나 경향성에 기초한 감각적 관심의 충족 여부에 따라 감각적 판단은 좌우된다. 인간에게는 선에 대한 도덕적 관심 또한 있다. 그 관심을 충족시켜 주는 선한 대상이나 행위 앞에서 우리는 도덕적 감정을 느끼게 되며 그것이 곧 도덕적 판단이 된다. 이처럼 감각적

---

11 한자경, 『칸트 철학에의 초대』, 서광사, 2006, 159~161쪽 참조.

판단이나 도덕적 판단에는 특정한 관심과 결부된 만족이 함께 작용한다.

반면에 칸트에 따르면 주관적 판단인 미적 판단＝취미판단은 '무관심'이라는 특징을 지닌다.

> 조금이라도 이해관심이 섞여 있는 미에 대한 판단은 매우 편파적이고 순수한 취미판단이 아니다(앞의 책, V205).

취미판단이 편파적이지 않고 순수함을 유지하려면 조금이라도 판단 대상에 대해 관심을 두어선 안 된다는 주장이다. 취미판단은 일체의 관심으로부터 독립한 무관심의 판단이며 순수하게 관조적 차원에 머문다.

이어서 칸트가 고민하는 문제는 미적 판단의 보편성 문제다. 미적 판단이 순전히 주관적 느낌에 의거한다면 그 판단의 타당성을 주장할 수 없게 된다. 객관적 기준이 없기 때문이다. 그래서 칸트는 미적 판단이 보편적으로 소통될 수 있는 방안을 모색한다. 그 방안이 마련된다면 미적 판단의 타당성을 판단할 수 있고 나아가 자연미를 훼손하는 행위들을 방지하는 길도 열릴 수 있게 된다. 주관적이면서 동시에 보편타당성을 요구하는 미적 판단을 어떻게 정초할 것인가 하는 것이 칸트의 큰 과제였던 셈이다.

이를 해결하기 위해 칸트가 모색해 낸 것이 공통감이라는 개념이다. 공통감이란 보편적으로 소통 가능한 심적 상태, 곧 보편적 감정을 의미한다. 우리 인간의 느낌 구조는 이론적 인식판단에서 보편성의 근거가 되는 오성의 구조가 그렇듯 만인에게 동일하다는 의미다. 바로 이 공통감에 의거할 때 미적 느낌은 물론 그에 기초한 미적 판단 역시 보편성을 확보할 수 있게 된다. 미적 판단은 개념이 아닌 느낌에 의거하지만 그것은 사사로운 느낌이 아니라 보편적 느낌인 공통감에 의거한 판단이다. 인간이면 누구나 구비하고 있는 공통감이야말로 취미판단의 보편성을 성립시키는 궁극적 근거가 된다.

칸트에 따르면 공통감 개념은 두 가지 중요한 의미를 함축하고 있다. 하나는 우리 자신의 판단이 주관적 착각에서 벗어나도록 '전체적인 인간 이성'에 비춰 봐야 한다는 것이고, 다른 하나는 우리 스스로 타자의 위치에 서서 판단해 봐야 한다는 것이다.[12] 이러한 의미에서 공통감은 하나의 느낌이라기보다 오히려 하나의 원리, 규칙, 이념, 규범과 같은 역할을 한다.[13] 개인의 판단을 규제하는 어떤 지도 이념 또는 이상적인 공동체 정신과도 같은 것이다(『왜 칸트인가』, 209쪽 참조).

공통감에 이러한 의미가 내포되어 있다면 바로 이 공통감에 의거하고 있는 미적 판단은 이제 도덕규범과의 연관성을 갖게 된다. 공통감은 곧 자연미를 훼손하는 행위에 대해 도덕적으로 비난할 수 있는 지평을 확보할 수 있게 되는 것이다(『칸트와 생태사상』,

---

12 앞의 책, V157; 김진, 『칸트와 생태사상』, 철학과현실사, 2003, 28쪽 참조.
13 D. W. 크로퍼드, 『칸트 미학 이론』, 김문환 옮김, 서광사, 1995, 193쪽 참조.

29쪽 참조). 공통감은 한 개인의 관점이 모든 사람들에게 전달되고 인정받을 수 있기 위해 언제나 타인의 관점에서 먼저 판단해야 하는 의무로 작용하기 때문이다.

그래서 칸트는 자연미에 직접적인(합리성의 매개를 거치지 않는) 관심을 갖는 것은 도덕적으로 선한 인간의 표징이라 말한다.

> 내가 주장하는 바는 자연미에 대해 직접적인 관심을 갖는 것은 항상 선한 영혼의 표징이며, 이러한 관심이 습관적이고 만약 그것이 자연에 대한 관조와 자발적으로 결합한다면 그러한 관심은 적어도 도덕적 감정에 호감을 갖는 심적 상태를 나타낸다는 것이다(『판단력비판』, V299).

그리고 이어서 칸트는 자연미에 대해 직접적 관심을 갖는 사람은 자연의 아름다운 풍광(야생의 꽃, 새, 곤충 등)을 바라보면서 이들을 사랑하고 경탄하며, 또 설사 그것들 때문에 다소 손해가 나더라도 그것들이 자연에서 사라지는 것에 대해 애석하게 여길 것이라고 말한다(앞의 책 참조).

무관심과 공통감을 토대로 미적 판단의 보편성을 확보함으로써 자연미를 훼손하는 행위에 대해 도덕적 비난을 가할 수 있는 계기 또한 마련하고 있다는 점에서 칸트사상의 생태학적 측면을 발견할 수 있다.

4. 칸트철학에서 엿볼 수 있는 친환경적 시사점

여기서는 앞에서의 논의를 토대로 환경문제에 관하여 칸트철학으로부터 배울 만한 시사점을 찾아보고자 한다. 칸트 시대에도 자연파괴는 분명히 있었을 것이다. 사람이 살아가는 한 환경파괴는 불가피하기 때문이다. 하지만 그 시대의 자연파괴 가능성은 오늘날과는 비교조차 되지 않는 차원의 것이었으리라 짐작된다. 그러기에 오늘날의 대규모적 자연파괴 상황에서 이를 어떻게 평가할 것인가 하는 물음 자체가 칸트에게선 상상도 할 수 없는 문제였음에 틀림없다. 따라서 여기서는 어디까지나 칸트의 텍스트에 의거한 유추에 의존하지 않을 수 없다.

1) '자연에서의 인간의 지위' 론으로부터

인간만이 존엄성을 소유한다고 주장하거나(『도덕형이상학 정초』, IV435 참조) 인간 이외의 모든 존재는 인간의 존속을 위한 수단이라고 간주하는 점(『판단력비판』, V368 참조)에서 칸트는 자주 환경윤리학자들의 비판의 표적이 되어 왔다. 하지만 유의할 사항이 있다. 그것은 칸트가 말하는 인간의 존엄성, 우월성이란 어디까지나 도덕적 차원에서의 주장이고 따라서 칸트를 도덕적 인간중심주의자라고는 부를 수 있지만, 그 외 차원에선 그렇게 단정 지을 수 없다는 점이다. 가령 칸트는 자연(세계)에서의 인간의 지위를 목적론적 세계관 속에서는 완전히 상대화하고 있다는 사실에 주목할 필요가 있다.

인간이 스스로 목적을 수립하고 그것의 달성을 위해 자연을 이용할 수 있다는 점에선 다른 동물들보다 우월하다. 그러나 이러한 인간의 활동은 어디까지나 기술적·실용적 차원에서의 것으로, 여전히 자연에서의 목적-수단의 연쇄 틀에서 벗어나는 게 아니다. 칸트의 견해에 따를 때 인간은 이중적 존재로 여겨진다. 인간이 오성(과학기술)을 통해 목적을 세우고 자연을 이용할 수 있다는 점에선 자연독립적·능동적 존재이지만, 자연에서의 목적-수단의 연쇄 제약에 갇혀 있다는 점에선 자연의존적·수동적 존재가 된다. 그리고 자연의존적이라는 점에서 본다면 인간은 자연의 다른 존재자와 다름없는 평범한 가치를 지닌다.

> 초식동물은 수많은 식물의 종이 질식할 만큼 무성해지는 것을 조절하기 위해 현존하고, 육식동물은 초식동물의 탐식을 제한하기 위해 현존하며, 끝으로 인간은 육식동물을 수렵하고 감소시킴으로써 자연의 다산성과 파괴성 사이에 모종의 균형을 잡기 위해 현존한다. 그렇게 해서 인간은 어떤 관계에서는 목적으로 존중받을지 모르나 다른 관계에서는 다시금 수단의 지위밖에는 갖지 못한다(앞의 책, V427).

목적론적으로 볼 때 인간은 초식동물, 육식동물처럼 자연의 다산성과 파괴성 간의 균형을 유지하기 위한 수단의 위치에 서게 된다. 바로 그런 의미에서 인간은 자연연쇄 중의 한 항이 되는 것이다. 이러한 칸트의 인간관에서 얻을 수 있는 바가 있다면 그것은 현재 우리 사회에서의 지배적 인간관에 대한 반성적 태도를 고취하는 계기가 될 수 있다는 점이다.

현재 전 세계를 휩쓸고 있는 코로나 팬데믹 현상은 물론 전대미문의 기상이변, 지구 전체를 가로지르고 있는 각종 쓰레기 등 날이 갈수록 인류는 심각한 환경문제의 시련을 겪고 있다. 이들 문제의 원인은 다양하겠지만 그중에서도 빼놓을 수 없는 것은 인류의 자연관·인간관이라 할 수 있다. 인류가 자연과 인간을 어떻게 보고 또 양자의 관계를 어떻게 인식하느냐에 따라 자연에 미치는 영향 정도는 크게 달라져 왔던 것이다.

현재 우리 사회의 지배적인 자연관은 기술적·도구적 이성에 기초한 과도한 인간중심적 자연관이라 할 수 있다. 지금의 기술적 이성, 특히 테크놀로지적 이성은 19~20세기에 걸쳐 과학의 발전 그리고 과학과 기술의 결합에 의한 대규모적 자연지배를 통해 거의 '신의 영역'에까지 이름으로써 오히려 이제는 프로메테우스처럼 우주의 주재자가 된 것 같은 착각에 빠져 있다. 원자력 발전, 원자폭탄 및 수소폭탄, 체외수정, 유전자 조작, 복제기술, 게놈 해석, ES세포·iPS세포에 의한 조직·장기 배양, 인공지능 등이 그러한 착각의 배경적 요소들이다. 기계론적 자연관의 갑옷과 투구를 몸에 걸친 기술적 이성에는 겸허함의 자세라곤 전혀 찾아볼 수 없는 상황이다.

칸트에 따르면 인간이란 자연목적들의 목적-수단의 연쇄 가운데 한 항이다. 식물의 과다 증식을 조절하는 초식동물, 초식동물의 과잉 번식을 조절하는 육식동물처럼 인간은 육식동물의 과잉 번식을 규제하고 조정하는 자연연쇄상의 한 항에 불과하다. 그리고 칸트는 인간이 자연의 주인으로서 자연을 이용할 수 있음을 인정하지만 그것은 어디까지나 자연의 메커니즘을 따르는 한에서일 뿐, 그것을 초월한 무차별적 자연파괴에 대해선 오히려 비판적 입장을 취하였다. 더불어 칸트는 인간을 "이성적이지만 유한한 존재자(『실천이성비판』, V25)"라고 규정하고 도덕법칙만으로는 의지를 규정할 수 없는 인간의 약함을 직시함과 동시에 왕왕 빠지게 되는 독단론의 불손을 훈계하였다.

하지만 기술적 이성에 사로잡힌 현대인은 인간이 자연연쇄 중의 한 항으로서 다른 동물과 같은 평범한 가치를 지닌 존재라는 의식은 물론 독단론의 불손에 대한 의식이 없다. 칸트의 '자연에서의 인간의 지위'론은 테크놀로지적 이성을 토대로 인간적 조건을 비약적으로 확대하고 초월하려는 신념에 도취해 있는 현대인의 삶의 자세에 대해 깊은 성찰의 계기가 될 수 있다는 점에서 소중한 가치가 있다.

2) '자연에 관한 의무'론으로부터

칸트가 주장하는 인간 이외의 자연물에 대한 의무론의 핵심은 간접적 의무론이라 할 수 있다. 칸트에게 있어서 의무란 의무화하거나 의무화되는 주체 모두 인간에게만 국한된다. 따라서 인간이 인간 이외의 다른 존재자에 대한 의무라고 염두에 두고 있는 것은 사실 자기 자신에 대한 의무에 불과한 것이다. 칸트의 의무론에서는 자연 그 자체에 대한 의무는 없고, 우리의 도덕성·존엄성을 훼손하지 않기 위해 '자연에 관한 의무'가 있을 뿐이다. 인간 이외의 존재자에 대한 보호 의무는 인간에게 있어서의 도덕성의 형성과 촉진을 위한, 말하자면 교육적 수단으로서만 인정받게 된다.

이러한 칸트의 의무론은 언뜻 보면 지나친 인간중심적 사고에 경도되어 현대 환경윤리적 사고와는 걸맞지 않은 것으로 배척당할 수도 있다. 하지만 자세히 들여다보면 그 이론에는 소중한 시사점이 내재돼 있음을 발견할 수 있다.

인간 이외의 존재자 중 동물에 관한 의무를 예로 들어 다뤄 보기로 한다. 사실 동물을 차별하고 수단시하는 사고는 서양사를 통해 오랜 대중적 믿음이 되어 왔다.

먼저 아리스토텔레스는 기원전 4세기에 쓴 『정치학』에서 동물은 인간을 위해 존재한다고 기술했다. "만약 자연이 불완전하거나 헛된 것을 전혀 만들지 않았다면 자연은 사람을 위해 모든 동물을 만들었다고 추론해야 한다."[14] 동물은 인간의 식량이나 혹은 그 밖의 수단으로서 기여하기 위해 존재한다는 주장이다.

아리스토텔레스의 사상을 충실히 이어받은 토마스 아퀴나스 역시 13세기에 쓴 『대이교도대전』에서 이렇게 말한다. "생명체 중의 식물들은 동물들을 위해 있고, 동물들은 다시 인간을 위해 있다. 그러므로 인간이야말로 모든 생성의 목적이다."[15]

---

14 아리스토텔레스, 『정치학』, 김재홍 옮김, 길, 2017, 57쪽.

15 토마스 아퀴나스, 『대이교도대전 3-1』, 김율 옮김, 분도출판사, 2019, 233쪽.

데카르트는 인간에게는 영혼(이성)이 있지만 동물에게는 영혼이 없다고 주장한 것으로 유명하다. 그는 동물에게는 영혼이 없다고 단정 짓고 난 뒤, 나아가 영혼을 갖지 못한 존재는 자기 자신의 힘으로 운동할 수 없으므로 동물의 운동은 자발적이 아니라 시계와 같은 기계적 운동에 불과하다고 주장하였다.[16] 동물은 영혼 없는 기계와 같다는 것이다.

이와 같이 동물을 인간보다 하위에 두고 인간의 의무와는 무관한 존재로 여기는 사고의 흐름은 칸트에 와서 새롭게 바뀌게 된다. 칸트의 간접적 의무론이 현대의 동물권 옹호론자들을 충분히 설득할 만한 이론적 토대를 갖추고 있는 것은 아니나 칸트 이전의 철학자들에 비해선 분명 차원이 다름을 알 수 있다. 그는 오직 인간에 대해서만 의무가 있다고 주장했으나 동물에 대한 관심과 사랑은 매우 컸던 것으로 여겨진다. 그 결정적 증거는 동물애호는 인간성 존중으로, 동물학대는 인간성 파괴로 이어진다는 주장이다. 동물학대는 다른 인간에 대한 도덕적 공감을 둔화시키고 그를 잔혹하게 다룸으로써 도덕성을 훼손한다는 이유로 금지되는 것이다. 동물학대 행위가 상습적이면 다른 인간에 대한 공감 능력 또한 약화되고 흉악범죄에까지 이를 개연성은 충분하리라 본다.

실지로 범죄심리학계에서는 동물학대·살해 행위가 인간에게

---

16 김일방, 「데카르트의 자연관」, 『환경철학』 제23집, 한국환경철학회, 2017 여름, 112쪽 참조.

까지 그 영향을 미친다고 분석하고 있다. 유영철, 강호순, 이영학 등 연쇄살인범 모두 살인 범죄를 저지르기 이전 과거 동물학대·살해 경력이 있던 것으로 밝혀졌다. FBI 또한 동물학대와 강력범죄의 연관성에 대해 주목해 왔다. 그래서 FBI는 2016년 1월부터 동물학대 범죄를 통계화하여 동물학대 범죄자의 신상정보를 밝혀낸 후 다른 범죄와의 연관성을 분석하고 있다 한다.[17]

이러한 논리에 따르면 동물학대 행위를 규제하는 것은 인간학대를 예방하는 기능이 있고, 따라서 동물학대 행위 처벌은 동물권은 물론 인간의 존엄성까지 지킬 수 있는 효과를 기대할 수 있다. 현재 전 세계적으로 일부 나라를 제외하고는 동물에게 도덕적·법적 지위가 거의 주어져 있지 않은 상황이다. 칸트의 간접적 의무론은 이러한 현실에 대한 반성적 성찰과 함께 한 걸음 나아갈 수 있는 실마리를 던져 줄 수 있을 것으로 여겨진다.

3) '미적 판단과 공통감'론으로부터

칸트의 미적 판단론이 환경문제와 관련하여 가장 크게 기여하는 바가 있다면 그것은 자연 안에서 유용성과는 전혀 다른 미적 가치를 발견하고 있는 점이다. 칸트에게 있어서 미적 판단은 대상에 대한 인식이 아니라 느낌의 산물로 주관의 쾌·불쾌에 대한 판단이다. 이러한 미적 판단의 가장 큰 특징은 무관심성이다. 우리가 어떤 자

---

17 「한국에 동물을 위한 법은 없다」, 『시사주간』, 2019년 1월 28일 참조.

연물을 바라보며 느끼는 아름다움은 어떠한 이해관심이나 여타 목적과도 아무 상관없이 이루어진 순수한 관조적 즐거움이다.

그렇다면 무관심의 마음속에서 아름다움의 느낌, 미적 만족감이 생겨나는 원리는 어떻게 설명할 수 있는가?

칸트에 따르면 우리의 인식능력은 감성, 상상력, 오성, 이성으로 나뉜다. 감성이 경험적인 것을 시·공간의 직관 형식으로 수용하는 능력이라면, 오성은 감성에 의해 직관된 표상들을 비교·종합하여 개념화하고 판단하는 능력이다. 상상력이란 감성의 직관과 오성의 사유를 연결하는 능력, 곧 수동적인 감성과 능동적인 지성을 종합하고 도식화를 통해 매개하는 것이다.[18] 끝으로 이성은 인식작용의 능력이 아니라 순수사유의 정신능력으로, 인식할 수 없는 초월세계(신, 자유, 영혼의 불사성)가 그 대상이 된다.

위에서 보다시피 우리의 인식은 감성, 오성, 상상력이라는 3자 관계에 의해 이루어진다. 상상력에 의한 감성과 오성의 합작품인 셈이다. 감성은 특정한 시공간에서 특정 대상으로부터 직관을 통해 감각자료를 모은다. 그런 다음 이를 토대로 그 대상에 대한 어떤 이미지를 만들어 내는데, 이때 작용하는 능력이 상상력이다. 상상력은 이처럼 대상으로부터 어떤 표상을 만들어 낸 뒤 이를 오성에 연결한다. 오성은 다시 이를 범주표라는 개념 틀에 넣어 개념화함으로써 대상에 대한 개념이 형성되고 비로소 인식이 이루어지는

---

18 최광진, 『미학적 인간으로 살아가기』, 현암사, 2020, 92~96쪽 참조.

것이다.

그런데 인식을 위해 상상력과 오성이 결합하기는 하지만 그 결과물인 개념을 산출해 내지 않고 '자유로운 유희'[19]만을 즐기는 수가 있다. 개념 산출이라는 부담으로부터 벗어날 수 있기에 자유로운 즐거움을 만끽할 수 있는데 바로 이러한 상태가 미적 판단을 내릴 때이다.[20] 상상력과 오성이 개념이라는 인식의 목적에서 구애받지 않고 자유롭게 유희를 즐길 때 우리는 무관심의 미적 즐거움을 누릴 수 있는 것이다. 자연물을 보면서 아름다움을 느낀다는 것은 그 자연물의 속성을 분석하여 개념화하지도 않고 그 자연물에 대한 어떠한 이해관심도 없이 그저 그 자연물로부터 생겨난 이미

---

19 자유로운 유희에서 두 인식능력(상상력, 오성)은 서로 어떤 관계에 놓이는지를 부연하고자 한다. 인식판단의 경우 상상력의 기능은 오성에 개념 형성을 위한 자료 제공 역할에 머문다. 그리고 개념 형성 시 오성이 능동적·주도적인 반면 상상력은 수동적·종속적이다. 그러나 취미판단에서는 두 인식능력 간의 관계가 능동과 수동, 지배와 종속에서 벗어나 대등한 '상호활성화와 촉진'의 관계로 변환된다. 오성은 상상력이 다양한 것을 포착하고 선택하는 데 있어서 어떤 제한도 받지 않도록 함으로써 상상력의 기능을 활성화하고 촉진해 준다. 그러나 오성은 동시에 자신의 '합법칙성'을 매개로 상상력이 포착한 자료들을 하나의 질서정연한 전체로서 형상화하도록 이끌어 준다. 곧 상상력이 근거 없는 환상이나 무한대의 자료 편력 같은 일탈에 빠지지 않도록 규제함으로써 상상력을 '규칙적인 유희'로 이끄는 것이다. 반면에 상상력은 오성에 어떤 특정 개념으로 집약되거나 한정될 수 없는 무수한 자료를 제공함으로써 오성으로 하여금 원칙적으로는 무한대의 개념의 가능성을 유희적으로 시험해 볼 수 있도록 해준다. 오성의 '개념화 능력'을 자유롭게 발휘하도록 해줌으로써 오성의 '법칙 없는 합법칙성'을 활성화해 주는 것이다. 이는 곧 오성이 어떤 하나의 특정 개념의 도출에 집착하지 않도록 규제하는 것을 의미한다. 김수용, 『아름다움과 인간의 조건』, 한국문화사, 2016, 44~54쪽 참조.

20 노영덕, 『처음 만나는 미학』, 알에이치코리아, 2015, 111~112쪽 참조.

지에 대한 즐거움만 체험하는 것이다.[21]

아름다움에 대한 칸트의 관심사는 미의 본질을 규명하는 게 아니라 '미를 어떻게 판단할 수 있는가' 하는 문제였다. 그의 초점은 아름다움의 대상에 있는 게 아니라 대상을 아름답다고 판단하는 인식 주관에 있었다. 무엇이 아름다운가가 아니라 아름다움을 느낄 때의 마음·자세란 어떤 상태인지를 밝히고 싶었던 것이다.

하지만 칸트의 이러한 시도에 선뜻 동의할 수 없는 부분이 있다. 과연 그의 주장처럼 아름다움의 문제가 인식 대상과는 관계없이 전적으로 인식 주관에만 있다고 할 수 있는지 의심이 가기 때문이다. 아름다움이란 온전히 대상에만 있는 것도 아니지만 대상과 무관한 것도 아니라 본다. 어느 정도 높이가 있는 산을 보았을 때 웅장함과 장엄함을 느끼지, 나지막한 언덕배기를 보고 그와 같은 감정을 느끼지는 않기 때문이다. 따라서 우리가 아름다움을 느낄 수 있는 가능성은 먼저 대상 자체에 있는 것이지 대상과 무관하게 우리가 온전히 마음만으로 아름다움을 창조해 낼 수는 없다. 아름다움은 마음만의 산물이 아닌 것이다. 그렇다고 아름다움이 전적으로 대상에만 있지도 않다. 아름다움은 우리의 마음과 대상의 결

---

21 상상력과 오성 간의 자유로운 유희는 개념이 아닌 느낌으로 드러난다. 취미판단의 미적 반성은 대상을 개념화하는 인식판단이 아니기 때문이다. 따라서 자유로운 유희는 개념이 아니라 느낌으로, 칸트의 표현에 따르면 내적 감정으로밖에 자신을 나타낼 수 없다. 그리고 이 감정이 '즐겁고 유쾌한' 것은 두 인식능력이 자유로운 유희에서 서로를 활성화하고 촉진해 준다는 사실에서 연유한다. 『아름다움과 인간의 조건』, 54~55쪽 참조.

4장 · 이마누엘 칸트

합에서 탄생하는 신생아와도 같은 것이다.[22] 아름다움 속에는 사람의 감정과 사물의 이치가 병존하는 법이다.

이러한 시각에서 본다면 칸트의 미적 판단론은 수용하기 힘든 측면이 분명히 있다. 아름다움의 판단이 아름다움의 인식 대상은 없고 인식 주관만의 작위적인 독백처럼 들리기 때문이다. 하지만 인류가 겪고 있는 환경문제의 본질적 원인을 생각하면 칸트의 이론은 나름의 시사점을 갖는다.

현재 우리가 겪고 있는 환경위기의 본질은 환경 그 자체가 아니라 인간의 지배 욕구에 있다. 인간이 자신의 지배 욕구를 위해 자연은 물론 자신까지도 도구화한 결과가 환경위기다. 사실 더 깊은 위험에 처해 있는 것은 자연환경보다 인간인 것이다. 따라서 환경문제의 개선은 오히려 인간을 위험으로부터 구해 내는 데 있다. 위험으로부터의 구출이란 자연을 지배 대상으로 여기는 사고방식에서의 탈피를 의미한다. 데카르트가 말하는 '자연의 지배자이자 소유주'라는 의식에서 벗어나야 한다는 것이다.

그러려면 칸트가 강조하듯 자연을 유용성의 대상이 아닌 그저 우리에게 미적 즐거움을 주는 대상으로 순수하게 바라볼 수 있어야 한다. 칸트에게 있어서 자연미는 관심 없는 만족의 대상이고 목적 없는 합목적적 대상이며 개념 없는 보편적 만족의 대상이다. 어떠한 관심도 목적도 개념도 전제하지 않을 때 느낄 수 있는 것이 자

---

22 주광첸, 『아름다움이란 무엇인가』, 이화진 옮김, 쌤앤파커스, 2018, 90~95쪽 참조.

연미다. 자연에는 인간에게 미적 즐거움을 주는 힘이 있다. 이러한 자연미를 발견할 수 있으려면 미적 감수성이 전제되어야 한다.

미적 감수성이란 자연의 다양한 대상 및 현상에 대한 지각을 통해 자신의 느낌과 생각을 표현하며 미적 가치를 발견하는 자세를 말한다. 이는 칸트가 말하는 상상력과 오성이 자유롭게 유희를 즐김으로써 무관심의 미적 즐거움을 누리는 자세와 일맥상통한다. 미적 감수성의 고양을 통한 순수한 자연미의 발견, 이는 지배적 자연관으로부터 탈피하는 데 긍정적 영향을 미칠 수 있으리라 본다.

칸트의 미적 판단론에서 엿볼 수 있는 환경문제에 대한 또 다른 시사점은 공통감을 토대로 보편성을 확보함으로써 자연파괴를 예방할 수 있는 도덕적 기초를 마련하고 있다는 점이다. 공통감이란 논리적·이성적 합의에 따라 도출된 것은 아니나 모든 인간이 미를 공통적으로 느낄 수 있는 능력을 말한다. 이러한 능력 덕분에 우리는 미를 공감·소통할 수 있고 보편성과 필연성을 확보할 수 있게 된다. 공통감이 있기에 칸트는 우리에게 우리 자신의 판단의 주관적 조건들에서 벗어나 역지사지의 입장, 보편적 입장에서 자신의 판단을 반성해 볼 것을 주문할 수 있는 것이다.

5. 요약

환경윤리학에서 칸트는 인간중심주의자로 평가된다. 그렇게 평가되는 이유는 다음과 같은 주장에 의거한다.

첫째, 인간은 이성적 소유자로서 언제나 목적으로 고려되어야 하는 인격인 반면 인간 이외의 존재는 비이성적 소유자로서 언제나 수단으로 쓰일 수 있는 물건이다. 인간은 현존 자체가 목적으로서 절대적 가치를 가지는 반면 인간 이외의 존재는 목적을 위한 수단으로 상대적 가치만을 지닌다.

둘째, 인간은 자기 이외의 존재자에 대해선 직접적 의무를 지지 않으며 만약 의무가 있다면 그것은 어디까지나 간접적 의무일 뿐이다. 인간 이외의 존재자에 대한 의무가 성립하는 것은 인간의 존엄성을 지키기 위한 직접적 의무가 전제될 때다.

셋째, 자연의 미는 자연 그 자체에 내재하는 것이 아니라 인간의 주관적 판단의 산물일 뿐이다.

이상의 근거들만을 두고 본다면 칸트는 전형적인 인간중심주의자임에 틀림없다. 하지만 그것은 어디까지나 도덕적 차원에서의 평가일 뿐 다른 측면에서는 단순히 그렇게 평가할 수 없다. 칸트의 주장을 이론적 맥락 속에서 들여다보면 친환경적 시사점 또한 발견할 수 있다는 것이다.

첫째는 자연에서의 인간의 지위론을 통해 얻을 수 있는 친환경적 시사점이다. 도덕적 차원에서 본다면 인간은 모든 목적들의 연쇄가 완벽하게 정초되는 최고의 목적이며 자연의 궁극목적이다. 그러나 다른 한편으로 목적론적 세계관에서 볼 때 자연에서의 인간의 지위는 상대적이다. 인간은 자연에서의 목적-수단의 연쇄를 이루는 한 항에 지나지 않기 때문이다. 식물-초식동물-육식동물-인간과 같이 인간 역시 자연생태계의 균형을 유지하는 한 항으로서 자연의존적·수동적 존재인 것이다.

　바로 이러한 주장으로부터 얻을 수 있는 시사점은 인간의 우월성에 대한 깊은 성찰의 자세다. 근대 이래 인간은 기술적 이성을 토대로 과학기술의 지속적 발전을 이루어 왔으나 이것이 지금은 환경위기의 한 원인으로 작용하고 있다. 과학기술은 인간 이외의 존재자 자체의 고유한 가치를 무시하고 존재자 전체를 인간이 필요로 하는 자원으로 간주하여 그것을 이용하고 파괴해 왔기 때문이다. 이와 같은 과학기술만능주의에 기초한 인간중심주의가 여전히 팽배해 있는 것이 우리 사회의 현실이다. 칸트가 강조하는 인간의 지위, 곧 '자연세계의 한 항', '이성적이지만 유한한 존재'라는 사고는 인간중심주의, 인간우월주의에 대한 반성과 겸허함의 자세를 고취하는 한 계기가 될 수 있을 것이다.

　둘째는 자연에 관한 의무론에서 얻을 수 있는 친환경적 시사점이다. 인간 이외의 자연물에 대한 칸트의 의무론은 간접적 의무론이다. 가령 우리가 동물을 학대하지 말아야 할 의무가 있다면 그것은 어디까지나 동물 자체에 대한 것이 아니라 인간의 자기 자신에 대한 의무일 뿐이다. 동물학대가 금지되는 것은 인격의 존엄성을 훼손하기 때문이다. 동물학대 행위가 만연하여 동물의 고통에 대한 공감 능력이 둔화된다면 인간의 고통에 대한 공감 능력 또한 둔화될 수밖에 없고 따라서 인간의 존엄성 또한 훼손될 수 있다는 것이다. 동물에 대한 학대 행위 금지와 인간에 대한 잔혹 행위 금지가 유비적이긴 하지만 어떤 의미에선 등가로서 다뤄지고 있는 것으로 보인다.

4장·이마누엘 칸트

여기서 중요한 사실을 발견할 수 있다. 그것은 동물의 고통을 염려하는 것이 동물 그 자체를 위한 것은 아니지만 도덕성을 촉진하고 존엄성을 고양하는 중요한 매개로 작용하고 있다는 점에서 그 나름의 도덕적 가치를 지니고 있다는 점이다.

셋째는 미적 판단과 공통감에서 엿볼 수 있는 친환경적 시사점이다. 칸트의 미적 판단은 대상에 대한 인식이 아니라 주관적 느낌의 산물이며, 무관심성·무목적성의 특징을 지닌다. 그것은 어떠한 이해관심이나 목적도 염두에 두지 않는 순수한 관조적 즐거움의 상태다. 이러한 미적 판단은 인간이 미적 자세(마음)를 취할 때에만 내려진다. 대상의 아름다움이 인간을 미적 자세로 이끄는 것이 아니라 인간이 미적 자세를 지닐 때 대상의 아름다움이 그에게 구현되는 것이다.

미적 자세란 상상력과 오성이 조화를 이루고 자유로운 유희를 즐기는 것을 말한다. 이해관계적 관심이나 여타의 목적에서 벗어난 자유로운 상태에서 비로소 자연물에 대한 새로운 차원의 관심(합리성의 매개를 거치지 않는 직접적 관심)을 얻게 되고, 이 관심은 자연물의 아름다운 풍광을 사랑하고 경탄하게 만든다는 것이다. 이러한 미적 판단론은 우리에게 미적 감수성의 중요성을 일깨워 준다. 이해관계적 관심 없이 자연을 순수하게 관조하는 심성, 자연물을 목적-수단의 관점에서만 보는 시각에서 벗어나 자연의 모든 대상을 그 자체의 목적으로 존중하는 자세야말로 미적 감수성이라 할 수 있고, 이는 칸트의 미적 판단론이 주는 소중한 교훈이라 할 수 있다.

1. 환경윤리학에서 칸트는 일반적으로 인간중심주의자로 평가된다. 그 근거를 밝혀 보자.

2. 칸트는 기계론적 자연관과 목적론적 자연관이 양립할 수 있다고 보았다. 그는 『순수이성비판』에서 뉴턴물리학을 염두에 두고 자연을 기계론적으로 인식했지만, 『판단력비판』에서는 자연을 목적론적으로 파악했기 때문이다. 목적론적 자연관에 의거할 때 자연에서의 인간의 지위는 어떻게 설명될 수 있는지 이에 대해 탐구해 보자.

3. 칸트에 따르면 인간은 오직 인간(자기 자신 또는 타인)에 대한 의무 이외에 다른 의무는 갖지 않으며, 인간의 의무는 의무의 대상이 자기 자신이냐 타인이냐에 따라 '자기 자신에 대한 의무'와 '타인에 대한 의무'로 나뉜다. 이 두 의무 중 자연물의 파괴는 전자에 해당한다는 것이 칸트의 주장이다. 자연물의 파괴가 자기 자신의 의무에 반하는 행위가 되는 까닭에 대해 설명해 보자.

4. 칸트에 따르면 자연 그 자체나 자연 존재자의 아름다움에 대한 인식은 미적 판단에 의해 이루어진다. 미적 판단이란 미적 느낌에 의거하므로 아름다움은 전적으로 느낌의 산물이다. 미에 대한 판단은 앎과 무관한 것이다. 미적 판단이란 주관의 쾌·불쾌에 대한 판단일 뿐 대상에 대한 인식이 아니다. 이처럼 미적 판단은 주관적 판단이기에 취미판단이라고도 불리는데, 이는 무관심이라는 특징을 지닌다. 이 특징에 대해 설명해 보자.

5. 칸트가 미적 판단과 관련하여 크게 고민했던 문제는 이 판단의 보편성 문제다. 미적 판단이 순전히 주관적 느낌에 의거한다면 그 판단의 타당성을 주장할 수 없게 된다. 객관적 기준이 없기 때문이다. 그래서 칸트는 미적 판단이 보편적으로 소통될 수 있는 방안을 모색한다. 그 방안이 마련된다면 미적 판단의 타당성을 판단할 수 있고 나아가 자연미를 훼손하는 행위들을 방지하는 길도 열릴 수 있기 때문이다. 이를 위해 칸트가 모색해 낸 것이 공통감이라는 개념이다. 이 공통감이란 개념이 지니고 있는 의의에 대해 설명해 보자.

6. 칸트철학에서 배울 수 있는 친환경적 시사점들을 탐색해 보자.

한스 요나스

맑스주의는 자본의 독주를 제어할 수 있는가?

1. 요나스의 맑스주의 비판을 들여다보는 이유

요나스(1903~1993)는 독일 태생의 유대인 철학자다. 1928년 마르
부르크대학교에서 영지주의 관련 논문으로 철학 박사 학위를 받
았다. 1933년 히틀러가 권력을 잡자 예루살렘으로 건너가 히브리
대학교에서 교편을 잡았고, 1940년 제2차 세계대전 때에는 영국군
에 입대하였다. 히틀러와 맞서 싸우기를 원하는 독일 유대인들을
위한 특수여단을 조직한 영국 육군에 자원입대한 것이다. 전쟁 직
후 어머니를 찾기 위해 독일 고향으로 돌아갔지만 아우슈비츠 수
용소의 가스실로 보내져 살해됐다는 소식을 전해 듣고 독일에서
의 재거주를 포기하였다. 예루살렘으로 돌아온 그는 1948년 아랍-
이스라엘 전쟁에 참전하였고, 히브리대학교에서 잠시 가르쳤다.
1950년 캐나다로 건너가 칼턴대학교에서 가르쳤으며, 1955년에

는 뉴욕으로 이사하여 1955년부터 76년까지 뉴욕시의 신사회과학원NSSR; New School for Social Research의 철학 교수를 지냈다. 요나스는 1964년 자신의 초기 멘토였던 하이데거가 나치당에 가담했다는 이유로 그와의 관계를 절연하여 화제를 모으기도 했다.[1]

요나스의 이론적 사유 노정은 크게 3단계로 나눌 수 있다. 제1단계는 고대 후기 영지주의, 제2단계는 생명철학, 제3단계는 책임의 윤리학이 주 연구 영역이었다(앞의 글, 197쪽 참조). 제1단계를 대표하는 연구 결과가 『그노시스적 종교』(1958)라 한다면 제2단계는 『생명현상』(1966)이, 제3단계는 『책임의 원칙』(1979)이 그에 해당한다. 얼핏 보면 단계별 연구 영역이 상이하여 영역 간 통일성을 발견하기 힘들 것 같지만 사실은 일관된 맥락 속에서 내용적으로 서로 긴밀하게 연계되고 있는 점이 특징이다.

요나스는 자신의 연구 영역을 삶의 체험을 통하여 지속적으로 발전시켜 왔고 각 단계를 규정했던 연구 주제들은 과거, 현재, 미래라는 시간 차원을 함축하고 있다. 그러니까 제3의 주저라 할 수 있는 『책임의 원칙』은 생태위기라는 시급한 현안에 대응하기 위한 특별한 목적하에 임시변통으로 탄생한 책이 아니라 과거서부터 발전시켜 온 사고의 응축물이었다. 이 책은 우리 자신을 포함한 모든 생명에 대해 위험이 돼 버린 과학기술의 자연지배를 제어할 수 있는

---

1 송안정, 「한스 요나스의 철학함」, 『인문과학』 제39집, 성균관대학교인문학연구원, 2007, 182~197쪽 참조.

가 하는 물음에서 출발하여 새로운 윤리학을 정초하고자 시도하고
있다.

　기술이란 자연에 작용하여 자연으로부터 어떤 것을 끌어내는
도구적인 것이다. 기술 그 자체는 원래 그 이상도 이하도 아니었고,
따라서 선도 악도 아니었다. 이처럼 근대 초기에는 기술이 그저 사
소한 것이었고 자연질서에 어떤 변화를 끼칠 정도의 힘은 지니고
있지 않았다.

　그러나 산업혁명 이후 과학기술의 발달은 인간과 자연의 역학
관계를 크게 바꿔 놓았다. 과학기술은 자연 전체에 영속적인 피해
를 끼칠 정도의 힘을 갖게 된 것이다. 이와 관련하여 요나스는 이
렇게 말하고 있다. "한때는 소수의 거주지에 머물렀던 도시가 지
구 전체로 확대되어 지구를 찬탈하기 시작했다. 이제 인위적인 것
과 자연적인 것 간의 차이는 사라지고 말았다. 인위적 영역이 자연
적 영역을 삼켜 버린 것이다."[2] 이처럼 과학기술의 발달에 의한 '인
간 행위의 질적 변화'야말로 요나스가 이해하고 있는 근대 과학기
술의 산물이다.

　그렇다면 인간 행위의 질적 변화는 인간에게 무엇을 초래했는
가? 요나스에 따르면 이 변화는 '책임'의 범위를 시·공간적으로 확
대하게 만들었다. 책임의 공간적 확대란 지구 전체가 인간의 책임

2　Hans Jonas, *The Imperative of Responsibility*, Chicago: University of Chicago Press, 1984,
　p. 10.

대상이 되었다는 의미다. 인간은 과학기술에 의하여 지구 전체를 불가피하게 파괴하는 힘을 소유하게 됐으므로 인간에게는 자연을 보호할 의무가 생겼다고 보는 것이다. "인간의 책임 가능성으로서의 자연은 정말 윤리이론이 심사숙고해야 하는 '새로운 대상'(*Ibid.*, p. 7)"이라고 요나스는 역설한다. 책임의 시간적 확대란 미래세대의 생존에 대한 책임을 가리킨다. 즉 거대화한 인간의 행위는 '누적적 성격'을 지니게 되었고, 현재 존재하고 있지 않은 사람들의 삶에까지 영향을 끼치게 될 것이 분명해졌으므로 우리에게는 새롭게 미래세대에 대한 의무가 생겼다는 것이다.

전통윤리학이 상정해 온 도덕적 대상은 인간을 에워싼 작은 환경, 즉 '지금·여기'에 한정돼 있었다(*Ibid.*, p. 5). 그러나 과학기술의 발달에 의해 인간 행위가 질적으로 변화함에 따라 윤리학은 지금·여기를 초월한 '전 자연'과 '전 미래'를 책임 대상으로서 고려하지 않을 수 없게 되었다는 것이 요나스의 주장이다. 이러한 주장을 요나스는 『책임의 원칙』에서 인간의 책임이 내 주변의 실질적으로 관계를 맺고 있는 사회나 타자에 대해서뿐만 아니라 자연이나 미래사회, 미래인간에게도 미친다는 것을 독특하고 난해한 철학적 논의를 통해 밝혀 나갔다.

이러한 책임의 원칙을 부각시키고자 그는 먼저 미래를 위협하는 진보사상에 주목한다. 진보사상 가운데서도 특히 맑스주의를 진지하게 고려할 만한 유토피아주의로 지목하여 비판한다. 맑스주의와 대결하는 입장에서 논의를 전개할 때 책임의 원칙이 더욱 돋보일 수 있다는 판단에서다.

여기서는 요나스의 논의 가운데 맑스주의 비판 문제에 집중함으로써 과연 그 비판이 정당한지를 따져 보려 한다. 이를 위해 먼저 요나스가 맑스주의를 문제 삼게 된 계기를 밝히고, 이어서 맑스주의 비판 내용을 고찰하고 난 뒤, 그 비판의 정당성 여부를 따져 보는 순으로 논의를 전개할 것이다.

2. 요나스가 맑스주의를 문제 삼게 된 계기

근대 정치철학의 이념은 모든 인간이 균등하게 욕망을 충족하는 '보편적 동질국가'의 실현이었다. 말하자면 이와 같은 국가나 사회가 인류의 유토피아였다. 이러한 유토피아를 실현하는 데 큰 추진력을 부여한 것이 "지식을 자연지배라는 목표에 맞추고, 자연지배를 인간 운명의 개선을 위해 연결하도록 한다는 베이컨의 계획(*Ibid.*, p. 140)"이었다. "아는 것이 힘이다"라는 명제로 표현되는 이러한 계획에 따라 인류는 본래 인간이 살 수 없었던 남극이나 우주 공간에서도 생활할 수 있을 정도로 인류의 자산을 늘려 갔다.

요나스에 따르면 과학기술에 의한 성공은 두 방면에서 이루어졌다. 첫째는 경제적 성공이다. 노동력의 투입이 감소함에도 불구하고 양적·질적으로 1인당 상품생산이 증가하였고, 다수의 복지가 향상되었다. 하지만 과학기술은 사회 전체와 자연환경과의 신진대사를 급격히 증가시킴으로써 유한한 자연자원을 과다하게 사용할 위험을 안고 있었다.

처음에 큰 주의를 끌지 못했던 이 위험은 두 번째 성공인 생물학적 성공으로 가속화된다. 여기서 말하는 생물학적 성공이란 인구증가를 의미한다. "인구의 폭발적 증가는 복지 향상을 위한 노력에 찬물을 끼얹었고, 따라서 점차 빈곤해진 인류는 어쩔 수 없이 생존을 위해 지구를 무자비하게 착취하지 않을 수 없게 되었다(*Ibid.*, p. 141)." 무한한 발전과 진보를 꿈꾸었던 베이컨의 계획은 지나친 성공으로 오히려 재앙을 맞게 된 것이다. 다시 말하면 베이컨의 계획은 자기 자신에 대한 통제력을 상실하였고, 이것은 곧 인간을 스스로에게서 그리고 자연을 인간으로부터 보호할 수 있는 능력을 상실했음을 의미한다.

산업혁명 이후의 자본주의 발전은 인간에 의해 획득된 힘 자체가 독주하기 시작하여, 인간에게 제어할 수 없는 것이 되기도 했다. 지식이란 원래 인간이 제어할 수 있는 것이고 인간 삶의 향상에 도움이 될 때 가치가 있는 것이었다. 그러나 지식은 인간을 위해서가 아니라 그 자체를 위해 보다 큰 힘을 찾아 증식하기 시작하였다. "베이컨이 예측하지 못했던 지식이 산출한 권력의 심오한 역설은 권력이 자연에 대한 '지배'를 이루었다 할지라도 그와 동시에 자신에 대한 완전한 예속이라는 결과를 가져왔다는 것이다(*Ibid.*)." 이처럼 지식은 인간이나 자연을 보호할 뿐만 아니라 그것을 부정할 가능성도 품고 있었다.

이제 인류에게는 지식 그 자체를 위해 독주하는 지식의 힘을 제어하기 위한 3차적 권력이 요구되었다. 더 이상 인간의 지식이 아니라 지식 자체의 지식이 돼 버림에 따라 이를 제어할 수 있는 제

3의 권력이 요구된 것이다. 고도화한 자본주의가 인간 부정이라는 그 본질을 노정함에 따라 인류는 다른 의지처를 찾아야만 했고, 바로 그 대안으로 선택한 것이 맑스주의였다. 이와 관련하여 요나스는 "서구 산업사회의 '자유'경제는 죽음의 위험 속으로 달려가는 역동성의 진원지이므로, 우리의 시선은 자연스레 공산주의라는 대안으로 향하게 되었다(*Ibid.*, p. 142)"라고 말한다. 자본의 독주를 제어하고 폭군화한 자본을 타파해 줄 힘이 맑스주의에 기대되었던 것이다. 과연 맑스주의는 이 기대에 부응할 수 있을까 하는 것이 다음의 과제인데 『책임의 원칙』의 후반은 바로 이 테마를 주로 다루고 있다.

3. 요나스의 맑스주의 비판

1) 베이컨의 계획과 맑스주의

요나스에 따르면 현시대는 지식을 자연지배로 향하고, 자연지배를 인간의 운명을 개선하기 위해 활용하는 베이컨의 계획에 의해 과학기술 문명이 위험한 차원에까지 도달해 버렸다. 더구나 베이컨의 계획이 자본주의사회에서 끊임없이 작동하고 있기에 사람들은 필연적으로 생산과 소비의 방종으로 이끌려 버린다. 이처럼 자본주의는 위험에 처한 현시대를 구제할 수 없다는 판단하에 요나스는 맑스주의에 주목한다. '맑스주의라는 대안'이 '위험으로부터 구제안'이 될 수 있을까 하는 물음이 그래서 중요한 의미를 갖는다.

이 물음을 요나스는 '맑스주의와 자본주의 중 어느 쪽이 더 잘 위험에 대처할 수 있는가?' 라는 아주 적절해 보이는 제목하에 고찰해 간다. 먼저 요나스가 보는 맑스주의는 이렇다.

> 맑스주의 프로그램은 자연지배라는 소박한 베이컨의 이상을 사회 변혁이라는 이상과 통합하며, 이 통합된 이상으로부터 최종적인 인간을 기대한다. … 맑스주의는 베이컨 혁명의 결실을 인간의 이해利害에 가장 잘 부합하도록 통제함으로써 인간종의 전체적 증대라는 베이컨 혁명의 원래 약속을 지키려고 한다(*Ibid.*, p. 143).

맑스주의에 대한 요나스의 기본적 이해는 맑스주의를 "베이컨 혁명의 집행자(*Ibid.*, p. 144)"로 파악하는 것으로 집약된다. 요나스가 자본주의의 대항사상으로서 맑스주의를 내세우고 있는 만큼, 얼핏 보면 후자는 베이컨 계획에 적대적 사상이 아닌가 하고 느낄 수 있다. 하지만 요나스에 따르면 맑스주의야말로 '베이컨적 이상의 집행자'다. 맑스주의는 자연지배에 의해 인간성을 향상시킨다는 베이컨의 이상을 자본주의보다 그 이상으로 추구하는 계획을 안고 있다는 것이다. 이는 다음의 표현에서도 명백히 드러난다.

> 실로 사회주의가 권력을 장악한 곳에서는 어디에서든지 자신의 현실적인 과감한 정치를 선전하는 상표로서 공업화를 추진하였다. 그러므로 애초부터 진보적인 맑스주의는 '공포의 원리'가 아니라 '희망의 원리'하에서 태어났고, 서로 경쟁관계에 있는 자본주의라

는 라이벌 못지않게 베이컨적 이상에 예속돼 있다는 것이 증명된다. 기술로부터 획득된 결실에 있어서 자본주의와 동일하게 되고, 최종적으로는 자본주의를 능가한다는 것이 어디에서나 맑스주의의 확고한 의지의 법칙이었다. 요컨대 맑스주의는 그 기원에서부터 베이컨 혁명의 상속자이고, 베이컨 혁명의 정당한 지정 유언 집행자이며, 자본주의보다 더 나은 지정 유언 집행자다(*Ibid.*).

요나스에 따르면 맑스주의 계획은 베이컨식의 자연지배사상을 사회변혁사상과 통합시킨 것이며, 이를 통해 맑스주의는 언젠가 미래에 이루어질 계급 없는 사회를 꿈꾸어 왔다. 이처럼 맑스주의는 원래 '희망의 원리' 안에서 생겨난 것이고, 따라서 그것의 관심은 주로 미래에 놓여 있다. 결국 요나스의 관점에 따르면 맑스주의야말로 더욱더 철저한 베이컨적 혁명의 소산이었고, 그 정신의 수행자다.

2) 맑스주의와 자본주의의 비교
: 기술적 위험을 극복할 수 있는 기회

사회주의자들에 따르면 사회주의에는 자본주의보다 더 합리적인 장점들이 있다. 그 장점 중 첫 번째로 내세우는 것은 사회주의의 중앙집권적 계획경제 시스템이다. 중앙계획은 "경쟁력의 소모와 소비자의 말초신경을 자극하는 시장상품의 횡포를 막을 수 있고, 그래서 자연자원을 절약하면서도 물질적 번영을 누릴 수 있다(*Ibid.*, p. 145)"는 것이다.

그러나 요나스에 따르면 이러한 장점은 별다른 효과가 없다. 그것은 중앙집권 관료주의의 결함인 위로부터의 잘못된 지도, 아래로부터의 노예근성과 비방주의 등에 의해 상쇄돼 버리기 때문이다. "중앙집권적 관료주의는 '아래로부터의 솔선수범'을 질식시키고 전체 국민의 창의성을 억제함으로써 더 융통성 있고, 더 열린 자본주의체제 아래에서보다 구원의 길이 더 먼 곳에 있다(*Ibid.*)"는 것이 요나스의 주장이다.

자원을 절약하는 면에서 양 체제를 비교할 때 요나스는 자본주의가 사회주의보다 오히려 더 우월하다고 본다. 자본주의경제가 욕구를 부추김으로써 끝없는 소비와 낭비를 몰고 오지만, 다른 한편으로는 경쟁에 의해 부득이 가격을 내려야 하고 그러기 위해 원자재를 절약해야만 하는 내적 동기를 가지고 있다. 반면 사회주의 경제는 생존을 위한 경쟁이 없으므로 비용 절감 필요성을 느끼지 못한다(*Ibid.*). 국가경제의 단점만을 대부분 가지고 있는 독점자본주의라 하더라도 그 체제에서의 투자자들에게는 늘 위험요소가 도사리고 있으므로 생산과정에서 늘 절약하고자 하는 습성이 있다. 반면에 사회주의체제의 관료들은 국가공무원이기에 위험 부담이 없고 이윤에 대한 관심은 물론 자원 절약 정신도 결여하게 된다(*Ibid.*, p. 146).

사회주의자들이 내세우는 사회주의의 두 번째 장점은 수뇌부의 결정이 사전 동의 없이도 아무런 저항 없이 확실하게 실행될 수 있다는 점이다. 자본주의체제에서는 동의를 얻어 내기 힘든 정책들도 사회주의체제에선 얼마든지 실행됨으로써 행정력의 낭비를 막을 수 있다는 주장이다.

그러나 요나스에 따르면 그러한 장점이 '미래에 대한 책임' 문제와 연관해서는 효과를 발휘하지 못한다. 미래세대의 생존이란 책임은 현세대 모두에게 주어지는 과제로서 어느 특정 엘리트들만의 능력으로 해결될 수 있는 과제가 아니기 때문이다(Ibid.). 그래서 요나스는 소수의 수뇌부에 의해 통치되는 전제정권이 아무리 많은 중요한 이익에 부합한다 해도 인간 행위의 모든 영역에 걸쳐 자유 정권이 더 낫다는 주장을 펴고 있다(Ibid., p. 174).

사회주의자들이 내세우는 사회주의의 세 번째 장점은 일반 대중의 근검절약 정신이 자본주의보다 더 합리적일 수 있다는 것이다. 그 근거로 사회주의자들은 사회주의 규범에는 본래부터 근검절약 정신이 내재돼 있다는 점을 든다(Ibid., p. 147).

초기 자본주의 시기에는 근검절약 정신이 자본주의의 특성이기도 했으나 자본주의의 물질적 성공과 더불어 이제는 철저히 상실하고 말았다. 하지만 요나스는 사회주의체제에서도 근검절약 정신의 생명력이 오래가진 못할 것으로 내다본다. 왜냐하면 공산주의 역시 자본주의의 목적인 물질적 풍요를 중요한 목적으로 삼고 있고, 또 공산주의는 자본주의와 경쟁관계에 있는 만큼 소비 부문에서도 뒤지지 않으려 할 것이기 때문이다(Ibid., p. 148).

이상의 고찰에서 보다시피 과도한 기술문명에 의한 인류파멸의 위험으로부터 벗어나는 데 사회주의는 자본주의보다 더 나은 게 없다는 것이 요나스의 결론이다.

요나스에 따르면 맑스주의가 베이컨의 혁명을 집행하는 적임자인 만큼, 애초부터 맑스주의는 기술권력을 찬양하였고 그것이 사회화와 합동으로 구원을 가져다주리라 기대하였다. 그러므로 맑스주의는 기술권력을 제어하기보다 그것을 자본주의의 사슬에서 해방시켜 인간 전체의 행복을 위해 사용하려 했다는 것이다(*Ibid.*, p. 154). 자본주의가 기술숭배라는 주술적 속박으로부터 벗어나고 있지는 않지만, 이 점에 관하여 자본주의보다 맑스주의가 한층 더 위험하다고 요나스는 보고 있다.

그래서 그는, 이제는 "기술의 진보가 한때는 종교의 특성이었던 '대중을 위한 아편'이 되어 버렸으며, 기술이 오로지 대중만을 위한 것은 아니라는 사실이 자본주의에서보다 맑스주의에서 더욱 분명하다는 점은 무척 염려스럽다(*Ibid.*, p. 156)"라고 말한다. 나아가 요나스는 "테크놀로지적 충동이 맑스주의의 근본 특성 속에 내재하고 있고, 또 그것이 자연 전체를 아직 완성되지 않은 인간의 자기 완성을 위한 수단으로만 파악하는 극단적 인간중심주의와 결합할 때 대항하기가 더 어렵다(*Ibid.*)"라고 지적한다.

요나스는 맑스주의가 근대 기술혁명과 산업혁명이 이뤄 낸 자본주의사회의 토양에서 발생했다는 사실에 주목하고 있는 것으로 보인다. 공산주의도 자본주의와 마찬가지로 과학기술에 대한 신앙을 바탕으로 세워졌다는 것이다. 그뿐만 아니라 맑스주의는 과학기술을 바탕으로 자연지배는 물론이고 사회개조, 이른바 무계급사회라는 유토피아를 달성하려 한다. 기술을 통하여 인류의 미래 그 자체를 위험한 도박에 거는 측면에서는 자본주의보다 맑스주의 쪽이 한층 더 위험하다고 보는 것이다.

3) 맑스주의 유토피아 비판

① 현실적 조건에 대한 비판

맑스주의에서 그리는 유토피아의 요구 조건은 두 가지다. 만인의 수요를 충족시킬 수 있는 물질적 풍요와 이를 얻는 데 있어서의 용이함이다. 맑스주의에 따르면 물질적 풍요라는 첫 번째 조건은 자연을 직접적으로 착취한다거나 부족한 재화를 인공적으로 보충할 수 있도록 '자연을 개조' 또는 '지구 행성을 개조'함으로써 성취할 수 있다. 그리고 '물질의 풍요를 이루는 용이함'이라는 두 번째 조건은 노동과정을 기계화하거나 자동화함으로써 해결될 수 있다고 본다(*Ibid.*, p. 186).

하지만 요나스는 이에 대해 의문을 제기한다. "문제는 인간이 얼마만큼 행위할 수 있을 것인가가 아니라 자연이 얼마만큼 견딜 수 있는가다. 오늘날 누구도 자연에는 인내의 한계가 있다는 사실을 의심하지 않으며, 지금 문제가 되는 것은 우리가 추구하고 있는 유토피아가 자연의 한계 내에 있느냐 밖에 있느냐 하는 것이다(*Ibid.*, p. 188)." 요나스는 유토피아가 그리는 만인의 물질적 풍요를 위해서는 생산과 기술 면에서 엄청난 정도의 수준 향상이 요구되는데, 그 막강한 생산력과 기술력 앞에 자연이 과연 견뎌 낼 수 있을까 하는 물음을 던지고 있는 것이다.

맑스주의는 자본주의와 마찬가지로 '무한한 성장'을 암묵의 전제로 깔고 있는 반면, 요나스는 지구를 어디까지나 '한계를 지닌 우주선'으로 보고 있다. 요나스에 따르면 결국 무한한 성장을 꿈꾸는 유토피아는 완전히 부정될 수밖에 없다. 이를 입증하기 위해 요

5장·한스 요나스

나스는 '자연이 어디까지 견딜 수 있을까?' 하는 관점에서 식량문제, 자원문제, 에너지(화석에너지, 태양에너지, 핵에너지) 문제, 열문제 등을 검토하는데, 어느 경우도 한계를 보이고 있음을 지적함과 동시에 몇 가지의 불가피한 과정은 이미 시작되고 있다는 점도 말하고 있다(*Ibid.*, pp. 189~190). 이와 같이 자연의 허용 범위에 한계가 있는 이상, 즉 지구가 유한한 이상 유토피아는 "염치없는 목표 그 자체(*Ibid.*, p. 191)"이며, 그것의 지속적 추구는 재앙을 불러오므로 단념해야 한다는 것이 요나스의 주장이다.

② 철학적 비판

요나스는 현실적 조건에서 오는 유토피아의 불가능성을 지적한 데 이어서 유토피아적 이상 자체가 안고 있는 문제를 검토해 나간다. 요나스는 먼저 맑스의 유토피아인 '자유의 왕국'이라는 개념이 얼마나 허구적인 것인지를 밝힌다.

맑스에 따르면 '자유의 왕국은 궁핍과 외적 목적 때문에 해야 하는 노동이 그치는 곳'으로 물질적 생산 영역의 저편에 놓여 있다. 자유의 왕국에서의 자유란 노동의 필연성으로부터의 자유, 곧 외적 목적을 위한 노동으로부터의 자유를 말한다. '풍요로운 인간본성의 실현 또는 해방'은 여유로부터 오는데 그 여유를 획득하려면 노동으로부터의 자유가 주어져야 한다. 이와 관련하여 맑스는 이렇게 말하고 있다. "개개인이 노예와 같이 분업화된 노동에 예속되어 있는 상태가 사라지고, 더불어 육체적 노동과 정신적 노동의 대립이 사라지고 난 후, 노동이 삶의 수단이 아니라 그 자체가 제1차적 삶의 욕구가 되는 공산주의사회는 자신의 깃발에 당당히 적을 것이다: 모든 사람은 자신의 능력에 따라, 모든 사람에게는 자신의 욕구에 따라(*Ibid.*, p. 193에서 재인용)."

맑스에 따르면 높은 단계의 공산주의사회에서는 노동이 단순한 생활수단이 아니라 그 자체가 하나의 삶의 필요조건이 된다. 즉이 말은 노동이 목적으로부터 자유로운 것이 되어야 하고 이를 통해 다시 노동 자체에 대한 새로운 욕구가 충족될 수 있어야 한다는 것이다. 그러나 요나스에 따르면 이는 현실성이 없다. 노동이 완전히 사라진 사회에서 다시 노동에 대한 욕구를 채워 주는 일을 찾는다는 것이 현실적으로 가능하지 않다는 이유에서다.

이 문제와 관련하여 요나스는 특히 에른스트 블로흐의 유토피아주의, 이른바 활동적 유희(여유의 지상천국)를 비판한다. 블로흐가 말하는 이생에서의 낙원상태인 활동적 유희 상황은 자연의 개조를 통하여 모든 육체노동으로부터 해방된 상태다. 그런데 노동으로부터 해방됐다고 하여 무위도식하는 지겨움의 상태가 아니라 도락(취미)이 곧 활동과 직업이 되는 사회를 말한다. 이 사회는 정신과의 행복한 결혼 속에서 축제와 같은 일상을 경험할 수 있는 사회다. 이에 대해 요나스는 육체노동으로부터 해방된 상황이 인간을 과연 더 정신적이게 하고 자유롭게 하느냐 하면 결코 그렇지 않다고 말한다. 자동화된 오늘날의 시계공장에서 일하는 노동자가 수공업 방식으로 시계를 생산하던 과거의 노동자보다 '더 정신적'이라 할 수 없고, 오히려 정반대로 오늘날의 노동자는 육체적으로 더 나약한 만큼 정신적으로도 더 가난해졌다는 판단 때문이다

(*Ibid.*, pp. 194~196).

　요나스에 따르면 "진정한 노동이란 모든 집중력과 모든 수고와 참여, 거의 참을 수 없을 정도의 인내와 노력 그리고 최고도의 육체적 긴장까지 요구한다".[3] 그러므로 사라진 육체노동을 대신하게 될 직업화된 도락을 통해서는 인간이 결코 정신적이 될 수 없고 행복해질 수 없게 된다. 왜냐하면 직업화된 도락에는 이미 도락의 기본 성격인 '자발성'이 사라지고 그 자체가 새로운 필연성이 되기 때문이다. 그래서 요나스는 맑스와 블로흐가 '필연의 왕국으로부터 자유의 왕국을 분리하는(필연이 멈추는 곳에서 비로소 자유가 시작된다는)' 근본 오류를 범하고 있다고 지적한다. 자유는 필연과의 만남 속에서 존재하는 것인데도 필연의 저편에 존재한다고 간주함으로써 오류를 범하고 있다는 것이다(*The Imperative of Responsibility*, pp. 196~198).

　요나스에 따르면 필연이 없으면 어떠한 자유도 존재하지 않는다. 자유의 왕국은 필연의 왕국 밖에서는 전혀 존재할 수 없고 필연의 진지한 현실 속에 존재한다. 그러므로 직업으로서의 취미는 자발성, 자유, 현실성, 인간적 품위까지 잃게 되며, 이는 곧 죽음의 세

3　한스 요나스, 『책임의 원칙』, 이진우 옮김, 서광사, 1994, 332~333쪽. 요나스의 책들은 거의 영어로 먼저 발간되었던 반면 『책임의 원칙』은 색다르게도 1979년에 독일어로 먼저 발간되고 나서 같은 해에 저자 자신이 직접 영어로 옮겨 출판했다. 영어로 옮기면서 특히 6장은 많이 축약되었는데 그 축약된 부분은 독일어 원전을 옮긴 한국어판을 참고하였다.

계를 의미한다(*Ibid.*, p. 196). 이상과 같은 유토피아의 미래상에 대한 비판과 함께 요나스는 유토피아의 과거상에 대해서도 비판을 가한다. 맑스의 유토피아에서 과거는 '아직 있지 않은 것'으로 묘사되는데 이를 좀 더 구체적으로 표현하면 이렇다.

> "S는 아직 P가 아니다"(주어는 아직 술어가 아니다). 여기서 P는 S가 도달할 수 있을 뿐만 아니라 진정으로 S가 되려면 도달"해야만 하는" 것이다. S가 P가 아닌 한 S는 결코 자기 자신이 아니다. … S 안에는 자기실현(P)을 향한 동경, 즉 비밀스러운 목적론이 살아 있다(*Ibid.*, p. 199).

맑스와 블로흐에 따르면 S가 P가 되기까지는 '아직 아닌 것', '미완의 현실'에 불과하다. 유토피아가 실현되기까지는 그 이전의 역사란 한낱 과도기일 뿐이다. 그러나 요나스에 따르면 '아직 아님'의 존재론은 과거에 대한 모독이다. 왜냐하면 이 존재론에선 언젠가 등장하게 될 유토피아만이 최고이고, 그때까지의 모든 시간들은 단지 아직 아님의 때에 불과한 것으로 간주되기 때문이다. 여기서는 영원의 순간, 모든 아직 아님의 저 너머에 있는 절대적 순간만이 참된 현실이고, 아직 아님의 모든 시간들은 단지 시간의 흐름 속에 흘러가는 점들에 지나지 않는다. 그것들은 그들 나름의 독자성도 현실성도 가지고 있지 않다. 그러나 요나스는 '모든 역사적 현재의 자기 목적'에 관하여 이야기한다. "인간들의 모든 현재는 그 자체가 목적이며, 모든 역사적 시대는 신과 직접 마주하고 있다(『책임의 원칙』, 367쪽)."

나중의 관점에서 보면 모든 것은 과도기적 과정이고, 이전의 관점에서 보면 성취이지만, 그러나 그것들이 앞으로 도래할 본래적인 것의 단순한 예현은 아니라고 말한다(앞의 책). 각각의 현재는 나름대로의 목적을 가지고 있고, 마침내 올 어떤 것도 이를 능가할 수 없다. 그러므로 요나스는 어떤 궁극적 목적을 위한 수단처럼 생각하는 '전 역사'의 개념은 포기돼야 한다고 주장한다. 이것은 이미 존재했던 것에 대한 '배은망덕'이고(앞의 책, 368쪽) '과거에 대한 목적론적 단순화'다.

끝으로 요나스는 유토피아에서의 자연은 인간화된 자연임을 밝힌다. 그에 따르면 인간이 노동을 통해 자연을 인간화한다는 것은 처음부터 맑스주의의 명제였다. 이 자연의 인간화는 인간의 욕구 충족을 위한 자연의 총체적 착취를 목적으로 자연을 인간에게 완전히 예속시키기 위한 위선적 미사여구에 불과하다(앞의 책, 351쪽). 한마디로 맑스사상은 근본적으로 극단적 인간중심주의 입장을 취하고 있다는 것이 요나스의 판단이다(앞의 책, 352쪽). 그에 따르면 맑스와 마찬가지로 블로흐 역시 인간중심적이며 실용적이었다. 블로흐에게 인간화된 자연이란 인간에게 예속된 자연뿐만 아니라 그에게 적합한, 즉 인간의 자유와 여유에 적당한 고향을 의미한다(앞의 책).

이상의 고찰에서 보다시피 요나스에 따르면 맑스주의가 제시하는 미래의 유토피아인 자유의 왕국은 허구이며, 유토피아의 과거상인 아직 아님의 존재론 역시 폐기돼야 한다. 맑스의 유토피아는 한마디로 위험한 사상이기 때문이다.

4. 요나스의 맑스주의 비판에 관한 고찰

앞에서 살펴본 요나스의 주장은 관점에 따라 여러 가지로 세분해 볼 수 있겠지만 여기서는 크게 세 가지로 나누어 살펴보려 한다. 첫째는 맑스주의는 반생태적이라는 것이고, 둘째는 현 인류가 직면하고 있는 위기를 타개하는 데 맑스주의가 자본주의보다 못하다는 것이다. 그리고 셋째는 자유란 필연과의 만남 속에서 주어지는 것임에도 맑스는 양자를 이질적인 것으로 구분하는 오류를 범하고 있고, 따라서 맑스의 유토피아는 허구라는 주장이다. 이 세 가지 주장의 정당성을 검토해 보기로 한다.

1) 맑스주의는 반생태적인가?

포스터에 따르면 환경문제와 관련하여 맑스사상을 재평가한 입장들은 네 부류로 나눠 볼 수 있다. 즉 ① 맑스사상은 시종일관 반생태적이었다는 입장, ② 맑스가 생태에 관해 훌륭한 통찰력을 보여주었으나 나중에는 '프로메테우스주의'에 굴복했다는 입장, ③ 맑스가 농업 분야의 생태악화를 분석했으나 이는 그가 주력했던 사회에 대한 분석과는 별개라는 입장, ④ 맑스가 자연과 환경의 악화에 대해 체계적으로 접근했으며, 이는 그의 다른 사상과 내면적으로 긴밀하게 연관되어 있고 생태적 지속가능성의 문제를 제기했다

는 입장 등이 그것이다.[4]

네 입장들을 다시 정리해 보면 크게 두 갈래로 나눌 수 있다. 첫째는 맑스사상은 원천적으로 반생태적이라는 입장과 둘째는 맑스가 환경문제에 관심을 쏟긴 했으나 그 정도에 차이가 있다는 입장이다. 위 입장에 따라 분류하면 요나스는 첫째 입장에 속하는 것으로 보인다. 곧 요나스는 맑스사상을 극단적으로 인간중심적·반생태적이라고 진단하고 있다는 것이다. 바꿔 말하면 맑스주의는 자연을 어디까지나 인간 삶을 위한 도구로 여기고 무한한 생산력 증대에만 관심을 두고 있다는 것이 요나스의 주장이다. 하지만 맑스의 저술을 꼼꼼하게 읽어 본 사람들이라면 이와 같은 의견에 동의하기 어려우리라 본다.

인간은 자연으로부터 살아간다. 다시 말해 자연은 인간의 신체이며 죽지 않으려면 인간은 자연과의 대화를 계속해 나가야 한다.[5]

생산과정에서 인간이 할 수 있는 것은 오로지 자연 그 자체의 방식에 따르는 것뿐이다. 다시 말해서 인간은 단지 소재의 형태를 바꿀 수 있을 뿐이다. 이 형태를 변경하는 노동 그 자체에서도 인간은 끊임없이 자연으로부터 도움을 받는다. 그리하여 그는 결코 어디서

---

4 존 벨러미 포스터, 『생태혁명』, 박종일 옮김, 인간사랑, 2010, 231쪽 참조.

5 칼 맑스, 『경제학-철학 수고』, 강유원 옮김, 이론과실천, 2006, 92~93쪽.

도 자연으로부터 벗어날 수 없다.[6]

이상의 표현에서 발견할 수 있듯이 맑스는 인간이 자연계의 중심이요, 자연은 인간을 위한 단순한 도구적 대상이라고 보지 않는다. 오히려 인간과 자연은 긴밀한 상호관계 속에 있다고 본다. 좀 더 구체적으로 말하면 맑스에게 있어서 자연은 인간의 노동활동의 존재론적 토대로서 파악되고 있다. 자연은 단지 인간의 감각적·대상적 활동, 즉 노동을 통해서 매개되는 것이다. 그러면서도 맑스는 노동을 하는 인간도 항상 자연에 구속된다는 관점에서 '외면적 자연의 우선성'을 인정하고 있다.[7] 맑스에게 있어서 인간과 자연은 분리될 수 없으며 주체와 객체로 양분된 지배관계도 인정되지 않는다. 인간은 자연의 일부이고 자연 또한 인간의 일부로 인식된다.[8] 그런데 인간과 자연의 일체성은 신비로운 현상학적인 것이 아니라 구체적인 인간의 노동[9]을 통해 이루어지는 것이다.

맑스사상이 반생태적이지 않다는 것을 입증하는 데 보다 더 적절한 개념은 신진대사다. 이 신진대사라는 개념을 통해 맑스는

---

6 칼 맑스, 『자본 1-1』, 강신준 옮김, 길, 2008, 97~98쪽.

7 이진우, 「맑스의 자연 개념」, 『哲學』 제34집, 한국철학회, 1990, 254~256쪽 참조.

8 데이비드 페퍼, 『현대환경론』, 이명우 외 옮김, 한길사, 1989, 264쪽 참조.

9 인간이 생존수단을 얻기 위한 방법이 곧 생산활동인데, 이는 자연자원을 채취하여 사회적으로 유용한 형태로 변화시키는 인간과 자연의 상호작용을 통해 가능해진다. 이러한 상호작용의 과정이 바로 노동이라는 것이다.

인간과 자연 사이의 노동에서 비롯된 복잡하고 역동적인 상호의존을 보다 자신 있게 설명할 수 있게 된다. 신진대사란 생명체와 주변 환경 간의 복잡한 상호교환 작용을 지배하는 조절과정이며, 이는 단일세포에서부터 생태계에 이르기까지 모든 생물학적 수준에서 일어난다(『생태혁명』, 246쪽 참조). 맑스는 이 개념을 노동과정의 이해를 바탕으로 한 사회적·생태적 신진대사라는 개념으로 활용한다. 즉 그는 노동과정에 대한 정의를 내리면서 노동을 통한 인간의 자연에 대한 관계를 설명하고자 이 개념을 적용하고 있다.

노동은 무엇보다도 인간과 자연 사이의 과정이다. 이 과정에서 인간은 자신의 행동을 통해 자신과 자연 사이의 신진대사를 중개하고 조정하며 통제한다. 인간은 자연상태의 물질을 자연의 힘으로 받아들인다. 인간은 자신의 신체인 손과 발, 머리로 형성된 힘을 움직여 자연의 물질을 자신의 필요에 맞는 형태로 충당한다. 이런 움직임을 통해 인간은 외부 자연에 영향을 끼치며 변화시키는 동시에 자신의 본성도 변화시킨다. … 그것(노동과정)은 인간과 자연 사이의 신진대사를 위한 보편적 조건이며 자연이 부과한 인간존재의 영속적 조건이다(『자본 1-1』, 265~266쪽, 273쪽).

간단히 정리하자면 노동이란 인간의 필요를 충족시키기 위해 자연을 충당하는 행위이며, 그 행위를 통해 인간과 자연 사이의 신진대사가 매개된다는 것이다. 맑스는 이 신진대사 개념을 당시 자본주의 농업 시스템을 비판하는 데도 적용한다.

자본주의적 생산은 ⋯ 인간과 토지 사이의 신진대사, 즉 인간이 식량과 의복의 형태로 소비하는 토양 성분이 토지로 되돌아가는 것을 막는다. 다시 말해 자본주의적 생산은 토지의 생산력을 지속시키는 항구적인 자연조건의 작동을 저지한다. ⋯ 자본주의 농업에서의 모든 진보는 노동자뿐만 아니라 토지까지 약탈하는 기술의 진보다(앞의 책, 672~673쪽).

맑스가 말하고자 하는 핵심은 토지로부터 핵심 성분을 제거함으로써 '인간과 토지 사이의 신진대사적 상호작용의 균열'을 야기하는 것이 자본주의 농업이라는 것이다. 이 신진대사 균열이 더욱 문제가 되는 것은 자연이 부과한 인간존재의 영속적 조건을 파괴한다는 점이다. 바로 여기서 제기되는 문제가 토지의 지속가능성이다.

토지를 개인의 사적 소유로 삼는 것은 한 사람이 다른 여러 사람을 사적으로 소유하는 것만큼이나 불합리하다. 모든 사회나 국가 또는 동시대에 존재하는 모든 사회는 토지의 소유주가 아니다. 이들은 토지의 점유자이자 수혜자에 지나지 않으므로 선량한 가장으로서 그 토지를 다음 세대에게 더 개선된 상태로 물려줄 책임을 갖고 있다.[10]

---

10 칼 맑스, 『자본 3-2』, 강신준 옮김, 길, 2010, 1036~1037쪽.

다음 세대 역시 현세대가 누리는 것 못지않게 토지의 혜택을 지속적으로 누릴 수 있도록 토지를 보존해야 하며, 이를 위해선 토지를 사적 소유가 아니라 공동체 재산으로 삼아야 한다는 것이다. 그런데 사유재산제를 기초로 하는 자본주의사회에선 인간과 토지 사이의 신진대사 균열이 불가피하며, 따라서 지속가능성을 지켜낼 수 없다고 보는 것이 맑스의 관점이다.

맑스는 이와 같은 신진대사 균열론과 더불어 다른 환경문제들에 대해서도 관심을 기울였다. 삼림남벌, 사막화, 기후변화, 숲에서 사슴이 사라지는 현상, 생물종의 상품화, 오염, 산업쓰레기, 인구과잉 등의 문제를 지적하고 환기하고자 했다는 것이다(『생태혁명』, 202쪽 참조).

이상에서 살펴본 바에 따르면 맑스가 극단적으로 인간중심적·반생태적이었다고 보는 요나스와 같은 견해는 적절하지 않음이 드러난다. 그렇다면 남는 문제는 맑스가 분명히 환경문제에 관심을 기울였다는 것이 밝혀졌다면 그 관심의 정도가 어떠한가 하는 것이다. 바꿔 말하면 맑스사상 중에서 생태사상이 차지하는 비중이 어느 정도인가 하는 물음이다.

맑스주의의 문제의식은 대체로 자본주의적 착취, 불평등, 억압 등에서 인간사회를 해방하는 데 있었다. 소수(부르주아지)만이 이익을 향유하고 다수(프롤레타리아트)는 비용을 감당하면서도 극히 적은 보상만 받는 불평등한 분배구조의 현실이 맑스의 주요 관심사였다. 물론 맑스의 저술 속에 인간의 자연착취를 방지하는 데 관심을 기울였던 부분들도 있는 것은 분명하다. 그러나 맑스의 문제의식이 자연의 착취에 근거한 부의 생산과정을 거부하는 데 있지 않았던 점도 분명하다. 맑스는 명백히 생산력주의자였기 때문이다.

요컨대 생태문제에 관하여 맑스주의는 두 가지 측면을 동시에 전제하고 있는 것으로 판단된다. 첫째는 맑스의 연구가 현재의 생태위기를 이해하고 극복하는 데 현대인들이 고려할 만한 주장들을 담고 있다는 것이고, 둘째는 맑스의 연구가 기본적으로 생산력 발전과 경제성장에 초점을 두고 있어서 환경문제를 다루는 데는 어려움이 많다는 것이다.[11] 맑스의 주 관심은 착취적 사회질서로부터의 해방, 곧 능력에 따라 일하고 필요에 따라 분배받는 사회의 건설에 있었다. 맑스에게 있어서 환경문제는 공산주의사회 건설이라는 목표를 달성해 나가는 과정에서 부차적 관심의 대상이었을 뿐 체계적 관심의 대상은 아니었다.

이러한 맥락에서 리처드 스미스는 맑스가 여기저기서 자연을 존중하는 것, 자연을 사유물화하지 않는 것의 중요성에 대해 언급하고는 있지만 역점은 인간의 이익에 두었지 자연의 이익에 두지 않았다고 말한다. 맑스의 기본적 관점은 인간중심적이었고 따라서 자연은 단지 이용 대상물로서 존재하는 것으로 누차 묘사하기도 했다는 것이다.[12]

---

11 홍성태, 「한국에서의 생태맑스주의 논의」, 최병두 외, 『녹색전망』, 도요새, 2002, 99쪽 참조.

12 Richard Smith, "Karl Marx 1818-83", ed. Joy A. Palmer, *Fifty Key Thinkers on the*

필자 역시 맑스가 인간중심적이었다는 데는 동의한다. 하지만 인간중심주의 중에서도 맑스는 **약한 인간중심주의**에 속한다고 본다. 인간중심주의란 인간을 자연보다 우위에 놓고 세상을 이해하는 방식이다. 인간이 목적이라면 자연은 인간에 의한 이용과 지배의 대상으로 파악된다. 이처럼 자연을 인간의 삶을 위한 수단으로 보는 점에선 동일하나 자연에 부여하는 가치의 성격이 어떠한가에 따라 인간중심주의는 강한 입장과 약한 입장으로 나뉜다.

전자에선 자연에 유용성이나 경제적 가치 이상을 부여하지 않는다. 여기서도 물론 환경보호를 주장하지만 그 보호의 동기는 미래에도 자연을 지속적으로 이용할 수 있도록 하기 위해서다. 반면 후자에선 자연의 고유가치를 인정하진 않더라도 자연에는 인간의 정신을 고양시켜 주는 수단적 가치가 있는 것으로 본다. 자연을 소비 대상으로밖에 보지 않는 전자와 분명히 구분되는 점이다. 가령 생물학적으로 풍부한 삼림의 가치를 전자에선 단지 경제적 관점에서 어떻게 이용할 것인가 하는 점을 중시하는 데 반해, 후자에선 삼림이라는 아름다움, 레크리에이션, 문화적 가치 등을 중시한다.

맑스 역시 자연을 대화의 상대로 보거나 "사유재산과 돈의 지배 아래서 형성된 자연관은 자연에 대한 진정한 경멸이며, 실제로 자연의 가치를 깎아내리는 것이다", "모든 생물들이 재산으로 변질돼 버리고 있는 것은 허용할 수 없다" 등의 표현을 하고 있음을 볼

Environment, New York: Routledge, 2001, pp. 113~117 참조.

때, 그를 약한 인간중심주의자로 진단하는 것이 별 무리는 없어 보인다.

2) 환경문제를 해결해 나가는 데 맑스주의보다 자본주의가 우월한가?

요나스 자신이 제기했던 '위험에 반격하는 데 보다 걸맞은 것은 맑스주의인가, 자본주의인가?' 하는 중요한 물음에 요나스는 전자가 후자보다 한층 더 위험하다, 즉 전자보다 후자가 더 낫다는 판정을 내리고 있다. 그러면서도 요나스는 자본주의가 더 낫다고 하여 자본주의가 기술숭배의 주술적 속박으로부터 벗어나고 있는 것은 아니며, 맑스주의에 대한 자본주의의 우위는 정도의 차이밖에 없음을 인정한다. 결국은 자본주의에도 문제가 있지만 공산주의 쪽이 보다 심각하다는 식의 논의로 시종일관하고 있다. 요나스의 이러한 (미온적인) 판정에 대하여 '그렇다면 환경문제를 해결하고 미래 세대에 대한 책임을 다하는 것이 과연 자본주의 틀 내에선 가능한가?' 하는 물음을 제기해 볼 수 있다.

이 물음에 대해선 긍정과 부정으로 엇갈리는데, 먼저 '가능하다'라는 긍정적 답변을 내는 학자들 중 한 명인 정치생태학자 존 배리의 견해를 살펴보기로 한다.

배리는 자본주의의 상대적 우월성을 전제로 맑스주의를 비판한다. 배리에 따르면 맑스주의는, 인간의 사회적 진보(자본주의의 착취적 질서로부터의 해방)는 자연의 착취와 지배에 의존한다는 '근대적' 관점을 취하고 있다. 더 나아가 배리는, 맑스주의는 자본주의보다 더욱더 환경파괴적이라고 말한다. 만일 자본주의가 자연의 착취를 전제로 한다면, 맑스가 꿈꾸는 탈자본주의사회 또는 공산주의사회는 자연에 대한 초착취에 근거한다는 것이다.

맑스가 지향하는 공산주의사회는 물질적 결핍을 초월한 풍요로운 사회다. 널리 알려져 있듯 맑스의 공산주의사회는 이전의 모든 인간사회들과는 달리 '각자의 필요에 따라' 분배받는 사회다. 맑스에 따르면 공산주의사회에선 자연의 착취와 부, 상품 및 서비스 생산이 매우 효율적·생산적으로 이뤄지면서 인간의 모든 물질적 욕구가 충족될 수 있다. 공산주의사회에서 배고프거나 집 때문에 서러움을 겪는 사람은 더 이상 존재하지 않게 된다. 더 나아가 자본주의적 생산관계가 사라짐으로써 더 합리적·계획적·생산적인 자연착취가 가능해질 수 있다. 공산주의사회에서 누리는 인간의 자유와 해방은 바로 이러한 자연에 대한 착취의 대가로 주어지는 것이다.[13]

이렇게 본다면 맑스주의적 접근으로 환경문제를 해결하고자 하는 것은 맑스주의의 기본 내용조차 파악하지 못한 데서 오는 아주 어리석은 처사가 되고 만다.

한편, 요나스나 배리의 주장과 달리 환경문제를 극복하는 데 자본주의 방식으로는 어렵고, 오히려 맑스주의가 더 적절하다고 보는 학자들도 있다. 그 대표 격으로는 생태사회학자인 포스터를

---

13 존 배리, 『녹색사상사』, 허남혁·추선영 옮김, 이매진, 2004, 93~102쪽 참조.

들 수 있는데 그의 견해는 이렇다.

자본주의경제는 무엇보다도 이윤 증가와 그에 따른 경제성장에 맞
춰 작동한다. 경제성장을 위해선 어떤 대가든 치르는데 세계 인구
대다수를 착취하고 이들에게 고통을 안겨 주는 일도 포함된다. 성
장을 향한 맹목적 돌진은 일반적으로 에너지와 자원을 급속히 흡
수하고 더 많은 폐기물을 환경에 쏟아부음을 뜻하며 결국 환경파
괴를 확대한다.[14]

자본주의는 본질적으로 이윤 확보와 성장에 기초한 시스템이
며 이를 추구하는 과정에서 발생하는 환경파괴쯤은 불가피한 희생
양 정도로 치부한다는 것이다. 그러기에 포스터는 "급속도로 악화
되고 있는 전 지구적 재앙의 주원인으로 자본주의가 지목되고 있
는 것은 이제 '당연한 사실'로 인식되고 있다(『생태혁명』, 23쪽)"라
고 말한다. 자본주의는 이윤 확보를 위해 끊임없는 확대재생산의
논리를 바탕으로 출발하였고, 그 바탕 위에서만 존속할 수 있기 때
문에 시발점에서부터 자연을 정복의 대상이나 공짜 선물로 인식하
였고 따라서 생태파괴는 자본주의 문명체계의 필연적 결과라는 것
이다.

그럼에도 불구하고 주류 경제학자들을 비롯한 많은 환경문제

---

14 존 벨러미 포스터, 『생태계의 파괴자 자본주의』, 추선영 옮김, 책갈피, 2007, 24쪽.

전문가들은 자본주의체제의 기술적 특성에서 문제가 연유했을 뿐이라고 강변한다. 그들은 효율성을 개선하기만 하면 얼마든지 지구를 더 착취하지 않고도 경제성장을 지속할 수 있다고 본다. 그래서 그들은 환경문제 해결을 위한 대안으로 이른바 녹색산업혁명을 제시한다. 이것은 전적으로 보다 효율적인 에너지 시스템과 같은 기술적 수단에 의존하여 자본주의의 발전을 지속시키려는 새로운 산업혁명을 의미한다(앞의 책, 20쪽 참조).

이 혁명론에서는 자본주의가 갖고 있는 본질적 파괴성은 논란 대상이 되지 않는다. 자본주의는 지속가능하며 따라서 생태혁명은 생산방식의 급진적 전환이 아니라 기존 체제의 근대화를 통해 추진되어야 한다고 본다. '녹색혁명'은 국력이요, '녹색기술'은 '모든 시장의 어머니'라 부르며 녹색산업혁명이 세계적 경쟁의 핵심인 것처럼 강조된다(앞의 책, 27~28쪽 참조). 이 혁명론을 따르는 국가들은 대체로 선진부국들이며, 이들이 새로운 시장을 창출하기 위해 생태혁신을 주도하는 방식으로 추진되고 있다.

그러나 포스터에 따르면 녹색산업혁명은 지구생태계의 한계를 고려하지 않은 채 무제한적인 경제성장과 자본 축적을 가능케 해주는 매우 제한적인 기술만을 채용한다. 따라서 그는 '근대화' 기술의 주목적은 생태문제의 해결이 아니라 현재의 생산방식을 쳇바퀴 돌리듯 영속화시키는 것이라고 비판한다(앞의 책, 31쪽 참조).

그러면서 포스터가 제시하는 대안은 생태사회혁명이다. 포스터는 생태문제를 해결해 나가는 데 요구되는 것은 기술 자체가 아니라 생산관계에 있다고 본다(앞의 책, 21쪽 참조). 기술의 변화보다 생산의 사회적 관계를 변화시키는 쪽이 핵심이라는 것이다. 생산과 분배, 교환과 소비를 평등하고 공동체적 방식(사회주의 방식)으로 전환함으로써 인간과 자연의 신진대사 균열이 지속되는 것을 막고 지속가능한 생태적·사회적 관계를 복원해야 한다는 주장이다. 요컨대 생태사회혁명이란 자본주의가 파괴한 인간과 자연의 상호의존적 관계를 복원하고 모든 인간과 토지를 함께 끌어안는 공동체적 신진대사체계를 수립하는 것이다.

이상에서 살펴봤듯이 환경문제를 해결해 나가는 방식을 놓고 자본주의와 맑스주의 가운데 어느 쪽이 더 나은지, 양측의 의견이 너무나 팽팽하여 판단하기가 쉽지 않다. 필자는 이 물음에 대한 답을 양 체제의 본질적 특성에서 찾아보려 한다.

자본주의체제의 생명줄은 이윤 획득이다. 일정 자본을 투자했을 시 투자분 이상의 이윤을 얻지 못하면 모든 기업활동은 종말을 고한다. 이윤＝목적, 이윤 확보에 도움이 되는 모든 것＝수단이라는 가치관이 지배하는 것이 자본주의사회의 본질적 특성이다. 그러기에 맑스는 이윤을 가리켜 "불가능한 일들을 친근한 것으로 만드는 신적인 힘", "눈에 보이는 신"(『경제학-철학 수고』, 178쪽)이라 부른다. 신적인 힘으로 작용하는 이윤이 최고의 가치라면 '자연'의 가치가 어떻게 평가될지는 자명해진다. 자연 역시 다른 모든 수단과 마찬가지로 이윤의 원천이 될 수 있는 경제적 자산이며, 더 많은 부를 창출할 수 있는 수단이 된다. 나무, 야생동물, 광물, 물, 토양은 모두 시장에서 거래되는 상품으로 여겨진다. 자연계의 신성함, 신비로움은 사라지며, 자연과 인간의 상호의존은 자본주의식 계산법에는 거의 포함되지 않는다.

자본주의의 이윤추구 동기는 끊임없는 확대재생산을 요구하며, 이는 다시 부단한 수요의 창출을 필요로 한다. 그러는 과정에서 기본적 욕망을 초월한 저급한 욕망, 하찮은 욕망까지도 끊임없이 상품화하면서 소비풍조가 만연해진다. 이러한 소비풍조에 의해 쓰레기는 넘쳐나고 그에 따라 환경오염은 더욱 가속화된다.

맑스주의는 인간소외, 인간과 자연의 유리, 환경파괴 등과 같은 병폐들이 우연히 발생하는 것이 아니라 자본주의 생산양식과 밀접히 연계된 연장선 위의 현상들이며 자본주의체제 그 자체를 소멸시킬 때 비로소 그런 병폐들을 제거할 수 있다고 본다. 그리하여 맑스는, 자본주의는 소멸할 수밖에 없는 근원적 모순을 안고 있다는 것을 생산력과 생산관계의 변증법으로 설명해 간다. 맑스의 논리대로라면 자본주의가 무너지고 난 다음에 오는 사회는 자본주의의 결함을 극복한 더욱더 우월한 사회여야 할 것이다.

실지로 맑스가 이루고자 했던 자본주의 이후의 사회는 인간에 의한 인간의 착취, 소외, 빈곤, 사회계급, 심지어 국가도 사라진 사회, 각자의 재능이나 능력에 상관없이 각자에게 필요로 하는 것을 충분하게 공급해 주는 사회였다. 이 세계에 정의와 평등이 정착되기를 맑스는 바랐던 것이다. 하지만 맑스가 이루고자 했던 사회는 인류 역사에서 실현된 적이 없다. 더불어 맑스 이념을 따랐던 사회주의국가들에서도 자본주의국가 못지않게 환경문제가 심각했다는 사실은 맑스가 꿈꾸었던 사회가 한마디로 이데아였음을 말해 주는 것이라 본다.

자본주의는 구조적으로 환경문제를 낳을 수밖에 없음이 드러났고, 자본주의가 안고 있는 문제를 극복하고자 등장했던 맑스주의에도 명쾌한 해결책이 없음이 밝혀졌다. 이처럼 양자 모두 문제가 있다고 하면 양자에 대한 비교는 할 수 없는 것인가?

필자는 생산성이라는 특징에서 볼 때 자본주의체제가 맑스주의보다 더 환경파괴적일 수 있다고 본다. 자본주의의 핵심은 시장경제다. 현실의 경제학적 세계에서 가장 효율적으로 기능하는 곳으로 시장 이상을 들 수 없다. 시장경제체제는 최소한 상품의 생산에 관해서는 이제까지 알려진 다른 어떤 경제체제도 따를 수 없을만큼 가장 생산성이 높다. 시장경제체제의 이와 같은 높은 생산성은 막대한 양의 자원을 필수적으로 요구하며, 이는 상품의 대량생산으로 구체화된다. 그런데 생산활동이나 소비활동은 인간의 다양한 욕구를 충족시켜 주기도 하지만 그 이면에는 환경오염의 부정적 유산도 남겨 놓는다. 생산량과 소비량이 많을수록 환경오염 규모 또한 늘어날 수밖에 없다. 환경오염물질이 배출되는 규모는 대체로 생산량과 소비량의 크기에 비례하기 때문이다. 시장경제체제가 다른 어떤 체제보다 생산성이 높다는 것은 결국 다른 어떤 체제보다 환경파괴 정도 또한 높다는 것을 의미한다.[15]

이처럼 자본주의가 다른 어떤 체제보다 환경파괴적일 수 있다고 하여 상대적으로 덜 환경파괴적인 맑스주의 방식으로 환경문제

---

15 이정전, 『녹색경제학』, 한길사, 1994, 51쪽 참조.

에 접근해야 한다고 주장하는 것은 아니다. 단지 생산성이라는 자본주의의 내재적 특성상 다른 어떤 체제보다 환경파괴적임을 말하는 것뿐이다. 맑스주의로의 전환을 말하기 어려운 것은 맑스가 지향하는 공산주의사회가 현실적으로 실현 불가능하기 때문이다. 공산주의가 맑스가 생각했던 방식으로 성공할 수 있으려면 적어도 한 가지 조건은 절대 필요하다. 그것은 개인들이 이기적으로 행동하는 것을 그만두고 자신들의 이익보다 공동의 이익을 더 중시하는 것이다. 그러나 결과적으로 사람들은 그리 할 수 없었고, 따라서 공산주의가 실패하는 것은 피할 수 없는 일이었다.

이상에서 살펴봤듯이 자본주의는 내재적으로 환경파괴적일 수밖에 없는 특성을 지닌다. 우리가 지키고 보존해야 할 환경마저도 자본주의체제에선 자본 축적을 위한 상품으로 취급되기 때문이다. 모든 것을 자본의 자기 확장과 이른바 성장의 요구에 종속시키는 자본 축적의 충동이 갖는 본질적 비합리성은 생태적 균형에 적대적일 수밖에 없다. 그래서 이글턴은 "당장 행동에 나서지 않는다면 자본주의는 우리 모두의 죽음이 될 것으로 보인다"[16]라고 갈파한다.

맑스주의는 그 이상과는 달리 사람들 거의 대부분이 이기적이어서 공동의 이익보다 사적 이익을 항상 더 중시한다는 사실 때문에 실패할 수밖에 없는 한계를 지니고 있었다. 성공적인 중앙계획

---

16 테리 이글턴, 『왜 마르크스가 옳았는가』, 황정아 옮김, 길, 2012, 215쪽.

맑스주의란 앞으로도 실행될 가망이 전혀 없어 보인다.

그렇다면 이제 우리가 택해야 할 길은 자본주의도 맑스주의도 아니면서 시장과 국가 부문이 모두 활발하고 또 문화적으로 사회적 연대에 대한 관심이 높은 나라를 건설하는 것이다. 문제는 그러한 나라가 확고한 토대 위에 세워질 수 있도록 이념적 비전이 아닌 실천적 제도를 마련하는 일이다. 일부에서는 그것을 초록색사회민주주의, 녹색사회주의, 시장사회주의 등의 이름들로 거론하고 있지만, 이에 대해선 보다 심도 깊은 논의가 필요하기에 다음의 연구 과제로 남겨 두고자 한다.

3) 맑스는 자유와 필연이 공존할 수 없다고 보는가?

요나스는 맑스가 그리고 있는 자유의 왕국이 허구적 개념이라고 비판한다. 비판의 근거는 자유란 필연과의 만남 속에서 주어지는 것임에도 맑스는 양자를 엄격히 분리함으로써 필연이 끝나는 곳에서 비로소 자유가 시작된다고 주장하기 때문이다. 과연 맑스는 요나스의 주장대로 자유와 필연을 엄격하게 분리함으로써 공존 불가한 것으로 보는가? 이 물음에 대한 답변을 찾기 위해선 맑스의 자유와 필연에 관한 견해를 직접 살펴보는 게 이치에 맞다.

'필연성 아래서 사는 것은 안된 일이다. 필연성 아래에 살아야 할 어떤 필연성도 없는 것이다.' 왜 그런 필연성은 없을까? 자유에 이르는 많은 짧고 단순한 길들이 사방에 있다: 아무도 삶 안에 갇힐 수 없다는 점에서 신에게 감사하자. 에피쿠로스는 우리가 그러한

필연성들을 쫓아내 버릴 수 있다고 말했다.[17]

맑스는 에피쿠로스의 말을 인용하면서 우리가 필연성 안에 갇혀 살아야 할 이유가 없으며 자유의 삶을 위해 이를 극복하는 것이 마땅하다고 주장하고 있다. 자유와 필연 간의 관계에 대하여 보다 구체적으로 밝히고 있는 곳은 『자본론』 3권 마지막 편인 7편 48장에서다.

> 자유의 왕국은 궁핍과 외적인 합목적성 때문에 강제로 수행되는 노동이 멈출 때 비로소 시작된다. 즉 그것은 사태의 본질상 본래적인 물적 생산영역의 너머에 존재한다. 미개인이 자신의 욕망을 충족하기 위해서 자연과 격투를 벌이지 않으면 안 되는 것과 마찬가지로 문명인도 그렇게 해야만 하고, 더구나 어떠한 사회형태 속에서도 그렇게 해야만 한다(『자본 3-2』, 1095쪽).

맑스가 근본적 오류를 범하고 있다고 요나스가 비판하고 있는 부분이 바로 여기서 발견된다. "자유의 왕국은 궁핍과 외적인 합목적성 때문에 강제로 수행되는 노동이 멈출 때"라는 구절이다. 바로 이 구절을 근거로 요나스는 자유와 필연은 같은 시간, 곧 동시성 위에 존재하는 현상임에도 층을 달리해서 존재하는 이질적 현상으로 분리시켜 놓고 있다고 비판하고 있다.

요나스에 따르면 자유가 필연으로부터 분리되면 자유는 곧 진공 속에서 표류하는 것처럼 공허한 것이 되고 만다. 그런데 필자는

"강제로 수행되는 노동이 멈출 때"라는 맑스의 표현을 요나스처럼 해석하는 데 문제가 있음을 지적하고자 한다. 요나스의 해석에 문제가 있다는 근거는 맑스의 '자유시간론'에서 찾을 수 있다. 자유시간론은 맑스가 중요하게 다루었던 필생의 테마 가운데 하나다. 먼저 맑스가 말하는 자유시간이란 '인간적 교양을 위한, 정신적 발달을 위한, 사회적 역할을 수행하기 위한, 사회적 교류를 위한, 육체적·정신적 생명력의 자유로운 놀이를 위한 시간'이다. 맑스에 따르면 노동시간 단축이야말로 인류사를 관통하는 염원이며, 노동자는 지적·사회적 욕구들의 충족을 위해 자유시간을 필요로 한다.

맑스가 이렇게 노동자의 자유시간을 강조했던 것은 자유시간의 요구 속에서 노동자가 인간으로서의 존엄을 확보하고 인간적 발달을 요구하는 절실한 목소리를 들었기 때문이다. 그런 관점에서 맑스는 『자본』의 말미에서 "노동일의 단축이 참된 자유의 왕국에 이르기 위한 근본 조건(앞의 책)"이라 적고 있다. 물론 자유시간의 요구가 무노동사회를 전망하는 것은 아니며 그 실현 또한 불가능하다. 맑스의 자유시간론은 노동이 자발적 욕구가 되는 노동시간의 자유시간으로의 전화와 노동의 인간화를 전망하는 것이다.[18]

이러한 해석에 따르면 "강제로 수행되는 노동이 멈출 때"라는

---

17 칼 맑스, 『데모크리토스와 에피쿠로스 자연철학의 차이』, 고병권 옮김, 그린비, 2001, 297쪽.

18 마토바 아키히로 외 엮음, 『맑스사전』, 오석철·이신철 옮김, 도서출판b, 2011, 401~402쪽 참조.

맑스의 표현은 요나스의 주장처럼 필연과 자유의 엄격한 분리가 아니라 필연의 성격이 변화됨을 의미한다. 즉 타율적 필연에서 자율적 필연으로, 외적 강제성에서 내적 강제성으로 변화되는 것을 뜻한다. 노동 그 자체가 먹고살기 위해서 마지못해 해야 하는 '고역'이 아니라 자아실현을 이루도록 해주는 '매체'가 되는 것이다.

사실 자유는 억압(필연)이 있기에 존재한다. 내 몸과 마음이 억압을 느끼지 않으면 자유를 생각할 수도 없다. 억압이 없는 자유는 오히려 외로움과 불안 심리를 야기한다. 그러기에 에리히 프롬은 일찍이 중세적 속박으로부터 벗어난 근대인들이 자유를 얻긴 했으나 그것은 '자유로부터의 도피'로 귀착되었음을 밝혔다. 이처럼 자유가 필연을 전제로 한다는 것은 상식과도 같은 이야기이기에 맑스가 이를 몰랐을 리 만무하며, 이는 곧 요나스의 해석에 문제가 있음을 말해 주는 또 하나의 근거가 된다.

5. 요약

요나스가 맑스주의를 문제 삼게 된 이유는 자본 그 자체를 위해 독주하는 자본주의의 발전을 억제하고 인간과 자연환경 간의 신진대사를 복원시키기 위한 대안을 구하기 위해서였다. 그러나 요나스에 따르면 맑스주의는 자연지배에 의해 인간성을 향상시킨다는 베이컨의 이상을 자본주의 그 이상으로 추구하는 계획을 품고 있었다. 맑스주의는 베이컨적 혁명의 집행 측면에서 자본주의를 능가

한다는 것이다. 맑스주의는 베이컨의 자연지배사상을 사회변혁사
상과 통합시킴으로써 계급 없는 미래사회인 유토피아를 꿈꿔 왔다
는 것이 요나스의 주장이다.

요나스에 따르면 과도한 기술문명이 가져온 현 인류사회의 위
기를 타개하는 데도 사회주의는 자본주의보다 더 나은 측면이 없
다. 오히려 기술숭배라는 측면에서 볼 때 맑스주의는 자본주의보
다 한층 더 위험하다. 기술숭배는 애초부터 맑스주의의 내재적 특
성이기 때문이다.

요나스에 따르면 맑스주의 유토피아 또한 염치없는 계획에 불
과하다. 먼저 요나스가 보는 관점에서 지구란 '한계가 분명한 우주
선'임에도 맑스주의 유토피아는 무한한 성장을 전제함으로써 애
초부터 불가능성을 꿈꾸고 있다. 이어서 요나스는 유토피아 자체
가 허구임을 주장한다. 맑스에 따르면 유토피아는 자유의 왕국, 곧
필연적인 노동으로부터 자유로운 곳이다. 그러나 요나스는 자유란
필연과의 만남 안에서 누릴 수 있는 것임에도 맑스주의에서는 자
유가 필연의 저편에 존재하는 것으로 잘못 이해하고 있다고 지적
한다.

이러한 미래상에 대한 비판과 더불어 요나스는 맑스주의의 과
거상, 곧 '아직 아님의 때'에 대해서도 비판한다. 아직 아님의 존재
론에선 앞으로 대두하게 될 유토피아만이 최고이고 그때까지의 시
간은 모두 다 아직 아님에 불과하다. 그러나 요나스는 모든 역사적
현재는 그 자체가 목적이며 다른 어떤 것을 위한 수단이 될 수 없
다. 맑스주의에서 말하는 과거상은 포기돼야 한다는 것이 요나스

의 입장이다. 끝으로 요나스는 맑스주의에서 그리는 유토피아에서의 자연은 인간화된 자연이라고 주장한다. 유토피아는 결국 과학기술에 대한 신앙을 기초로 하고 있기에, '자연의 인간화'란 결국 인간의 욕구 충족을 위한 자연착취를 숨기기 위한 위선적 미사여구라는 것이다.

요나스의 맑스주의에 대한 비판 내용을 들여다볼 때 그 이면에 흐르고 있는 신념은 맑스주의는 기본적으로 반생태적이라는 진단이다. 자본주의에 의해 초래된 문명의 위기를 극복하려는 대안으로 고려되었던 맑스주의가 실상은 자본주의보다 더 과학기술적이며, 더 인간중심적이며, 더 환경파괴적이기 때문이다. 요나스의 논의에서 발견할 수 있는 특징 가운데 두 번째는 현대사회의 위기를 타개하는 데 자본주의가 맑스주의보다 더 낫다는 판단이다. 그리고 끝으로 세 번째 특징은 자유와 필연은 동시적 만남 속에서 구현되는데도 맑스는 양자를 엄격하게 분리시킴으로써 공존 불가한 것으로 오해하고 있다는 점이다.

요나스의 첫 번째 주장인 '맑스주의는 반생태적'이라는 진단은 부적절한 주장임이 밝혀졌다. 맑스가 자연환경의 보존뿐만 아니라 지속가능한 미래까지 염두에 두고 있었다는 것은 그의 저술을 통해 명백히 확인할 수 있는 사실이기 때문이다. 그러나 맑스의 1차적 관심사가 착취적 사회질서로부터의 해방에 있었기에 환경문제에 대한 논의는 상대적으로 부차적이고 덜 체계적이라는 한계역시 존재하고 있었다.

요나스의 두 번째 주장인 현 인류의 위기를 극복하는 데 자본주의가 맑스주의보다 더 낫다는 것은 오히려 생산성이라는 특징에서 볼 때 정반대임이 드러났다. 이제까지 인류가 창안해 낸 어떤 대안적인 체제도 자본주의체제만큼 생산성이 높은 체제는 없었기 때문이다. 생산성이 높다는 것은 그만큼 자원 소모량뿐만 아니라 배출되는 쓰레기의 양 또한 많다는 것을 말해 준다. 이는 곧 자본주의가 다른 어떤 체제보다 환경파괴적이라는 말과 마찬가지다.

그런데 자본주의에 의한 환경파괴 정도가 가장 높다는 것이 자동적으로 맑스주의를 그 대안으로 채용해야 함을 의미하는 것은 아니다. 맑스주의가 지향하는 세계가 인류 역사를 통해 실현된 적이 없었고, 그 이념을 따랐던 사회주의국가들 역시 많은 환경문제를 안고 있었기 때문이다. 따라서 여기서 제안하는 대안은 자본주의도 맑스주의도 아닌 제3의 길을 찾아 나서야 한다는 것이다. 이는 별도의 심도 깊은 논의가 요구되는 새로운 연구과제일 것이다.

요나스의 세 번째 주장인 맑스가 자유와 필연을 엄격히 구분짓는 오류를 범하고 있다는 것 역시 오해임을 알 수 있었다. 요나스의 주장처럼 필연이 끝날 때 비로소 자유가 시작된다는 맑스의 말은 자유와 필연의 엄격한 분리가 아니라 타율적 필연에서 자율적 필연으로 필연의 성격이 변화돼야 함을 강조하고 있는 것이다. 그리고 필연 속에서만 자유를 느낄 수 있다는 사실은 일상적 체험을 통해서도 알 수 있는 상식과도 같은 이야기이기에 맑스가 이를 몰랐을 리는 만무할 것이다.

생각해 볼 문제

1. 요나스가 맑스주의를 문제 삼게 된 계기는 무엇인지 이에 대해 설명해 보자.

2. 사회주의자들에 따르면 사회주의에는 자본주의보다 더 합리적인 장점들이 있다. 그 장점 중 첫 번째로 지적하는 것은 사회주의의 중앙집권적 계획경제 시스템이다. 중앙계획은 경쟁력의 소모와 소비자의 말초신경을 자극하는 시장상품의 횡포를 막을 수 있고, 그래서 자연자원을 절약하면서도 물질적 번영을 누릴 수 있다고 주장한다. 하지만 요나스에 따르면 이러한 장점은 별다른 효과가 없다. 그 이유에 대해 설명해 보자.

3. 요나스에 따르면 맑스주의가 제시하는 미래의 유토피아인 자유의 왕국은 허구이며, 유토피아의 과거상인 아직 아님의 존재론 역시 폐기돼야 한다. 맑스의 유토피아는 한마디로 위험한 사상이라는 이유 때문이다. 이러한 비판의 근거는 무엇인가?

4. 요나스에 따르면 맑스사상은 전형적인 인간중심주의, 반생태주의 입장에 사로잡혀 있다. 요나스의 이러한 진단이 과연 타당한지 이에 대해 평가해 보자.

5. 환경문제에 대처해 나가는 데 맑스주의와 자본주의 가운데 어느 쪽이 더 우월한지 비교해 보자. 그리고 그 대안도 함께 모색해 보자.

6. 요나스는 맑스가 그리는 자유의 왕국이 허구적 개념이라고 비판한다. 자유란 필연과의 만남 속에서 주어지는 것임에도 맑스는 양자를 엄격히 분리함으로써 필연이 끝나는 곳에서 비로소 자유가 시작된다고 주장하기 때문이라는 것이다. 과연 맑스가 요나스의 주장대로 자유와 필연을 엄격하게 분리함으로써 공존 불가한 것으로 보고 있는지 이에 대해 논의해 보자.

아르네 네스

'타자 속에서 자신을 발견한다'라는 말은 어떤 의미인가?

1. 네스의 환경사상을 들여다보는 이유

네스(1912~2009)는 노르웨이의 수도 오슬로 태생이다. 1933년 오슬로대학교 졸업 후 파리와 빈에서 연구를 수행했으며, 1936년에는 독일어 논문 「인식과 학문적 태도」로 오슬로대학교에서 박사 학위를 받았다. 1939년 27세 때 오슬로대학교 철학과 교수로 임용되어 1969년 자원 퇴직하기까지 30여 년을 교수로 활동하였다.[1]

"내가 교수직을 사임한 것은 자연이 빚은 숭고한 환경 속에서 살며 직접 활동을 펴기 위해서였다. 이런 생각으로 나는 지그문트

---

1 Alan Drengson and Yuichi Inoue, "Introduction", eds. Alan Drengson and Yuichi Inoue, *The Deep Ecology Movement: An Introductory Anthology*, Berkeley: North Atlantic Books, 1995, pp. xvii~xviii 참조.

크발뢰위Sigmund Kvaløy Setreng[2]와 함께 생태운동의 철학적 심화에 기여하고자 했다"[3]라는 말처럼 네스는 퇴직 무렵부터 실천적인 환경론자로서 국제적 활동을 펴 나갔다.

특히 두드러진 것은 오슬로대학교 내에 1990년 설립된 발전·환경센터SUM, Senter for utvikling og miljø와의 협력으로 노르웨이 국내는 물론 미국, 캐나다, 영국, 호주, 이스라엘, 중국, 동남아시아의 여러 나라, 일본, 에스토니아, 폴란드 등 세계 각국에서 심층생태학에 대한 강의·강연을 통하여 큰 영향을 끼쳐 왔던 점이다. SUM은 학위 수여 기능을 가진 연구교육기관으로 해외로부터 많은 연구자·유학생을 받아 왔고, 또 왕성한 출판활동까지 펴 왔다. 2001년에는 인도네시아 발리섬에 '생태학과 철학을 위한 아르네 네스 센터'를 설립하여 세계 각국의 유학생들을 상대로 심층생태사상에 기초한 대학 수준의 환경교육을 시행해 왔다(앞의 책, pp. 126~127 참조).

네스는 평화운동가이기도 했다. 그는 제2차 세계대전 당시 나치스 독일의 노르웨이 점령(1940~1945)에 맞서 레지스탕스로서 활약하기도 했고, 1948년에서 1949년에 걸쳐선 파리에서 유네스코의 '동서냉전' 프로젝트의 리더직을 수행함으로써 세계평화운동에도 기여하였다(앞의 책, p. 127 참조).

그리고 네스는 국제적 알피니스트로서도 인정을 받아 왔다.

---

2 노르웨이의 철학자, 일러스트레이터, 산악인, 환경운동가 및 정치인.

3 尾崎和彦, 『ディープ・エコロジーの原郷: ノルウェーの環境思想』, 東京: 東海大学出版会, 2006, pp. 136~137에서 재인용.

그 계기가 됐던 것은 1950년 노르웨이대학교의 제1회 히말라야 등반 대장으로서 힌두쿠시산맥의 최고봉인 티리치미르산 등정에 성공한 일이었다. 그 후에도 네스는 2회에 걸쳐 노르웨이대학교의 히말라야 등반에 동행하였다. 더불어 그는 1938년 노르웨이 남부에 위치한 할링스카르베트산에다 오두막을 짓고 매년 거기서 사색과 집필 활동, 암벽 등반을 해온 것으로 알려져 있다.[4]

철학자로서 네스의 실체는 한마디로 단정 짓기가 어려워 보인다. 장기간에 걸친 철학적 발전 과정에서 다양한 분야에 대해 30권이 넘는 저술과 방대한 논문을 써 왔기 때문이다. 다행스럽게도 네스의 소중한 동료인 조지 세션스는 네스의 철학적 발전 과정을 알기 쉽게 정리해 주고 있다. 세션스에 따르면 네스철학의 발전 과정은 네 시기로 구분 지을 수 있다.[5] 1기는 1940년까지의 과학철학 시기, 2기는 1기 이후 1953년경까지의 경험론적 의미론의 시기, 3기는 고대 그리스의 피론파 회의론의 부활과 씨름했던 시기로 분류된다. 마지막 4기가 시작되는 것은 1968년경이며 이 무렵부터 네스의 관심사는 확실히 환경철학으로 이행하였다.

네스가 이처럼 철학의 다양한 분야에 걸쳐 관심을 쏟아 왔으

---

4 앞의 책, p.128 참조. 네스가 '자신의 집'이라 불렀던 오두막은 할링스카르베트산의 벼랑 아래 약 1500미터 고지의 트베르가스타인이라는 곳에 지어진 것으로 네스는 삶에서 10년 이상의 시간을 여기서 보낸 것으로 전해진다.

5 George Sessions, "Arne Naess and the Union of Theory and Practice", *The Deep Ecology Movement*, p. 59 참조.

나 20세기를 대표하는 중요한 철학자 중 한 명으로 기억되는 이유는 4기의 업적과 관련이 깊다. 1968년경부터 시작된 철학적 발전의 최종단계인 4기에 네스는 자신이 직접 명명한 '심층생태학'의 이론과 실천, 양면에 걸쳐 선구자적 활약을 펴 왔고, 이것이 그의 명성을 빛나게 해주었던 것이다.

여기서도 주 관심 영역을 4기 환경철학기에 한정함으로써 네스의 삶과 함께 심층생태학 이론의 특징과 그 한계를 살펴보려 한다. 네스의 사상에 관해서는 우리나라에서도 꽤 연구가 이루어진 편이다. 학술지 논문은 물론 학위 논문도 여러 편 있는 것을 보면 네스의 사상이 생소하거나 새로운 분야는 결코 아니라 할 수 있다.

그럼에도 네스의 사상을 다루는 것은 다음의 사실에서 연유한다. 이제까지 네스를 다룬 글들을 보면 대개 그가 주장하는 핵심적 내용들에 집중하는 반면 그의 삶 자체에 대해선 거의 언급이 없음을 알 수 있다. 한 사상가의 사상을 제대로 이해하려면 그의 주장만을 다루는 것으로는 역부족하다. 그 사상가가 자신의 주장을 일상의 삶에서 어떻게 반영하며 살았는지 이에 대한 실천적 삶의 문제까지 다룰 때 그의 사상을 온전히 파악할 수 있다는 의미다. 따라서 여기서는 네스의 주장뿐만 아니라 삶의 문제까지 다룸으로써 그의 사상을 좀 더 입체적으로 살펴보려 시도하고 있다.

2. 네스의 삶과 사상

1) 네스의 삶과 라이프 스타일

네스의 철학적 관심사가 환경철학으로 옮겨 간 것이 1968년경 이후라 하지만 사실 그의 환경사상은 그 이전부터 잉태하고 있었다. 네스의 철학상 관심 분야는 인식론, 경험론, 회의주의, 의미론, 과학방법론, 철학사 등 다방면에 걸쳐 있을 뿐만 아니라 그의 철학체계에는 아라비아철학, 인도철학, 중국철학 등이 담겨 있었고, 동양의 정신문화에 대한 깊은 관심과 폭넓은 이해가 깔려 있었다.

특히 환경철학과 관련해서 주목되는 것은 스피노자와 간디로부터 많은 영향을 받았다는 점이다. 네스는 스피노자야말로 현대 생태철학에 바람직한 모델 또는 시사점을 제공해 준 철학자라는 확신을 지니고 있었다(Ibid., p. 54 참조). 네스가 간디에게 경도되어 왔음을 알 수 있는 것은 그의 연구 업적에서 드러난다. 네스는 자신의 '간디론'에 관해 네 편의 글[6]을 발표했고, 특히 간디의 비폭력철학은 노르웨이의 대규모 개발에 맞선 저항운동을 펴는 데 실천 지침으로까지 작용했다. 간디의 비폭력철학, 스피노자의 일원론적 철학의 영향은 네스로 하여금 실천적 문제에 강한 관심을 갖게 해주었다.

---

6 『간디의 정치윤리』(*Gandhis Politiske Etikk*), 『간디와 핵시대』(*Gandhi og Atomalderen*), 『간디와 집단갈등』(*Gandhi and Group Conflict*), 『간디』(*Gandhi*)를 말한다. 『ディープ・エコロジ—の原郷』, pp. 131~132 참조.

이러한 외부 사상의 영향과 더불어 네스가 자신의 인생 후반부를 환경보호운동에 집중하도록 만든 데는 그의 자연체험이라는 요소도 빼놓을 수 없다. 유소년시절부터 시작된 조국 노르웨이의 자연과의 조우는 삶의 방향을 결정짓는 데 큰 영향을 끼쳤다.

네다섯 살 무렵 노르웨이의 피요르드 해안을 탐험할 기회가 있었는데 거기서 나는 환상적인 다양한 생명체들에 큰 흥미를 느꼈다. 특히 작은 물고기들, 게 그리고 새우는 아주 친근하고 붙임성 있는 모습으로 내 주위에 모여들었다. 나는 여름 내내 다른 아이들과 많은 시간을 보내는 대신 이런 생명체들과 함께 지냈다.[7]

거의 네 살 무렵부터 사춘기까지 나는 해안의 얕은 여울을 몇 시간, 며칠, 몇 주간이나 배회하거나 앉거나 하면서 바다 생명의 압도적인 다채로움과 풍부함을 발견하곤 경탄하였다. '아무도' 신경 쓰지 않고, 심지어 볼 수조차 없을 만큼 작고 아름다운 생물들이 외견상으론 무한한 세계의 일부였지만, 그럼에도 그것들은 내 세계였다. 많은 인간관계에서는 고립감을 느꼈던 내가 '자연'과는 하나가 되었던 것이다.[8]

---

7 Stephan Bodian, "Simple in Means, Rich in Ends: A Conversation with Arne Naess", p. 2, https://openairphilosophy.org/simple-in-means-rich-in-ends-a-conversation-with-arne-naess.

8 Arne Næss, "How My Philosophy Seemed to Develop", eds. H. Glasser and A.

위의 고백에서 보듯 자연과의 끊임없는 조우를 통하여 자연과 하나 됨을 체험할 수 있을 만큼 네스는 어려서부터 자연에 대한 깊은 관심을 보였다. 나아가 그에게 자연은 아버지와도 같은 존재였다. "8세 무렵부터 산이 나에게는 자애롭고 공평하며 강직한 아버지의 이상적인 인간성의 상징이 되었다(Ibid., p. 303)"라는 네스의 말처럼 그는 어린 시절 부친을 여의었고 그 이후 산이 어떤 의미에선 아버지의 역할을 대신했던 것이다("Arne Naess and the Union of Theory and Practice", p. 63 참조).

어린 시절부터 형성된 자연에 대한 깊은 관심은 자연스레 성인이 되어서도 산과 함께하는 삶의 길을 걷게 해주었다. 20대 때인 1938년 네스는 할링스카르베트산에다 작은 오두막을 짓고 이를 둘러싼 대자연과 깊은 정신적 유대를 키워 나갔다. 그리고 등반대장으로서 2회에 걸친 히말라야 등정 또한 우연한 일이 아니었다. 이러한 자연체험을 토대로 네스는 '산에 대해서 생각하는' 데서 벗어나 '산이 되어 산처럼 생각할 수 있는' 의식상의 게슈탈트적 변화를 이룰 수 있었다.

네스의 세계를 깊이 이해했던 로텐버그가 "수많은 업적을 충분히 열거한다 해도 자연에 대한 네스의 깊은 관심을 인식하지 않는 한 그의 철학을 이해하는 것은 불가능하며, 이 관심이야말로 그

Drengson, *The Selected Works of Arne Naess*, vol. IX, Dordrecht: Springer, 2005, p. 302.

를 자연스레 환경철학으로 이끌었다"[9]라고 말한 것도 그러한 이유
에서였다. 자연과의 깊은 관계 속에서 자연과 하나 되는 체험이야
말로 네스로 하여금 심층생태학의 선구자로서 세계 자연·환경보
호운동에 적극 나서게 한 근원적 계기로 작용했다는 것이다.

이와 같은 오랜 자연체험과 함께 간디, 스피노자의 영향으로
네스는 철학적으로 세련된 독자적 생태철학을 낳을 수 있었고, 그
사상에 기초한 자신만의 라이프 스타일 또한 일궈 낼 수 있었다. 그
의 라이프 스타일을 온전히 확인할 수 있는 곳은 「심층생태학과 라
이프 스타일」이라는 글이다.[10] 이 글에서 네스는 심층생태운동을
위한 15개 항목의 일반적 라이프 스타일을 먼저 제시하고 난 뒤, 심
층생태운동의 좀 더 구체적 교리에 해당하는 10개 항목을 추가로
제시하고 있다. 총 25개 항목(Ibid., pp. 106~107 참조) 중 여기서는
중복을 피하여 16개 항목만을 선별하였다. 1번에서 11번까지는 일

9 Peter Reed and David Rothenberg eds., *Wisdom in the Open Air*, Minneapolis: University of Minnesota Press, 1993, p. 67.

10 네스에 따르면 라이프 스타일에는 두 가지 특징이 있다. 하나는 라이프 스타일을
다른 모든 것과 분명히 구별될 만큼 확실하고, 정의 가능하며, 완벽하게 일관된 삶
의 방식으로 여겨선 안 된다는 점이다. 일관된 생태학적 라이프 스타일을 위한 기
준을 마련하는 것은 현실적으로 불가능하고, 또 라이프 스타일이 너무 엄격성을
띠게 되면 오히려 실천 가능성이 약화될 수 있다는 우려 때문이다. 다른 하나는 라
이프 스타일은 의식이 아니라 경향과 태도로 제시하는 것이 적절하다는 점이다.
생태의식도 중요하긴 하나 그것은 늘 단편적으로만 행동을 강조할 위험성이 있다.
그래서 네스는 심층생태운동의 특징인 경향과 태도를 나열하는 것이 가장 유익하
다고 본다. Arne Næss, "Deep Ecology and Lifestyle", eds. H. Galsser and A. Drengson, *The Selected Works of Arne Naess*, vol. X, Dordrecht: Springer, 2005, p. 105 참조.

반적 라이프 스타일의 항목이고, 12번부터는 구체적 교리에 해당한다.

① 불필요하고 복잡한 수단을 피하고 검소한 수단을 활용한다.
② 본질적 가치가 없는 그저 보조적인 것에 불과한 행동을 피한다.
③ 반소비주의를 취한다.
④ 단지 새로운 것이라는 이유만으로 새것을 좋아하는 태도를 버린다.
⑤ 사람들 사이의 민족적·문화적 차이를 인정하고 이를 존중한다.
⑥ 제3세계, 제4세계의 상황에 대해 관심을 가지며 빈곤한 사람들의 생활수준에 비해 너무나 다르고 고수준이 되지 않도록 한다. 라이프 스타일의 세계적 연대를 지향한다.
⑦ 보편적일 수 있는 라이프 스타일의 진가를 이해하고 존중한다. 보편적 라이프 스타일이란 다른 사람들이나 다른 종에 해를 끼치지 않고도 유지할 수 있는 방식을 말한다.
⑧ 자극이 강한 경험이 아니라 깊고 풍부한 경험을 얻으려고 노력한다.
⑨ 이익사회에서의 삶보다 공동사회에서의 삶을 지향한다.
⑩ 욕망보다는 절실한 욕구를 충족하도록 노력한다.
⑪ 1차 생산, 곧 소규모 농업, 임업, 수산업의 중요성을 이해하고 이에 참여한다.

⑫ 단순히 아름다운 곳을 방문할 게 아니라 자연 속에서의 삶을 시도한다. 그리고 관광을 회피한다.

⑬ 취약한 자연에서 '소박하고 흔적을 남기지 않는' 삶을 살아간다.

⑭ 생명체를 단순한 수단으로 활용하는 것을 거부하며, 그것을 자원으로 사용할 때도 내재적 가치와 존엄성을 의식한다.

⑮ 개별 생명체가 아닌 지역생태계를 보호하기 위해 노력하며, 자신의 공동체를 생태계의 일부로 여긴다.

⑯ 불필요하고 불합리하며 무례한 방식으로 자연에 대한 지나친 간섭에 대해 반대한다.

이상의 라이프 스타일에서 발견할 수 있는 특징을 정리해 보면 다음 세 가지가 될 것 같다.

첫째는 지구에 부담을 주지 않는 생활방식을 따르자는 것이다. 끝없는 욕망이 아니라 필수불가결한 욕구에 기초한 소비활동, 끊임없이 개발돼 나오는 기술혁신제품이 아니라 단순하고도 검소한 제품에 의존하는 삶, 지속적으로 새롭고 더 강함을 요구하는 육체적 자극에 탐닉하기보다 깊고 풍부한 정신적 안정을 추구하는 삶을 살자는 권고다.

둘째는 우리 인간은 초월적 존재가 아니라 관계적 존재로서의 삶을 살아야 한다는 것이다. 지상에 존재하는 모든 생명체들은 똑같이 고귀하므로 인간은 다른 생명체보다 더 우월한 존재가 아니며 만물은 상호연관 속에서 살아간다는 것을 깨달아야 한다는 주장이다.

셋째는 라이프 스타일의 전 지구적 연대를 지향하자는 것이다. 선진국 사람들의 고도 소비형 라이프 스타일은 전 세계의 야생 생태계나 생물다양성에 헤아릴 수 없는 악영향과 파괴적 타격을 가할 뿐 아니라 전 세계 빈곤층 사람들의 생활수준과도 연계되어 있다는 점에서 결코 정당화될 수 없다는 주장이다. 이러한 문제를 개선하려면 열악한 상황에 처해 있는 제3세계 나라들의 생활수준을 크게 향상시키도록 하는 반면, 선진국의 소비수준을 큰 폭으로 내려야 한다. 당연히 선진국들은 이러한 제안에 저항하겠지만 그러한 노력 없이는 환경위기를 극복할 수 없다는 것이 네스의 입장이다.

진정한 사상가라면 자신이 살아온 대로 말해야 하고 자신이 말한 대로 살아야 한다. 위대한 사상가들의 대표적 저술은 곧 그들의 자서전이기도 한 것처럼 주장과 삶이 일치하지 않으면 위대한 사상은 탄생하기 어렵다. 네스가 20세기를 대표하는 가장 위대한 철학자의 한 명으로 거론되는 이유도 여기서 찾아볼 수 있다. 네스는 자신의 주장을 스스로 실천에 옮기며 살았다는 의미다("Arne Naess and the Union of Theory and Practice", pp. 61~62 참조).

네스의 집안은 노르웨이에서 가장 유력한 명문가 중 하나였고, 덕분에 그는 경제적으로 더없이 유복한 여건 속에서 지낼 수 있었다. 네스의 두 형은 뉴욕과 바하마 제도에 살았는데 두 사람 모두 해운왕이었다. 또 네스가 양자로 삼아 양육한 조카 아르네 네스 주니어도 해운에서 성공하여 많은 부를 쌓았다. 이처럼 경제적으로

부유했지만 그의 삶은 매우 검소하였다. 간편한 식사를 즐겼고 자동차 대신 자전거를 애용했으며 생물다양성을 소중히 여기고 존중하였다. 아주 보잘것없는 작은 벌레에 대해서마저 진정으로 애정이나 매력을 느낀 인물이었다(Ibid., p. 58 참조). 더불어 네스는 붓다와 소크라테스부터 비트겐슈타인에 이르는 동서의 위대한 철학적·종교적 전통을 본받아 자신의 연금 중 절반을 네팔의 학교지붕 교체와 같은 가치 있는 일에 기부하였고 자신은 엄격하고 간소하게 살고자 했다(Ibid., p. 62 참조). 네스는 자신이 주장하는 라이프스타일과 같이 소박한 삶, 자연과 하나 되는 삶, 제3세계 사람들의 빈곤을 염두에 둔 삶을 실천하고자 했던 것이다.

2) 네스의 심층생태사상

환경사상과 연관된 네스의 최초 논문은 널리 알려진 「표층생태운동과 장기적 관점을 지닌 심층생태운동」[11]이다. 이 글에서 네스는 생태운동을 두 가지로 구분하고 있다.

생태적 책임이 있는 정책이라 하더라도 오늘날 그 관심은 환경오염과 자원고갈의 범위를 넘어서지 않는다. 그러나 생태운동에는 보다 깊은 관심을 갖는 것이 있다. … 전자는 현재 우위에 있긴 하

---

11 이 글은 원래 1972년 부쿠레슈티에서 개최된 제3회 세계미래연구회의에서 네스가 기조강연으로 발표한 것이다. 네스는 이 내용을 요약 정리하여 1973년 『탐구』지에 실었는데 바로 여기서 심층생태학이라는 용어가 최초로 대중에게 공개되었다.

지만 표층적인 운동이고 후자는 심층적이지만 영향력이 낮은 운동이다.[12]

위 내용에서 보다시피 두 가지 생태운동이란 선진국 사람들의 건강과 물질적 풍요를 위해 환경오염·자원고갈에 맞서 싸우는 표층생태운동과 전체론적·탈인간중심적 관점에서 보다 근원적인 물음을 제기하는 심층생태운동이다. 전자가 현재 대세이긴 하나 표층적이라는 한계를 지니고 있기에 후자로 대체되어야 한다는 게 네스의 주장이다.

여기서 표층과 심층의 차이점을 분명히 할 필요가 있다.

'심층생태학'의 본질은 과학으로서의 생태학이나 내가 표층생태운동이라고 부르는 것에 비해 보다 깊게 의문시하는 점에 있습니다. '깊은'이라는 형용사에서 강조되는 점은 '왜', '어떻게'라고 타인이 문제시하지 않는 것을 우리는 한다는 것입니다("Simple in Means, Rich in Ends", p. 2).

위에서 알 수 있듯 왜 '심층'인가 하면 보통은 의문시하지 않는 전제를 따져서 캐묻기 때문이다. 예컨대 과학으로서의 생태학

---

12 Næss, "The Shallow and the Deep, Long-Range Ecology Movement: A Summary", *The Deep Ecology Movement*, p. 3.

은 '어떤 생태계를 유지'하려면 어떻게 해야 할지를 묻는다. 반면에 심층생태학[13]은 '어떤 생태계를 유지하는 데 어떤 사회가 최선인가'를 묻는다. 요컨대 과학에서는 사실과 규범이 엄격히 구별되며 가치론이나 윤리관은 배제되지만, 바로 이 점을 심층생태학은 문제 삼는 것이다. 그러기에 네스는 과학의 한계를 인식하면서 생태학에 대한 지나친 의존을 경고한다.[14] 환경위기의 원인은 근원적으로 철학적 세계관에 있다고 보기 때문이다.

---

13 여기서 심층생태학과 심층생태운동이라는 용어의 차이를 분명히 할 필요가 있다. 네스 역시 이 용어들의 혼용에서 오는 불편함을 충분히 이해하고 있었고 따라서 광의와 협의로 명확하게 구별하고자 했으며 용어 사용에도 신중하였다. 네스가 구분 지은 광의는 이렇다. 인간중심주의, 기술주의에 기초한 환경운동에 비하여 생명중심주의에 기초한 풀뿌리 생태운동을 언급할 경우 심층생태운동으로 '운동'이라는 낱말을 첨가하여 활용한다. 하나의 사회운동·사상운동으로 파악할 때는 넓은 의미라는 얘기다. 반면에 네스가 단순히 심층생태학이라 했을 경우, 이는 협의로 하나의 철학을 가리킨다. 좀 더 구체적으로는 자기 자신을 모든 생명체, 생태계 등과 동일화함으로써 생태적 자기실현을 도모한다는 확대자기실현론이나 이로부터 파생하는 규범군을 가리키면 협의라는 얘기다. 한편 워릭 폭스(Warwick Fox)는, 네스의 철학은 일반적으로 개별적인 존재로서 파악되고 있는 개인이나 개체 차원을 초월하여 자기실현을 도모하는 것을 특징으로 하기 때문에 심층생태학보다 초개인생태학(transpersonal ecology)이라는 호칭이 더 적절하다고 지적한다. "Introduction", pp. xx~xxi 참조.

14 우리는 생태학에 상당 부분 의존하여 생태계를 이해한다. 생태학적 이해는 생태계에 대한 새로운 인식을 제공하므로 생태학에 기초한 윤리학은 새로운 가치평가와 처방을 제공해 줄 수 있다. 하지만 네스는 생태학에 과도하게 의존하는 것을 생태학주의(ecologism)라고 부르며 거기엔 위험이 도사리고 있다고 주장한다. 생태학을 구체적 문제에 대한 과학적 답변을 제공해 주는 또 다른 과학으로 보는 것은 신속한 기술적 처방에 대한 일반적인 피상적 희망에 유혹된 것이라고 지적한다. Næss, *Ecology, Community and Lifestyle*, New York: Cambridge University Press, 1989, pp. 39~40 참조.

예를 들어 '지속가능한 개발'이라는 슬로건에 대해 생각해 보자. 이 슬로건은 환경과 개발의 공존을 지향하는 것으로 현재의 환경정책의 중심 이념이 되고 있다. 하지만 그 슬로건의 근저에는 '개발이 좋다'라는 전제가 숨어 있다. 즉 '개발 = 선'이라는 사고가 전제되어 있으며 바로 그 위에서 환경과의 양립을 도모하자는 것이다. 반면에 심층생태학에선 개발 = 선이라는 전제 그 자체를 문제시한다. 우리가 아무런 의심 없이 받아들이고 있는 전제 그 자체를 되묻는 것이 심층생태학의 본령이기 때문이다.

네스는 위 논문에서 표층생태운동과 심층생태운동을 간단히 구분 짓고 난 뒤, 심층생태운동의 특징을 일곱 가지 항목으로 제시하고 있다("The Shallow and the Deep, Long-Range Ecology Movement", pp. 3~6 참조). 그 항목들이란 ① 환경에 대한 관계론적이고 전체론적인 파악, ② 생명권 평등주의, ③ 다양성과 공생의 원리 중시, ④ 반계급적 입장, ⑤ 환경오염이나 자원고갈에 맞선 싸움에 대한 지지, ⑥ 난잡성(혼란)이 아니라 복합성(생태계의 복합성)의 존중, ⑦ 지역 자치와 분권의 지지 등을 말한다.

위 내용 가운데 반계급적 입장이나 인구억제에 대한 주장은 사회성을 중시하는 생태학(생태사회주의, 생태여성주의)으로부터 맬서스주의라는 비판을 받기도 하였다. 하지만 네스의 주장을 지지하는 이들도 적지 않았다. 그들 중 대표적인 이가 빌 드발과 조지 세션스라 할 수 있다. 이 두 사람에 의해 심층생태학은 북미 지역에도 널리 소개될 수 있었으며, 비인간중심주의 환경윤리학의 논의에도 큰 영향을 주었다.

특히 세션스는 네스와 두터운 친분을 쌓았고 이를 토대로 두 사람은 1984년 봄에 여덟 항목의 심층생태운동 강령(기본 원칙)을 공동으로 발표했다.[15] 그 항목들은 다음과 같다.

① 인간을 포함한 지구상에 존재하는 모든 생명체의 복지와 번성은 내재적 가치를 갖는다. 이러한 가치는 인간의 목적을 위한 유용성과 무관하다.

② 생명체의 풍요로움과 다양성은 제1원칙의 가치를 실현하는 데 기여하며, 또 그 자체로서 가치가 있다.

③ 인간은 불가결한 필요충족의 경우를 제외하고는 이러한 풍요로움과 다양성을 해칠 권리가 없다.

④ 인간의 삶이 풍요로워지고 문화가 발전하려면 인구의 대폭적인 감소가 요구된다. 인간 이외의 생물의 번성도 그러한 감소를 필요로 한다.

⑤ 오늘날 자연계에 대한 인간의 개입은 과도하며 상황은 급속도로 악화되고 있다.

⑥ 그러므로 경제적·기술적·이념적 기본 구조에 영향을 미치는 정책들의 변화가 불가피하다. 그 결과 나타날 상황은 지금과는 아주 다른 것이 될 것이다.

---

15 Næss and Sessions, "Platform Principles of the Deep Ecology Movement", *The Deep Ecology Movement*, pp. 49~50 참조.

⑦ 이념적 변화는 물질적 생활수준의 향상에 집착하기보다 삶의 질의 진정한 의미를 이해하는 데 초점이 주어져야 한다. '큰' 것과 '위대한' 것의 차이에 대한 깊은 인식이 형성될 것이다.

⑧ 이상의 원칙을 인정하는 자들은 필요한 변화를 이뤄 내기 위해 직간접으로 노력할 의무를 진다.[16]

위 여덟 항목의 강령을 관통하고 있는 기본적 사고는 다름 아닌 생명권 평등주의라 할 수 있다. 모든 생명체는 상호연결된 전체의 구성원으로서 제각기 '고유한 가치'를 동등하게 갖는다는 것이다. 물론 네스가 인간이 살아가기 위해 다른 생물들을 식용으로 삼는 것 자체를 부정하진 않는다. 그러나 원칙적으로는 모든 동식물이 평등하다고 보는 것이 심층생태운동의 기본 특징이다.

이와 같이 지구상의 모든 생명이 동등하다는 사실을 터득하려

---

16 네스에 따르면 심층생태운동을 이해하는 데는 네 가지 차원을 고려해야 한다. 네 가지란 ① 언어로 표현된 근원적인 철학적·종교적 관념이나 직관, ② 심층생태운동의 강령(기본 원칙), ③ 강령에서 유래한 어느 정도 일반적 지침인 라이프 스타일이나 온갖 종류의 일반적 준칙, ④ 구체적 상황과 그 상황하에서 이루어지는 실천적 결정이다. 이 네 가지 중 ②를 제외하고 나머지 셋은 다양성이 인정된다. 사람에 따라 종교적·철학적 신념은 다를 수 있다. 더구나 라이프 스타일이나 일반적 준칙 그리고 구체적 상황에서의 의사결정 등에선 더욱 차이가 날 수 있다. 하지만 신념, 준칙, 구체적 실천 등이 아무리 다양하더라도 ②는 누구나 수용할 수 있는 보편적 규범으로 여겨져야 한다는 것이 네스의 주장이다. 따라서 심층생태학의 핵심은 바로 이 강령에 있다고 할 수 있다. Næss, "The Apron Diagram", *The Deep Ecology Movement*, pp. 10~12 참조.

6장·아르네 네스

면 환경을 보는 관점이 바뀌어야 한다. 이를 위해 네스가 들고 있는 것이 원자론과 전체론이다. 원자론적 세계관에서는 개별적 존재에 선행적인 본질성이 인정되며, 다른 존재들과의 관계는 외적·우발적·2차적인 것으로 여겨진다. 반면에 전체론적 세계관에선 타자와의 관계가 우선한다. 개별적 존재는 본질상 타자와의 관계에 의해 규정되며 우리가 사는 세계의 본질은 관계성 그 자체로 여겨진다. 관계적이고 전체적인 장 속에서 생명을 이해할 때 생명권 평등주의를 자각할 수 있다는 것이다.

그러나 이처럼 생명권을 전체론적으로 파악한다고 하여 그것만으로 평등주의가 귀결되진 않는다. 생명권의 전체적 시스템을 인정한 다음 인간의 우위를 강조할 수도 있기 때문이다. 바로 여기서 네스가 들고 나오는 것이 확대자기실현론이다. 자기실현이란 간단히 말하면 자신과 타자의 동일화다. 동일화 곧 '타자 내부에서 자기를 본다'는 생각은 그리스 시대 이후 사랑의 기본적 의미가 되어 왔다. 네스는 이 타자를 구체적인 인간뿐 아니라 모든 생명, 나아가 만물에까지 확대하는 것이 특징이다.[17]

그래서 네스는 소문자로 시작되는 self(자아적 '자기', 편협한 '자기')와 대문자로 시작되는 Self(확대된 '자기', 생태적 '자기')를 구분 지으며 후자를 강력히 피력한다. 편협한 '자기'의 범위를 크게

---

17 Næss, "Self-Realization: An Ecological Approach to Being in the World", *The Deep Ecology Movement*, p. 19 참조.

초월하여 '자기'를 확대해 나가야 한다는 것이다. 예를 들면 우리 자신을 개개의 생물, 가까운 숲, 자신이 사는 지역, 지구생명권, 게다가 궁극적으로는 우주 전체와 동일시함으로써 자기 확대를 도모할 것을 주장하고 있는 것이다.

> 이제 상처 입은 이 지구에서 살아가는 모든 생명과 나눔을 행해야 할 때가 다가오고 있다. 그것은 개개의 생명체, 동식물 집단, 생태계 그리고 오래전부터 멋진 우리의 행성, 가이아(지구)와의 동일화를 돈독히 하는 것으로 실현될 수 있다(Ibid., p. 25).

위 내용에서 보다시피 네스는 생태권의 구성원을 상호관계 측면에서 전체론적으로 이해할 뿐만 아니라 모든 것을 자기 자신과 일체화된 것으로 간주한다. 자기실현의 관점에서 보면 만물은 자기 자신이나 다름없기에 생태권 평등주의를 주장할 수도 있는 것이다.

요컨대 심층생태학은 원칙적으로 인간을 포함한 지구상의 모든 동식물은 평등하다고 보는 것을 기본 특징으로 한다. 나아가 네스는 이 평등주의를 더욱 발전시켜 생태계, 지구, 우주와 같이 생물학자들이 무생물로 분류하는 것에까지 적용하였다. 그런 이유로 네스는 누차 생명권을 확장하여 생태권이라고도 표현하였다. 심층생태학은 인간을 둘러싼 환경 전체가 인간과 동일한 가치를 가지며 동등하게 존중받지 않으면 안 된다는 입장인 것이다.

6장 · 아르네 네스

3. 교육적 시사점과 그 한계

1) 교육적 시사점

① 동일시 환경교육

진정한 사상가라면 주장과 행동이 다르지 않은 법이다. 네스 역시 예외이지 않았다. 그는 환경철학과 관련해선 자신이 살아온 대로 주장했고 주장한 대로 실천에 옮겼다. 그가 훌륭한 환경철학자로서 자신만의 이론을 형성하는 데는 유소년기부터 시작된 자연체험이 크게 영향을 주었다. 자연과의 끊임없는 조우를 통해 그는 어려서부터 작은 자기에서 벗어나 큰 자기실현, 곧 생태적 자기실현의 길로 들어설 수 있었던 것이다.

네스에 따르면 인간은 성장함에 따라 자기와 다른 존재와의 동일시·동일화가 반드시 일어나며, 그럼으로써 자기는 확대되고 깊이 또한 더해진다. 곧 '타자 속에서 자신을 볼 수 있게 된다'는 것이다. 네스에게 있어서 자기실현은 동일시·동일화가 수반되는 활동이라 할 수 있다. 그에 따르면 동일시란 강렬한 공감 또는 감정이입을 야기하는 상황을 말한다. 아무리 미물일지라도 한 생명체가 고통스럽게 죽어 가는 모습을 볼 때 정상인이라면 대부분 마음 아파하고 동정심을 느끼게 될 것이다. 바로 그러한 동정심과 아픈 마음이 드는 이유는 "그 생명체에게서 자기 자신을 본다"는 동일시의 과정이 있기 때문이다. 만약 그 생명체와 심정적으로 유리돼 있다면 그것의 죽음은 나와 아무런 상관이 없게 된다. 동정심이나 연민의 정 그리고 연대감은 동일시가 없으면 생겨나지 않는다(Ibid.,

p. 15 참조).

네스에 따르면 동일시는 자연환경을 보호하는 데도 유용하다. 자연환경을 더 이상의 파괴로부터 구하는 데 환경윤리가 요청된다는 사실에는 누구나가 동의할 것이다. 하지만 환경윤리를 따르기 위해 이타적으로 자기 이익을 포기하고 심지어 희생까지 감수해야 한다고 하면 오히려 그것은 장기적으로 환경에 역효과를 낳을 수 있다.[18] 따라서 네스는 이타주의를 요구하는 것이 아니라 동일시 과정을 거치면 자연보호 덕분에 자신의 이익도 지켜질 수 있다고 말한다. 더 확장되고 깊어진 자기를 진정으로 사랑하면 자기와 동일

---

18 그런 의도에서 네스는 칸트윤리를 비판한다. 네스에 따르면 칸트는 한 쌍의 대조적 개념을 고안한바, 그것은 도덕적 행위와 미적 행위다. 전자는 어떤 희생을 치르더라도 도덕률에 따르겠다는 의지가 동기가 되는 행동으로 오지 도덕적 의무 자체에 대한 존중에서 의무를 다하는 것이다. 후자는 의무에 대한 존중을 동기로 삼지는 않지만 의무에 부합하는 행위다. 도덕적으로 옳은 일을 긍정적 성향(positive inclination)에서 우러나 행한다면 그것은 미적 행위가 된다. 칸트에 따르면 둘 중 도덕적 가치를 지닌 것은 전자다. 도덕적 행위란 오로지 의무의식에서 말미암은 행위뿐이라는 것이다. 여기서 유의할 것은 후자라고 하여 도덕에 어긋나는 행위라고 속단해선 안 된다는 점이다. 의무가 아닌 동정심, 공감, 사랑, 우정, 행복 등을 동기로 삼는 행위들이 도덕적으로 악하다든가 우리 삶에서 배제되어야 하는 것은 결코 아니기 때문이다. 그럼에도 칸트는 후자를 도덕성이 없는 행위로 배제했던 반면 네스는 달랐다. 네스는 환경문제에 있어선 사람들이 오히려 이 미적 행위를 하도록 노력해야 한다고 주장한다. 도덕을 강조할 게 아니라 사람들의 성향에 따라 행동할 방법을 찾아 줌으로써 미적 행위를 하도록 도와야 한다는 것이다. 네스에 따르면 그동안 환경운동은 도덕·윤리를 널리 강조해 온 결과 일반 사람들에게 더 자제하고 책임 있는 태도를 보이라고 하면서 수준 높은 도덕적 행위를 요구하는 듯한 인상을 갖게 하였다. 따라서 네스는 생명의 다양성이나 손대지 않은 자연경관에 대한 감수성을 연마함으로써 수없이 많고 다채로운 기쁨의 대상을 찾아내는 것이야말로 먼저 필요하다고 주장한다. Ibid., pp. 25~26 참조.

시된 존재도 자신처럼 사랑할 수 있게 되기 때문이다(Ibid., p. 17 참조). 동일시는 '자기도 살고 타자도 살린다'는 원칙에 다름 아닌 것이다.

이상과 같은 주장과 그 주장처럼 살았던 네스를 통해 얻을 수 있는 교육적 시사점은 매우 크다. 무엇보다 가장 큰 시사점이 있다면 그것은 자연체험에 기반한 동일시 환경교육이다. 자연이 소중하다는 깨우침은 이론적 교육만으로는 결코 체득할 수 없다. 학습자들에게 도덕을 아무리 설파한들 그것이 훌륭한 도덕성의 형성을 불러오는 게 아니듯 생태적 도덕성 또한 마찬가지다. 그 깨우침은 자연과의 직접적 만남을 통해 자연과 나의 관계를 자각하고, 나아가 자연을 나 자신과 동일시하는 체험을 거칠 때 비로소 체득할 수 있다.

이와 같은 심층생태학의 관점을 도입하여 환경교육을 체계적으로 시행하고 있는 것이 만물협의회The Council of All Beings라는 모임이다. 이 모임은 네스의 글에 영감을 받은 존 시드와 조애나 메이시가 중심이 되어 사람들이 지구를 위해 헌신적으로 행동하도록 용기를 주는 방법을 모색한 결과 1985년 호주에서 탄생하였다.[19]

이 모임의 주목적은 생태적 자기를 발견함으로써 인간중심적·착취적 태도에서 벗어나 행동할 수 있도록 돕는 데 있다. 이 목적을 달성하기 위해 시행하고 있는 체험 과정은 세 가지 방식으로 이루어진다. 애도, 기억 그리고 다른 생명체와 동일시하기다.

애도란 우리 삶에서 사라지고 있는 것들, 가령 오래된 숲, 맑은 강물, 새소리, 깨끗한 공기 등을 애도하고 그에 대한 슬픔을 토로하는 절차를 말한다. 기억이란 지구의 한 생명체로서 인간의 역사는 아주 오래되었으며, 우리는 자연에 뿌리를 두고 있음을 되살리는 의식이다. 다른 생명체와의 동일시란 만물협의회 워크숍의 절정에 해당한다. 인간으로서의 정체성을 벗어던지고 다른 생물의 관점에서 자신을 소개하고 그런 존재가 되어 보니 어떤지 그 감정을 말해 보는 의례다(앞의 책, 199~235쪽 참조).

이러한 만물협의회 워크숍을 진행해 본 결과 다른 생명체, 땅, 자연과의 일체감을 더욱 깊이 체험하고 자연보호와 평화를 위해 일할 에너지를 얻을 수 있었다고 한다(앞의 책, 165쪽 참조). 사실 만물협의회처럼 정서적 교육, 곧 마음과 몸을 통해 배우는 것은 생각만을 교환하는 이론적 교육에 비해 훨씬 큰 효과를 거둘 수 있다.

국가별로 보면 미국, 캐나다, 호주 등을 중심으로 실천적 심층생태교육이 시행돼 왔고 현재 더욱 확산되고 있는 추세다. 미국을 예로 들면 콜로라도주 볼더시에 본거지를 둔 심층생태교육협회 IDEE, Institute for Deep Ecology Education는 만물협의회 워크숍 형식의 환경교육 프로젝트를 실행하고 있는 단체다. 이 IDEE의 교육 프로젝트는 조애나 메이시, 존 시드 그리고 빌 드발의 작업에서 발전한 것이고, 지역에서의 워크숍이나 매해 섬머스쿨을 열어 교육학자 등을 대상으로 심층생태이론과 실천을 가르치고 있다.[20] 우리나라 역

---

19 아르네 네스 외, 『산처럼 생각하라』, 이한중 옮김, 소동, 2012, 147~149쪽 참조.
20 山本容子, 『環境倫理を育む環境教育と授業』, 東京: 風間書房, 2017, pp. 73~74 참조.

시 이러한 선례들을 참고로 이론중심이 아닌 실천중심의 환경교육 프로그램을 연구·개발하고 이를 통하여 학습자들의 생태적 도덕성을 함양해 나갈 수 있기를 기대한다.

② 소비 교육

네스의 삶과 사상을 통해 얻을 수 있는 교육적 시사점 중에는 소박한 생활방식, 반성적 소비생활 태도 또한 빼놓을 수 없다. 네스는 경제적으로 유복했음에도 간편한 식사, 자전거 애용, 기부하기 등을 몸소 실천함으로써 환경문제 극복을 위한 모범적 삶을 직접 보여 주었다. 하지만 네스가 따랐던 소박한 삶의 방식이 그렇게 쉽지만은 않다. 소박하게 살아가려면 그동안 깊이 체질화되어 버린 기존의 생활방식을 크게 바꿔야 하기 때문이다. 그렇다고 소박한 생활방식을 위한 즉효 약이 있을 것 같지도 않다. 따라서 소박한 삶의 방식을 위한 기초를 닦는 것은 기나긴 과정으로 볼 필요가 있다. 그래서 필자는 소박한 생활방식의 실현을 위한 즉효 약을 처방하기보다 이를 방해하는 장애물부터 걷어 내는 것이 현실성이 있다고 본다.

소박한 삶의 방식을 저해하는 심각한 장애물 중 하나는 다름 아닌 어플루엔자affluenza다. 어플루엔자란 끊임없이 더 많은 것을 추구하고 소비하는 태도에서 오는 전염성이 강한 소비중독질환을 의미한다. 이 질병에 감염될 경우 나타나는 첫 번째 증상은 쇼핑 중독이다.[21] 현대인들에겐 쇼핑몰이 공동체의 중심이 되다시피 하고 있다. 어른들은 물론 아이들까지도 지루할 때 가장 먼저 찾는 곳으로 쇼핑몰을 꼽고 있을 정도다. 고삐 풀린 소비주의야말로 우리 시대를 규정짓는 시대정신이요, 우리 시대를 바라보는 렌즈가 되고 있는 것이다.

물론 소비 자체가 나쁜 것은 아니다. 소비는 생존의 조건이기에 불가피하다. 소비는 또 자본주의체제에서 사회를 움직이는 핵심적 요소로도 작용한다. 하지만 소비 그 자체가 목적일 때 또는 정부 경제정책의 궁극적인 성공 여부를 측정하는 지표가 될 때 소비는 오히려 우리 삶의 질과 환경을 위협하게 된다. 실제로 소비는 자원을 고갈시키고 위험한 오염물질을 확산시키며 지구 기후의 균형을 무너뜨릴 만큼 환경을 위협하는 한 요인이 되고 있다.

이러한 상황을 개선하려면 소비에 대한 우리의 욕망을 크게 줄여야 한다. 하지만 소비 욕망을 줄인다는 것은 여간 어렵지 않다. 우리가 조건화돼 버린 탓도 있지만 끊임없이 강화되고 있는 주류 문화가 소비를 줄이고 소박하게 살아가는 것을 어렵게 만들기 때문이다.

바로 여기서 요청되는 것이 소비교육이다. 교육을 통해 소비에 대한 인식의 전환을 이뤄 내야 한다. 소비를 통한 소유양식에서 삶의 가치를 발견하는 태도로부터 벗어날 수 있게 이끌어야 한다는 의미다. 이를 위해선 학습자들이 먼저 자본주의사회에서 전개

---

21 존 드 그라프·데이비드 왠·토머스 네일러, 『어플루엔자』, 박웅희 옮김, 한숲, 2002, 20쪽; 올리버 제임스, 『어플루엔자』, 윤정숙 옮김, 알마, 2009, 6쪽 참조.

되는 소비의 작동구조를 파악할 수 있어야 한다. 그 구조를 발견할 때 자본주의사회에서의 소비는 사람들의 기본적 필요에 의해 생겨나기보다 의도적·작위적·조작적으로 만들어진 것임을 자각할 수 있다.

　더불어 학습자들에게 강조해야 할 것은 우리가 지향해야 할 사회가 존재지향의 사회여야 한다는 사실이다. 소유지향 사회에서의 인간은 자신이 가진 것에 의존하지만, 존재지향 사회에서의 인간은 자신이 존재한다는 것 그 자체에 의존한다. 이들은 자기 소유물의 노예가 되는 게 아니라 자기 존재에 대한 믿음과 관계에의 욕구, 관심, 사랑, 주변 세계와의 연대감을 중시한다. 이들은 소유보다 나눠 가지는 데서 우러나는 기쁨을 누리려 한다. 이들은 모든 생명체와 일체감을 느낌으로써 자연을 정복, 지배, 착취, 약탈, 파괴하려는 목표를 버리는 대신 자연을 이해하고 자연과 협동하려 노력한다.[22]

　이러한 소비교육은 네스가 주장하고 실천에 옮겼던 생태적 자기실현을 이룰 수 있는 단초를 충분히 제공할 수 있을 것이다.

2) 한계

① 인간 삶의 본질적 속성

심층생태학의 진수는 보다 깊은 물음을 제기하는 데 있다. 심층이

---

22 에리히 프롬, 『소유냐 존재냐』, 차경아 옮김, 까치, 1996, 231~233쪽 참조.

라는 형용사는 다른 사람들이 묻지 않는 '왜'와 '어떻게'를 묻는다는 의미다. 현대 환경문제는 이미 기술적 대응만으로는 그 해결이 어려워졌기에 근원에 주목하지 않으면 안 된다는 것이 심층생태학의 입장이다. 그래서 심층생태학은 우리 자신의 자연관, 가치관, 사고방식에 대해 물을 것을 권고한다. 가령 자연과 인간과의 관계는 어떠해야 하는가, 인간은 어떤 존재인가, 진정한 삶의 의미는 무엇인가 등과 같은 근원적 질문을 던져야 한다는 것이다.

그렇다면 여기서 심층생태학의 접근방식에 따라 '인간은 어떤 존재인가' 하는 물음을 제기해 보자. 인간은 그 능력이 아무리 뛰어나다 해도 어디까지나 자연의 일부다. 인간은 자연 안에서 자연에 의존하여 살아갈 수밖에 없다. 생물인 이상 피할 수 없는 숙명이다.

인간 이외의 생물은 단일한 방식으로만 자연에 의존한다. 그들은 자신이 필요로 하는 에너지를 자연에서 얻고 섭취한다. 생물학적 물질대사만을 하는 것이다. 반면에 인간이 자연과 맺는 관계는 이중적이다. 하나는 생물학적 물질대사이고, 다른 하나는 자연을 도구로 뭔가를 생산해 내는 생산적 물질대사다. 인간은 나아가 자연을 미의 대상, 종교의 대상, 운동의 대상, 그 밖의 다양한 대상으로 활용하기도 한다.

인간은 자연에 의존하면서도 다른 생물과는 구별되는 존재방식을 갖는다. 순전히 자연종속적이지만은 않은 것이다. 인간은 기술(방법, 지식, 이론)을 갖기 때문이다. 인간은 다른 생물과 달리 도구와 기계를 활용하여 생산적 물질대사를 한다. 물론 처음에는 자연을 모방하는 수준에 불과했으나 시간이 흐르면서 그 모방은 자연의 원형을 멀리하고 극한까지 나아갔다. 도구와 기계를 지속적으로 개량하고 혁신함으로써 대량생산이 가능해진 것이다. 이제 자연에 일방적으로 의존하고 종속적이던 관계에서 벗어날 수 있게 된 것이다.

이처럼 인간은 자연에 의존하면서도 거기에 머물지 않고 자연을 활용하고 지배하려는 본질적 속성이 있다. 이는 다른 생물과 달리 인간만의 고유한 성질이라는 의미다. 그런데 문제가 발생하였다. 인간이 자연을 개조하고 지배하는 것이 초기에는 인류의 미래를 밝게 비추는 좋은 능력으로 여겨졌다. 하지만 자연개조·개발이 정도를 넘어섬에 따라 회복 불가능한 자연파괴·생태계파괴가 초래되었다. 그 이후로 자연개조·개발이라는 말이 더 이상 선한 의미로만 수용되지는 않게 되었다. 하지만 인간은 지금까지 그래 왔듯 앞으로도 자연을 개발·개조·가공하며 살아갈 수밖에 없다. 따라서 자연개발은 자연파괴를 낳으니 해선 안 된다는 주장만으로는 문제가 해결되지 않는다. 당장 수많은 사람들의 목숨이 위태로워지기 때문이다.

자연을 개발하고 이용하지 않으면 인간은 생존할 수 없다. 그렇다고 인간은 자연을 무작정 개발하고 파괴할 수밖에 없는 존재라고 주장한다 하여 문제가 해결되는 것도 아니다. 문제는 자연을 개발하고 이용하되 어떻게 하면 생태계의 균형을 무너뜨리지 않는 범위 내로 한정할 것인가 하는 점이다. 하지만 이는 모순이다. 인간이 살아가기 위해 아주 조금이라도 자연을 이용한다면 그것은 자연파괴이자 착취이기 때문이다.

중요한 것은 인간이 생존을 위해 자연을 이용·개발하는 것이 불가피하다지만 그렇다고 인간이 자연과 대립하여 파괴만 하는 것은 아니라는 사실이다. 원래대로는 아니더라도 생태계의 회복을 달성할 수 있는 힘을 인간은 지니고 있다. 인간은 수많은 허허벌판을 만들어 내기도 했지만 울창한 숲을 가꾸기도 했다.

에드가 모랭에 따르면 인간은 전적으로 이성적이지만은 않다. 이성적인 동시에 광기적 존재이기도 하다. 곧 호모 사피엔스이기도 하지만 호모 데멘스homo demens이기도 하다는 것이다. 인간은 이성적·창조적이기도 하지만 동시에 비이성적·파괴적이기도 한 양면적 존재다. 때로 인간이 자신은 전적으로 이성적이고 지혜로우며 합리적이라는 근거 없는 오만에 사로잡혀 자연을 비이성적으로 파괴하여 각종 문제를 야기해 온 부정적 역사를 부인할 수 없다. 하지만 분명한 것은 그러한 부정적 측면을 반성하여 파괴를 복구하는 능력 또한 갖고 있다는 사실이다. 인간이 있는 그대로의 야생자연과 공존해서 살아갈 순 없지만 자연파괴를 복구하는 기술 또한 가지고 있다는 사실에서 문제해결의 돌파구를 찾아 나가야 한다.

② 생명평등주의의 한계

인간이라는 존재를 이렇게 이해하고 나면 네스의 사상은 현실적 실천 면에서 큰 한계에 봉착한다. 먼저 네스의 기본적 주장인 생명평등주의가 그렇다. 네스의 생명평등론을 문자 그대로 이해하면 인간이 동물이건 식물이건 이들을 식용으로 삼는 것은 불가능해진다. 동물해방론자라면 채식주의의 길이 있지만 생명평등론자에겐 채식 또한 불가능하다. 인간의 존재 자체가 자연가공·착취·파괴를 전제로 하는데 생명평등론에 서면 인간의 생존조차 어려워진다.

또한 인간에게 여러 가지 해악을 끼치는 생물에 대해서도 생명평등론은 그 대처가 난감하다. 가령 일본뇌염의 매개가 되는 뇌염모기의 개체 수가 급증하고 있다면 이를 수수방관해선 안 된다는 게 기본 상식이다. 하지만 생명평등론에 따르자면 중대한 질병을 야기하는 바이러스나 세균을 죽이는 것도 도덕적으로 허용되지 않는다. 이처럼 인간의 이익을 완전히 배제한 채 생명평등주의 입장에 서게 되면 병을 치료하는 것도 예방하는 것도 할 수 없게 된다. 모든 생명은 평등하다는 프로크루스테스의 침대와 같은 획일적 기준을 적용하기 때문이다. 과연 쇠고기를 먹는 것과 야채를 먹는 것이 마찬가지라고 할 수 있을지 의문이다.

이러한 현실적 한계에 대해 네스는 분명히 자각하고 있었다. 그래서 그는 "현실적으로는 어떤 경우에도 생물은 자신의 생명 유지를 위해 어느 정도의 살해, 착취, 억압을 필요로 한다("The Shallow and the Deep, Long-Range Ecology Movement", p. 4 참조)"라고 밝혔던 것이다. 하지만 이 점을 인정한다 해도 생명평등주의의 입지가 곤란해지는 것은 마찬가지다. '생명을 유지할 수 있는 범위'라고 조건을 달았지만 그 범위가 과잉인지 적절한지의 여부를 어떻게 판단할 수 있느냐 하는 문제가 남기 때문이다.

생명평등주의는 생태계중심주의와 모순 없이 성립할지도 의문이다. 예를 들어 생태위기에 놓인 어느 열대 섬의 온전성·안정성을 지키기 위해서는 다양한 종 가운데 어느 특정 종의 개체 수 조절이 불가피할 수 있다. 이때 제기되는 문제는 종의 선정이다. 선정을 위해선 희생시킬 종에 대한 순번을 매기지 않을 수 없게 되고 그리되면 생명평등주의 원칙은 으레 포기하게 된다. 결국 생명평등론은 인간과 자연과의 현실적 관계를 무시한 공론적 성격이 강하며, 환경윤리의 이론적 전제로서는 부적절함을 알 수 있다.

③ 구체적 실행방침의 문제

네스의 생명평등주의를 구현하는 데 중요한 역할을 하는 것이 '자기실현론'이다. 자기실현이란 자기 자신과 타자를 동일시·동일화하는 것인데 네스는 타자의 범위에 개별적인 모든 생명, 나아가 생태계, 자연까지 포함하고 있다. 이렇게 확대된 자기를 네스는 생태적 자기라고 부르며, 지구상의 모든 생명을 자기 자신과 동일시하게 될 때 생명권 평등주의 또한 구현될 수 있다고 본다. 네스에 따르면 동일시란 강렬한 공감 또는 감정이입을 의미한다. 가령 미물인 벼룩이 고통스럽게 죽어 가는 모습을 볼 때 벼룩의 아픔을 곧 나의 아픔처럼 느끼는 공감과 동정심이 이는 것을 말한다. 네스의 표현을 빌리면 '벼룩 속에서 자신을 발견'하는 것이다.

우리는 평소 아끼는 존재, 소중히 여기는 존재가 어떤 고통을 받거나 시련에 직면할 때 동정심과 공감이 이는데 이는 인지상정이라 할 수 있다. 하지만 네스의 주장처럼 그 대상이 우리와 가까운 존재가 아니라 하찮은 미물에서 생태계, 지구 등 만물로 확대될 때도 과연 자기 동일화가 이루어질 수 있을지 심히 회의적이다. 나 자신과 자연의 일체화를 통하여 나를 지키듯 자연환경을 지켜야 한다는 의식의 전환이 필요하다는 주장에 공감이 가지 않는 건 아니다. 하지만 '자연·지구와의 일체화'는 의식의 변혁을 요구하는 시민운동·사회운동의 슬로건으로서는 적절할지 모르나 구체적 실행방침으로는 너무도 이상적이고 낭만적이라는 생각이 든다.

물론 심층생태학이 하나의 철학임을 전제하면 구체적 실행방침의 부재에 대해 어느 정도는 납득할 수 있을지 모른다. 그리고 심층생태론자들은 구체적 정책보다 생태적 감수성을 낳는 의식의 전환이 더 우선한다고 주장할 수도 있을 것이다. 하지만 현재의 환경문제는 시급을 요하는 것들이 많다. 의식의 문제도 중요하나 현 상황을 타개해 나가는 데 필요한 구체적 정책 마련이 더 긴급하다는 것이다. 의식의 게슈탈트적 변화가 채 이뤄지기도 전에 심각해진 환경문제로 인해 오히려 인류가 더 강한 위기에 봉착할 가능성이 있기 때문이다. 심층생태학은 현 상황의 심각성을 제대로 인식하지 못하고 너무나 느긋한 태도를 보이고 있는 것으로 여겨진다. 심층생태학이 의식적 내면의 개혁에 몰두함으로써 사회변혁을 외면하고 있다는 비판이 나오는 것도 바로 그러한 사실에서 연유한다.

설령 네스의 주장을 받아들여, 자연·지구와의 동일시를 통해 아무리 '깊은 유대관계'를 맺는다 해도 환경문제가 절로 해결되는 것은 아니다. 환경문제 해결에는 오히려 근대 과학기술을 통하여 접근하는 것이 불가결해 보인다. 네스가 시원스레 부정해 버렸지만 현실적으로 유효한 환경대책을 취하는 데는 표층생태운동적 접근도 필요하다는 생각이다. 생태운동을 둘로 나누어 심층생태운동을 적극 지향하는 반면 표층생태운동은 폐기처분해야 한다는 네스의 주장은 극단적이라는 것이다.

드렝슨 역시 생태운동을 이렇게 둘로 나누는 것이 바람직하지 않다고 지적한다. 표층생태운동과 심층생태운동, 이들 두 사고방식에 기초한 대처는 많은 경우 서로 배제되는 게 아니라 오히려 상보적 성격을 지니고 있다는 이유에서다. 그러기에 그는 "양자 사이에 본래 필요하지 않은 쐐기를 박고 헛된 대립·반목을 야기하는 것은 피해야 한다("Introduction", p. xx)"라고 말한다.

그리고 심층생태학의 핵심인 '현 상황에 대한 깊은 근원적 질문'을 즉각 사람들에게 요구하는 것도 무리라고 여겨진다. 먼저 폐지나 플라스틱의 분리 배출과 같은 가까운 곳에서 누구나 쉽게 시작할 수 있는 일을 출발점으로 삼고, 점차 기존의 라이프 스타일이나 사고방식 혹은 사회구조에 의문을 제기하면서, 그러한 의문을 점차 심화하고 또 그 변혁을 위한 행동으로 연결시켜 나가는 것이 이상적이라는 생각이다.

요컨대 네스의 생명평등주의는 인간 존재의 본질적 성격, 곧 인간은 자연종속적이면서 자연초월적 존재라는 사실을 깨닫게 될 때 그 실현이 불가능한 공론에 머물 수밖에 없을 것으로 여겨진다. 더불어 생명평등주의를 지탱하는 확대자기실현론 또한 인간과 자연의 일체화를 통하여 자연을 지키는 것이 곧 인간을 지키는 것이고 동시에 그 역도 성립함을 일깨우려는 의도는 충분이 이해할 수 있지만 현실성 면에서 매우 취약하다는 한계를 지니고 있다.

6장 · 아르네 네스

4. 요약

네스는 어린 시절부터 정든 노르웨이의 자연에 대해 강한 애착을 가져 왔다. 이러한 애착은 원체험으로 남아 그의 사고방식·생활방식에 지속적 영향을 끼쳤다. 그는 유복했지만 실제 삶은 검소하였고 늘 자연과 하나 되는 삶을 추구하였다. 그는 자신이 주장했던 단순한 삶의 수단 활용, 반소비주의, 욕망이 아닌 필수불가결한 필요충족 등의 라이프 스타일을 몸소 실천에 옮겼다. 결과적으로 그의 한평생 삶을 요약한다면 '지구에 부담을 주지 않는 삶', '자연의 모든 존재와 자기 자신을 동일시하고 존중하는 삶'이라 할 수 있다.

심층생태학·심층생태운동은 바로 이러한 삶을 토대로 우러나온 결과였다. 심층생태학의 주요 원리는 전체론적 세계관, 확대자기실현 그리고 생명평등주의라 할 수 있다.

전체론적 세계관이란 개별적 존재는 타자와의 관계에 의해 비로소 규정된다고 여김으로써 우리가 사는 세계의 본질을 관계성으로 보는 세계관을 말한다. 이에 따르면 세계는 개체와 전체로 애초부터 구분되지 않는다. 개체 생명은 더 큰 개체(종, 생태계)의 부분이거나 더 작은 개체(세포)의 집합체로 볼 수 있다. 전체는 부분의 총화를 넘어선 존재로 간주되는 것이다.

확대자기실현이란 편협한 자기에서 벗어나 우리 자신을 모든 생물, 숲, 내가 사는 지역, 지구, 자연 등과 동일시하는 것을 의미한다. 이는 우리를 둘러싸고 있는 모든 주변 환경이 우리 자신과 하나임을 깊이 인식하는 것이다. 바꿔 말하면 자연환경을 위해 애쓰는 것이 곧 나 자신의 이익을 도모하는 것이나 다름없음을 체득하는 것이다.

전체론적 세계관이라는 날줄과 확대자기실현이라는 씨줄에 의해 엮어지는 것이 바로 생명평등주의라 할 수 있다. 생명평등주의란 모든 생명체는 자기 복지와 번성을 위한 내재적 가치를 지니며, 상호연관된 전체의 평등한 구성원이라는 주장이다.

이상의 네스의 삶과 사상을 통해 얻을 수 있는 교육적 시사점은 크게 두 가지였다. 하나는 자연체험을 통한 자연과의 동일시 교육이다. 생태도덕성은 인지적 요소로만 형성되지 않는다. 정의적 요소와 행동적 요소가 더불어 수반되어야 한다. 이 두 요소를 함양하는 데는 마음과 몸을 통해 배우는, 곧 자연체험에 기초한 정서적 교육 이상의 방법이 없을 줄 안다. 네스가 자신이 겪었던 자연체험에서 얻었던 소중한 교훈은 다른 생명체를 통해 인간이라는 존재를 객관화하는 자세였다. 인간 아닌 생명체들도 고유한 가치를 지니고 있다는 인식론적 전환을 이룰 수 있었던 셈이다. 바로 네스와 같이 자연체험을 기초로 모든 생명체, 숲, 생태계의 시련과 아픔은 곧 나의 아픔으로 느껴질 수 있도록 하는 자연과의 동일시 교육은 아무리 강조해도 지나치지 않을 것이다.

동일시 교육과 더불어 네스의 삶과 사상을 통해 얻을 수 있는 교육적 시사점은 소박한 삶의 방식이었다. 네스는 더 높은 생활수준에 집착하지 않았다. 그것은 자연의 과도한 희생을 전제로 하기 때문이다. 대신에 네스가 고심했던 것은 삶의 방식의 질적 고양이었다. 소유양식에 집착하는 대신 존재방식에 충실하고자 했다. 인

255

간에게 삶의 보람과 인생의 충만감은 외부에서 얻는 것이 아니라 자기 안에서 만들어 내는 것, 곧 자기실현으로서 존재한다는 것이다. 간소한 삶 속에서 진정 풍요로운 삶이 가능하다는 주장이다.

이상과 같은 교육적 시사점을 얻을 수 있었던 반면 그 한계 또한 분명했다. 무엇보다 중요한 것은 생명평등주의 관련 문제였다. 인간과 다른 생물 간의 평등을 피력함으로써 우리의 세계관·가치관의 근본적 전환을 도모하고자 한 점은 인정되나 일상에서의 실천에 옮기기는 거의 불가능하다는 한계가 있었다. 물론 네스도 이 점을 인정하여 "현실적으로 생물이 자신의 생명 유지를 위해선 일정 부분 살해·착취·억압이 필요하다"고 말했으나, 그리되면 생명평등주의와의 관계는 어떻게 되는 것인지에 대해 일체의 언급이 없었다.

중요한 사실은 생명평등주의이건 아니면 그 밖의 어떤 기준을 제시하건 간에 살해·착취·억압은 결코 사라질 수 없다는 점이다. 인간의 존재 자체가 자연파괴를 전제하기 때문이다. 이 냉엄한 사실을 무시하고는 아무리 아름다운 이상을 제시하더라도 그것은 소용없는 일이다. 인간과 다른 생물 간의 차이를 전부 무시하고 모든 생물을 균등하게 배려한다는 것은 결코 현실적이지 않다. 아무리 이상을 주장하더라도 현실적으로는 인간중심주의를 부정할 수 없는 것이다.

'자연의 아름다움'이라든지 '생물다양성의 보존'을 요구하는 사람들이 종종 있다. 그러나 그러한 주장의 근거에는 인간중심주의가 깔려 있다고 본다. 자연의 아름다움을 보호해야 하는 것은 그 아름다움에 감동하는 인간이 있기 때문이다. 인간을 도외시하고 자연의 아름다움 그 자체로 존재한들 무슨 의미가 있겠는가. 또한 생물다양성을 보존해야 하는 것은 그것을 관찰하거나 과학적 연구 대상으로 삼거나 즐기는 인간이 있기 때문이다. 혹은 그러한 자연 환경을 보호하는 것이 결국은 인간의 생존 가능성에 결부되기 때문이다.

이로부터 알 수 있는 사실은 어떤 생태계가 바람직한지를 생각할 때, 기준이 되는 것은 인간으로부터의 자연의 독립성을 인정하더라도 여전히 인간에게 있어서의 자연이라는 점이다. 자연의 과정 안에서 절멸하고 있는 생물종을 인위적으로 구제하는 사례는 그것을 웅변으로 말해 주고 있다. 따라서 인간중심주의를 벗어난다고 할 경우 신중하지 않으면 안 된다. 그것은 자기 기만적인 수가 많기 때문이다. 얼핏 보기에 인간중심주의를 비판하고 있으면서 실상은 새로운 인간중심주의를 도입하는 수가 많은 것이다.

1. 네스는 오랜 기간에 걸친 자연체험과 간디, 스피노자의 영향으로 자신만의 독자적 생태철학을 낳을 수 있었고, 그 사상에 기초한 자신만의 라이프 스타일 또한 일궈 낼 수 있었다. 네스의 라이프 스타일과 그 특징에 대해 설명해 보자

2. 표층생태운동과 심층생태운동의 차이점은 무엇인지 이에 대해 설명해 보자.

3. 심층생태학의 주요 원리는 전체론적 세계관, 확대자기실현 그리고 생명평등주의라 할 수 있다. 이 세 가지 개념, 각각의 의미와 함께 그 관계에 대해 설명해 보자.

4. 네스의 삶과 사상을 통해 얻을 수 있는 큰 교훈이 있다면 그것은 자연체험을 기반으로 한 자연과의 동일시 교육이다. 자연이 소중하다는 깨우침은 자연과의 직접적 만남을 통해 자연과 나 자신의 관계를 자각하고, 나아가 자연을 나 자신과 동일시하는 체험을 거칠 때 비로소 체득할 수 있다는 것이다. 그 구체적 방법에 대해 떠올려 보자.

5. 네스의 삶과 사상을 통해 얻을 수 있는 교훈 가운데는 '자발적인 소박한 삶의 방식' 또한 빼놓을 수 없다. 이러한 삶의 방식을 저해하는 우리 주변의 장애물에는 어떤 것들이 있는지 이에 대해 제시해 보자.

6. 네스의 사상은 현실적 실천 면에서 큰 한계에 봉착하게 된다는 약점이 있다. 대표적인 것이 생명평등주의 주장이다. 인간의 존재 자체가 자연가공·착취·파괴를 전제로 하는데 생명평등론에 서면 인간의 생존조차 어려워진다. 또한 인간에게 여러 가지 해악을 끼치는 생물에 대해서도 생명평등론은 그 대처가 난감하다. 생명평등주의의 약점에 대해 좀 더 구체적으로 설명해 보자.

존 패스모어

'보전' 개념에는 대체 어떤 도덕적 문제가 얽혀 있는가?

1. 패스모어의 『자연을 위한 인간의 책임』을
들여다보는 이유

존 패스모어는 1914년, 호주의 뉴사우스웨일스주 맨리 태생이다.
시드니남자고등학교를 거쳐 시드니대학교에 진학한 그는 영문학
과 철학에서 두각을 보여 이 분야의 최우등 졸업이라는 영예를 안
기도 했다. 1934년에는 시드니대학교 철학과 강사직을 수락하여
1940년대 후반까지 가르쳤다. 1948년 영국의 런던대학교로 유학을
간 그는 거기서 연구를 지속해 오다 1950년부터 55년까지 뉴질랜
드의 오타고대학교 철학교수를 지냈다. 1955년 영국의 옥스퍼드대
학교에서 1년을 보낸 후 귀국한 그는 1958~79년까지 국립호주대
학교 철학교수로 근무하다 퇴임을 맞았다. 1960년 미국의 브랜다
이스대학교 객원교수에 이어 영국, 미국, 멕시코, 일본 그리고 유럽

의 여러 나라에서 강의를 하였고, 1994년에는 호주 정부가 수여하
는 최고 훈장인 '호주 훈장'을 받았으며 2004년에 타계하였다.[1]

패스모어는 응용철학과 사상사 분야에서 세계적 명성을 떨
친 것으로 평가받는다. 그러한 명성을 얻는 데 최초로 기여한 그의
대표적 저서는 『100년의 철학』A Hundred Years of Philosophy(1968)이라는
19세기 중엽 이후의 철학사를 다룬 연구서였다. 이와 더불어 그의
철학자로서의 재능은 『인간의 도덕적 완성』The Perfectibility of Man(1970)
이라는 저서를 통해 다시 한번 발휘된다. 하지만 그의 명성을 철학
의 경계를 넘어 세상에 널리 떨치게 해준 것은 다름 아닌 『자연을
위한 인간의 책임』Man's Responsibility for Nature(1974/1980; 이하 『인간의
책임』)[2]이었다.

『인간의 책임』은 패스모어의 두 가지 확신에 의해 동기 지어
진 저서였다. 하나는 '인간은 이제까지 그랬던 것처럼 생명권에 대
한 약탈자로서의 삶을 지속할 수는 없다'는 것이고, 다른 하나는 급
속히 성장하기 시작한 '환경주의 운동에서의 비합리주의적 경향은
사태를 도리어 악화시킬 우려가 있다'는 것이다. 이러한 동기에서
출발한 이 책은 세 가지 목적을 가지고 있다.

---

1 David E. Cooper, "John Passmore", ed. Joy A. Parmer, Fifty Key Thinkers on the Envi-
 ronment, New York: Routledge, 2001, pp. 216~221 참조.
2 이 책은 1974년 초판에 이어 1980년에 제2판이 출간되었다. 제2판에서는 새로운
 서문과 함께 「자연에 대한 태도」(Attitudes to Nature)라는 제목의 부록이 첨가되었
 는데, 이는 저자의 강연 내용으로 그의 입장이 간결하면서도 가장 잘 소개되어 있
 는 것으로 평가받는다. Ibid., p. 217 참조.

그 세 가지란 ① 자연계에 대한 현대인의 태도와 행동을 형성해 온 종교 그리고 그 밖의 사상사를 해명하는 것, ② 우리가 안고 있는 가장 절박한 환경문제에 대한 많은 해결안에 대해 찬성하는 논의를 펴는 것, ③ 이들 문제의 해결을 방해하는, 우리의 마음을 혼란케 하는 '쓰레기 같은 생태학적 견해들을 제거하는 것'을 말한다.[3] 패스모어에 따르면 이 목적들은 "환경문제를 해결하는 데 도덕적 혹은 형이상학적 혁명이 필요한지의 여부를 고민하려는 근본적 의도(*Ibid.*, p. xiv)"와 결부되어 있다. 이에 대한 패스모어의 결론은 그러한 혁명은 전혀 필요가 없다는 입장이다.

그 이유는 ① 환경보호를 위한 적절한 행동의 '씨앗'을 서양 전통 속에서도 얼마든지 발견할 수 있기 때문이고, ② 절박한 환경문제에 대처하는 최선의 방법은 과학적 이성의 전통과 오랜 전통을 지닌 도덕적 확신에 의지하는 것이며, ③ '새로운' 도덕과 형이상학을 요구하는 쓰레기들(레오폴드와 같은 전체론자, 심층생태론자, 자연신비가, 생태여성주의자 등)의 주장은 위선적이고 위험하기 때문이라는 것이다. 결국 패스모어에 따르면 우리가 필요로 하는 것은 "'새로운 윤리'라기보다는 오히려 완전하게 잘 알고 있는 기존의 윤리를 모든 경우에 더 확고히 고수하는 일이다(*Ibid.*, p. 187)."

요컨대 패스모어는 서양 전통이 자연과 윤리적으로 적합한 관

---

3 John Passmore, *Man's Responsibility for Nature*, 2nd ed., London: Duckworth, 1980, pp. xiii~xiv참조.

계를 맺어 줄 토양을 형성하고 있으므로 새로운 윤리는 필요하지도 않고 또 기존의 윤리를 확장할 필요 없이 더욱 충실히 지키는 것만으로도 충분하다고 주장하고 있다. 주지하다시피 서양의 전통윤리는 인간중심적이다. 그러니까 패스모어는 전통적인 인간중심적 윤리만으로도 환경문제를 해결하는 데 충분히 기능할 수 있다고 보는 것이다.

여기서는 『인간의 책임』을 중심으로 패스모어의 환경사상을 다룬다.[4] 특히 이 장은 『인간의 책임』의 핵심 주제 가운데 하나인 4장의 '보전' 개념에 내포된 도덕적 문제에 관한 논의와 그 정당성 여부를 탐구하는 데 주력하고 있다.

2. 패스모어 환경사상에 대한 연구의 필요성

본격적인 논의에 앞서 패스모어의 환경사상에 대한 연구가 왜 필요한지 그 이유를 해명하고자 한다.

무엇보다 가장 큰 이유는 패스모어가 환경철학·윤리학계에 끼치고 있는 영향력에 비해 그에 관한 연구는 거의 전무하다는 부

---

4 『인간의 책임』은 총 3부 7장으로 구성돼 있다. 1부(전통)는 1장 「전제군주로서의 인간」, 2장 「스튜어드 정신과 자연에 대한 협력」이고, 2부(생태학적 문제)는 3장 「오염」, 4장 「보전」(Conservation), 5장 「보존」(Preservation), 6장 「증식」이며, 3부(전통에 대한 재고)는 7장 「쓰레기의 제거」다.

조리한 사실에서 찾을 수 있다. 패스모어의 『인간의 책임』은 환경윤리학이 막 대두하던 무렵인 1970년대 초반에 출간되었다. 환경윤리학이 하나의 학문으로서의 체계를 채 갖추기도 전에 환경문제에 대한 본격적인 이론서를 그것도 시의적절하게 출간한다는 것은 결코 쉽지 않았으리라 본다. 환경문제에 관해 오랜 시일에 걸친 깊은 사유 없이는 애초에 불가능한 일이었을 것이다. 실지로 이 책을 읽어 보면 그 내용이 결코 가볍지 않음을 발견할 수 있다.

그러기에 쿠퍼는, "『인간의 책임』은 지금도 환경윤리학계에서 가장 권위 있는 견해를 표명한 저서로 그 지지자와 반대자 양쪽으로부터 끊임없이 인용되고 있다("John Passmore", p. 220)"라고 말한다. 일찍이 우리나라 연구자들 사이에서도 패스모어 하면 '인간중심주의 학자'를 연상할 만큼 환경철학·윤리학계에선 깊이 각인된 인물이다.

그런데 놀라운 사실은 이처럼 패스모어의 『인간의 책임』이 환경철학계에 널리 알려진 저술이고 또 연구자들 사이에서 많이 인용되고 있음에도 이에 대한 연구가 우리나라에선 거의 전무하다는 점이다. 패스모어 저술의 번역은 고사하고 『인간의 책임』에 담겨 있는 묵직한 여러 내용에 대한 논문 한 편 없는 것이 우리의 현실이다. 『인간의 책임』에 관한 선행연구가 있다면 그것은 이명현의 짧은 서평 한 편 정도가 있을 뿐이다.[5] 그러기에 패스모어에 관한 정

---

5 이명현, 『哲學』 제12권, 1978, 166~167쪽 참조.

보는 피상적일 수밖에 없다.

한 가지 예를 들고자 한다. *Man's Responsibility for Nature*라는 원제를 우리말로 옮기는 경우 대부분은 '자연에 대한 인간의 책임'으로 번역한다. 하지만 이는 명백한 오류임을 밝힌다. 이 번역이 오류임을 패스모어 스스로 분명히 지적하면서 이를 시정하고 있기 때문이다. "『인간의 책임』이라는 책의 제목은 종종 자연을 위한for 책임이 아니라 자연에 대한to 책임으로 잘못 인용된다. 그 차이는 근본적이다. '자연'은 그것에 대해 인간이 책임을 지는, 인간에 비견되는 모조 인격체가 아니다. … 인간 존재는 단지 자연을 위한 책임을 질뿐이다(*Man's Responsibility for Nature*, p. xii)." 서문만 확인해도 금방 바로잡을 수 있는 오류임에도 여전히 우리는 『인간의 책임』을 '자연에 대한 책임'으로 이해하고 있다.

이러한 사실은 곧 『인간의 책임』에 담겨 있는 패스모어의 본래 취지를 소상히 드러내는 연구가 필요함을 말해 주는 증거로 여겨진다.

패스모어의 환경사상에 대한 연구가 필요한 두 번째 이유는 환경윤리학 연구에서의 균형추를 구축해야 한다는 측면에서 찾을 수 있다. 보통 환경문제에 관한 윤리적 입장은 크게 두 가지로 나뉜다. 하나는 자연환경은 어디까지나 인간의 이익을 위하여 보전되어야 한다는 입장이고, 다른 하나는 자연환경은 인간의 이익과 무관하게 그 고유한 가치 때문에 보존되어야 한다는 입장이다. 전자를 인간중심주의라 한다면 후자는 탈인간중심주의라 할 수 있다. 그동안 우리나라에서의 환경윤리 연구 동향을 리뷰해 보면 양 입장 가운데 후자 방면으로 크게 경도돼 왔음을 알 수 있다. 그러는 가운데 전자는 주로 비판 또는 극복의 대상으로 간주되면서 체계적 연구의 기회를 놓쳐 버리지 않았나 판단된다.[6]

인간중심주의 또한 오랜 역사를 지닌 환경윤리학의 주요 접근 방안임을 고려한다면 이 방면의 연구 역시 소홀히 해선 안 되리라 본다. 이 분야의 대표적인 학자들을 소개하면 패스모어를 비롯한 파인버그, 하그로브, 맥클로스키, 노턴 등을 꼽을 수 있다. 이 가운데 하그로브와 맥클로스키의 저술은 각 한 권씩 우리말로 옮겨져[7] 그나마 다행이지만 그 밖의 학자들에 관한 연구는 전무하거나 매우 미흡한 상황이라 할 수 있다.

이제 환경철학·윤리 연구 분야에 대한 종합적 리뷰를 토대로 균형추를 바로잡아 나가야 한다. 그동안 소홀히 다뤄 온 인간중심

---

6   김명식에 따르면 환경윤리는 두 단계를 거치면서 전개돼 왔다. 제1단계가 1960년
    대 중반~1980년대 초반까지라면, 제2단계는 1980년대 중반 이후를 가리킨다. 제
    1단계에선 인간중심주의를 배격하는 소극적 논변을 보여 주었다면, 제2단계에선
    새로운 환경윤리를 정립하려는 적극적 논변을 보여 주었다는 점이 그 특징이다.
    김명식, 『환경, 생명, 심의민주주의』, 범양사, 2002, 32~44쪽 참조. 여기서 유의사
    항 한 가지를 들고자 한다. 그것은 인간중심주의에 대한 비판이 1970년대 중반에
    서 1980년대 초반까지 그 절정을 이룰 만큼 활발히 전개되긴 했지만 이에 대한 반
    론, 곧 서양 전통의 윤리를 옹호하면서 그 틀 내에서도 얼마든지 환경문제 해결의
    원리를 찾을 수 있다고 보는 학자들의 움직임도 만만치 않았다는 사실이다. 그런
    데 우리나라에선 상황이 다르다. 우리나라에서도 인간중심주의를 옹호하는 학자
    들이 없는 것은 아니나 그 연구의 양과 질적 측면 모두에서 크게 열세라는 점은 인
    정하지 않을 수 없다고 본다.

7   유진 하그로브, 『환경윤리학』, 김형철 옮김, 철학과현실사, 1994; H.J. 맥클로스키,
    『환경윤리와 환경정책』, 황경식·김상득 옮김, 법영사, 1995 참조.

주의 학자들을 찾아내어 그들에 관한 연구를 체계적으로 정비해 나갈 필요가 있다. 이러한 상황에서 패스모어의 환경사상을 본격적으로 연구한다는 것은 미력하나마 양쪽 연구 간 균형추를 다는 데 기여할 수 있다는 점에서 꼭 필요한 과제라 본다.

3. '보전' 개념에 함의된 도덕적 문제

보전conservation과 보존preservation은 무엇이 다른가? 패스모어는 이 양 개념을 엄격히 구분한다. 그에 따르면 '보전한다'는 것은 '절약한다'는 의미다. 보전이란 '…에 대비한 절약, 곧 모든 형태의 절약을 포함하는 말이다. 예를 들어 화석연료나 금속을 미래의 이용에 대비해 절약하는 것이다(*Man's Responsibility for Nature*, p. 73 참조). 반면에 '보존한다'는 것은 생물종 또는 황무지를 손상이나 파괴의 위험으로부터 보호하는 것이다. 곧 보존이란 '현상 그대로 유지하는 것'을 의미한다(*Ibid.*, p. 101 참조).

보전론자와 보존론자는 예를 들어 미국 서부 연안 일대의 삼림파괴를 막기 위해 협조했듯 특정 문제에 관해선 서로 손을 잡을 수 있다. 하지만 그들의 동기는 다르다. 보전론자 측은 미래세대 사람들에게도 재목이 필요하다는 사실에 주목하지만, 보존론자 측은 광대한 삼림지대를 인간의 손이 영원히 닿지 않은 미개 상태 그대로 유지하는 데 초점을 둔다(*Ibid.*, p. 73 참조).

이러한 개념상의 구분을 토대로 패스모어는 먼저 보전문제에 관해 천착한다. 패스모어에 따르면 보전론자는 문명의 유지 존속을 강력하게 주장한다. 이 세상을 더 살기 좋은 곳으로 만드는 것이 인간의 의무임을 인정하기 때문이다. 이 목적을 달성하는 데 중요한 것으로 보전론자는 개조를 강조한다. 늪지대의 배수, 불모지의 관개, 강에서의 댐 건설 등이 그 사례다. 보전론자가 반대하는 것이 있다면 인간의 경제적 목적을 위한 자연이용이 아니라 자연을 이용할 시 제기될 수 있는 부주의·비경제 문제다.

오염방지 조치 역시 보전의 한 형태에 해당한다. 공기, 물, 호수, 하천, 해양 등은 모두 경제자원에 속하는데 이들을 오염시키는 것은 바로 비경제적으로 이용하는 것임에 틀림없다. 이러한 비경제적 이용은 세계의 문명화를 미래세대에게 계승하지 못하도록 막는 것임에 다름 아니다. 그런데 패스모어는 여기서 오염과 자원고갈 사이에는 근본적 차이가 있다며 그 차이에 대해 말한다. 오염은 우리 자신의 직접적 이익을 위해 제거하고 싶은 대상물이다. 이를 제거하는 것은 우리 자신에게도 이익이 되지만 확실히 미래세대에게도 이익이 된다. 맑은 물, 신선한 공기, 작은 새나 동물들과의 장난을 우리가 즐기는 것과 미래세대가 즐기는 것은 완전히 일치한다. 공기든 강이든 이들을 깨끗이 유지하는 일은 미래세대뿐만 아니라 현세대에게도 이익이 되는 것이다.

그런데 패스모어는 "오염방지 조치와는 대조적으로 지금 고갈되고 있는 천연자원의 소비율을 낮추자고 호소하는 것은 미래세대를 위한 것이지 우리 자신을 위한 것은 아니다(*Ibid.*, p. 74)"라고 주장한다. 그에 따르면 자원고갈에 대비하여 자원소비를 절약하자는 주장은 미래세대를 위한 것일 뿐, 우리 자신을 위한 것은 아니다. 자원소비 절약은 미래세대를 위해 현세대의 희생을 전제하고 있다는 것이다. 그래서 패스모어는 "현세대의 이익과는 상관없이 또는 현세대의 이익을 희생해 가면서 미래세대의 요구에 관심을 기울일 필요가 있는가?(*Ibid.*, p. 75)" 하는 도덕적 문제를 제기한다.

보전론의 프로그램에는 이와 같은 근원적인 도덕적 문제가 내포돼 있다고 보면서 패스모어는 이 문제를 다섯 가지 차원에서 고찰해 나간다. 그 다섯 가지란 ① 낙관론, ② 의무론, ③ 공리주의론, ④ 정의론, ⑤ 사랑의 연쇄론 등을 가리킨다. 이들 논의 가운데 패스모어가 역점을 두고 있는 것은 낙관론이다. 낙관론 관련 논의가 다른 네 가지 논의에 비해 각각 4~5배 정도나 많기 때문이다. 이를 반영하여 여기서도 가장 간략하게 다뤄지고 있는 의무론은 제외하고 낙관론과 나머지 세 가지 논의를 중심으로 살펴본다.

4. '보전' 개념에 함의된 도덕적 문제에 관한 논의

1) 낙관론

낙관론의 핵심적 토대는 과학기술의 발전에 있다. 과학기술의 발전이 지속되기만 한다면 미래세대는 안심하고 살아갈 수 있다는 의미다. 이러한 낙관적 견해는 특히 경제학자나 핵물리학자들로부터 나온다.

예를 들어 경제학자 맥레이는 이렇게 말한다. "지금은 지질학자들에게도 입수 가능한 인공위성에 의해 운송되는 어떤 새로운 센서의 도움을 빌리면 채굴 연료와 광물의 막대한 매장량을 곧 인간이 쓸 수 있게 될 것이다." 그는 특히 채굴 연료에 대해서는 이렇게 쓰고 있다. "나의 추정으로는 장래에 연료는 남아돌아 처치 곤란할 정도가 될 것이다." "그리고 핵융합은 … 무진장의(현재보다도 훨씬 더 증가하고 또 몇 배나 넉넉히 증가한 세계 인구를 위한) 연료 보고로서 인류에게 사실상 무제한적인 공업력의 원천을 제공해 줄 것이다."[8] 그에게 있어서 만약 문제가 있다고 한다면 그것은 단지 폐기물 처리뿐이다.

핵물리학자 앨빈 와인버그는 '자원고갈 문제는 사기'라고 누구 못지않게 확신하였다. 그는 인燐을 제외하면 '가장 중요한 자원은 사실상 무진장'이라 말하고 있다(*Man's Responsibility for Nature*, p. 76 참조). 물리화학자인 라비노비치도 마찬가지의 확신을 품고 있었다. 그에 따르면 "현대과학은 잠재적으로 무제한적인 에너지원(핵융합력, 태양열)의 도움에 의해 폭넓게 입수할 수 있는 원료로부터 부를 창출해 내는 방법을 실제로 보여 주고 있다".[9] 이와 같이 경제학자, 과학자들의 주장이 옳다고 한다면 보전의 문제는 전혀 없게 된다. 미래세대의 욕구나 필요를 위해 현세대의 이익을 희생하

---

8 *Man's Responsibility for Nature*, p. 75에서 재인용한 Norman McRae, "The future of international business", *Economist*, 11 January 1972, p. xvi.

9 *Ibid.*에서 재인용한 Eugene Rabinowitch, "Copping out", *Encounter*, vol. 37, no. 3, p. 95.

7장·존 패스모어

지 않아도 되기 때문이다.

　물론 이에 대해 반대하는 과학자들도 있다. 특히 생물학자들이 그렇다. 예를 들어 미국의 과학아카데미와 같은 단체는 자원이 고갈되는 시기를 확정적으로 산출할 것을 권유해 왔다. 자원은 무한하지 않다는 판단 때문이다. 하지만 패스모어는 이에 대해 비판적 입장을 취한다. 그에 따르면 자원고갈 시기의 산정은 늘 일정한 가정에 의거하여 이루어진다. 가령 1960년 이래 계속되고 있는 자원 소비성장률이 앞으로도 기하급수적으로 지속된다는 가정하에 몇 년도쯤에 고갈된다는 식의 산정이다. 그러나 그런 가정에는 소비성장률이 높은 자원의 대체자원이 앞으로 발견될 수 있을 가능성이 포함되지 않는 한계가 있다. 따라서 패스모어는 과학아카데미의 추계 역시 앞으로 1세기에 걸쳐 현재의 패턴과 같은 자원 소비가 지속될 것으로 간주하는 가정에서 도출되는 불합리한 결론의 반증이라고 말한다(*Man's Responsibility for Nature*, p. 76 참조).

　패스모어는 주요자원의 대체물이 발견될 가능성에 대해 크게 신뢰하는 입장이다. 그리고 바로 그런 차원에서 우주선 지구호라는 비유에 대해 공박을 가한다. 우주선 지구호라는 비유에는 지구는 무한정 열린 세계가 아니라 닫힌 세계라는 전제가 깔려 있다. 닫힌 세계가 제대로 운영되려면 투입과 산출이 균형 있게 작동해야 한다. 인류는 그동안 성장과 확대를 위해 한정된 자원을 끊임없이 사용해 왔고 그 결과 과다 오염물질을 배출해 왔다. 이미 투입과 산출 모두 균형을 상실한 상태에서 작동하고 있는 만큼 인류는 이제 더 이상 성장을 주장할 수 없게 되었다는 것이다.[10]

하지만 패스모어는 이러한 우주선 지구호 비유야말로 우리를 혼란케 만든다고 주장한다. 아무리 넉넉한 추계이더라도 기술적 진보를 그 안에 포함시켜야 하는데 그러지 않기 때문이라는 것이다. 그에 따르면 우주선의 비유는 지구 자원이 무진장, 무제한이라고 공언하기를 꺼리지 않았던 19세기 웅변가들에 대한 항의로서는 정당성을 갖는다. 예를 들어 석유는 지상에서의 소비와 같은 속도로 지하에서 제조되는 것이라고 종종 상정돼 왔는데 이러한 비합리적 사고에 대한 경종을 울리는 측면에서 우주선 비유는 나름의 정당성을 가질 수 있다는 것이다(*Man's Responsibility for Nature*, pp. 76~77 참조).

하지만 패스모어는 불확실성의 문제가 여전히 남는데도 이것이 우주선의 비유에 반영되지 않고 있음을 지적한다. 인류사회가 언젠가 자원을 다 써 버릴 것이라는 점은 확실한 일이다. 하지만 언제 그렇게 될지, 또 어떤 자원이 지속적으로 요구될지 이는 불확실하다.

가령 호주의 퀸즐랜드 주지사가 퀸즐랜드주의 석유·석탄자원은 미래세대가 이를 필요로 할지의 여부를 모르기에 현재 상황에서 마음 놓고 써도 무방하다고 주장하였는데 이는 무분별한 주장이 아니라는 게 패스모어의 입장이다(*Ibid.*, p. 77 참조). 현세대가 크

---

10 김일방, 「허먼 데일리(Herman Daly)의 생태경제사상: 그 형성배경을 중심으로」, 『환경철학』 제28호, 2018, 43~44쪽 참조.

7장 · 존 패스모어

게 의존하고 있는 주요자원이 미래세대에게도 계속해서 주요자원이 될지 그리고 설령 미래세대 또한 그 자원을 주요자원으로 계속 활용하여 고갈이 예상된다 해도 기술진보에 의해 대체자원이 개발될 가능성은 여전히 불확실성으로 남을 수 있다. 그러한 불확실성이 우주선의 비유 속에는 반영이 안 되고 있기에 수용하기 어렵다는 게 패스모어의 입장이다.

나아가 패스모어는 이렇게까지 말한다. "미래가 불확실하다고 가정한다면 미래세대 사람들의 이익을 완전히 무시할 권리가 우리에게는 있을 것이다. 존재 그 자체가 바로 가정적인 미래세대 사람들의 일이기 때문에. 또한 공기나 물과 같은 기본적인 것을 제외하면 그 욕구가 무엇인지 우리로선 전혀 예측할 수 없는 미래세대 사람들의 일이기 때문에(*Ibid.*)." 미래세대의 존재 자체는 물론 그들의 욕구 또한 현세대 입장에선 자세히 알 수 없는 만큼 그들의 이익을 무시할 수 있다는 주장이다.

이러한 주장과 함께 패스모어는 다음과 같은 물음을 제기한다. "우리는 먼 미래세대 사람들의 일 등에 대해 걱정할 필요가 없다는 이유에서 '자원고갈 문제'를 단순한 가짜 문제로 도외시해도 되는 것일까(*Ibid.*)?" 패스모어에 따르면 이 물음에 대해 칸트는 그럴 수 없다고 보았다. "인간은 본성적으로 우리 인류가 언젠가는 조우할 아주 요원한 시기에 대해서조차 아무래도 무관심할 수 없다"[11]는 게 칸트의 생각이라는 것이다. 그 밖의 다른 철학자들 또한 아주 먼 후손에 대해서 같은 입장을 보이고 있다. 가령 윌리엄 제임스는 "우주는 쇠망해 가고 있다"라는 엔트로피법칙을 수용하기 힘

272

든 결론으로 여겼다. 그래서 그는 이 엔트로피의 악마로부터 인간을 구할 수 있는 길은 신에 대한 신앙뿐이라고 보았다(*Man's Responsibility for Nature*, p. 78 참조).

우주비행사들이 달 표면에 착륙했을 때 안도했던 학자들도 있었다. 그 이유는 언젠가 쇠락하여 인간이 살 수 없게 될 행성을 떠나서도 인류를 존속시킬 가능성이 열렸다고 보았기 때문이다. 하지만 패스모어는 이들 학자들의 견해에 동의하지 않는다.

결국 언젠가 아주 요원한 시기에 인류가 멸종된다고 할 경우 인간은 틀림없이 동요할지 모른다. 그러나 그러한 심적 동요로부터 미래세대에 대한 책임감이 절로 생기는 것도 아니다. 인간은 미래세대의 운명을 마음 아파할지 모르지만 이를 막을 수는 없다. 여기서의 함의가 '우주는 쇠망해 가는 중이다'라는 우주 멸망이 아니라 장기적인 자원고갈의 문제라면 확실히 사정은 달라진다. 왜냐하면 인간이 우주 격동에 의한 지구 파멸은 피할 수 없지만 그러나 자원고갈 쪽은 그 진행을 막을 수 있도록 행동하는 것이 원리상 가능하기 때문이다(*Ibid.*).

어떤 자연적 사건에 의해 지구가 파멸되는 것은 어쩔 수 없으

---

11 *Ibid.*, p. 78에서 재인용한 Immanuel Kant, "Idea for a universal history with a cosmopolitan purpose", proposition 8, *Kant: Political Writings*, ed. H. Reiss, trans. H. B. Nisbet, Cambridge: Cambridge University Press, 1970, p. 50.

7장 · 존 패스모어

나 아주 먼 미래의 자원고갈 문제 정도는 대수롭지 않게 해결할 수 있다는 생각이다.

그런데 여기서 유의할 점은 '자원고갈의 진행을 막을 수 있다'라는 표현의 의미다. 패스모어는 그 의미를 자원고갈을 막기 위한 구체적인 대응을 제시할 수 있다는 게 아니라 아주 먼 미래의 자원고갈 문제라면 현세대 측에선 아무런 직접적 행동도 요구받지 않을 것이기에 문제가 되지 않는다는 취지다.

더불어 패스모어는 "더더욱 낙관적인 과학자들이 주장하듯 자원고갈 문제는 생각할 수 없을 만큼 먼 장래 문제라고 한다면 이 문제로 우리가 골치를 앓을 이유는 전혀 없을 것으로 생각한다(*Ibid.*, p. 79)"라고 말한다. 자원고갈은 아주 먼 미래의 문제인 만큼 현세대가 특별히 신경을 쓸 필요는 없고 미래에 맡기라는 주장이다.

그러면 이와 관련하여 이러한 물음이 생길 수 있다. '미래의 일은 미래에 맡기라고 한다면 우리는 최선을 다해 오늘을 살아가는 데 전념하면 되는 것일까?' 하는 물음이다. 이에 대해 패스모어는 「마태오복음」의 한 절을 인용하며 답변한다. "그러므로 내일을 걱정하지 마라. 내일 걱정은 내일이 할 것이다. 그날 고생은 그날로 충분하다(「마태오복음」, 6: 34)." 패스모어에 따르면 이러한 삶의 자세는 결코 무분별하지 않다. '현재 우리는 온갖 종류의 괴로움에 직면해 있는 만큼' 이들 문제를 해결하는 것도 버거운데 먼 미래의 문제까지 신경 쓸 여지가 없다는 것이다. 그런 측면에서 보전론자들이 자기와 동시대인들도 구할 수 없으면서 미래세대를 구하는 길을 알기라도 하는 것처럼 자신만만해하는 태도야말로 참으로 이상하다고 말한다(*Man's Responsibility for Nature*, p. 79 참조).

그러면서 패스모어는 우리가 미래세대가 갖는 운명 그 자체에 대해 관심을 기울여야 한다는 주장은 특히 서구적인 것이고, 최근 2세기만의 특징임을 지적한다. 그에 따르면 그런 주장은 세계의 본성, 세계 속의 인간의 위치, 인간의 능력에 관한 독자적인 근대적 관점에서 발생하였다. 고대나 중세에는 그런 견해가 대두하지 않았다는 것이다. 가령 스토아학파는 순환론적 세계관을 따르고 있었다. 즉 그들에 따르면 인간은 순환 속에 살고 있고 세계를 보다 나은 곳으로 만들어 가기 위해 도움을 줄 수는 있지만 이 순환적인 흐름을 제어하는 것은 불가능하다는 입장이었다(*Ibid.* 참조).

아우구스티누스는 순환사관을 신학상의 이유로 거부하면서 '인류의 미래'라는 이념을 서구사상사에 처음 도입하였다. 하지만 그는 인류가 미래의 존재방식을 결정할 수 있다고는 보지 않았다. 미래는 신의 수중에 달려 있다는 믿음 때문이었다. 16세기 말에 활약했던 베이컨도 이와 유사한 입장이었다. 이는 "인간은 현재 이 순간의 일을 추구하고 미래는 신의 섭리에 맡겨야 한다"[12]라는 그의 말에서 확인할 수 있다.

미래세대에 대한 의무라는 관념이 최초로 중심적 위치를 차지하게 된 것은 칸트철학에서였다. 과연 칸트는 미래세대에 대한 책

---

12 *Ibid.*, p. 80에서 재인용한 Francis Bacon, *The Advancement of Learning*, Oxford: Clarendon, 1926, bk II, X.

7장·존 패스모어

임을 강조했던 것은 맞지만, 그러나 미래가 온전히 인간의 형성에 의한 것이라고 주장할 만큼 인간을 신뢰한 것은 아니었다. 진보의 법칙을 통해 작동하는 신의 섭리가 아직 칸트의 경우에는 역사를 체현하는 중심적 주체였다(*Man's Responsibility for Nature*, p. 80 참조).

그리고 다른 철학자들이 칸트에 반대하여 인류의 미래를 결정하는 것은 초자연력이 아니라 세속적 세력secular forces이라고 주장하기 시작했을 때도 그들은 아직 인간의 의도적 결단에 의해 미래 역사의 방향이 완전히 결정된다고까지는 주장하지 않았다. 예를 들어 엥겔스는 진보는 불가피하다고 보았다. 즉 인간은 보다 나은 사회를 초래하는 세력에 협력하거나 저항할 수는 있지만 결국 그 사회의 출현을 저지할 수는 없다는 것이다.

패스모어는 "만약 서구인이 세계의 미래는 신의 수중에 달려 있다거나 진보는 불가피한 것이라고 계속해서 믿었다면 보전문제는 존재하지 않고 이미 끝났을 것(*Ibid.*)"이라 말한다. 하지만 패스모어는 그러한 세계관과는 전혀 다른 세계관이 등장했음을 지적한다. 그것은 진보사관과는 정반대의 세계관, 곧 '현재의 방향을 바꾸지 않으면 파국이 불가피하다'는 파국론을 의미한다.

패스모어에 따르면 이러한 파국론은 인간이 방향전환을 결의함으로써만 보다 나은 세계가 만들어진다는 가정으로 연결되는 수가 많다. 이 견해는 인간이 어떤 도움에도 의존함이 없이 미래를 구하도록 호소하고 있고, 미래는 전적으로 인간의 수중에 달려 있는 것이라 믿고 있다. 패스모어는 "신의 섭리에도, 역사의 도움에도 의지하지 않고 내일을 구해야 한다는 아주 곤란한 과제에 봉착하고 있는 세대가 지금까지는 없었을 것(*Ibid.*)"이라 말하면서 파국론을 못마땅해한다.

그러면서 그는 이렇게 잇고 있다. "역사는 완전히 인간의 수중에 달려 있다는 가정, 요컨대 인간은 몸소 선택한 세계를 의도적으로 만들어 낼 수 있다는 가정은 확실히 역사적으로 잘못이라 할 수 있다. 또한 현재 우리가 알고 있는 것이 반드시 더 낫다고도 할 수 없다. … 우리의 지식은 매우 불완전하다. … 비교적 가까운 미래세대의 욕구이더라도 이에 대해 걱정하는 것은 아주 어리석은 일이라 할 수 있다. 우리의 무지는 너무도 넓고 우리의 능력은 너무도 한정돼 있기 때문이다(*Ibid.*, p. 82)."

인간의 무지함, 능력의 한계로 미래를 예측하여 앞으로 이룰 세계를 택하고 만들어 나갈 수 있다는 생각은 결코 수용할 수 없다는 입장이다. 따라서 미래세대의 이용을 위해 우리가 자원고갈에 대비한다는 것은 주제넘은 행위가 되고 만다. 미래세대의 문제는 미래에 맡기고 현재의 문명을 유지 존속하기 위해 자원을 지속적으로 활용하는 것이 현명한 행위이기 때문이다. 우리가 염두에 둘 것은 가까운 미래세대, 직접적 후손세대에게 지금과 같은 삶의 여건을 물려주는 일이고 그 이후의 미래세대에 대해서는 특별히 신경을 쓸 필요가 없게 된다.

2) 공리주의론

벤담이 말하듯 만약 우리가 행위방식을 결정하는 데 있어서 모든 감각적 존재자에게 미치는 행위의 영향을 고려해야 한다면 앞으로

7장·존 패스모어

태어날 존재자의 쾌락과 고통도 고려해야 하는 것은 맞다. 이와 같은 공리주의 전통 안에서 저술활동을 한 시지윅은 공평의 원리를 다음과 같이 정식화한다. "미래 그 자체는 현재보다 나은 것도 열등한 것도 아니라고 간주돼야 한다."[13] 미래세대는 현세대와 동등하게 고려되어야 한다는 주장이다. 벤담과 그를 따르는 시지윅은 우리가 우리 자신의 행위에 의해 미래세대에게 미칠 수 있는 영향의 확률을 고려해야 한다는 것을 충분히 인정하고 있었다.

그런데 여기서 패스모어는 그 영향을 어디까지나 가까운 미래에 나타날 영향으로 제한한다. "미래 그 자체는 현재와 동일한 도덕적 중요성을 갖고는 있지만, 그러나 그 불확실성이 문제시되면" 영향을 고려한다는 것이 무의미해진다는 이유 때문이다. 그러면서 패스모어는 "미래세대의 이익이 공리주의자와 관계되는 중요한 문제임에는 틀림없지만 단지 미래세대가 불확실하지 않은 한에서다(*Man's Responsibility for Nature*, p. 84)"라고 말한다.

패스모어는 자신의 주장을 뒷받침하기 위해 공리주의자 스프리게의 주장까지 끌어온다. 곧 "어떻게 행위할지를 결정할 경우 우리가 고려해야 할 행복은 합리적으로 예측 가능한 것이어야 한다".[14] 우리가 미래세대를 위해 절약하자고 제언하고 있는 자원을

---

13 *Ibid.*, p. 84에서 재인용한 Henry Sidgwick, *The Methods of Ethics*, 7th ed., New York: Cambridge University Press, 1962, p. 381.

14 *Ibid.*, p. 84에서 재인용한 T. L. Sprigge, "A utilitarian reply to Dr McCloskey", ed. M. D. Bayles, *Contemporary Utilitarianism*, New York: Anchor Books, 1968, p. 263.

미래세대가 정말로 현재 이상으로 그것을 필요로 할지 여부는 우리가 전혀 확신할 수가 없다. 따라서 패스모어는 "'공평의 원리'와 그 원리 안에 편입되어 있는 공리주의적 틀을 인정한다 해도, 바꿔 말하면 확실히 미래세대를 해치도록 행위해선 안 된다는 견해를 인정한다 해도 이것이 일부 보전론자들이 우리에게 호소하는 것과 같은 희생을 정당화할 만한 유력한 원리로는 볼 수 없다(*Man's Responsibility for Nature*, pp. 84~85)"라고 말한다. 우리가 실제로 피하길 바라는 여러 가지 해들이 불확실하다면 그러한 해는 일반적으로 무시해도 관계없다는 것이다. 미래세대를 위한 현세대의 희생 주장은 수용할 수 없다는 입장이다.

3) 정의론

패스모어는 롤스에 의해 제시된 주장에 기초하여 이 부분을 전개한다. 롤스는 천연자원의 절약문제에 대해선 언급조차 하지 않았다. 그러나 미래세대를 위해 저축한다는 개념에 관해선 많은 이야기를 했다. 즉 우리가 미래세대를 위해 저축해야 한다는 것은 우리가 동시대인에 대해서와 완전히 마찬가지로 미래세대에 대해서도 정의로써 공평하게 행위해야 한다는 사실로부터 나오는 결론이라 말한다.[15]

하지만 패스모어는 이러한 주장에 동의하지 않는다. 패스모어

---

15 존 롤스, 『사회정의론』, 황경식 옮김, 서광사, 1985, 300~308쪽 참조.

7장 · 존 패스모어

는 "우리 자신과 전체 미래세대와의 사이에 자원을 나눠 갖는 것은 도리상 기대할 수 없는 일"이라 말한다. 그러면서 패스모어는 도리상 기대할 수 있는 일이란 "우리 자신이 계승했던 상황보다도 한층 더 훌륭한 상황을 우리의 직접적인 자손에게 양도하는 것"이라 주장한다. 그 이유로 패스모어는 "그 이하의 일은 자손들에게 공정하지 않고, 또 그 이상의 일은 현세대에 대해 공정하지 않기 때문(*Man's Responsibility for Nature*, p. 86)"이라 밝힌다.

롤스는 우리가 미래세대를 위해 어느 정도까지 저축해야 하는지를 정확하게 결정하는 것이 불가능함을 일단 인정한다. 그러나 우리가 꼭 해야 할 일에 대해선 전혀 의문을 품지 않는다. 이와 관련하여 롤스는 이렇게 말하고 있다. "각 세대는 문화·문명으로부터 얻은 이익을 보존하고 여태껏 확립해 온 정의로운 제도들을 그냥 그대로 유지해야 할 뿐만 아니라 각 시대에 적량으로 보이는 실질자본의 축적도 이뤄 내야 한다(『사회정의론』, 301쪽)." 롤스의 주장에 따르면 우리에게는 세 가지 과제가 있다. 첫째는 우리의 문명으로부터 얻은 이익을 보존하는 것, 둘째는 우리의 정의로운 제도들을 그대로 유지하는 것, 셋째는 우리가 조상 대대로 물려받은 것보다도 더 많은 자본 축적을 미래세대에게 양도하는 것이다.

이러한 롤스의 견해에 대해 패스모어는 이렇게 말한다. "만약 우리와 우리의 후손세대와의 관계가 '정의의 원리'에 의해 지배받는다면 그 이상의 경우까지 나아갈 수 있다는 데 나는 동의한다." 그런데 패스모어가 여기서 주목하는 것은 미래세대의 범위 문제다. "각 세대가 어떤 희생을 치를지를 궁리할 때, 각 세대의 관심은 바로 다음에 이어지는 세대의 일뿐이며 결코 먼 미래세대의 일은 아니라는 것이다(*Man's Responsibility for Nature*, p. 87)." 현세대가 미래세대의 이익을 지키고자 할 때 그 미래세대는 먼 미래세대가 아니라 곧바로 이어지는 가까운 미래세대임을 말한다는 것이다. 바로 그러할 때 각 세대는 자신들이 물려받은 것과 후손에게 양도해야 하는 것의 계산이 용이해질 수 있기 때문이다.

그러나 패스모어는 롤스의 주장에 대해 이렇게 비판한다. 롤스의 주장에는 각 세대가 독자적 입장에 있다는 사실을 고려하고 있지 않다는 것이다. 곧 패스모어는 각 세대는 앞선 세대인들(선대인들)이 자신들에게 물려준 것에 대해 반성해 봄으로써 미래세대에게 무엇을 남겨야 할지를 계산할 수 있는 게 아니라고 한다. 각 세대는 그 세대만의 독자적 특징과 입장이 있기에 물려받은 것과 물려줄 것을 비교하여 계산한다는 것 자체가 무의미할 수 있다는 것이다. 그런 이유로 어떤 세대의 경우는 미래세대를 위해 영웅적인 희생을 치러야만 하는 경우도 있을 텐데 롤스의 이론에 따르면 영웅적 희생의 여지는 전혀 없게 된다(*Ibid.* 참조). 요컨대 패스모어는 세대 간 관계를 정의의 원리에 따라 규정하는 롤스의 주장에 무조건 따를 수는 없다는 입장이다.

4) 사랑의 연쇄론

패스모어는 미래세대에 대한 책임 문제를 사랑의 연쇄 측면에서도 설명하고 있다. 그에 따르면 사랑한다는 것은 사랑받는 자의 장래를 염려하는 것이다. 이것은 특히 우리가 아내를, 자식을, 손자를 사랑하는 경우에 아주 선명하게 드러난다. 하지만 인격체가 아닌 대상에 대한 사랑의 경우에도 이는 그대로 적용된다.

예를 들어 우리가 우리 고장의 명소를 사랑한다고 할 경우 거기에는 그 명소의 장래를 염려하는 측면도 포함되어 있다. 우리의 사후 거기에 무슨 일이 일어나든 전혀 상관없다고 우긴다면 그것은 우리 '고장에 대한 올바른 사랑'이라 볼 수 없다. 사랑해야 할 경승지의 수목이나 바위 면에 자기 이름을 새겨 넣는 관광객은 단지 자기 본위로 대상물을 대하고 있을 뿐이다. 어떤 장소를 사랑한다는 것은 그 장소가 손상받지 않고 언제까지나 존속하기를 바란다는 의미가 내포돼 있는 것이다(*Ibid.*, pp. 87~88 참조).

그런데 여기서 유의할 것은 사랑이 미치는 범위는 분명히 시간적 제약을 받는다는 점이다. 가령 사람들은 자기 손자의 손자를 사랑하지 못한다. 자신이 모르는 존재를 사랑할 수는 없기 때문이다. 그러나 사람들이 자기 손자를 사랑하는 경우 그들은 자기의 손자 또한 사랑해야 할 손자를 가질 수 있기를 희망한다. 사람들은 이 정도로까지 자기 손자의 손자에게도 관심을 갖는 것이다. 이와 관련하여 버넷은 이렇게 쓰고 있다. "나로서는 손자들을 카오스에 빠뜨리고 싶지 않으며, 또 그들이 살아 있는 동안 자기 손자들이 안정적인 생태계를 산출할 용의가 있는지를 지켜보기를 희망한다."[16]

---

16 *Ibid.*, p. 89에서 재인용한 Macfarlane Burnet, *Dominant Mammal*, Melbourne: William Heinemann, 1970, p. 182.

손자의 손자에 대한 이 정도의 관심은 자기 손자들에 대한 사랑에서 생기는 당연한 결과라 할 수 있다.

그리고 이와 같은 관심은 예술이나 과학, 자기 자신의 고장, 국가, 대학의 미래를 향한 관심에도 그대로 적용된다고 패스모어는 지적한다. 결국 요원한 미래에까지 미치는 사랑과 관심의 연쇄가 이미 확립돼 왔다는 것이다.[17] 그러한 연쇄를 구성하는 고리는 흔하면서도 영속적으로 작용해 왔다는 것이 패스모어의 입장이다.

물론 이와 같은 미래세대에 대한 관심이 종종 무지나 탐욕에 의해 경시돼 왔던 것은 틀림없는 사실이다. 그럼에도 불구하고 패스모어는 미래세대에 대한 관심이 사랑의 연쇄에 의해 지속적으로 이어져 왔던 것으로 확신한다. "미래세대에 대한 전체적 무관심은 최근 수 세기에 걸친 서구문명의 주요 특징은 아니었다. … '내일 일은 걱정하지 말라'는 예수의 가르침은 서구사회의 지도원리로서도 또한 수도회의 지도원리로서도 도움이 되지 않는다. 일반적으로 볼 때 인간은 자기가 사랑하는 사람들과 그 삶을 위해 보다 나은 세계를 만들 것을 요구해 왔던 것이다(*Ibid.*)." 사랑의 연쇄에 의해 각 세대는 모두 보다 나은 미래를 건설하기 위한 노력을 꾸준히 전개해 왔다는 주장이다.

---

17 물론 특정한 연쇄는 단절될 수도 있다. 모든 부모가 자기 자식을 사랑하는 것은 아니며, 또 누구나 자기 고장의 명소를 애호하는 것도 아니기 때문이다. 하지만 패스모어는 그런 사례는 일부 사례일 뿐이라고 말한다. *Man's Responsibility for Nature*, p. 89 참조.

7장·존 패스모어

패스모어에 따르면 우리 사회가 지탱될 수 있는 것은 각 세대가 사랑의 연쇄에 의해 후손세대를 직접적으로 보살펴 온 덕분이라 할 수 있다. 여기서 유의할 점은 패스모어가 염두에 두고 있는 후손세대란 바로 가까운 세대, 곧 직접적 자손세대를 의미한다는 것이다. 우리가 누군가에게 의무를 진다고 할 경우, 그 의무는 우리가 그 누군가라는 존재와 공통의 삶을 나누고 있다는 전제하에서 성립한다는 의미다.

반면에 문제시되는 세대가 요원한 미래세대인 경우는 그들이 우리와 공통의 단일한 도덕공동체를 형성하게 될지 어떨지, 또 그들이 선으로 해석하는 것을 우리 또한 동일한 선으로 해석해야 하는지 어떤지에 대해 우리에겐 전혀 확신이 없다. 이와 연계하여 패스모어는 이렇게 말한다. "인간은 사실 지금까지와는 확 달라진 성격으로 바뀔 수 있을지도 모른다. 요컨대 미래의 인간은 '대뇌의 쾌락중추에 자극을 전달하는 버튼을 손가락으로 계속 누른 채 생활하는 최적의 프로그램화된 인간'이 될지도 모른다(*Ibid.*, pp. 90~91)." 그러면서 패스모어는 그러한 상황에 대해서까지 우리가 책임을 질 필요는 결단코 없다고 말한다.

결국 미래세대를 위한 우리의 책무는 직접적인 자손으로 한정돼야 한다는 게 패스모어의 주장이다. 우리가 할 수 있는 일이란 우리의 직접적 자손들이 조금이라도 나은 조건하에서 살아갈 수 있는 세계를 물려받을 수 있도록 이 세계를 개선해 나가는 일밖에 없다는 것이다. 우리는 직접적 후손들이 살아가는 데 불편을 느끼지 않도록 주의해서 행동하려고 노력해야 하지만 요원한 미래세대의 생존을 염려한다는 단순한 가정에서 우리 자신의 문명생활을 감축할 필요는 없고 또 그렇게 해서도 안 된다는 입장이다.

5. 패스모어의 주장에 대한 정당성 검토

이제 이상의 논의에서 드러난 패스모어의 주장을 간추리고 난 후 그 정당성을 검토하고자 한다.

먼저 패스모어는 보전과 보존 개념을 엄밀히 구분한다. 보전은 보호·절약을 의미하며, '…에 대비한 절약'과 같이 최종적으로는 인간의 미래 소비를 위해 천연자원을 보호한다는 사고다. 한편 보존은 '…으로부터의 보호'를 의미하며, 특정한 생물종이나 야생자연을 인간의 활동을 규제해서라도 그 손상·파괴로부터 보호하려는 사고를 가리킨다.

보전론적 프로그램에는 중대한 도덕적 문제가 함축돼 있는바, 그것은 "현세대의 이익은 도외시한 채 미래세대의 이익을 고려하는 것은 바람직한가?" 하는 것이다. 패스모어는 이 문제를 놓고 낙관론, 공리주의론, 정의론, 사랑의 연쇄론 등의 입장에서 고찰하고 있다.

먼저 낙관론의 입장에서 전개되고 있는 논의의 핵심은 이러하다. 낙관론에선 과학기술의 발전이 지속될 것으로 간주한다. 과학기술의 발전에 의해 채굴자원은 물론 새로운 자원의 개발에 의해 인류는 무제한의 자원을 쓸 수 있게 된다는 것이다. 따라서 자원고

7장·존 패스모어

갈에 대한 염려는 대중을 속이는 기만이며 현대과학은 무제한적인 에너지원을 제공해 줄 것이기에 미래세대의 욕구 때문에 현세대의 이익을 포기할 이유는 전혀 없게 된다.

호주 퀸즐랜드주의 한 주지사가 자기 주의 석유자원은 미래세대가 이를 필요로 할지의 여부를 전혀 모르는 만큼 현 상황에서 마음대로 써도 좋다는 주장을 한 적이 있는데 이는 결코 무분별한 주장이 아니라는 입장이다. 현세대가 크게 의존하고 있는 주요자원이 미래세대에게도 주요자원이 될지 여부를 우리는 모르기에 이를 계속해서 쓰더라도 무방하다는 것이다. 그리고 설령 미래세대가 그 자원을 주요자원으로 활용함으로써 고갈이 예상된다 하더라도 기술진보에 의해 대체자원이 개발될 가능성이 충분하다는 생각이다.

나아가 패스모어는 미래가 불확실하다면 미래세대의 이익을 무시할 권리가 우리에게 있다고 본다. 미래세대의 존재 자체는 물론 그들의 욕구 또한 현세대의 입장에선 자세히 알 수 없는 만큼 그들의 이익을 무시할 수 있다는 것이다.

다음은 자원고갈 문제 관련 주장이다. 많은 학자들은 자원고갈이야말로 미래세대를 위험에 빠뜨리는 암초와도 같기에 이 문제에 대한 철저한 대비를 주장한다. 하지만 패스모어는 먼 미래의 자원고갈 문제는 쉽게 해결할 수 있는 대수롭지 않은 문제로 여긴다. 여기서 해결이란 표현의 의미는 '문제에 대한 구체적 대응책'이 아니라 현세대의 입장에선 아무런 직접적 행동도 요구받지 않기에 문제가 되지 않는다는 것이다.

우리가 할 수 있는 일들이 수백만 년이 지나면 미미한 효과조차도 남지 않을 것이다. 설령 각자의 석유 소비량을 극히 소량으로 제한한다 해도 이것에 의해 아주 멀리 떨어진 후손들에게 이와 같은 양의 석유 사용을 보장할 수 있는 것도 아니다(*Ibid.*, p. 78).

자원절약을 실행에 옮긴다 하더라도 그것이 먼 미래의 후손들에게는 아무런 효과도 미치지 못한다는 주장이다. 자원고갈은 아주 먼 장래의 문제인 만큼 현세대가 신경 쓸 필요가 없고 미래에 맡기면 해결된다는 생각이다. 여느 세대가 그렇듯 현세대 역시 현안 문제가 산적해 있고 이를 해결하기도 버거운데 먼 미래의 일까지 신경을 쓸 이유가 어디 있느냐는 것이다. 결국 현세대 문제도 해결하기 어려운 상황에서 미래세대의 문제를 해결하겠다고 나서는 보전론적 프로그램이 패스모어에게는 수용될 수 없게 된다.

패스모어에 따르면 우리가 미래세대의 문제에 관심을 기울여야 한다는 주장은 특히 서구적인 것이고 최근 2세기만의 특징이다. 서구 지식인들 사이에 진보사관과는 정반대로 '지금의 상황을 바꾸지 않으면 파국이 불가피하다'는 파국론이 최근 2세기에 걸쳐 확산돼 왔다는 것이다. 패스모어에 따르면 파국론은 미래는 전적으로 인간의 수중에 달려 있다는 막연한 가정에서 발원하고 있다. 그러나 패스모어는 역사란 완전히 인간의 수중에 달려 있다는 가정, 인간은 자신이 선택한 세계를 스스로 주조해 낼 수 있다는 가정이야말로 명백한 오류라고 지적한다. 우리의 삶은 그 미래를 알 수 없는 불확정적인 망망대해에 내던져져 있고, 따라서 미래세대에 대

7장 · 존 패스모어

해 염려하는 것은 아주 어리석은 일이 되고 만다. 인간의 무지의 범위는 너무나 넓고 우리의 능력 또한 크게 제한적이기 때문이다.

이상에서 살펴본 낙관론 이외에 공리주의론, 정의론, 사랑의 연쇄론 등에서 다뤄지는 주장들도 사실은 낙관론의 주장과 크게 다르지 않다. 낙관론에서의 주장을 접근방법만 달리하여 반복적으로 강조하고 있을 뿐이다. 그렇다면 이들 여러 가지 입장에서 공통적으로 제기하고 있는 문제의 핵심은 무엇인가? 그것을 정리하면 다음과 같다.

"미래세대에 대한 책무는 직접적인 후손에까지만 한정돼야 하는가?" "직접 대면할 수 없는 손자 이후의 불확실한 후손의 미래에 대해선 염려할 필요가 없는가?" "미래세대에 대한 책임은 미래세대가 불확실하지 않은 범위 이내로 한정해야 하는가?" "미래세대를 위해 고려해야 할 행복은 합리적으로 예측 가능한 것이어야 하는가?" 동일한 유형의 이들 물음에 대한 패스모어의 답변은 "그렇다"라고 할 수 있다. 불확실한 미래세대를 위해 현세대가 희생해야 한다는 주장은 수용할 수 없다는 입장이다.

이상의 논의에서 미래세대에 관한 패스모어의 입장은 전형적인 '무지논증'에 해당함을 알 수 있다. 이 논증의 핵심은 미래세대가 우리와 동일한 '좋은 삶'의 개념, '이상적 사회상'의 개념을 공유할지의 여부를 알 수 없으므로 우리와 동일한 권리를 갖는다고 볼 수 없다는 사고다. 우리와 동일한 권리를 가질 수 있는 미래세대는 동세대와 마찬가지로 우리가 직접 대면할 수 있는 가까운 미래세대로 한정되며, 그 이상의 미래세대에 대해선 책임문제를 거론할 수 없다는 것이다.

물론 상식적으로 보더라도 책임·의무·권리 등의 문제를 논할 수 있는 대상이 막연한 어떤 존재라면 그런 논의가 허황된 얘기로 비칠 수도 있을 줄 안다. 미래세대 역시 그들이 필요로 하는 욕구, 좋은 삶, 사회적 이상 등에 대해 우리가 전혀 모르는 상황인데 그들을 위해 어떠한 책임을 논한다는 것은 사실 무의미해 보일 수 있다.

하지만 카브카Gregory Kavka는 이와 다른 입장을 보인다. 그는 좋은 삶이라는 어떤 특별한 개념이 인간의 도덕공동체 성원들에게 필요하다는 주장을 거부한다. 나아가 그는 취약성과 보편적 능력을 지닌 인간이 미래에도 존재하는 한, 그들의 신념과 욕망이 무엇이든 간에 우리의 도덕적 관심의 대상이 될 자격이 있다고 말한다. 그리고 그는 아마도 이런저런 이유로, 말하자면 그들의 유전적 소여라든가 사회적 삶의 일반적 조건으로부터 추측해 볼 수 있듯 좋은 삶에 대한 미래세대의 개념은 적어도 그 형식상으로는 우리의 개념과 비슷할 것으로 내다본다. 따라서 미래세대의 좋은 삶의 본질적 개념이 무엇이냐에 대해 우리가 알지 못한다는 무지는 그들에 대한 의무를 제한할 아무런 근거가 되지 못한다는 것이다.[18]

파인버그 역시 이와 유사한 입장을 전개한다. 그는 미래세대 역시 이해관심을 갖는다며 이렇게 말하고 있다. "미래세대가 어떠

---

18 Robin Attfield, *The Ethics of Environmental Concern*, Georgia: University of Georgia Press, 1991, pp. 93~94 참조.

7장·존 패스모어

한 형상으로 출현하건 그리고 그들이 어떠한 사람이기를 이성적으로 기대하건 간에 거기에 여러 가지 문제가 있더라도 그들은 우리가 영향을 끼칠 수 있는 다양한 이해관심을 가질 것이다. … 그들이 이해관심의 소유자라는 사실은 아주 명백하다."[19] 따라서 그는 미래세대의 좋은 삶의 개념이 지니고 있는 정확한 성격을 아는 것이 그들에게 권리를 부여하는 데 필요한 것은 아니라 믿는다. 오히려 필요한 것은 우리가 영향을 끼칠 수 있는 사회적 이상의 개념을 그들도 가질 것이라는 사실을 우리가 알고 있다는 이 한 가지 사항이라 말한다(Ibid., p. 409 참조). 파인버그는 미래세대도 우리와 똑같은 이해관심을 가지며 따라서 그들에게도 우리와 동일한 권리가 주어져야 함을 말하고 있는 것이다.

이와 관련하여 슈레이더-프레쳇 또한 다음과 같은 주장을 펴고 있다. 즉 우리가 미래세대의 사회적 이상을 알 수 없기 때문에 도덕적으로 확실히 따를 수 있는 방침은, 그 이상이 우리 자신의 것과 다르지 않을 것임을 가정하는 것이다. 그리고 그는 무지의 상황이 존재할 때 도덕적으로 책임이 있는 방침은 권리를 침해할 가능성이 가장 적은 입장을 택하는 것이라 말한다. 만약 현세대가 미래세대의 정체가 불확실하다는 이유로 그들에게 극단적으로 위험한 무슨 일을 현재 행한다면 그것은 그들의 권리를 침해하는 셈이 된

---

19 Joel Feinberg, "The Rights of Animals and Unborn Generations", eds. T. A. Mappes and J. S. Zembaty, *Social Ethics*, 2nd ed., New York: McGraw-Hill, 1982, pp. 408~409 참조.

다. 그것은 마치 숲의 움직임의 원인이 자신들의 사냥 동료인지, 표적이 되는 동물인지를 모른다는 이유로 그 움직이는 숲을 향해 총을 쏘는 행위와 다름없는 것이다. 요컨대 미래세대의 사회적 이상이 어떠한지를 우리가 알 수 없기에 "우리는 그것이 우리 자신의 것과 크게 다르지 않으리라는 가정에서 그리고 그들의 권리를 가능한 한 침해하지 않는 범위에서 행위해야 한다"[20]는 주장이다.

위 세 명의 주장을 정리하자면 이렇다. "미래세대가 추구하는 좋은 삶의 개념을 우리가 설령 모른다 할지라도 그 사실로부터 미래세대에 대한 우리의 윤리적 의무가 모조리 면제된다는 결론은 도출되지 않는다. 오히려 미래세대의 사회적 이상이 우리의 그것과 근본적으로 다르지 않다는 상정하에 미래세대를 배려할 필요가 있다." 이러한 주장에 의거한다면 우리가 우리 자신을 위해 청구하는 것과 같은 기본적 권리를 미래세대 역시 소유한다는 사실을 인정하지 않으면 안 된다.

패스모어의 논의에서 따져 봐야 할 또 하나의 사항은 세계관의 문제다. 세계의 미래는 신의 소관이라는 신학적 세계관이나 인류 역사의 진보는 필연적이라는 진보적 세계관에 따른다면 미래세대에 대해 특별히 염려할 필요는 없게 된다. 미래세대를 위해 자원고갈에 대비해야 한다는 보전문제는 대두되지 않기 때문이다.

---

20 K. S. Shrader-Frechette, "Technology, the Environment, and Intergenerational Equity", ed. K. S. Shrader-Frechette, *Environmental Ethics*, 2nd ed., Pacific Grove, CA: Boxwood Press, 1993, p. 75.

7장 · 존 패스모어

사실 세계적으로 많은 사람들은 여전히 '진보는 불가피한 것'이라는 진보사관을 따르고 있다. 하지만 패스모어에 따르면 서구 지식인들 사이에는 진보사관과는 정반대의 견해, 곧 '현재의 방향을 바꾸지 않으면 파국이 불가피하다'는 파국론이 파급되어 왔다. 미래는 전적으로 인간의 소관이라는 믿음 때문이다. 환경문제를 고려할 때 진보사관은 종말을 고하고 있으니 진보에 대한 믿음을 버리고 파국론적 세계관에 따라 역사의 방향을 바꿔야만 한다는 주장이다.

그러나 패스모어는 이러한 주장에 대해 비판적이다. 역사는 온전히 인간의 수중에 달려 있고 따라서 인간은 자신이 택한 세계를 의도적으로 만들어 낼 수 있다는 믿음은 역사적으로 볼 때 오류이기 때문이라는 것이다. 인간의 무지의 범위는 광대하고 인간의 능력은 너무나 제한적이기에 역사는 인간의 계획대로 전개되지 않는다는 주장이다.

패스모어의 역사관은 다름 아닌 미로형에 해당한다. 미로형은 역사에는 애초부터 방향성이 존재하지 않으므로 역사의 목적지향을 예단할 수 없는 것으로 간주한다. 설령 미로형의 역사관이 오늘날 가장 설득력 있는 유형으로 인정받는다 하더라도, 먼 미래세대가 필요로 할 자원이 어떨지를 예측해 보고 이에 대한 사전대책을 강구하는 노력을 마다할 이유는 없을 줄 안다. 역사의 전개 방향을 모르니 자원문제 또한 그 전개 양상을 예측할 수 없고 따라서 자원고갈에 대비하기보다 현재의 문명을 유지·발전시키는 데 집중하자는 사고는 책임회피적 태도에 지나지 않을 뿐이다. 현세대가 누리고 있는 문명의 유지·존속도 중요하지만 가까운 미래세대는 물론 먼 미래세대까지 염두에 둔 적극적 대비책 또한 아무리 강조해도 지나침이 없을 것이다.

끝으로 패스모어의 주장에서 살펴봐야 할 사항은 보전과 보존의 관계 문제다. 보전이 '인간을 위해 자연을 지킨다'는 인간중심적 입장이라면, 보존은 '자연을 위해 자연을 지킨다'는 자연중심적 입장이라 할 수 있다. 두 입장 모두 자연과 인간을 대립적 존재로 간주한다. 자연과 인간은 형이상학적으로 성질이 전혀 다르며 실천적 측면에서도 서로 이해관계가 충돌하는 것으로 여겨진다. 인간중심주의 입장에 설 때 자연은 필연적으로 정복과 지배, 약탈의 대상으로 인식된다. 반면에 자연중심주의 입장에 설 때 인간은 자연의 존재자들 중 하나에 불과하며, 자신의 목적을 위해 다른 존재자들을 파괴하는 것은 수용될 수 없게 된다. 자연을 정복과 지배의 대상으로 여겨 무작정 파괴를 일삼는 것도, 자연을 인간과 동등한 가치를 지닌 대상으로 여겨 개발행위를 중단한 채 살아가는 것도 다 허용될 수 없으리라 본다. 패스모어의 용어를 빌리면 보전과 보존 중 어느 한쪽 입장만을 따른다는 것은 합리성과 현실성을 결여한다.

우리에게 요구되는 것은 인간과 자연은 공존해야 한다는 공존적 자연관이다. 이는 자연은 인간과 대립하고 인간의 약탈 대상으로 존재하는 게 아니라 인간과 공존한다는 사고다. 인간을 나뭇잎에 비유하자면 생태계는 나무에, 자연은 숲에 해당한다고 볼 수 있다. 나뭇잎이 없는 나무를 생각할 수 없고 나무 없는 숲 역시 존재

293   7장·존 패스모어

할 수 없듯, 인간이 없는 생태계는 떠올릴 수 없고 생태계가 파괴되어 사라진 자연 역시 존재할 수 없다. 인간과 자연은 불가분리적 존재로서 상호공존적 관계에 놓여 있는 것이다. 나뭇잎인 인간만을 바라보며 나무라는 생태계와 숲이라는 자연을 무시하는 것도, 자연을 중시한다는 명분으로 인간을 자연과 생태계의 적으로 간주하는 것도 허용돼선 안 되리라 본다.

따라서 보전과 보존은 양자택일의 문제가 아니라 동시적 요구사항이라 할 수 있다. 양자는 상호보완적으로 작동돼야 할 개념이므로 어느 한쪽만 강조하는 것은 현실성은 물론 합리성 또한 결여하게 마련이다.

6. 요약

이 장에서 살펴본 것은 패스모어의 『인간의 책임』 4장의 '보전'이다. 패스모어에 따르면 보전이란 인간을 위해 자연을 보호한다는 인간중심적 사고에 기초한다. 인간의 이익을 위해 자연에 일정 부분 손을 가하면서 자연을 관리하고 지켜야 한다는 입장이다.

여기서 눈여겨볼 만한 점은 '인간을 위해 자연을 지킨다'고 할 때, 이 인간이란 현세대를 포함하여 현세대와 가까운 미래세대 곧 직접적인 후손세대로 한정된다는 사실이다. 패스모어에 따르면 우리에게는 우리가 계승했던 상황보다 더 훌륭한 상황을 직접적 후손에게 양도해야 할 의무가 있다. 우리가 계승했던 상황보다 나쁜 상황을 물려주는 것은 자손에게 공정하지 않고, 과도하게 개선된 상황을 물려주는 것은 현세대에게 공정하지 않게 된다. 따라서 미래세대에 대한 의무의 기준은 '계승했던 상황과 유사하거나 약간 나은 상황'이라 할 수 있다.

그렇다면 미래세대의 범위를 이처럼 가까운 후손세대로 한정해야 한다는 주장의 근거는 무엇인가?

첫째는 미래세대의 범위가 직접적 후손이 아닌 추상적인 먼 미래세대로까지 확장되면 계승이라는 표현 자체가 무의미해진다는 이유다. 세대 간 계승이 이뤄지려면 그 주체들이 현재 서로가 함께 공존하고 있어야 한다. 만약 계승의 주체가 아직 불확실한 먼 미래세대라면 그들의 이익·욕구·관심에 대해 알 수 없는 만큼 계승이란 말은 아무 의미도 지니지 못하게 된다.

둘째는 과학기술의 발전에 의해 대체자원의 개발 가능성은 무궁무진하며 따라서 자원고갈 문제는 발생하지 않는다는 이유다. 자원 걱정은 안 해도 좋을 만큼 미래의 여건이 밝으니 먼 미래의 일은 미래에 맡기고 현세대는 현재의 문명을 유지·발전시키는 데 관심을 기울이면 족하다는 입장이다.

셋째는 인류 역사는 앞으로 어떻게 전개될지 쉽게 예단할 수 없는 미로형에 따른다는 이유다. 인간의 무지의 범위는 광대하고 능력의 한계 또한 너무나 자명하므로 인류 역사의 방향을 자의적으로 선택하려는 시도는 허황된 착각이다. 따라서 먼 미래세대를 위한다는 명분으로 자원소비를 절약한다거나 현재의 문명생활을 감축하는 것은 무의미한 쇼에 불과한 행위들이다.

이상에서 살펴봤듯 패스모어의 미래세대에 대한 책임론은 전형적인 무지논증에 의거하고 있다. 하지만 무지논증은 카브카, 파인버그, 슈레이더-프레쳇 등에 의해 논파당하고 있음을 알 수 있었다. 그리고 미로형의 역사관에 따라 먼 미래세대는 염두에 두지 않는 책임론은 지나친 현세대 중심적 사고로 책임회피형 자세를 확산시킬 우려가 있다. 더불어 패스모어는 보전과 보존 중 전자를 중시하고 이에 따를 것을 강조하고 있으나 이는 합리성과 현실성을 결여한 부적절한 생각임도 드러났다.

이러한 한계에도 불구하고 패스모어의 보전론은 나름의 의미도 있다. 보전과 보존의 개념을 엄밀히 구분한 점, 미래세대에 대한 책임문제에 대해 여러 가지 차원에서 심도 있는 주장을 펼친 점, 1970년대 초반 환경윤리학이라는 학문이 막 대두하던 시점에 탁월한 논의를 전개함으로써 환경윤리학의 학문적 토대를 공고히 하는 데 기여하고 있다는 점 등은 높이 평가할 만해 보인다.

생각해 볼 문제

1. 패스모어는 인간중심주의를 주장하는 학자로 분류된다. 그렇게 분류되는 근거를 『자연을 위한 인간의 책임』이라는 그의 저서를 중심으로 밝혀 보자.

2. 패스모어는 보전과 보존의 개념을 엄격히 구분하여 쓰고 있다. 양 개념을 어떻게 구분하고 있는지 그 차이점에 대해 설명해 보자.

3. 패스모어에 따르면 '오염방지 조치'와 '자원고갈에 대비한 자원 소비율 저하 조치'는 차원이 다른 문제다. 그 이유가 무엇인지 탐색해 보자.

4. 패스모어에 따르면 미래세대의 이용을 위해 현세대가 자원고갈에 대비하는 것은 주제넘은 행위가 되고 만다. 인간의 무지함, 능력의 한계로 인해 미래를 예측하여 앞으로 이룰 세계를 택하고 만들어 나갈 수 있다는 생각은 어리석고 무모하다는 이유 때문이다. 따라서 우리가 염두에 둘 것은 가까운 미래세대, 직접적 후손세대에게 지금과 같은 삶의 여건을 물려주는 일이고 그 이후의 미래세대에 대해선 특별히 신경을 쓸 필요가 없게 된다. 이러한 주장의 근거는 무엇이고 그 한계는 어떻게 설명할 수 있는가?

5. 패스모어에 따르면 서구 지식인들 사이에는 진보사관과는 정반대의 견해, 곧 '현재의 방향을 바꾸지 않으면 파국이 불가피하다'는 파국론이 파급되어 왔다. 환경문제를 고려할 때 진보사관은 종말을 고하고 있으니 진보에 대한 믿음을 버리고 파국론적 세계관에 따라 역사의 방향을 바꿔야 한다는 주장이다. 그러나 패스모어는 이러한 주장에 대해 비판적이다. 역사는 온전히 인간의 수중에 달려 있고 따라서 인간은 자신이 택한 세계를 의도적으로 만들어 낼 수 있다는 믿음은 역사적으로 볼 때 오류이기 때문이라는 것이다. 패스모어의 역사관은 다름 아닌 미로형에 속하는 것으로 간주된다. 역사에는 애초부터 방향성이 존재하지 않으므로 역사의 목적지향을 예단할 수 없다는 것이다. 이러한 패스모어 역사관의 한계는 무엇인가?

7장·존 패스모어

개릿 하딘

선진국 중심의 환경정책이 지니고 있는 한계는 무엇인가?

1. 하딘의 환경사상을 들여다보는 이유

개릿 하딘(1915~2003)은 미국 텍사스주 댈러스 출신의 저명한 생물학자다. 1941년에 스탠퍼드대학교에서 미생물학 박사 학위를 받았으며, 1963년부터 1978년까지 샌타바버라 캘리포니아대학교의 생태학교수를 지냈다. 그의 주된 관심사는 인구과잉 문제였다. 바로 이러한 시각에서 낙태 권리를 옹호하였고, 모든 이민에 대한 엄격한 제한을 주장하기도 했다.

　그가 윤리학계에서 주목받게 된 계기는 그의 두 논문 「공유지의 비극」과 「구명보트윤리」의 발표에 있다. 전자는 1968년, 후자는 1974년에 발표되는데, 이 발표 시점이 환경윤리학이 대두하는 시기(1960년대 후반~1970년대)와 맞물리면서 그 두 논문은 환경윤리학계의 주목을 받게 되었다. 두 논문 모두 인구문제, 자원문제, 환경문제 관련 주제를 다루고 있고, 이들 논문이 발표되는 시기에 환경윤리학이 대두하면서 자연스레 윤리학자들의 관심을 끌었던 것으로 보인다.

「공유지의 비극」은 공유지의 유한한 자원을 사람들이 지속적으로 수탈하고, 공유지의 부양 능력을 초과할 만큼 인구가 증가하게 되면 공유지의 황폐화, 곧 비극이 찾아온다는 주장이다. 「구명보트윤리」는 인류의 존속을 도모하려면 선진국의 개도국에 대한 지원 중단, 개도국 국민의 선진국으로의 이민 제한, 정책적 인구억제 등을 주장하고 있는데, 이는 순전히 선진국의 입장에서 환경문제에 접근하고 있기에 많은 논란을 불러왔다.

주목할 만한 것은 하딘이 「구명보트윤리」를 발표했을 당시의 기본적 입장을 끝까지 유지하고 있었다는 점이다. 하딘은 1993년에 『한계 내에서의 삶』,[1] 1999년에는 마지막 저서인 『타조 요인: 인

---

1 Garett Hardin, *Living within Limits: Ecology, Economics, and Population Taboos*, New York: Oxford University Press, 1993. 하딘은 이 책에서 인구과잉이라는 문제에 초점을 맞춰 우리의 삶의 방식 및 세계 관리 방식을 극적으로 바꾸기 위한 강력한 사례를 제시한다. 그에 따르면 우리 세계 자체는 구명보트의 딜레마, 곧 구명보트가 침몰하지 않으려면 특정 수의 사람들만 수용할 수 있고 모든 사람을 구원할 수는 없다는 상황에 빠져 있다. 하지만 진보와 무한한 성장에 대한 오래된 관념이 지구가 제한된 수용 능력을 가지고 있다는 사실을 놓치게 하고 있다. 하딘은 지속적인 성장을 반사적으로 주장하는 사람들을 '성장 마니아'라고 명명하며 유한한 행성에서 기하급수적인 성장에 대한 제도적 믿음에 반대한다고 주장한다. 우리가 지구를 가득 메우고선 달리 갈 곳이 없으니 지구의 한계를 인식하고 그 수용력 안에서의 삶의 방식, 세계 관리 방식을 제안하고 있는 것이다.

구문제에 대한 근시안적 사고』[2]를 펴내지만 환경문제에 대한 언급이 약간 늘었을 뿐 그의 기본 입장에는 변함이 없었다.

여기서 구명보트윤리를 문제 삼고자 하는 것은 현재까지도 환경에 대한 선진국들의 태도가 구명보트윤리의 시각에서 크게 벗어나 있지 않기 때문이다. 경제성장을 통해 부를 축적해 온 많은 선진국들은 그 과정에서 다량의 온실가스를 배출하여 지구를 뜨겁게 만들었고, 이로 인해 지구의 생명유지 시스템은 거의 파괴될 정도에 이른 상황이다. 그럼에도 선진국들은 "환경문제는 역사적으로 선진국의 책임이 크지만 중국과 인도 등 개도국도 동참하여 전 세계가 조속히 그 대응에 나서야 한다"라고 주장한다. 현재의 환경 상황을 개선시켜 나가는 데 1차적 책임을 지고 우선적으로 모범을 보여야 함에도 결과론적으로 환경이 파괴되고 있으니 그 개선에 전 세계가 동참해야 한다는 식의 주장을 함으로써 자신들의 책임을 희석시키고 있는 것이다.

환경문제의 주요 원인 중 하나는 다름 아닌 가난이다.[3] 많은 개

---

2 Hardin, *The Ostrich Factor: Our Population Myopia*, New York: Oxford University Press, 1999. 하딘은 인구과잉 문제에 대한 주요 사상가 중 한 명이다. 그는 이 책에서 무한한 성장이라는 관념을 옹호하는 경제학자들 및 그 밖의 학자들의 무모함과 기본적인 생태학적 무지를 비난한다. 하딘이 타조 요인이라고 표현한 것은 아마 타조의 특성에서 연유한 것 같다. 타조는 위험에 처하면 도망갈 생각을 하지 않고 머리를 모래에 파묻는다. 객관적으로 존재하는 위험 정보를 아예 무시하고 실제로 없는 듯이 행동하는 것이다. 세계가 처한 심각한 인구문제에 대해 인류가 대응하는 방식이 마치 이와 같다는 생각에서 이러한 제목을 달고 있다.

3 환경의 진정한 적은 가난이라고 주장하는 대표적 학자가 홀랜더다. 그에 따르면

도국들은 환경문제의 심각성을 제대로 깨닫지 못한다. 그들은 환경보다 생존의 문제가 더욱 절실하기 때문이다. 설령 환경문제에 대한 대책을 세우더라도 그것을 구체적으로 실행할 만한 여력이 없다. 인천에서 개최되었던 2009세계환경포럼에서 개도국을 대표한 탄자니아 바틸다 부리안 환경장관의 말이 이를 잘 입증해 준다. "탄자니아도 기후변화로 인해 물 부족 문제가 발생하고 세렝게티 국립공원의 야생동물이 줄어들고 있다. 국가 차원에서 환경 중시 경제 계획을 이미 세웠지만 국제적 재정 지원이 절실하다."[4] 개도국들은 환경문제 개선을 위한 어떤 정책을 구체적으로 집행해 나갈 만한 여력이 부족하다는 것이다.

따라서 선진국들은 자기들 주장대로 전 세계가 환경문제 개선에 동참할 수 있도록 하려면 각종 환경문제에 취약한 개도국과 빈

가난은 환경오염의 원흉이고 가난한 사람들은 그 희생물이다. 가난에 빠진 사람들은 종종 자원을 약탈하고 환경을 오염시키고 인구과잉을 불러온다. 물론 그들이 환경문제를 야기하는 것은 고의적인 것이 아니라 살아남기 위해 어쩔 수 없기 때문이다. 따라서 그는 가난한 자들을 빈곤으로부터 구해 내는 것이 인류에게 주어진 절대 의무라고 말한다. 잭 M. 홀랜더, 『환경위기의 진실』, 박석순 옮김, 에코리브르, 2004, 17~44쪽 참조. 여기서 유의할 점은 환경문제의 모든 원인이 가난에 있다고 봐서는 안 된다는 점이다. 풍요한 선진국 사람들의 지나친 물질적 소비풍조 또한 환경문제의 주요 원인 중 하나이기 때문이다. 결국 풍요로 인한 환경파괴, 빈곤으로 인한 환경파괴, 양자 모두가 문제인 것이다. 이 문제를 타개해 나가는 데는 선후진국 간 빈부격차를 해소하는 것이 중요하다. 국가 간 빈부격차가 공고한 상황에선 전 세계의 지속적 경제성장이 불가피하고 그러다 보면 범지구적 자원고갈, 환경파괴 또한 지속될 수밖에 없다. 선진국이 후진국에 특별한 배려를 제공하는 가운데 범세계적으로 지속가능 발전을 이루기 위한 국제적 협력이 필요하다는 것이다.

곤국가들도 그 문제에 대처하며 공존해 나갈 수 있도록 관심과 지원을 아끼지 말아야 한다. 선진국들은 지금까지 해온 '자원 폭식'을 멈추고 개도국들도 자원을 공유할 수 있도록 도와야 한다. 개도국들도 안정적인 상황에서 환경문제 개선에 동참할 수 있도록 유도해야 한다. 그러나 이러한 상식이 통하지 않고 있는 게 우리의 현실이다.

그러한 사례 중 하나로 선진국들의 인색한 개발원조를 들 수 있다. 게다가 개도국의 선진국 시장 진입을 막고 개도국의 경쟁에 맞서 선진국이 자국의 농업 분야에 보조금을 지원하는 불공정 무역 체제 때문에 상황은 더 악화된다. 여기에 계속되는 국제 부채의 부담과 기술에 대한 접근 제한 또한 악화를 더욱 가속화시킨다. 이러한 현실은 하딘이 「구명보트윤리」에서 밝힌 주장과 많은 부분 일치한다.

하딘에 따르면 부유한 선진국가는 세계의 빈자들이 익사 위험 속에서 구조를 바라며 헤엄쳐 오고 있는 대양의 구명보트와 같다. 하딘은 구명보트에 해당하는 풍요로운 선진국들이 자원의 안전 요인을 잘 지킴으로써 그들 자신의 생존을 확보해야 한다고 주장한다. 선진국이 빈곤국가들에 자국의 자원을 지원하거나 빈궁한 이주민들을 수용하는 것은 구명보트를 전복시키는 위협 요인이 될

---

4 「가는 길은 달라도… 기후변화 대응은 공감」, 『조선일보』, 2009년 8월 13일 자 A6면 참조.

8장·개릿 하딘

수 있다. 이러한 여건하에서 선진국의 도덕적 의무는 가난한 자들을 도와주는 일을 억제하는 것이라고 하딘은 주장한다.[5]

하딘의 「구명보트윤리」가 발표된 지 40여 년이 흘렀음에도 거기서 주장한 내용과 대동소이한 환경정책, 이른바 선진국 중심의 환경정책이 현재까지 이어지고 있다. 여기서는 「구명보트윤리」가 나오게 된 배경과 그 주장을 먼저 살펴보고 난 뒤, 그것이 품고 있는 윤리학적 문제점들을 짚어 보려 한다.

2. 구명보트윤리의 등장 배경과 그 주장

1) 공유지의 비극

하딘은 「구명보트윤리」를 발표하기에 앞서 「공유지의 비극」, 『생존을 위한 새로운 윤리 모색』[6] 등을 발표하여 환경문제에 대한 자신의 견해를 일찌감치 표명하였다. 위 저술 중 많은 반향을 불러일으키면서 유명세를 탄 것은 「공유지의 비극」이며, 「구명보트윤리」 역시 이 글의 시각을 일정 부분 반영하고 있기에 먼저 「공유지의 비극」에 대하여 살펴보기로 한다.

공유지란 '한 사회구성원이라면 누구나 그에 대한 공동소유권

---

5 Hardin, "Lifeboat Ethics", ed. Louis P. Pojman, *Environmental Ethics: Readings in Theory and Application*, 3rd ed., CA: Wadsworth, 2001, p. 356 참조.

을 가지고 있는 토지'를 의미한다. 예를 들면 누구에게나 개방돼 있는 목초지가 있다고 해보자. 이때 가축지기들은 누구나 공유지에 가능한 한 많은 가축을 방목하고 싶어 한다. 부족 간의 전쟁이나 밀렵, 질병 등에 의해 인간과 동물의 수가 제한되고, 그것이 목초지의 동물부양 능력의 범위 내에서 유지되는 한은 아무 문제가 발생하지 않는다.

하지만 합리적 인간으로서의 가축지기 개개인은 자신들의 이득을 극대화하려고 시도한다. 이를 위해 그들은 "내 가축 떼에 한 마리 더 늘릴 때 나에게는 어떤 효용이 생길까?" 하고 자문해 본다. 그 자문에 대한 결과는 두 가지 답변이다. 한 가지 답변은 가축 한 마리가 늘어날 경우 가축지기는 그 가축의 매각에 의한 이익 전부를 손에 넣을 수 있기에 플러스 1의 긍정적 효용이 발생한다는 것이다. 다른 한 가지 답변은 그 한 마리의 가축으로 인해 부가된 '과도한 방목'의 효용이다. 그러나 과도 방목의 효과는 모든 가축지기들에게 골고루 부담되기에 결단을 내리려는 어느 특정한 가축지기에 대한 부정적 효용은 마이너스 1의 몇 분의 1에 지나지 않게

---

6 Hardin, *Exploring New Ethics for Survival: The Voyage of the Spaceship Beagle*, New York: Viking Press, 1972. 이 책은 우주선의 환상적인 여행에 대한 상상의 이야기와 인간이 지구상에서 생존하기 위해 하지 않으면 안 될 일에 대한 독창적인 평가를 조합하고 있다. 하딘은 현재의 생태위기의 원인을 너무 많은 사람들이 제한된 자원은 고려하지 않은 채 과도한 요구를 하는 데 있다고 보고 있다. 그의 독특한 접근 방식은 인구억제, 오염 규제, 농업 개혁 및 사유재산 문제 등을 다루며 정치, 경제 및 윤리학에서 우리가 어떠한 광범위한 변화를 가져와야 하는지를 보여 준다.

된다.[7]

이 양쪽의 결과를 고려한 합리적인 가축지기는 자신이 취해야 할 유일한 행동은 한 마리, 또 한 마리씩 계속 늘려 나가는 것이 바람직하다고 결론짓게 된다. 그러나 이러한 결정은 혼자만이 아니라 공유지를 함께 쓰고 있는 합리적인 가축지기 거의 모두가 똑같이 내린다. 비극은 바로 여기서 발생한다. 너도나도 가축을 늘려 나감에 따라 공유지는 황폐화되고 마는 것이다. 공유지에 대한 자유를 신봉하는 공동체에 있어서 각인이 자신의 최선의 이익을 추구해 나갈 때, 파멸이야말로 전원이 돌진하는 목적지가 되는 것이다. 공유지에서의 자유는 이렇게 모든 이에게 파멸을 초래한다는 것이 하딘의 주장이다(Ibid., p. 245 참조).

위의 비유에서 가축의 수를 인구로 바꾸면 이 목초지의 경과는 인간사회에도 그대로 적용할 수 있다. 공유지 내의 유한한 자원(가령 공해公海의 어족자원)을 사람들이 계속 수탈하고, 인구가 증가하여 공유지의 부양 능력을 초과했을 때 비극이 찾아온다. 또 하딘은 공유지로부터의 자원을 수탈하는 것과는 역으로 공유지에 무엇인가를 부가함으로써 생기는 문제에 대해서도 논하고 있다. 인구증가에 의해 오물, 쓰레기 등의 배출이 늘어나 환경의 자기 회복 능력을 넘어서면 여기서도 또한 비극이 발생한다는 의미다(Ibid., p.

---

7 Hardin, "The Tragedy of the Commons", ed. K. S. Shrader-Frechette, *Environmental Ethics*, 2nd ed., Pacific Grove, CA: Boxwood Press, 1991, pp. 244~245 참조.

246 참조).

2) 구명보트윤리의 주장

공유지의 비극을 회피하는 방법에는 여러 가지가 있을 수 있다. 하나는 공유지를 사유화하는 것이다. 무책임한 자원수탈이 공유지라는 이유로 발생한다고 하면, 공유지를 사유지화함으로써 소유자로 하여금 책임 있는 관리를 하도록 하자는 것이다. 그 밖에 공유지를 공유재산으로 놔둔 채 사용권리를 배분하는 방법도 모색할 수 있고, 선착순이라는 원칙에 의거한 대책도 마련할 수 있다. 그러나 이들 선택지는 모두 합리적 가능성도 있지만 여러 가지 반론도 제기될 여지가 있는 것들이다.

그러기에 하딘은 새로운 해결책인 인구억제에 관심을 집중한다. 그는 환경오염의 문제가 발생하는 근본 원인이 인구증가에 있다고 본다. 인구가 적절하게 관리되면 자원을 쓰더라도 지구의 부양 능력 범위 내에서 해결될 수 있다는 입장이다. 하딘은 그 때문에 피임이나 중절과 같은 출산억제에 의해서 인구를 조절할 필요성을 주장하지만(Ibid., pp. 246~248 참조), 이는 가톨릭교회 등의 전통적 윤리관과 양립하지 않는다.

과연 인구는 환경악화의 주요인으로 볼 수 있는가? 널리 알려진 IPAT공식(환경영향=인구×풍요도×기술)에 따르면 환경에 미치는 영향Impact으로는 인구Population 규모와 생활의 풍요도Affluence 및 소비양상 그리고 경제활동에 사용된 기술Technology을 들 수 있다. 이 세 가지가 환경악화의 결정적 요인이라고 단정 지을 수는 없지만 주요인은 된다는 것이다.[8] 저출산·고령화 문제에 직면한 한국과 일본 등의 선진국에서는 인구가 줄어 위기감을 느끼고 있지만 그래도 세계 전체적으로 보면 인구는 계속 늘고 있다.

제임스 스페스에 따르면 20세기에 인구는 4배 증가했고 생활은 5배나 풍족해졌다. 결국 세계 경제는 전체적으로 20배 정도 성장한 셈이다. 개인 소비는 실질적으로 5배 증가한 데 불과하지만 부자 나라에서의 증가폭은 더 크며, 특히 환경적으로 위험한 재화와 서비스의 소비는 월등히 증가했다. 예를 들어 20세기에 들어와 1인당 산업 활동이 12배 증가하는 동안 1인당 화석연료 소비는 세계적으로 7배 증가했다(앞의 책, 181쪽 참조). 더욱이 인구증가율이 높은 개도국이 선진국만큼의 자원소비 사회가 되고 환경파괴에서도 선진국의 전철을 밟는다면 인류에게 미래가 없는 것은 명백할 것이다. 그러나 개도국 사람들이 풍족한 생활을 바라는 것을 부정할 권리를 도대체 누가 갖는 걸까? 우리는 위기에 직면해 있는 것처럼 보인다.

이러한 위기의 타개책으로 볼딩은 우주선 지구호라는 비유를 들어 대안을 제시하였다.[9] 그에 따르면 세계자원의 유한성이 명확하게 자각되고 있는 오늘날, 우리는 무한한 개발을 꿈꿔 왔던 과

---

8 제임스 구스타브 스페스, 『아침의 붉은 하늘』, 김보영 옮김, 에코리브르, 2005, 176쪽 참조.

9 Kenneth Boulding, "The Economics of Coming Spaceship Earth", *Beyond Economics*, Ann Arbor: University of Michigan Press, 1968, pp. 275~287 참조.

거의 카우보이경제를 버리고 태양광 이외는 외부로부터의 유입이 없이 모든 것을 절약하지 않으면 안 되는 우주선경제로 이행해야 한다.

하딘은 이 비유의 절반, 즉 지구는 유한한 자원으로 꾸려 나가지 않으면 안 되는 폐쇄적 시스템이라는 점은 인구억제 정책을 촉진하는 이미지로서 긍정한다. 그러나 나머지 절반, 즉 지구는 '하나의' 우주선이고 인류는 전체적으로 이 위기에 맞서야 한다는 이미지는 부정한다. 그 이유는 지구 전체를 하나의 것으로 총괄하는 주권이 존재하지 않는 이상(UN은 이빨 빠진 호랑이로 전락했다고 판단), 지구자원을 인류 전체의 공유물로 간주한다면 무책임한 자원 이용이 인구와 함께 증가하여 공유지의 비극이 발생한다는 판단에 서다("Lifeboat Ethics", pp. 356~357 참조).

그래서 하딘은 1974년, 구명보트의 비유를 들어 색다른 윤리를 제시하였다. 그에 따르면 우리가 타고 있는 것은 하나의 우주선이 아니라 해상에 떠 있는 복수의 구명보트다. 부유한 국가는 제각기 부유한 사람들로 가득 찬 구명보트이고, 거기에 타고 있는 사람들은 세계 인구의 대략 3분의 1을 차지한다. 그 이외의 3분의 2에 해당하는 사람들은 가난하고, 부유한 국가의 구명보트보다 훨씬 혼잡한 다른 구명보트에 타고 있다.

가난한 국가의 구명보트에는 늘 사람들이 넘쳐나서 해상으로 떨어지는 가운데 그들은 부유한 국가의 구명보트에 인양되길 바라거나 식량을 얻을 수 있기를 원한다. 그리고 가난한 국가의 구명보트는 인구증가율이 높기 때문에 이러한 상황은 시간이 경과함에 따라 더 심해진다. 예를 들면 정원이 60명인 부유한 구명보트에는 지금 50명이 타고 있고 해상에는 100명이 구조를 바라고 있다고 해보자. 앞으로 10명까지는 수용할 수 있지만 그 이상을 허락하면 부유한 구명보트는 침몰할 위험이 있다. 부유한 구명보트의 탑승자들은 어떻게 해야 할까?(Ibid., pp. 356~363 참조.)

만일 100명 전원을 승선시키게 되면 보트는 침몰하여 모두가 익사하고 만다. '완벽한 정의의 실현이 완벽한 파국'을 낳는 형국이다. 또 10명만을 승선시키게 되면 그 10명을 어떻게 선정하며, 나머지 90명에겐 뭐라고 말해야 하는가 하는 문제가 남는다. 그래서 하딘이 선택하는 대안은 보트에 누구도 태우지 않고 구명보트의 현 탑승인원의 생존을 확보하는 것이다. 이는 결국 선진국은 현재의 생활을 계속 유지하면서 개도국이 선진국 무리에 들어오는 것을 거부하여 인류의 존속을 도모하자는 것을 의미한다.

이러한 자신의 주장을 정당화하기 위하여 하딘이 제시하고 있는 근거는 이렇다.

첫째, 만일 선진국들이 빈곤국가들에 자원을 베풀거나 관대한 이민정책을 통해서 빈곤국가의 사람들을 대거 받아들인다면 선진국에는 머지않아 재난이 덮치게 된다. 이는 빈곤국가의 인구가 2배로 되는 데 요하는 시간이 어림잡아 선진국의 4분의 1이기 때문이다. 만일 이 같은 경향이 계속된다면 그때는 다산한 승객들에 의해 구명보트는 가라앉고 말 것이다.

둘째는 만일 지구의 자원이 모든 사람들이 쓸 수 있는 공유물의 일부로 인정돼 버리면 공유지의 비극이 일어날 수 있다는 점이다. 즉 사람들은 자신들의 이익을 위해 지구자원을 무제한으로 사용하게 될 것이고, 이는 결국 모든 사람들을 파멸로 이끌게 된다.

셋째는 만일 빈곤국가들이 위기에 직면할 때마다 보석^{bailed off}된다면 그 국가들은 자신들의 경험으로부터 아무것도 배우지 못할 것이라는 점이다. 하딘은 오히려 그 국가들이 위기에 대처하기 위해 외부로부터의 원조에 의존하지 않는다면 인구는 국토의 수용능력이 허락하는 한도 이내까지 감소할 것이라고 본다. 외부로부터의 원조는 인구증가를 재촉하므로 최종적으로는 빈곤한 국가에 해를 끼치게 된다는 것이다. 따라서 식량원조가 '인구억제를 방해하는' 역할을 하게 된다고 그는 주장한다.

인구증가, 무제한의 이민, 경제발달의 촉진이 환경에 부과하고 있는 무거운 짐은 이미 그 적정한도를 넘어섰다고 하딘은 결론짓는다. 따라서 우리는 구명보트윤리에 따름으로써 이러한 경향 전체에 대해 제한을 가해야 한다는 것이다. 만일 그렇지 않으면 미래세대의 청결하고 풍부한 환경을 향유할 권리를 침해하게 된다는 것이 하딘의 견해다.

3. 윤리학적 문제

1) 사회진화론의 문제

하딘의 주장에 포함된 윤리학적 문제점으로 우선적으로 제기하고 싶은 것은 빈곤국가를 도와주는 정책은 부유국가, 빈곤국가 양쪽 모두에 재난을 초래한다는 주장이다. 이 주장의 이면에는 다윈의 진화론이 전제되어 있다.

일찍이 맬서스는 『인구론』에서 인구는 1, 2, 4, 8… 즉 기하급수적으로 증가하는 데 반해, 식량은 1, 2, 3, 4… 즉 산술급수적으로밖에 증가하지 않기에 빈곤이 필연적으로 발생할 수밖에 없다고 주장하였는데, 이러한 주장은 다윈의 생존경쟁과 자연선택 사상에도 영향을 주었다. 선진국만의 존속을 지향하는 하딘의 구명보트 윤리 역시 이 사상을 기반으로 하고 있고, 생물학적·진화론적 개념을 누차 인간사회에도 그대로 적용하고 있다.

예를 들어 일정 구역에 서식하는 순록은 평소에는 포식자나 재해 덕분에 그 토지의 부양 능력에 걸맞은 개체 수로 유지되지만, 포식자가 사라지면 과잉 증가하여 토지의 부양 능력을 넘어서게 되고, 그 결과 토지가 황폐해져 순록은 절멸하게 된다. 그러므로 하딘은 중요한 것은 토지의 부양 능력에 걸맞은 개체 수를 유지하는 것으로 포식자의 존재나 재해는 생물계에 있어서 개체 수를 조절하는 신의 축복이라고 말한다.[10]

이러한 근거에서 하딘은 빈곤국가들에 자원을 지원하는 것은 중단되어야 한다고 주장한다. 가령 빈곤국가들에 식량공급을 위해

---

10 이러한 시각에서 하딘은 3세기의 신학자 테르툴리아누스의 말을 인용한다. "전염병의 천벌, 기근, 전쟁 그리고 지진은 인구과잉국가들에는 축복으로 간주된다. 왜냐하면 그것들은 인류의 과도한 성장을 막는 데 도움이 되기 때문이다." Ibid., p. 366.

세계식량은행을 설립한다고 해보자. 하딘은, 세계식량은행은 하나의 공유지로서 그곳으로부터의 식량지원은 인구과잉국가에서의 인구감소를 억제할 수 있기에 공유지는 인구에 대한 단계적 확대 효과를 가져올 것으로 내다본다(Ibid., pp. 358~359 참조). 그러므로 선진국의 개도국에 대한 원조는 개도국들에 궁극적 재난을 초래할 뿐만 아니라 선진국에는 자멸적 행위가 될 수 있다는 것이다.

이러한 시각에서 하딘은 기아에 시달리는 개도국에 식량을 지원하는 것은 생물학적 법칙을 어기는 것이고, 게다가 개도국은 물론 선진국을 위해서도 실행해선 안 되는 정책이라고 주장한다. 왜냐하면 지원을 하지 않으면 개도국은 토지의 부양 능력에 걸맞은 인구가 유지되고 생활의 질도 높아지는 데 반해, 원조를 하면 빈곤자의 수는 늘기만 하고 원조의 부담 또한 증대되기 때문이라는 것이다.

그러나 이러한 논의에는 중대한 오류가 포함되어 있다. 그것은 자연계에서 일어나는 자연선택을 고스란히 인간사회에도 적용하고 있다는 점이다. 이처럼 생물진화론을 인간사회에 적용하여 사회의 변화와 모습을 해석하는 입장을 사회진화론이라 한다. 이 이론은 인종차별주의 및 제국주의를 합리화하고 식민지 개발과 후진국 착취를 정당화하는 근거로 사용되기도 하였다. 따라서 오늘날에는 많은 비판을 받으며 극복해야 할 대상으로 간주된다.

이처럼 이미 실패한 이론을 토대로 선진국의 대후진국 원조 중단을 요구하는 하딘의 주장은 더 이상 설득력을 얻을 수 없다고 본다. 적자생존, 자연선택의 원리를 인간사회에 적용하는 그 자체부터 무리라는 얘기다. 이를 입증하는 사례로 부양 능력이라는 개념을 들고자 한다. 하딘은 해외원조를 말할 때 원조의 개념을 식량지원과 같은 현물지원 차원에서 쓰고 있다. 하지만 현물지원이 아닌 기술지원·개발지원과 같은 차원에서 쓴다면 얘기가 달라질 수 있다. 다른 동물들과 달리 인간사회의 경우 토지의 부양 능력은 단순한 국토 면적만으로는 결정되지 않으며 크게 변동될 수 있다. 따라서 원조 형식을 농업 기술과 같이 개도국의 부양 능력을 높이는 방식으로 전환하면 자연도태라는 비극을 충분히 막을 수 있게 된다. 나아가 개선된 부양 능력을 토대로 경제가 더욱 발전하여 안정을 이룬다면 인구가 급증하는 개도국들이 인구증가가 서서히 둔화되는 단계로 유도할 수도 있을 것이다. 선진국의 해외원조 중단보다 장려하는 쪽이 더욱 바람직하다는 사실을 알 수 있는 대목이다.

2) 책임회피의 문제

선진국이 빈곤국가를 도와주는 것은 양쪽 모두에 재난을 초래하므로 그러한 원조는 중단되어야 한다는 하딘의 주장에는 선진국의 책임회피를 정당화해 보려는 의도가 깔려 있는 것으로 보인다.

　　인구성장 과정은 경제발전에 따라 보통 4단계로 구분하여 설명된다. 출생률과 사망률이 모두 높아 인구증가율이 낮은 제1단계(산업혁명 이전의 유럽 지역과 현재의 제3세계권에 살고 있는 원주민 집단), 출생률은 높으나 의학의 발달로 사망률이 낮아져 인구가 급증하는 제2단계(산업혁명 직후의 유럽, 현재 아프리카의 여러 국가들, 아시아의 개도국), 산업화의 진행과 경제성장으로 여성들의 지위상

승이 두드러지는 시기로 인구증가가 차츰 둔화되는 제3단계(개도
국 중 경제발달이 급속히 진행되는 나라들), 출생률과 사망률이 모두
낮아져 인구가 정체하는 제4단계(서부 유럽이나 일본 등의 선진국,
우리나라)가 그것이다.

인구문제가 개선돼 나가려면 제2단계에 머무르고 있는 많은
개도국들이 인구증가 둔화 단계인 제3단계로 이행해야 한다. 그럼
에도 그러지 못하는 것은 식민지 시대에 형성해 놓은 부를 지배자
인 선진국들이 착취해 갔기 때문이다. 인구증가가 둔화될 수 있는
여건이 파괴되고 만 것이다. 풀러에 따르면 개도국들의 곤경은 "대
해적들이 수 세기에 걸쳐 개도국들을 강탈하고 거기서 빼앗은 전
리품을 유럽으로 갖고 돌아가 현금화한 때문이다".[11]

안타깝게도 하딘은 바로 이러한 점을 고려에 넣지 않고 있다.
오늘날 대부분의 선진국들의 부는 과거에 가난한 국가들로부터 수
탈하거나 값싸게 구입한 자원을 활용하여 그 국가들이 제조할 수
없는 완성품을 만들고 그것을 다시 높은 가격으로 그 국가들에 되
판 덕에 얻어진 것이라는 사실을 하딘은 지적하지 않는 것이다. 하
딘이 이러한 사실을 지적하지 못하는 것은 그의 주장 안에 부유한
국가는 '자급 가능한 구명보트'라는 전제가 깔려 있기 때문이다.

이와 관련하여 캘러핸Daniel Callahan은 미국에서 소비되는 석유

---

11 R. Buckminster Fuller, *Operating Manual for Spaceship Earth*, Carbondale: Southern
Illinois University Press, 1969, p. 97.

8장 · 개릿 하딘

의 50퍼센트가 수입에 의존하고 있고, 그 일부는 개도국들로부터
오는 것임을 감안한다면 미국을 어떠한 점에서도 무산자have nots에
의존하지 않는 유산자have로 묘사하는 것은 잘못이라고 말한다.[12]
캘러핸의 주장에 의거할 때 하딘의 전제는 오류로 판정되며, 따라
서 선진국들은 자신들이 누리고 있는 부의 근거에 대한 반성과 함
께 자신들의 과오를 인정하고 그 책임 이행에 나서야 한다.

　선진국들의 책임은 여기서 끝나지 않는다. 현 세계가 생태학
적 재앙을 향해 나아가고 있다면, 그것은 선진국들의 과잉개발을
통한 자연파괴와 풍요로운 소비사회의 영향 때문이기도 하다. 세
밀하게 따지자면 다른 의견도 있을 수 있겠지만 자원·인구·환경
에 관한 현재의 위기에 선진국들이 중대한 책임이 있다는 것은 많
은 이들이 공감하는 바다. 이와 관련하여 데이비스는 "세계에서 가
장 부유한 나라들은 자신들의 활동으로 전 세계적인 환경악화의
42퍼센트를 유발했으면서도 그로 인한 비용의 단지 3퍼센트만을
떠맡고 있다는 현실을 부끄럽게 여겨야 한다"[13]라고 꼬집는다.

　하딘은 그러나 어떤 행위의 윤리성은 그 행위가 행해질 당시
의 시스템적 상황에 의해서 결정된다고 본다("The Tragedy of the

---

12 K. S. Shrader-Frechette, "'Frontier Ethics' and 'Lifeboat Ethics'", ed. K. S. Shrad-
er-Frechette, *Environmental Ethics*, 2nd ed., Pacific Grove, CA: Boxwood Press, 1993, p.
41 참조.

13 마이크 데이비스, 「인류는 녹아내리고 있다」, 『창작과 비평』 141호, 창비, 2008 가
을, 135쪽.

Commons", p. 247 참조). 결국 선진국은 자원을 대량으로 소비하고 오염을 야기해 왔지만, 그 당시(프런티어윤리 시대)는 자원문제나 환경문제에 대해서 고민할 필요가 없었기 때문에 선진국의 행위는 정당한 것이고 책임 따위는 없다는 것이다. 그러나 지구가 유한한 공간이라는 것은 이미 관념상으로 잘 알려진 사실로 새롭게 출현한 상황이 아니다. 또한 설령 장래에 문제가 생긴다는 것을 예견할 수 없다 하더라도 책임은 남는다. 그것은 마치 졸음운전으로 자동차가 중앙분리대를 향해 돌진하고 있음을 모른다 하더라도 그 파괴의 책임은 남는 것과 같다.

3) 해외원조와 인구증가 간의 문제

하딘은 외부에서 식량지원이 없을 때, 개별적으로 책임을 질 줄 아는 주권국가들이 차지하고 있는 세계에선 각국의 인구가 그림 1과 같은 사이클을 반복적으로 되풀이한다고 주장한다("Lifeboat Ethics", pp. 359~360 참조). 이에 관한 그의 주장을 잠시 따라가 보자.

그림 1 효율적이면서 의식적인 인구조절이 이루어지지 않거나 외부로부터의 원조가 없을 때 보여 주는 한 국가의 인구 사이클

8장·개릿 하딘

P_2는 절대적 인구 숫자 면에서 P_1보다 훨씬 더 많다. 그리고 식량공급의 악화가 안전요인을 제거함으로써 자원 대 인구 비율이 P_1보다 훨씬 더 위험한 수준에 처해 있다. P_2는 인구과잉상태를 나타낸다고 할 수 있으며, 인구과잉상태는 예를 들면 흉작과 같은 '사고'가 났을 때 더욱 뚜렷해진다. 만일 '비상사태'가 외부의 도움을 받지 않으면 인구는 '정상' 수준(환경의 '수용 능력')으로 되돌아가거나 그 이하로 떨어진다. 주권국가(또는 그 통치자)에 의해 인구억제가 이루어지지 않을 때, 조만간 인구는 P_2까지 다시 증가하고 사이클은 반복된다. 장기적인 인구 곡선은 수용 능력과 어느 정도 균형을 이루면서 불규칙하게 오르내린다.

위 주장의 핵심은 외부의 도움, 즉 식량지원이 없으면 자연히 인구는 감소로 이어진다는 것이다. 그러나 이 주장에 선뜻 동의할 수 없다. 만일 식량이 부족해지면 오히려 그것은 보다 많은 아이를 낳는 것을 크게 장려하는 강력한 요인이 될 수도 있기 때문이다. 이와 관련하여 슈레이더-프레쳇은 "결국 매우 가난한 나라에서는 많은 아이를 낳고 그들을 살아남게 하려고 노력하는 것 이상으로 자신들의 노후를 돌보기 위한 보장이 되는 길이 그 밖에 또 뭐가 있을까" 하고 반문한다("'Frontier Ethics' and 'Lifeboat Ethics'", p. 41 참조).

또한 머독과 오틴에 따르면 인구성장률은 식량공급 이외에 많은 복합적 여건들의 영향을 받는다. 그들은 특히 일련의 사회경제적 여건이 부모들로 하여금 자녀를 훨씬 덜 갖도록 동기 지운다고 말한다. 이들 여건하에서는 출산율이 아주 급격하게 떨어질 수 있다는 것이다. 그들에 따르면 인구성장은 아무 일도 하지 않거나 '자연적인 인구 사이클'에 내맡기는 것보다 적절한 여건을 마련하는 현명한 인간의 중재에 의해 더 효과적으로 조절될 수 있다. 그 여건이란 미래에 대한 어버이다운 신뢰, 여성의 지위 개선, 읽고 쓰는 능력 등인데 이들 여건이 충족되려면 낮은 유아사망률, 기본적 의료, 증가된 소득과 고용, 교육비, 적절한 건강 서비스, 농업 개혁 등이 요구되며, 해외원조는 이를 해결하는 데 큰 도움이 될 수 있다.[14]

해외원조가 인구증가를 부채질한다는 것은 결코 분명한 사실이 아니라는 것이다. 많은 증거로 미루어 볼 때 기본적인 개발원조(식료품의 공급, 기본적 보건체계의 확립, 안정된 노후생활 등)가 이루어지면, 출생률 면에서 훨씬 더 낮은 수준으로의 '인구통계학적 이행'이 일어난다는 것을 알 수 있다. 그래서 '개발원조는 최고의 피임약'이라는 말까지 생겨났던 것이다.[15]

4) 분배정의의 문제

하딘은 "완벽한 정의는 완벽한 파국을 낳으므로("Lifeboat Ethics", p. 357)" 우리에게 정의를 행할 의무는 없다고 주장한다. 세계의 부를 공정하게 재분배하는 것은 불가능하므로 우리로서는 가난한 국

---

14 William W. Murdoch and Allan Oaten, "Population and Food: A Critique of Lifeboat Ethics", ed. Louis P. Pojman, *Environmental Ethics: Readings in Theory and Application*, 3rd ed., CA: Wadsworth, 2001, pp. 365~366 참조.

15 피터 싱어, 『응용윤리』, 김성한 외 옮김, 철학과현실사, 2005, 19쪽 참조.

8장·개릿 하딘

가들의 요구에 대해 염려할 필요가 없다는 것이다.

그러나 롤린에 따르면 국제적 환경위기의 원인은 개도국의 빈곤과 선진국의 풍요에서 비롯한다.[16] 국가 간 빈부격차가 국제적 환경문제의 개선을 어렵게 만들고 있다는 주장이다. 1992년 지구정상회담장에서 행해진 쿠바의 카스트로 수상의 연설은 이를 잘 반영하고 있다.

불평등한 보호무역주의의 운용과 대외채무는 생태계에 대한 능욕이며 환경파괴를 구조화하는 것이다. 이용 가능한 부와 기술의 보다 나은 배분이야말로 이러한 파괴로부터 인간성을 지키는 데 필요하다. 소수의 국가가 사치와 낭비를 억제한다면 그만큼 지구상의 보다 많은 인간이 빈곤과 기아를 면할 수 있다. 환경악화를 초래하는 제3세계의 생활양식과 소비행동으로 가는 길은 피해야만 한다. 인간의 생활을 이성화하자. 올바른 국제 경제 질서를 모색하자. 과학이 순수하게 지속적으로 발전할 수 있도록 하자. 대외채무가 아닌 생태적 채무ecological debt를 지불해야 한다.[17]

---

16 Bernard E. Rollin, "Environmental Ethics and International Justice", eds. Larry Mary and Shari Collins Sharratt, *Applied Ethics: A Multicultural Approach*, Englewood Cliffs, N.J.: Prentice Hall, 1994, p. 79 참조.

17 요네모토 쇼우헤이, 『지구환경문제란 무엇인가』, 박혜숙·박종관 옮김, 따님, 1995, 143~144쪽에서 재인용.

위 발표문이 나온 지 세월이 꽤 흐르긴 했지만 상황은 별반 그때와 다르지 않다. 환경문제를 개선해 나가는 데 있어 분배정의의 실현이 중요하다는 주장은 여전히 효력을 발휘한다.

하지만 선진국은 카스트로의 발언과 같은 개도국의 주장을 외면해 오고 있다. 설령 개도국에 자금지원을 한다고 해도 늘 그때마다 조건 설정이라는 명목하에 긴축재정→군축→인권→환경 등 국가운영의 근본과 관계되는 부분에 북측의 가치 기준이 차례로 적용됨으로써 결국 거대한 내정간섭을 이루고 만다(앞의 책, 151쪽 참조). 선진국은 개도국의 내정에 간섭하려 하기 전에 생태적 채무를 지불한다는 자세로 분배정의의 실현에 적극 나서야 한다. 이렇게 소중한 국제적 과제가 우리 앞에 가로놓여 있음에도 완벽한 정의를 달성하는 것이 불가능하다는 것을 근거로 모든 의무의 면제를 부르짖는 하딘의 주장은 결코 옳지 않아 보인다.

그리고 하딘의 구명보트윤리의 논의에서 무시되고 있는 또 한 가지는 부유한 국가들이 이 지구상의 자원을 불균등한 비율로 소비하고 있다는 사실, 또 그들 국가들에 의해서 야기되는 재생 불가능한 자원고갈이 미래세대에 대해 해를 끼치게 될지도 모른다는 사실이다. 만일 구명보트윤리가 미래 사람들을 위한다는 명분하에 논의되고 있다면 선진국의 과도한 자원소비 문제에 대해서도 마땅히 거론해야 함에도 그러한 논의가 전혀 없다는 점이 의아하게 생각된다.

4. 요약

이상에서 살펴봤듯 하딘의 구명보트윤리가 안고 있는 윤리학적 문제점들을 간추리면 다음과 같다.

먼저 구명보트윤리는 자연선택이론을 배경으로 하고 있다. 자연선택은 다윈이 처음 제기한 이론으로 그의 진화론에서 가장 핵심이 되는 위치를 차지한다. 문제는 하딘이 이 이론을 인간사회에도 그대로 적용하는 오류를 범하고 있다는 점이다. 기아에 시달리는 개도국들을 지원하지 않고 그냥 방치하면 개도국의 인구는 자연도태되어 적절한 인구가 유지되는 반면, 지원을 하게 되면 오히려 생물학적 법칙을 어김으로써 개도국·선진국 양쪽 모두에게 부정적 결과를 초래한다고 하딘은 주장하였다. 그러나 인간사회에는 다른 동물종과는 달리 고유한 부양 능력이라는 요소가 있다. 부양 능력을 통해 인간사회는 자연도태의 문제를 충분히 해결해 나갈 수 있음에도 이를 인간사회에 무리하게 적용하는 오류를 범하고 있는 것이다.

구명보트윤리에는 또 개도국에 대한 선진국의 책임회피를 정당화하려는 의도도 담겨 있다. 선진국이 누리고 있는 부는 전적인 자급자족 방식으로 충족되고 있는 게 아니라 과거 식민지 시대에 피식민 국가들로부터 수탈해 간 자원에 일정 부분 의존하고 있다. 역으로 말하면 개도국들의 빈곤 원인 가운데는 일정 부분 서구 선진국의 제국주의 침략정책도 있다는 것이다. 국제적 환경위기의 원인은 이와 같은 개도국의 빈곤과 선진국의 풍요에서 비롯하고 있다. 선진국은 과소비, 과파괴의 삶의 방식을 통하여, 개도국은 경제개발이라는 미명하에 환경파괴를 야기하고 있다. 그 해결을 위한 1차적 책임은 선진국에 있다고 할 것이다. 선진국 사람들은 적절하고 균형 잡힌 소비와 성장 패턴을 이루도록 해야 하며, 개도국들에 끼친 부정적 영향을 깊이 반성하고 그들의 빈곤 해결에도 적극 나서야 한다.

하딘은 '개도국에 대한 식량원조의 중단＝개도국의 인구감소'라는 식으로 등식화함으로써 식량원조의 중단은 곧 적절한 인구로 이어지는 하나의 방안임을 밝히고 있다. 그러나 식량원조의 중단이 반드시 인구감소로 이어지는 것은 아니며, 오히려 인구를 증가시키는 요인으로 작용할 수도 있다. 또 하딘의 주장은 출산율과 사회경제적 여건 간의 상호관계를 무시하고 있었다. 적절한 사회경제적 여건이 충족되면 가난한 나라들에서도 출산율이 급격히 하락할 수 있다는 증거들이 충분히 제시되고 있음에도 말이다.

하딘의 주장에는 분배정의와 크게 어긋나는 부분도 있다. 완벽한 정의는 불가능하므로 우리에게 정의를 실현할 의무는 없다는 하딘의 주장에는 결코 동의할 수 없다. 환경문제는 남측의 빈곤과 함께하고 있고, 더구나 개도국의 빈곤은 많은 부분 불평등에서 비롯되고 있다고 본다면 분배정의 없이 환경문제 해결은 불가능하다. 그럼에도 정의를 외면하는 것은 개도국 사람들의 희생을 담보 삼아 자신들이 누리고 있는 부를 지속시키려는 의도가 숨어 있다.

윤리이론이라면 기본적으로 지녀야 할 최소한의 조건이 있다. 그것은 바로 우리의 행위로 인해 영향받을 모든 존재들의 이익을 공평하게 고려하는 일이다.[18] 현재 선진국 사람들의 무절제한 소비와 경제성장은 개도국 사람들은 물론 미래세대에게까지 해를 끼칠 만큼 환경에 많은 부작용을 낳고 있다. 구명보트윤리가 하나의 윤리이론으로서 인정받으려면 개도국 사람들은 물론 미래세대까지 배려하는 자세가 요구된다. 그러나 오히려 구명보트윤리는 그러한 분야에 관한 논의가 전혀 없다. 오히려 개도국 사람들이 위기에 직면했을 때 방치함으로써 자연도태되기를 바라는 구명보트윤리는 윤리이론으로서 지녀야 할 최소한의 조건인 공평성마저 결여하고 있다.

이상에서 살펴봤듯 구명보트윤리는 사회진화론, 책임회피, 공평성, 분배정의 등과 관련된 많은 윤리적 문제를 안고 있기에 현실적 적용 가능성이 크게 떨어지는 실패한 이론이라 할 수 있다.

---

18 제임스 레이첼즈, 『도덕철학의 기초』, 노혜련 외 옮김, 나눔의집, 2006, 48쪽 참조.

생각해 볼 문제

1. 하딘이 유명세를 탄 것은 1968년 『사이언스』에 실린 「공유지의 비극」 덕분이다. 공유지의 비극이 시사하는 바를 주변 사례를 들어 설명해 보자.

2. 하딘에 따르면 인구증가, 무제한의 이민, 경제성장 등이 환경에 가하고 있는 부담은 이미 그 적정한도를 넘어선 지 오래다. 이러한 경향 전체에 대해 제한을 가하려면 인류는 다름 아닌 구명보트윤리를 따라야 한다는 게 하딘의 주장이다. 구명보트윤리의 실체를 설명해 보자.

3. 하딘에 따르면 기아에 시달리는 개도국에 식량을 지원하는 것은 생물학적 법칙을 어기는 것이고, 게다가 개도국은 물론 선진국을 위해서도 실행해선 안 되는 정책이다. 지원을 하지 않으면 개도국은 토지의 부양 능력에 걸맞은 인구가 유지되는 데 반해, 원조를 하면 빈곤자의 수는 늘기만 하고 원조의 부담 또한 증대되기 때문이라는 것이다. 이러한 주장에 내포되어 있는 윤리학적 오류를 탐구해 보자.

4. 세계 인구문제가 개선돼 나가려면 제2단계(인구가 급증하는 단계)에 머무르고 있는 개도국들이 제3단계(인구증가가 차츰 둔화되는 단계)로 이행할 수 있어야 한다. 그러나 그러지 못하는 것은 식민지 시대에 형성해 놓은 부를 지배자인 선진국들이 착취해 갔기 때문이다. 인구증가가 둔화될 수 있는 여건이 파괴되고 만 것이다. 하지만 하딘은 이러한 사실을 전혀 고려하지 않고 있다. 그래서 그는 선진국이 빈곤국가를 도와주는 것은 양쪽 모두에 재난을 초래하므로 그러한 원조는 중단되어야 한다고 거듭 강조한다. 하딘의 주장이 안고 있는 윤리적 문제를 탐구해 보자.

5. 하딘은 '완벽한 정의는 완벽한 파국을 낳으므로' 우리에게 정의를 행할 의무는 없다고 주장한다. 세계의 부를 공평하게 재분배하는 것은 불가능할 뿐 아니라 파국을 초래할 수 있으므로 가난한 국가들의 형편에 대해 염려할 필요가 없다는 것이다. 그러나 국제적 환경위기의 원인 중의 하나로 개도국의 빈곤과 선진국의 풍요 문제를 배제할 수 없다. 국가 간 빈부격차가 국제적 환경문제의 개선을 어렵게 만들고 있다는 것이다. 이러한 관점에서 하딘의 주장이 안고 있는 오류를 지적해 보자.

1. 데일리와 세 명의 학자를 들여다보는 이유

경제학에서는 환경문제의 1차적 원인으로 인간의 경제활동을 지목한다. 인간의 생산과 소비활동 과정에서 배출되는 과다한 환경오염물질을 환경문제의 주원인으로 보기 때문이다. 더불어 경제학은 자연현상이 자연법칙의 지배를 받듯 경제활동 역시 경제법칙의 지배를 받는 것으로 여긴다.

환경문제에 대해서도 경제학은 바로 이러한 관점에서 접근한다. 환경문제는 경제활동의 부산물인 만큼 이 문제를 지배하는 경제법칙을 찾아 응용함으로써 문제해결을 도모하자는 것이다. 이와 같이 환경오염·환경파괴 현상을 지배하는 경제법칙을 찾아 응용하는 경제학의 한 분야가 이른바 생태경제학이다.

생태경제학의 접근방식은 다음 다섯 가지로 유형화할 수 있다. 즉 ① 물질대사론적 접근, ② 환경자원론적 접근, ③ 외부경제론적 접근, ④ 사회비용론적 접근, ⑤ 경제체제론적 접근 등이다. 이들 가운데 물질대사론적 접근이란 환경문제를 '인간과 자연 간의 물질대사' 과정의 문제로 인식하는 데서부터 출발한다. 또한 이 접근은 생태학이나 엔트로피와도 밀접한 관계를 갖는다. 허먼 데일리 (1938~)는 환경연구를 시작한 1960년대 후반부터 오늘에 이르기까지 시종일관 이 물질대사론적 접근을 축으로 연구 성과를 발표해 왔다.[1]

데일리에 따르면 경제성장은 어떤 특정한 시점을 넘어서면 두 가지 근본적 한계에 봉착한다. 하나는 생물물리적 한계요, 다른 하나는 윤리사회적 한계다.[2]

물질적 차원에서 볼 때 경제는 유한하고 닫힌 생태계의 열린 하위체계다. 하위체계인 열린 경제는 상위체계인 닫힌 생태계에 의존할 수밖에 없다. 곧 경제는 생태계로부터 저엔트로피의 원료를 공급받아 상품을 생산하고 소비하며 그 과정에서 배출되는 폐기물을 부산물로 남긴다. 생태계는 이 부산물을 수납하여 처리하는 역할 또한 수행한다. 그런데 생태계는 닫힌 체계이므로 원료공급력 및 폐기물 처리 능력이 무한하지 않고 유한하다는 특징을 지닌다. 하위체계인 경제는 당연히 상위체계의 이러한 특징의 영향

1 金子光男·尾崎和言, 『環境の思想と倫理』, 東京: 人間の科學社, 2005, p. 143 참조.

2 Herman E. Daly, *Beyond Growth*, Boston: Beacon Press, 1996, pp. 33~37 참조.

에서 벗어날 수 없다. 곧 경제성장은 상위체계의 유한성으로 인해 제약받을 수밖에 없게 된다.

그리고 경제성장은 자연을 파괴하고 자원을 고갈시킴으로써 현세대에겐 편익을 선사하지만 그에 대한 비용은 미래세대에게 청구하게 하는 구조하에 이뤄지고 있다. 경제성장은 결국 미래세대의 생존가능성을 현세대가 야금야금 갉아먹는 구조다. 이는 악질적 범죄에 해당하며, 따라서 윤리적으로 바람직하지 않다. 이러한 범죄를 예방하려면 경제성장은 마땅히 제약되어야 한다.

이와 같이 경제성장이 한계에 봉착할 수밖에 없는 구조라면 그 대안은 없는가? 데일리에 따르면 그것은 원료투입량, 곧 자원소비를 최대로 줄이고 인구와 생산의 성장이 자연환경의 지속가능한 능력 이상을 넘어서지 못하게 막는 것이다(*Ibid.*, p. 3 참조). 바꿔 말하면 자연, 생태계, 자원은 유한하므로 그 유한성에 조응하도록 경제구조를 재편해야 한다는 주장이다. 이것이 이른바 데일리의 '정상상태' 경제이론에 해당한다. 데일리에 따르면 정상상태경제란 "원료와 에너지의 투입량을 최저비율로 유지함으로써 전체 인구와 물질적 부의 축적이 항상 어떤 바람직한 수준을 유지하는 경제"[3]다.

이러한 경제의 논리에 따르면 전 세계 국가들이 한결같이 매진하고 있는 경제성장 정책은 이제 그 패러다임을 완전히 바꾸어야 한다. 성장일변도의 정책은 포기하고 질적 발전을 지향하는 정

---

3 Daly, *Steady-State Economics*, 2nd ed., Washington, D.C.: Island Press, 1991, p. 17.

책으로 방향을 틀어야 한다는 의미다. 성장중심의 정책은 유한하고 닫힌 생태계가 아니라 무한하고 열린 생태계라는 잘못된 전제에 기반하고 있기 때문이다. 이러한 주장은 지금까지 저개발과 부의 불균형 배분에 대한 만병통치약으로 지속적인 경제성장을 처방해 온 기존의 관행에 대한 중대한 도전이라 할 수 있다. 경제성장을 자명한 진리처럼 여기고 있는 현대인에게 양적 성장을 포기하라는 주장은 결코 수용하기가 쉽지 않다. 이러한 의미에서 데일리의 정상상태경제이론은 우리의 관심을 끌기에 충분해 보인다.

그렇다면 이와 같이 도전적인 데일리의 경제이론은 어떤 과정을 거쳐 형성된 것일까? 다시 말하면 정상상태경제이론은 데일리의 독창적 산물인가, 아니면 선행연구자들의 주장에다 데일리 자신의 관점을 결합하여 탄생시킨 조합의 산물인가? 정답은 후자라고 본다. 데일리 스스로도 밝히고 있다시피 정상상태경제이론이 형성되는 데는 선행연구자들로부터 많은 영향을 받았기 때문이다. 특히 세 명의 학자가 큰 영향을 끼친 것으로 평가된다. 그 세 명이란 존 스튜어트 밀, 케네스 볼딩, 그리고 니콜라스 조제스쿠-뢰겐이다. 이들 세 학자가 데일리의 경제이론 형성에 끼친 영향을 밝혀내려면 세 학자의 주장은 어떠하며 그 주장 가운데 어떤 요소가 영향을 주었는지, 이에 대해 해명할 필요가 있다.

2. 데일리 환경사상에 대한 연구의 필요성

본격적인 논의에 앞서 우리가 왜 데일리의 환경사상에 대해 연구해야 하는지 그 필요성의 근거를 해명하고자 한다.

첫 번째 근거는 너무나 의아할 정도로 약 50년 동안 생태경제학의 창시자로 인정받을 만큼 이 분야에서 양적·질적으로 우수한 연구 업적을 쌓아 온 데일리에 관한 연구가 우리나라에선 거의 이루어지지 않았다는 점이다. 데일리의 많은 저서들 가운데 최근에 와서야 겨우 한 권 정도 번역된 것[4] 빼고는 그를 중심으로 한 논문은 아직 한 편도 발표되지 않은 상황이다.

그나마 우리나라 학자 가운데 데일리 관련 연구를 발표한 이로는 장윤재가 유일해 보인다. 장윤재는 『세계화 시대의 기독교 신학』에서 데일리의 사상을 나름대로 소상히 소개하면서 데일리와 더불어 대안적 종교 비전을 제시하는 과정신학자 존 코브 주니어 John B. Cobb Jr.의 사상과 윤리를 살펴보고 있다.[5] 하지만 이 연구가 우리나라에선 아주 생소한 데일리의 사상을 처음으로 소개하고 있다는 점에선 높이 평가받을 수 있겠지만 데일리에 관한 본격적인 연구라고 보기는 어렵다. 이러한 현실은 데일리에 관한 연구가 왜 필요한지를 잘 말해 주고도 남는다.

---

4 허먼 데일리, 『성장을 넘어서』, 박형준 옮김, 열린책들, 2016 참조.

5 장윤재, 『세계화 시대의 기독교 신학』, 이화여자대학교출판문화원, 2009 참조.

두 번째 근거로는 데일리 업적의 중요성을 들 수 있다. 단순히 데일리 관련 연구가 부재하다는 이유만으로 그 연구의 필요성을 외치는 것은 정당성이 미약해 보인다. 그 이유와 더불어 데일리 관련 연구의 필요성을 크게 부각시켜 주는 것은 데일리 업적의 소중함과 그 가치다. 한 가지 사례를 들고자 한다.

환경철학자 데 자르댕에 따르면 데일리는 지속가능한 경제학 sustainable economics의 가장 유명한 옹호자다.[6] 그런데 이 '지속가능'이라는 말이 세계적으로 널리 쓰이게 된 것은 UN 산하 환경과 개발에 관한 세계위원회WCED, World Commission on Environment and Development[7]의 보고서 『우리 공동의 미래』가 1987년 간행되고 나서다. 동 보고서는 '세계 모든 사람들의 기본적 욕구를 충족하고 또 그들에게 보다 나은 삶을 살 기회를 확대할 것을 필요로 한다'는 인식하에 지속가능한 개발sustainable development[8]의 개념을 정의하는데, 그것은 '미래세대 사람들의 욕구충족을 해치지 않는 범위 안에서 현세대의 욕구를 충족하는 것'이었다.[9]

---

6 Joseph R. Des Jardins, *Environmental Ethics*, 2nd ed., Belmont: Wadsworth Publishing Co., 1997, p. 59 참조.

7 당시 노르웨이의 수상이었던 브룬틀란이 위원장이었기에 브룬틀란위원회라고도 불린다.

8 development는 학자의 편의에 따라 발전 또는 개발로 쓰이는데, 필자 역시 상황에 맞게 혼용하고자 한다.

9 세계환경발전위원회, 『우리 공동의 미래』, 조형준·홍성태 옮김, 새물결, 1994, 71쪽 참조.

그런데 독일의 생태주의자 볼프강 작스는 이 지속가능한 개발의 개념이야말로 불가사의한 개념이라고 꼬집는다. 위 보고서가 권고한 지속가능한 개발이란 미래세대를 위해 환경파괴를 방지하는 것을 목표로 삼고 있다. 하지만 그것은 더 많은 경제성장을 시사한 것에 지나지 않기에 불가사의하다는 것이다. 그에 따르면 환경과 개발은 전혀 양립할 수 없음에도 지속가능한 개발이라는 개념을 조작하여 개발에 의한 환경파괴를 다시 개발로 치유하려는 의도가 담겨 있다. 환경파괴의 원인인 개발이 환경문제의 해결책으로 간주되는 논리에 잘못 빠져들어 온 세계가 헤매고 있다는 것이다.[10]

작스의 주장처럼 지속가능이란 표현은 우리나라에서도 오래전부터 환경문제의 해결책으로 간주되면서 널리 쓰여 왔다. 문제는 이 표현 속에 담긴 진정한 의미를 제대로 파악하고 있느냐 하는 것이다. 잘못된 논리[11]에서 벗어나 이 표현에 담겨 있는 의미를

---

10 Wolfgang Sachs, *Planet Dialectics: Explorations in Environment and Development*, New York : Zed Books, 2015, pp. 55~61 참조.

11 '잘못된 논리'라는 필자의 표현은 작스의 주장에 근거한 것이다. 작스는 지속가능한 개발이라는 개념이 탄생하는 데는 논리적 비약이 있었음을 지적하고 있다. 그에 따르면 원래 이 개념은 산업문명에 의해 환경문제가 야기됐다는 논의의 출발점을 놓치고 있다. 산업문명을 유지하기 위해 개발은 제3세계에까지 확대되고, 개발의 혜택을 입을 수 없었던 많은 사람들은 한층 더 격심한 빈곤에 빠져들게 된다. 그리고 빈곤이 악화될수록 사람들은 자신들이 지켜 왔던 소중한 자원을 캐내어 팔수밖에 없으며 그 결과 환경파괴가 제3세계를 뒤덮게 된다. 바로 이러한 현상을 선진국의 개발론자들은 개발을 지속하기 위한 구실로 역이용한다. 즉 환경파괴를 초래하는 원인은 선진공업국의 과잉소비가 아니라 제3세계의 빈곤에 있다는 논리다.

제대로 발견하는 데는 데일리의 연구가 큰 도움이 될 것으로 생각된다. 이 문제에 관하여 데일리가 오래전부터 천착해 왔기 때문이다.[12] 바로 이러한 측면에서 데일리의 업적은 중요하며 따라서 그에 관한 연구의 필요성 또한 자명해 보인다.

데일리를 연구해야 하는 마지막 근거는 그의 연구가 성장의 굴레에 갇혀 헤매고 있는 현 인류에게 앞으로 나아갈 방향을 제시해 주고 있다는 점에서도 찾을 수 있다. 현대인들은 여전히 성장강박증에 빠져 성장이 없으면 미래가 곧 파탄 날 것으로 두려워한다. 그리하여 성장론자들은 지속가능한 성장이라는 달콤한 표현으로 지속적인 성장이 현실화될 것처럼 현대인들을 안도시키며 실상을 숨기려 한다.

하지만 데일리는 그들을 성장 마니아라 부르며 그들 주장의 이면에 놓인 전제들을 들춰내어 비판한다. 더불어 데일리는 과학적 근거를 토대로 더 이상의 성장은 불가하다고 단언하면서 성장 없는 발전을 대안으로 제시한다. 이러한 데일리의 주장은 끊임없는 성장만을 꿈꾸는 현대인들에게 과연 우리의 삶이 이대로 지속

환경파괴의 원인이 빈곤에 있다는 이러한 핑곗거리에다 개발은 빈곤을 치유해 준다는 종전의 논리가 결부되어 개발이야말로 환경보전을 위한 지름길이라는 해석이 생겨났는데, 이야말로 놀라운 논리의 비약이라고 작스는 주장하고 있다. *Ibid.*, p. 60 참조.

12 데일리는 브룬틀란위원회의 지속가능한 개발·발전에 대한 개념 정의가 위험할 정도로 막연하다고 지적한다. 이처럼 막연하기에 이 표현은 누구나 즐겨 쓰지만 그 의미에 대해 물으면 아무도 확신에 찬 대답을 못 한다고 말한다. *Beyond Growth*, pp. 1~2 참조.

돼도 좋은지에 대한 반성을 촉구하고 있다는 면에서 큰 효과를 발휘할 수 있다고 본다.

3. 데일리와 세 학자의 관계

데일리는 1938년, 미국 텍사스주에서 철물점을 가업으로 하는 부모하에서 태어났다. 불운하게도 그는 제2차 세계대전의 종전해인 1945년 일곱 살 때 소아마비에 걸린 이후로 왼쪽 팔의 자유를 잃었다. 하지만 이러한 신체적 핸디캡이 그로 하여금 학문에 뜻을 두게 만들었고 오늘날의 훌륭한 학자로 성장케 해주었다.

그는 1960년 라이스대학교에서 학부 교육을 마친 후 밴더빌트대학교 대학원에 진학하였고, 1967년 동 대학원에서 박사 학위를 받았다. 이듬해인 1968년부터 1988년까지는 루이지애나주립대학교에서 경제학을 가르쳤다. 그 후 1994년까지 세계은행 환경부문 수석 경제전문가로 봉직했고, 같은 해에 메릴랜드대학교 교수가 되었으며 현재는 명예교수로 재직 중이다.[13]

경제학자인 데일리가 환경문제에 관심을 기울이게 된 것은 1960년대 후반 미국의 사회 상황과 관련이 깊다. 이와 관련된 그의

---

13 John Attarian, "Herman Daly's Ecological Economics: An Introductory Note", *The Social Contract Press*, vol. 13, no. 3, Spring 2003 참조.

말을 직접 들어 보면 이렇다.

운동을 못해 따돌림당하고 차별받았지만 하나님에 대한 신앙심을
지주로 '몸을 쓰는 일은 할 수 없으니 학자가 되자'고 마음먹었다.
부모님은 아주 무리를 해가며 나를 대학에 보내 주었다. 미국 사회
가 종전 후의 호경기로 끓던 시절이었다. '경제학은 모두를 풍요롭
고 행복하게 해줄 것'이라 믿고 망설임 없이 전공으로 택했다. 하
지만 대학교수가 됐던 1960년대 후반은 미국사회 전체적으로 공
해나 자연파괴가 급속히 진행되던 시기였다. '물건은 넘쳐흐르고
있었다. 하지만 미국인은 진정 풍요로워졌는가?' 하는 의문이 점
점 커지기 시작할 무렵 공해 문제를 날카롭게 고발한 레이첼 카슨
의 『침묵의 봄』을 읽었고, 아폴로호가 보내온 푸른 지구의 사진을
보았다. '지구는 거대한 그러나 닫힌 우주선이었다. 인간은 이 유
한한 공간에서밖에 살 수 없다. 지구환경을 지키는 것은 목숨을 지
키는 일이다.' 이러한 사실을 인식했을 때 지구환경을 희생 삼아
물질적 번영을 추구하고 있는 경제학자의 한계를 깨닫게 되었다.[14]

우리 모두에게 풍요와 행복을 안겨 줄 것으로 믿고 경제학
을 전공으로 택한 데일리는 교수로서의 본격적 활동을 펼 무렵인
1960년대 후반, 미국사회가 풍요롭긴 했으나 환경문제에 직면하

---

14 Daly, 「地球を語る」, 『京都新聞』, 1997. 11. 6.

는 걸 보면서 진정한 풍요란 무엇인가 하는 고민에 빠졌고, 이 무렵 『침묵의 봄』과 아폴로호의 지구 사진이 그로 하여금 생태경제학에 관심을 두게 만들었다는 얘기다. 그러니까 데일리가 환경문제에 관심을 두게 된 것은 그 역사가 아주 깊다는 것을 알 수 있다. 1960년대 후반부터 오늘에 이르기까지 약 50여 년간 생태경제학자로서의 길을 걸어왔으니 그 긴 내력만큼이나 이 분야에선 그 조예또한 아주 깊다고 할 수 있을 것이다.

여기서 주목해야 할 점은 데일리의 주장이 보통의 경제학자들과는 다르다는 점이다. 인류가 겪고 있는 빈곤이나 실업, 환경문제 등을 해결하는 데는 경제성장이 만능이라고 믿는 것이 대다수 경제학자들의 일반적 사고라 할 수 있다. 하지만 데일리는 지구 전체적 관점에서 봤을 때 경제성장이 모든 문제를 해결할 수는 없는 시대에 이미 접어들었다고 본다. 이제는 경제성장을 논할 게 아니라 정상상태경제를 논하고 이를 위해 고민해야 한다는 주장이다. 그런데 이 정상경제론이 데일리의 독창적 이론은 아님에 유의할 필요가 있다. 데일리는 자신의 정상경제론이 어떤 과정을 거쳐 형성되었는지를 이렇게 밝히고 있다.

나도 처음에는 성장경제를 신봉하는 경제학자의 한 사람이었어요. 지금도 많은 사람들이 그렇듯이 '경제성장이야말로 다양한 문제에 대한 주된 해결책'이라고 믿고 있었습니다. 그러한 나의 사고를 변화시킨 데는 몇 가지 요인이 있습니다.

하나는 고전파 경제학을 공부했던 점입니다. 존 스튜어트 밀을 비

9장·허먼 데일리 1

롯하여 고전파 경제학자들은 '좋든 싫든 관계없이 장래는 정상경제를 향해 나아간다'고 믿고 있었습니다. 심지어 밀은 '정상경제는 필요할 뿐 아니라 바람직하다'고까지 생각했습니다. 지금의 미국에서는 경제학을 배우더라도 이러한 고전파 경제학은 커리큘럼에 들어 있지 않습니다. 그래서 '정상경제'라는 사고방식을 마주하지 못하는 것입니다. 그러나 내가 공부할 때는 그러한 교육이 있었으므로 정상경제라는 사고방식이 있음을 알 수 있었습니다.

두 번째는 다양한 환경 면에서의 대가에 대해 알았던 점입니다. 1960년대, 레이첼 카슨의 『침묵의 봄』 등을 읽고 큰 영향을 받았습니다.

세 번째는 니콜라스 조제스쿠-뢰겐의 '열역학 제2법칙, 요컨대 엔트로피법칙이 경제 안에서 무엇이 가능한지를 결정한다. 경제 안에서 증가하는 엔트로피는 경제가 달성·유지할 수 있는 규모를 제약하게 된다'라는 사고방식과 만나고 큰 영향을 받았던 것입니다.

그리고 또 한 가지 1967년부터 2년간 브라질에서 경제학을 가르쳤던 점입니다. 그래서 가뭄이나 물 부족, 무서운 인구폭발을 목전에서 직접 봤던 것도 나에게 큰 영향을 주었습니다.

이러한 다양한 것들로부터 나는 정상경제에 관심을 갖게 되었습니다. 지구는 유한하고 인간은 그 하위체계이므로 언젠가는 성장을 중단해야 한다고 생각하게 됐던 것입니다. 진보란 양적 증가가 아니라 질적 향상이다, 요컨대 성장growth에서 발전development으로, 생각이 바뀌어 갔습니다. 1965년부터 67년경의 일이었습니다.[15]

이상의 내용을 보면 데일리의 정상상태경제론은 고전파 경제
학자, 레이첼 카슨, 조제스쿠-뢰겐 등의 학자와 더불어 경제학자로
서의 환경에 대한 체험과 자각 등이 복합적으로 작용하여 탄생한
결과물임을 알 수 있다. 카슨의 『침묵의 봄』과 브라질에서의 직접
적 환경체험이 환경의 소중함을 일깨워 주었다면 고전파 경제학자,
조제스쿠-뢰겐 등은 데일리의 생태경제론을 형성하는 데 이론적
으로 큰 영향을 끼친 것으로 보인다.

　　더불어 데일리의 생태경제론에 영향을 끼친 또 한 명의 학자
로 볼딩을 빼놓을 수 없을 것으로 본다. 위의 첫 번째 인용문에서
볼 수 있는 '지구는 우주선'이라는 표현이 이를 입증해 준다. 세계
적 경제 호황기였던 1960년대부터 한정된 지구가 무한정 성장할
수 있는지 걱정하던 이들은 우주선 지구호라는 표현을 썼다. 지구
는 우주에 떠 있는 한 척의 우주선이고 우리는 모두 우주선 지구호
의 승객이라는 관점이다. 이 표현을 썼던 대표적인 경제학자가 바
로 볼딩이었다.

　　데일리의 환경사상을 제대로 이해하고 평가하려면 그 사상의
기초가 된 위 세 학자의 환경사상에 대해 살펴보는 일이 필수적일
것이다.

---

15 Daly·枝廣淳子, 『「定常経済」は可能だ!』, 東京: 岩波書店, 2015, pp. 17~18.

4. 데일리 생태경제사상의 형성 배경

1) 밀의 정상상태론

고전파 경제학자들은 경제발전이 이루어지면 그에 따라 이윤율 저하 경향이 나타난다고 보았다. 또 그들은 이윤율이 계속하여 하락하면 결국 투자와 저축이 감소할 것이고 이는 자본 축적의 정지로 이어지며 인구증가도 정체할 것으로 내다봤다. 요컨대 경제발전이 지속되면 결국에는 더 이상의 자본 축적뿐만 아니라 인구증가 또한 이뤄지지 않는 정상상태에 이르게 된다는 것이 그들의 공통된 결론이었다.

밀 역시 경제발전의 종착역이 정상상태임은 인정하였으나 그 상태에 대한 가치평가에선 의견이 달랐다. 스미스, 맬서스, 리카도 등은 정상상태가 경제발전이 중단된 바람직하지 못한 상태라고 우려하면서 이 상태의 도래를 뒤로 미루는 방책에 대해 두루 고민하였다. 하지만 밀은 인류의 진보라는 관점에서 봤을 때 정상상태를 비관적으로 받아들일 필요는 없다고 보았다.[16]

> 나는 정상상태가 우리의 현재 상황에 비해 전체적으로 상당히 향상된 상태일 것이라고 믿는다. … 그것은 더 높은 곳을 향한 열망과 영웅적 덕목들을 파괴하지는 않기 때문에 쇠퇴의 징후라기보다

---

16 이근식, 『존 스튜어트 밀의 진보적 자유주의』, 기파랑, 2006, 154~155쪽 참조.

는 성장의 발현이다.[17]

정상상태란 더 나은 진보를 향한 성장의 발현인 만큼 이를 두려워할 게 아니라 오히려 바람직한 상태로 받아들여야 한다는 주장이다.

그렇다면 밀이 다른 고전파 경제학자들과 달리 자신만의 독특한 주장을 펴는 근거는 무엇인가? 그것은 밀이 정상상태를 안정된 국민소득과 고른 소득분배 등 이상향의 구현을 위한 여건의 성숙으로 보았기 때문이다.[18] 밀은 자신이 지향하는 이상적 상태를 이렇게 표현하고 있다.

인간 본성을 위한 최선의 상태는 아무도 가난하지 않고 그래서 누구든지 더 많이 가져 부유해지고 싶지 않으며, 또 타인들의 앞질러 가려는 노력에 의해 내밀리는 것을 두려워할 이유도 없는 상태다 (『정치경제학 원리 4』, 93쪽).

이상적인 정상상태를 위해서는 더 많은 부를 가지려 하지도 않고 부를 쌓기 위해 더 이상의 경쟁도 하지 않을 정도로 고른 분배가 이루어져야 함을 강조하고 있다. 이와 더불어 밀은 더 나은 분배

---

17 존 스튜어트 밀, 『정치경제학 원리 4』, 박동천 옮김, 나남, 2010, 92쪽.

18 장오현, 「사회진보와 복지에 관한 존 스튜어트 밀의 사상」, 조순 외, 『존 스튜어트 밀 연구』, 민음사, 1992, 53쪽 참조.

9장 · 허먼 데일리 1

를 위해선 인구억제, 특히 선진국에서의 엄격한 인구억제가 필수적임을 역설한다. 인구는 협력과 상호교류에 적당한 정도면 되는데, 인구밀도가 높은 나라들은 이미 이러한 단계에 도달한 만큼 인구억제에 나서야 한다는 것이다. 특히 밀은 자연개발과 연관시켜 인구증가를 강력 비판한다.

> 모든 땅이 인간의 식량공급을 위해 경작되고, 꽃 피는 황무지와 초원이 모두 쟁기질당하고, 인간의 식용으로 사용하기 위해 집에서 키우는 가축 이외의 모든 야생동물과 새들이 사라지고, 모든 관목과 여분의 나무들은 뿌리 뽑히고, 개량된 농업이란 이름으로 재배되지 않으면 야생의 나무들과 꽃들이 자랄 수 없는 세상, 즉 자연의 자생적인 활동이 다 제거된 그런 상태의 세상을 구상해서는 별로 만족이 없다(앞의 책, 95쪽).

부와 인구의 무한 증가는 자연을 착취하고 개발할 수밖에 없게 만드는 근원적 요인이 되므로 이는 결코 바람직하지 않다는 것이다. 따라서 밀은 우리의 후손들이 자신들의 의지와는 상관없이 그러한 상태로 강제되기 훨씬 이전에, 현세대들에게 정상상태에 만족할 수 있기를 바라고 있다(앞의 책 참조). 자본과 인구가 정지된 상태라고 하면 사람들은 두려워할지 모른다. 하지만 밀은 이를 불식하기 위해 이렇게 말하고 있다.

> 자본과 인구의 정지상태라고 해서 인간적 향상이 정지된 상태를

함축하지 않는다는 점은 지적할 필요도 없다. 모든 종류의 정신적 교양이나 도덕적·사회적 진보를 위한 여지가 있음은 종래와 변한 것이 없으며, 또 인간적 기술을 개선할 여지도 종래와 달라진 게 없을 것이다. 그리고 기술이 개선될 가능성은 인간의 마음이 입신 영달의 계략에 빼앗기는 것을 그만두기 때문에 훨씬 커질 것이다 (앞의 책, 96쪽).

자본과 인구의 정상상태가 인류발전의 침체를 의미하지 않으며, 그러한 상태하에서도 도덕과 기술은 얼마든지 개선될 여지가 있다는 주장이다. 요컨대 밀이 주장하는 정상상태란 '인구와 물적 자본은 제로성장 상태이지만 도덕과 기술은 지속적으로 향상되는 상태'라 할 수 있다. 환언하면 성장 없는 발전, 양적 증가 없이 질적 향상이 이루어지는 상태라고도 할 수 있을 것이다.

물론 밀이 주장하는 정상상태는 아직 실현되지 않은 이상적 사회다. 하지만 그는 다음과 같은 사회제도의 개혁과 사회구성원들의 사고전환이 이뤄진다면 이상사회는 현실로 다가올 수 있다고 보았다. 교육을 통하여 인구억제가 자발적으로 이루어지고, 기업활동의 자유와 직업선택의 자유 등 공정한 경쟁질서가 확립되며, 현존하는 부의 세습, 특히 토지와 같은 사유재산제도의 문제점이 충분히 개선될 수 있다면 그리고 소비자의 교육과 노사관계의 개선 등에 공정한 조정자로서의 정부의 역할이 수행될 수 있다면, 이러한 사회에서 부와 소득의 불균형은 크게 문제되지 않을 것이며, 또한 이러한 제도 개선이 가능하다고 보았다(「사회진보와 복지에 관한 존 스튜어트 밀의 사상」, 54쪽 참조).

2) 볼딩의 우주선 지구호 경제론

볼딩에 따르면 모든 사회는 세 가지 상태 중 하나에 처해 있다. 세 가지 상태란 ① 전진상태, ② 정상상태, ③ 쇠퇴상태를 가리킨다. 여기서 주목할 점은, 전진상태와 쇠퇴상태 양자는 그 어떤 경우에도 전진 또는 쇠퇴의 속도가 언젠가는 '제로'까지 떨어짐으로써 정상상태에 이른다는 것이다.[19]

밀은 이 정상상태를 긍정적으로 보았으나 애덤 스미스는 그 상태가 '침체된' 상태가 될 것으로 내다봤다. 고전파 경제학자 누구나가 침체상태가 우울하다는 점에서는 애덤 스미스와 같은 의견이었을 것으로 보이나, 그들 중 누구도 전진상태가 오랫동안 지속되리라고는 믿지 않았다. 모든 전진상태는 언젠가 끝나고 정상상태로 접어들 것으로 내다봤던 것이다(앞의 책, 105~106쪽 참조).

볼딩에 따르면 인류는 지금 인구와 인공물 양쪽 모두 증가하고 있다는 인식하에 이른바 '폐쇄의 위기', 즉 아직도 꽤 크다고는 하지만 결코 무한하진 않은 생태적 적소niche(생태조건을 갖춘 장소)에 대한 폐쇄 위기를 체험하고 있다. 볼딩은 이러한 위기를 지적하면서 인류는 이제 우주선 지구호와 타협하지 않을 수 없음을 강조하고 있다.

---

19 K. E. 볼딩 외, 『제로 성장사회』, 박동순 옮김, 삼성문화재단, 1975, 105쪽 참조.

지구라는 '감옥의 그림자'가 지금 우리를 에워싸려 하고 있으며 우리는 이미 수십만 년 동안이나 계속되고 있는 확대 과정이 역사적 시간으로 측정한다면 그야말로 이제 곧 끝난다는 사실을 인식하고 있다. 이 확대 과정은 앞으로 100년이면 끝날지 모르며 경우에 따라선 그보다 약간 오래 계속될지 모른다. 그러나 상상할 수 있는 가장 낙관적인 조건하에서조차 현재의 확대 과정은 그렇게 오래 지속될 리 없다. 인류는 '우주선 지구호', 즉 모든 물질이 재순환되지 않으면 안 되는 그리고 궁극적으로는 태양이 유일의 에너지원이 되는 경제와 타협하지 않으면 안 될 것이다(앞의 책, 107쪽).

다행히도 인류는 오랜 기간 동안 성장과 확대 속에서 살아왔지만 인구증가, 자원고갈, 환경오염의 증대라는 악마들로 인해 더 이상 성장할 수 없는 만큼 이제는 제로성장경제, 곧 정상상태의 경제로 나아가야 한다는 주장이다. 이러한 주장의 이면에는 우주선 지구호는 무한정 열린 세계가 아니라 닫힌 세계라는 전제가 깔려 있다. 닫힌 세계가 제대로 운영되려면 투입과 산출이 균형 있게 작동해야 한다. 인류는 그동안 성장과 확대를 위해 한정된 자원을 끊임없이 사용(투입)해 왔고, 그 결과 과다 오염물질을 배출(산출)해 왔다. 이미 투입과 산출 모두 다 균형을 상실한 상태에서 작동하고 있는 만큼 이제 더 이상 인류사회는 성장을 부르짖을 수 없게 되었다는 주장이다.

볼딩에 따르면 이제 남은 길은 '우주인경제'를 받아들이는 것이다. 볼딩은 우주인경제를 부각시키고자 이를 카우보이경제와 대비시켜 설명하고 있다.

> 카우보이경제란 열린 지구가 필요로 했던 열린 경제를 가리킨다.
> 카우보이는 광대무변한 평원의 상징이며 또한 열린 사회의 특징을
> 이루는 무모하고 착취적인 그리고 낭만적이면서 난폭한 행동과도
> 결부돼 있다.[20]

　카우보이경제는 지구자원이 무한하다는 전제 위에서 지구를
무한히 착취 가능한 미개지로 여기는 현대 경제를 가리킨다. 그러
나 볼딩에 따르면 현재의 지구환경 문제는 기존의 지구관에 의문
을 제기하게 만들었다. 그리하여 볼딩은 카우보이경제 대신에 우
주인경제를 채택해야 함을 주장하고 있는 것이다. 우주인경제는
닫힌 지구, 곧 자원의 유한성을 전제한다. "거기에선 지구가 … 하
나의 우주선이 되며, 따라서 인간은 물질 형태의 연속적인 재생 능
력을 가진 순환적인 생태 시스템 속에서 자신의 거처를 찾아야 한
다(Ibid.)."
　이 두 가지 타입의 경제 간 차이는 소비에 대한 태도에서 극명
하게 드러난다. 카우보이경제에서는 소비와 생산은 모두 다 좋은
일로 간주되며 장려된다. 경제의 성공도는 보통 처리량throughput의

---

20 K. E. Boulding, "The Economics of the Coming Spaceship Earth", *Beyond Economics*,
　Ann Arbor: University of Michigan Press, 1968, p. 281.

양(원자재 투입을 시작으로 상품생산이 이뤄지고 마침내 폐기물로 처리되는 유량)으로, 곧 생산요소로서 소비되는 자원의 양으로 측정된다. 이 물질적 처리량의 총량을 화폐로 표시한 지표가 국민총생산GNP이다. 카우보이경제에서는 그 목표를 GNP, 곧 천연자원의 소비를 극대화하는 데 둔다(Ibid.).

반면에 우주인경제에서의 1차적 관심사는 저량stock(천연자원의 재고)의 유지·보존이다. 따라서 여기에서는 물질적 처리량을 극소화하려 한다. 그리고 주어진 총 스톡을 보다 적은 처리량으로 (즉 보다 적은 생산과 소비로) 유지할 수 있는 결과를 초래하는 기술적 변화는 전부 이익으로 간주된다. 생산과 소비 모두는 좋은 것이 아니라 오히려 나쁜 것으로 여겨진다. 그러기에 볼딩은 "우주인경제에서는 처리량의 부족이 통감되는 일이 결코 없으며, 처리량은 최대화보다는 최소화되어야 할 어떤 것으로 간주된다(Ibid., pp. 281~282)"라고 말한다. 경제의 성공도를 측정하는 본질적 척도 역시 생산과 소비가 아니라 이 시스템 속에 포함돼 있는 인간의 육체나 정신상태를 포괄한 총 자본스톡의 성질, 범위, 품질 그리고 복잡성 등에 달려 있다.

볼딩의 연구에서 빼놓을 수 없는 또 한 가지 중요한 개념은 엔트로피 현상이다. 그에 따르면 에너지 시스템은 불행하게도 열역학 제2법칙이라는 냉혹한 법칙으로부터 피할 방도가 없다(Ibid., p. 279 참조). 이 법칙에 따르면 열에너지는 늘 뜨거운 물체에서 차가운 물체로 흐르고 결코 그 반대는 있을 수 없다. 게다가 기계에너지는 열로 변환되지만 열은 기계에너지로 온전히 되돌아가지 못한다. 이 법칙이 가르쳐 주는 바는 지구에 새로운 에너지원을 가져오지 않는 한 기존의 에너지 공급은 엔트로피로 인해 감소할 수밖에 없고 결국은 두절되고 만다는 것이다. 따라서 이론적으로는 엔트로피에 의해 문명의 진보가 절대적으로 제한된다.

볼딩의 주장 가운데 놓쳐선 안 될 또 한 가지 사항은 시간 할인과 불확실성 할인 문제다. 현재의 환경문제는 미래의 후손들과도 긴밀하게 연관돼 있다. 자원고갈이나 환경파괴는 미래세대의 생존 가능성을 해치는 행위인 만큼 미래세대를 염두에 두지 않을 수 없다. 하지만 현세대는 미래세대의 비중을 자신과 동등하게 두지 않는다. 미래세대는 시간적으로 멀리 떨어져 있고, 또 그만큼 불확실한 존재들이라는 이유에서다. 가령 우리가 후손들에게 투표권을 주는 경우가 그렇다. 만약 할인율이 연 5퍼센트라 한다면 후손들의 1표 또는 1달러는 매 14년마다 반감하게 되고, 100년이 지난 후에는 아주 적은 것이 되고 만다. 즉 1달러에 불과 1.5센트밖에 안 된다. 불확실성을 이유로 시간 할인율에 5퍼센트를 더한다면 후손세대의 투표권은 거의 무의미한 것이 돼 버린다(Ibid., p. 284 참조).

현세대와 미래세대는 동일한 정도의 선택 가능성을 갖고 있지 않다. 현재가 욕심부리면 미래는 그만큼 빈약해진다는 제로섬 구조로 돼 있기 때문이다. 그럼에도 경제성장이 모든 국가들의 목표가 되고 있다. 경제성장이 이뤄질수록 미래세대는 생존의 위기에 다가서는데도 사람들은 성장에 희망을 걸고 있는 것이다. 현세대는 마치 "우리는 내일 일을 걱정하지 말고"(「마태오복음」, 6:34), "죽은 자들의 장례는 죽은 자들에게 맡겨 두게 하라"(앞의 글, 8:22)

는 신약성서의 구절처럼 미래의 문제는 미래에 맡겨 두자는 사고
에 젖어 있다("The Economics of the Coming Spaceship Earth", p. 284
참조). 그래서 볼딩이 주장하는 우주인경제는 아직은 훨씬 먼 미래
의 일로 간주하는 것이다.

하지만 볼딩은 이와 같은 방식에 결코 동의할 수 없다고 말한
다. "나는 예전부터 내일 일을 걱정해 온 사람으로서 이와 같은 해
결방식을 결코 받아들일 수 없다. 더군다나 '내일'은 매우 가까이에
있을 뿐만 아니라 많은 점에서 이미 여기까지 와 있다. 실제로 미래
의 우주선 그림자는 우리의 돈을 헤프게 쓰는 환락 위에 떨어져 내
리고 있다(Ibid., pp. 284~285)." 우주인경제는 미래의 일이 아니라
지금 당장 우리가 받아들여야 할 명령이라는 주장이다.

3) 조제스쿠-뢰겐의 생태경제론

데일리의 환경사상에 가장 큰 영향을 끼친 것으로 여겨지는 이는
조제스쿠-뢰겐(이하 뢰겐)이다. 그는 수리경제학 분야에서 큰 족적
을 남긴 한편, 1950년대 후반 무렵부터는 생태경제학에 관심을 쏟
기 시작하였다. 생태경제학에 관한 그의 주장이 담겨 있는 대표적
인 저서는 『엔트로피와 경제』*The Entropy Law and the Economic Process*다. 이
책의 제목에서도 드러나듯 생태경제학에 관한 그의 주된 관심은
엔트로피 증가법칙과 경제와의 관계에 있었다.

먼저 뢰겐은 자신의 주장을 펴기에 앞서 기존의 주류경제학이
안고 있는 문제점을 지적하고 있다. 주류경제학은 역학 모형에 의
거하고 있는데 바로 이 사실에 문제가 있다는 것이다. 역학 모형은

기본적으로 시간에 대해 독립적인 법칙과 질에서 자유로운 구조를 전제한다. 따라서 그것은 양적 변수들의 크기나 그 관계에 관심을 두며, 더구나 이 변수들은 시간에 대해 가역적인 것으로 간주한다. 여기서 경제과정은 자연과 사회로부터 독립적이며, 그래서 영향을 주고받지 않는 순환과정으로 인식된다.[21]

뢰겐은 이와 같은 주류경제학의 역학적 인식방법이야말로 일종의 신화라 부르며, 이를 네 가지로 나누어 맹비판하고 있다. 첫째는 인간은 에너지를 일절 쓰지 않으면서 물체를 움직일 수 있다는 신화다. 둘째는 같은 에너지를 반복적으로 쓸 수 있다는 신화다. 셋째는 인간은 새로운 에너지 자원이나 그것을 활용하는 새로운 방법의 발견에 의해 영원히 계속해서 성공할 수 있다는 신화다. 그리고 넷째는 정상적 세계 혹은 인구의 제로성장이 달성되면 인류의 생태학적 투쟁은 끝나게 된다는 신화다(*Energy and Economic Myths*, p. 5 참조).

주류경제학에 대한 이와 같은 비판을 토대로 뢰겐은 자신의 주장을 전개해 간다. 그의 주장을 이해하는 데 요구되는 키워드는 이른바 열역학법칙이라 할 수 있다. 이 법칙은 에너지보존법칙과 엔트로피법칙으로 구성된다. 전자가 물질과 에너지의 교환과정에서 에너지의 총량에 변화가 없음을 의미한다면, 후자는 그 과정이

---

21 Nicholas Georgescu-Roegen, *Energy and Economic Myths*, New York: Pergamon, 1976, pp. 6~7; 이상호, 「조지스큐-로이젠의 생명경제학과 플로우-펀드 모델」, 『經濟學硏究』 제56집 4호, 한국경제학회, 2008, 205쪽 참조.

저엔트로피 상태에서 고엔트로피 상태로 한쪽으로만 흐르는 비가역적 과정임을 뜻한다. 이 가운데 뢰겐은 특히 후자를 중시한다. 이 법칙을 통해 경제활동과 비가역적인 엔트로피 흐름 간의 관계를 해명할 수 있기 때문이다.

경제활동은 자연환경으로부터 저엔트로피 상태의 물질이나 에너지를 채취하여 지속적으로 이용함으로써 이뤄지며 결과적으로 고엔트로피 상태의 물질을 배출하게 된다. 경제활동에는 고엔트로피화의 과정이 필연적으로 수반된다는 것이다. 저엔트로피 상태의 에너지가 언제든 이용 가능한 자유 에너지에 해당한다면 고엔트로피 상태의 에너지는 한계 에너지, 곧 폐기물에 해당한다. 경제활동은 자유 에너지를 한계 에너지, 곧 폐기물로 전환하는 과정이기에 비가역적일 수밖에 없다. 이러한 비가역성은 물질과 에너지의 질적 차이를 유발한다. 자유 에너지와 폐기물은 에너지의 크기 면에선 동일할지 모르나 결코 동질적이지 않다. 질서와 무질서, 이용 가능성과 이용 불가능성이라는 완전히 이질적 성격을 가지고 있기 때문이다.

뢰겐에 따르면 경제활동은 지속적인 엔트로피의 상승, 곧 자원고갈과 끊임없는 폐기물의 배출을 초래하므로 부단한 경제성장은 불가능하다. 그럼에도 불구하고 성장지상주의는 자연환경이 성장을 제약할 수 있다는 측면을 간과하며, 설령 이러한 측면이 있다 해도 기술혁신으로 얼마든지 이겨 낼 수 있다고 믿는다. 하지만 열역학법칙은 기술혁신으로 극복할 수 있는 사안이 아니다. 기술혁신을 통해 새로운 기술이 고안되었다 해도 그 새로운 기술을 적용하는 과정에서 물질이나 에너지를 소비하지 않을 수 없기 때문이다. 성장지상주의는 결국 지속적으로 자원을 고갈시킴으로써 자원을 둘러싼 사회적 갈등 또한 더욱 악화시킬 수 있다. 이러한 문제를 극복하려면 경제활동을 자연자원의 수용 능력에 맞춰 조절할 필요가 있다. 뢰겐의 생태경제학은 바로 이러한 관점에서 출발한다.

인간은 삶을 유지하기 위해 경제활동이 불가피하다. 하지만 자연자원이 한정된 만큼 경제활동은 언젠가 한계에 봉착한다. 이러한 한계에서 벗어나려면 천연자원을 어떻게 지속적으로 확보할 수 있는가 하는 문제에 직면하게 되는데 뢰겐의 생태경제학의 주요 과제는 바로 여기에 있다. 이에 대한 대안으로 뢰겐은 태양에너지에 기초한 기술과 경제구조를 확보하는 방안을 제시한다. 태양에너지에 근거한 기술이야말로 생태친화적 기술로 인류사회를 지속가능하게 해준다는 것이다(*Ibid.*, pp. 25~28; 「조지스큐-로이젠의 생명경제학과 플로우-펀드 모델」, 156~157쪽 참조).

뢰겐이 태양에너지에서 대안을 찾는 근거는 이렇다. 첫째는 지구상의 모든 생명체가 태양에너지에 의지하여 살아가지만 아직까지는 그 일부만을 이용하고 있기에 앞으로 더욱더 활용할 여지가 충분하다는 점이다. 둘째는 태양에너지가 환경오염물질을 배출하는 화석연료와는 달리 무공해 청정에너지라는 점이다. 그리고 셋째는 저량인 화석연료와 달리 태양에너지는 유량flow이기 때문에 전자와 같이 고갈될 위험이 없다는 점이다.[22]

이처럼 태양에너지가 유용하다면 그다음의 과제는 이 에너지에 기초한 경제구조를 마련하는 일이다. 이 과제는 결코 쉽지 않지만 뢰겐은 생태경제를 위한 프로그램, 곧 기본 원칙을 다음과 같이 제시한다.

① 사회적 갈등을 증폭시킬 수 있는 전쟁 그 자체뿐만 아니라 모든 전쟁의 도구 생산을 완전히 중단해야 한다. ② 경제개발은 엔트로피 상승을 최소화시키는 범위 내에서 이루어져야 하며, 이를 위해 선진국은 후진국에 자본과 기술을 원조해야 한다. ③ 인구는 오직 유기농법에 의해서만 유지될 수 있는 수준으로 억제돼야 한다. ④ 태양에너지를 직접 사용할 수 있을 때까지 모든 에너지의 낭비는 엄격히 규제돼야 한다. ⑤ 사치품의 생산 및 소비를 억제해야 한다. ⑥ 패션산업을 철폐하고 제품의 내구성 중심으로 제조업을 재편해야 한다. ⑦ 내구재는 수리 가능하도록 디자인함으로써 내구성을 더욱 강화해야 한다. ⑧ 좋은 삶을 위한 많은 여가시간을 확보하고 이를 창조적인 지적 작업에 투자하도록 유인해야 한다(*Energy and Economic Myths*, pp. 33~34;「조지스큐-로이젠의 생태경제학과 시장 비판」, 101쪽 참조).

위 사항들의 공통분모를 추려 낸다면 자원개발·에너지 사용의 억제를 통한 엔트로피 상승의 최소화라 할 수 있다. 요컨대 뢰겐이 추구하는 생태경제학은 태양에너지에 기초한 경제구조를 이상적인 대안으로 추구하면서 현실적으로는 엔트로피 상승을 억제하

---

22 *Energy and Economic Myths*, pp. 25~26: 이상호,「조지스큐-로이젠의 생태경제학과 시장 비판」,『경제학의 역사와 사상』5호, 나남, 2002, 97쪽 참조.

거나 최소화하는 방법을 모색하는 것으로 요약할 수 있다.

뢰겐의 생태경제학은 기본적으로 열역학법칙에 기초를 두고
있다. 따라서 이 법칙을 무시한 채 경제활동을 설명하는 것은 설득
력을 상실한다. 바로 이러한 관점에서 뢰겐은 맬서스와 그 후계자
들을 비판한다.

맬서스는 인구법칙을 통해 인구와 식량의 양적 균형을 중시한
다. 인구는 결코 식량 수준 이상으로 증가해선 안 된다고 보기 때문
이다. 로마클럽으로 대표되는 신맬서스주의자들은 이러한 균형관
을 생태계 문제에 적용한다. 이들은 이 균형관을 인구와 식량의 관
계를 넘어 인구, 자연환경, 경제성장의 관계로 확대한다는 점에서
맬서스와 다르다. 맬서스에겐 과잉인구가 인간사회를 위협하는 재
앙이라면, 신맬서스주의자들에겐 과잉인구뿐만 아니라 무한한 경
제성장 역시 인간사회·자연환경을 위협하는 재앙이 된다. 따라서
신맬서스주의자들은 균형성장 또는 제로성장·안정상태를 생태계
문제의 해법으로 제시한다. 이른바 '성장의 한계'나 '지속가능한
발전' 역시 바로 이러한 맥락에서 제시된 것이라 할 수 있다.[23]

그러나 뢰겐은 이러한 대안들은 물리적으로 불가능하다고 본
다. 균형성장이나 지속가능한 발전은 물론 제로성장이나 안정상태
조차 일정 기간 동안은 가능할지 모르나 장기적으로는 지속될 수

---

23 *Energy and Economic Myths*, pp. 22~23; 이상호, 「생태경제학과 탈성장」, 『기억과 전
망』 제34권, 민주화운동기념사업회, 2016, 158~159쪽 참조.

없다고 보기 때문이다. 따라서 그는 안정상태나 지속가능한 발전
이 아니라 성장률이 감소하는 상태, 곧 마이너스 성장을 유일한 대
안으로 제시하고 있다(*Energy and Economic Myths*, pp. 24~25; 「생태경
제학과 탈성장」, 159쪽 참조).

4) 3인 사상의 공통점과 그 영향

앞 절에서는 데일리의 생태경제사상 형성에 영향을 준 3인의 사상
에 관하여 들여다보았다. 그렇다면 다음의 과제는 3인의 사상 가운
데 구체적으로 어떤 점이 데일리에게 영향을 주었는지, 이를 밝히
는 일이다. 이를 위해 3인이 주장하는 각 사상의 핵심을 정리하면
서 공통점을 추상해 낸 후, 그것이 데일리의 이론 형성에 어떻게 반
영되고 있는지를 살피고자 한다.

　데일리의 생태경제사상이 형성되는 데 가장 먼저 영향을 준
것은 밀이었다. 밀은 다른 고전파 경제학자들처럼 경제성장이 지
속되면 결국에는 더 이상의 자본 축적이 불가능한 정상상태에 이
른다고 보았다. 하지만 정상상태에 관한 평가에선 의견이 달랐다.
다른 고전파 경제학자들은 정상상태를 비판적으로 보았던 반면 밀
은 오히려 바람직하다고 보았다. 그에게 있어서 정상상태란 더 나
은 진보를 위한 성장의 발현이었기 때문이다. 밀에 따르면 정상상
태란 인구와 물적 자본은 제로성장이지만 도덕과 기술은 지속적으
로 향상이 이루어지는 상태다. 바꿔 말하면 성장 없는 발전, 양적
증가 없이 질적 향상이 이루어지는 상태다. 이러한 정상상태에 이
르기 위한 조건으로 밀은 자발적 인구억제, 공정한 경쟁질서의 확

립, 사유재산제도로 인한 문제점 개선 등을 들고 있다.

밀이 이러한 주장을 폈던 시점은 19세기 중엽이었다. 그의 주장이 시대를 너무 앞서간 탓이었는지 이에 관한 더 이상의 깊은 논의는 이뤄지지 않았고 단지 텍스트로만 남게 되었다. 그 이후 오랫동안 잊혔던 정상상태이론이 부활한 것은 20세기 중엽에 들어서였다. 그 부활의 주체는 다름 아닌 볼딩이었다. 그에 따르면 모든 사회는 전진하든 후퇴하든 결국엔 정상상태에 이른다. 이처럼 정상상태에 이르는 이유는 더 이상의 성장이 불가능하기 때문이다. 성장이 불가능한 까닭은 인구증가, 자원고갈, 환경오염의 악화와 같은 악마들로 인해 성장의 기반 자체가 한계에 이르기 때문이다.

볼딩에 따르면 지구는 한마디로 우주선과 같이 닫힌 세계다. 닫힌 세계가 제대로 운영되려면 투입과 산출이 균형을 유지해야 한다. 하지만 인류는 그동안 성장을 위해 한정된 자원을 과다 투입하였고, 그 결과 오염물질 또한 과다 배출해 왔다. 따라서 볼딩은 그 대안으로 카우보이경제를 포기하고 우주인경제에 따를 것을 권고한다. 카우보이경제는 지구자원의 무한성을 바탕으로 하고 있다면 우주인경제는 자원의 유한성을 전제로 한다.

뢰겐의 경제이론은 열역학법칙에 기초를 두고 있다. 그에게 있어서 경제활동은 저엔트로피 에너지를 지속적으로 활용함으로써 고엔트로피 물질을 배출하는 과정이다. 이처럼 경제활동은 지속적인 엔트로피의 상승, 곧 자원고갈과 끊임없는 폐기물의 배출을 초래하므로 부단한 경제성장은 불가능하다. 지구의 자연자원은 한정돼 있기 때문이다. 하지만 성장지상주의자들은 자연자원이 성장을 제약할 수 있다는 입장을 수용하지 않는다. 자원부족 문제도 얼마든지 기술혁신을 통해 해결할 수 있다는 믿음 때문이다. 그러나 열역학법칙은 기술혁신으로 극복할 수가 없다. 따라서 성장지상주의자들의 논리는 지속적인 자원소비를 부추기고 자원을 둘러싼 사회적 갈등을 조장할 뿐이다.

여기서 제기되고 있는 문제는 자연자원의 한계를 어떻게 해결할 것인가이다. 이에 대한 대안으로 뢰겐은 태양에너지에 기초한 기술과 경제구조를 마련할 것은 제안한다. 태양에너지는 무공해 청정에너지이고, 저량인 화석연료와 달리 유량이므로 고갈 위험 또한 없다는 이유에서다. 태양에너지에 기반한 기술과 경제구조를 통해 엔트로피 상승을 억제하거나 최소화해야 한다는 주장이다.

이상의 세 학자의 생태경제사상을 들여다보면 공통적 특징을 발견할 수 있다. 이를 정리하면 다음과 같다.

① 모든 사회의 경제는 제로성장경제에 이른다. 곧 지속적 경제성장은 불가능하다.
② 지속적 경제성장이 불가능한 것은 지구의 자연자원이 한정돼 있기 때문이다. 곧 지구는 무한정 열린 세계가 아니라 닫힌 세계다.
③ 따라서 인류가 수용해야 할 대안은 양적 성장이 아니라 질적 발전이다.

이제 이러한 공통적 특징은 데일리의 생태경제이론에 어떻게

357

반영되고 있는지를 살펴본다.

데일리도 한때는 정통경제학자의 일원으로서 경제성장을 신뢰했었다. 하지만 위에서 다룬 생태경제학의 선구자들을 만나면서 완전히 새로운 관점의 소유자로 재탄생했다. 그래서 대두한 이론이 정상상태경제이론이다. 이 이론에 따르면 경제성장은 어떤 특정한 지점에 이르면 더 이상 지속가능하지 않게 되고, 윤리적으로도 바람직하지 않게 된다. 지속가능하지 않은 이유는 성장을 위한 최종적인 생물물리적 한계를 초과하기 때문이고, 바람직하지 않은 이유는 성장의 가치보다 더 많은 것을 잃게 만드는 어떤 지점을 넘어서기 때문이다.

이에 대한 우선적인 해결 방안은 인구를 삭감하고 투입량 또한 줄이는 것이다. 인구증가와 자원소비는 자연의 자원재생 능력 및 폐기물의 흡수 능력을 초과하지 않는 범위 이내로 제한해야 한다는 의미다. 요컨대 정상상태경제이론은 지구자원은 한정돼 있는 만큼 경제구조 역시 그러한 조건에 조응하도록 패러다임을 근원적으로 재편할 것을 촉구하고 있다. 그리고 그 재편 방향은 성장 없는 발전이다.

데일리에 따르면 성장이란 생산과 소비의 경제활동을 영위하게 해주는 물질·에너지 처리량의 물리적 규모가 증가하는 것을 말한다. 처리량의 물리적 규모가 양적으로 증가한다는 것이다. 반면에 발전이란 주어진 범위 내에서 처리량이 작동하는 가운데 이루어지는 질적 개선을 의미한다. 이는 진보한 기술적 지식을 통해 또는 기술[24]의 목적에 대한 보다 깊은 이해에 의해 성취될 수 있다.

데일리는 이와 같은 질적 개선이 정상상태에선 가능하다고 본
다. 그에 따르면 정상상태는 결코 정지된static 상태가 아니다. 정상
상태에선 질적 향상은 물론이고 죽음과 탄생, 감가상각과 생산 등
에 의해 지속적 쇄신이 이루어지기 때문이다(*Beyond Growth*, p. 31 참
조). 정상상태라는 용어는 어감상 정지상태 또는 정체상태와 같은
느낌을 줄 수 있다. 하지만 데일리에 따르면 정상상태란 끊임없는
변화·쇄신과 함께 질적 향상이 이루어지는 상태다. 물론 그 이면에
는 한정된 자원으로 질 높은 재화와 서비스를 창출해 내는 진보한

---

24 사실 기술은 성장론자들이 더욱 중시한다. 기술이 진보해야 생산과 소비를 늘려
  갈 수 있기 때문이다. 그런데 정상상태경제에서도 기술의 진보는 마찬가지로 중시
  된다. 이 체제하에서도 보다 나은 재화와 서비스를 요구하는 데는 변함이 없고, 더
  구나 물질과 에너지의 투입량이 일정하기 때문에 기술의 진보야말로 질적 향상을
  낳는 중요한 원천이 된다. 경제성장에 사로잡힌 사회에서는 기술이 늘 경제의 규
  모를 키워 가는 데 사용되며, 그 결과 지구로부터 채취하여 가공하는 자원은 점점
  늘어만 간다. 기술은 경제성장이라는 목적을 위한 수단으로 활용되며, 따라서 기
  술의 타당성에 대해선 묻지 않는다. 반면에 정상상태경제에서는 경쟁력의 원천이
  '보다 많은 자연자본을 사용하는 것'이 아니라 '보다 적은 자연자본으로 질 높은
  재화와 서비스를 낳는 능력'에 있다. 기술력이 큰 열쇠를 쥐게 되는 것은 바로 이러
  한 능력 때문이다. 이와 같은 데일리의 기술 개념이 중요하다고 판단되어 필자는
  이러한 내용을 한 학술대회에서 발표한 바 있다. 그런데 당시 한 학자가 성장론자
  들이나 데일리의 기술 개념은 전혀 다르지 않고 동일하다는 주장을 펴는 것을 보
  았다. 다시 한번 강조하건대 그것은 명백한 오해이며, 데일리가 쓰는 기술의 개념
  은 성장론자들과 완벽히 다르다는 점을 이해해 줬으면 한다. 다음의 공식을 토대
  로 추가 설명하고자 한다. 자원소비량(①)=GDP(②)×자원소비량/GDP(③). 성장
  론자들은 기술의 효율화를 위해 이미 많은 노력을 기울여 왔다. 그들이 말하는 기
  술의 효율화란 ③을 개선하는 것이다. 하지만 ③을 개선하는 만큼 ②도 늘어나기
  때문에 ① 역시 늘 수밖에 없다. 그런데 데일리가 강조하는 것은 ① 자체를 줄이는
  것이다. 그러려면 ②의 증가 페이스를 상회하는 페이스로 ③을 계속해서 개선해야
  한다는 것이 데일리의 주장이다. 기술의 목적 자체가 크게 다름을 알 수 있다.

9장 · 허먼 데일리 1

기술에 대한 신뢰가 있다.

이와 같이 데일리의 정상상태경제론을 들여다보면 이 이론에는 앞서 살펴본 세 명의 선구적인 생태경제학자들의 입장이 상당 부분 반영되고 있음을 알 수 있다.

5. 요약

데일리도 처음에는 성장을 신봉하는 성장론자의 한 사람이었다. 이러한 성장론의 관점에서 벗어나 정상상태경제론이라는 정반대의 새로운 이론을 형성하는 데는 밀, 볼딩, 조제스쿠-뢰겐 등의 영향이 컸다.

먼저 밀은 과도한 경제성장의 추구는 도를 넘어선 물질적 부를 초래함으로써 도리어 인간의 마음을 황폐화할 뿐만 아니라 사회까지도 파국적인 정체(停滯)로 이끈다고 보았다. 그래서 밀은 그러한 상황으로 접어들기 이전에 적당한 단계에서 사회상태를 개선하여 이상적인 정상상태로 드는 것이 바람직하다고 주장했다. 성장 일변도의 정책을 주장하는 낙관적인 미래상이 상식이었던 시대 상황에서 이러한 주장을 펼 수 있었던 것은 탁월한 명견만리의 지혜 덕분이라 여겨진다.

이처럼 예지가 빛나는 이론이었음에도 정상상태론은 그 후 사람들의 기억 속에서 완전히 잊혀져 갔다. 이를 다시 만날 수 있을지 누구도 예측하지 못한 상황이었지만 정상상태론은 100여 년 만에 부활하게 된다. 그 주인공은 볼딩이었다. 그는 아주 새로운 관점으로 정상상태론에 근접한 이론을 펼쳤다. 그에 따르면 그동안 인류는 지구자원이 무한하다는 전제 위에서 광신적 성장에 몰두해 왔지만 인구증가, 자원고갈, 환경오염 증대 등의 요인들로 인해 더 이상 성장은 불가능해졌다. 따라서 그는 이제 인류는 자원의 유한성을 전제로 한 우주인경제를 수용하는 것이 합리적인 길임을 주장하였다.

볼딩의 경제론은 뢰겐에 의해 더욱 확장돼 나갔다. 뢰겐의 주 관심사는 엔트로피증가법칙과 경제와의 관계였다. 그는 기존의 주류경제학이 취하고 있는 역학적 인식방법의 한계를 지적하면서 열역학 제1, 2법칙에 근거하여 경제 과정을 이해해야 한다는 주장을 펼쳐 나갔다.

이상의 세 학자가 주장하는 공통점을 추상하면 지구는 닫힌 세계인 만큼 그 하위체계인 경제는 언젠가 정상상태에 이를 수밖에 없다는 것이다. 바로 이러한 사고를 토대로 데일리가 정립한 이론이 이른바 정상상태경제론이다.

이 이론의 골격을 정리하면 이렇다.

첫째, 정상상태경제란 인구와 인공물의 저량이 일정하게 유지되는 것을 요구한다.

둘째, 인구와 인공물의 저량을 일정하게 유지하는 데 불가피한 처리량은 가능한 한 낮은 레벨에서 유지돼야 한다. 여기서 가능한 한 낮은 레벨이란 지구가 지탱할 수 있는 부양력의 범위 이내를 의미한다.

셋째, 인구와 인공물을 유지하는 처리량의 수준은 '사람들이 오랜 기간 동안 좋은 삶'을 영위하는 데 충분할 필요가 있다. 이를 위해선 양적 확대가 아닌 질적 향상을 염두에 두고, 기술과 윤리를 우선 순위에 두어야 한다.

데일리에 따르면 현 수준의 처리량은 과도하다. 생태발자국의 최근(2016년) 추정치가 1.6이기 때문이다. 환언하면 현 수준의 인간 삶을 지탱하는 데 1.6개분의 지구가 필요하다는 의미다.[25] 데일리는, 지구는 1개이기에 마땅히 1 이하로 내릴 것을 요구한다. 지금 이대로 정상상태로 옮겨 간다 해도 결코 지속가능하지 않은 상태다. 따라서 데일리는 선진국을 필두로 탈성장하여 규모를 축소하고 지속가능한 수준에 이른 후에 정상화를 도모해야 한다고 주장한다.

이상의 내용에 대한 필자 나름의 평가를 내려 보면 이렇다. 우리는 현재 성장경제가 지배하는 사회에 살고 있다. 어떤 필요를 위한 성장이 아니라 성장을 위한 성장이 경제와 삶의 우선적 목표가 돼 버린 지 이미 오래이다. 이처럼 성장 일변도의 분위기가 지배적인 상황 속에서도 약 반세기에 걸쳐 정상상태경제론을 초지일관 전개해 온 데일리의 공로는 높이 평가하지 않을 수 없다.

하지만 현 사회에서 데일리의 이상을 실현하기는 절망적이라

---

25 세계자연기금한국본부·글로벌생태발자국네트워크, 『한국생태발자국보고서 2016』, 세계자연기금한국본부, 2016, 14~15쪽 참조.

할 만큼 매우 어려운 상황이다. 정상사회로 들기 위해선 무엇보다 사회가 처리량의 일정한 유지, 곧 생산과 소비활동을 완전하게 컨트롤할 수 있어야 한다. 그러나 자본주의하에서의 생산과 소비는 경제 흐름에 좌우되는 만큼 그러한 컨트롤은 사실상 불가능하다. 따라서 '물질적 성장을 이상적 상태'로 여기는 자본주의체제와 정상상태경제는 결코 양립할 수 없을 것으로 본다. 비유하자면 현 상황에서의 정상경제의 지위는 자본주의라는 '몸'에 정상경제라는 '바이러스'가 침투해 들어왔고, 이에 온갖 백혈구들이 바이러스를 해치우려는 상황이 전개됨에 따라 안착을 하지 못하고 있는 형국이다.

더구나 자본주의가 글로벌하게 전개되고 있는 현 상황을 보면 정상경제가 실현될 전망은 더욱 어려워지고 있다. 하지만 절망은 아무것도 낳지 못한다. 정상경제를 인류사회가 나아갈 방향 가운데 하나로 수용하고 그 타당성을 검증하기 위한 더 깊은 연구를 해나가는 것이 우리의 바람직한 자세라고 생각된다.

1. 데일리는 애초에 경제성장을 신봉하는 성장론자 중의 한 명이었다. 그랬던 그가 관점을 전환하여 생태경제학의 창시자, 개척자로 한 평생을 걸어오게 만든 배경에 대해 설명해 보자.

2. 데일리의 생태경제론이 형성되는 데는 세 명의 학자로부터 영향을 입었다. 그 세 명의 학자란 누구이며, 그들 주장의 공통점은 무엇인지 탐구해 보자.

3. 고전파 경제학자들은 공통적으로 경제발전이 지속되면 결국엔 더 이상의 자본축적분만 아니라 인구증가 또한 이뤄지지 않는 정상상태에 이르게 된다고 보았다. 밀 역시 경제발전의 종착역이 정상상태임은 인정하였으나 그 상태에 대한 가치평가에선 의견이 달랐다. 스미스, 맬서스, 리카도 등은 정상상태가 경제발전이 중단된 바람직하지 못한 상태라고 우려했던 반면, 밀은 인류의 진보라는 관점에서 봤을 때 정상상태를 비관적으로 받아들일 필요는 없다고 보았다. 그 근거는 무엇인지 탐구해 보자.

4. 볼딩에 따르면 인류는 오랜 기간 동안 성장과 확대 속에서 살아왔지만 인구증가, 자원고갈, 환경오염의 증대라는 악마들로 인해 더 이상 성장할 수 없는 만큼 이제는 우주선 지구호와 타협하지 않을 수 없다. 인류는 그동안 성장과 확대를 위해 한정된 자원을 끊임없이 사용(투입)해 왔고, 그 결과 과다 오염물질을 배출(산출)해 왔다. 이미 투입과 산출 모두 다 균형을 상실한 상태에서 작동하고 있는 만큼 이제 더 이상 인류사회는 성장을 부르짖을 수 없게 되었다. 우주선 지구호는 무한정 열린 세계가 아니라 닫힌 세계이기 때문이다. 볼딩 주장의 특징을 설명해 보자.

5. 인간은 삶을 유지하려면 경제활동이 불가피하다. 하지만 자연자원이 한정된 만큼 경제활동은 언젠가 한계에 봉착하기 마련이다. 이러한 한계에서 벗어나려면 천연자원을 어떻게 지속적으로 확보할 수 있는가 하는 문제에 직면하게 되는데 조제스쿠-뢰겐의 생태경제학의 주요 과제는 바로 여기에 있다. 그 대안으로 뢰겐은 태양에너지에 기초한 기술과 경제구조를 확보하는 방안을 제시한다. 태양에너지에 근거한 기술이야말로 생태친화적 기술로 인류사회를 지속가능하게 해준다는 것이다. 이처럼 조제스쿠-뢰겐이 태양에너지에서 대안을 찾는 근거는 무엇인가?

1. 데일리의 주장을 들여다보는 이유

코로나19 그 이후의 변화될 세상의 모습에 대해 백가쟁명식의 전망들이 쏟아지고 있다. 어떤 이들은 코로나 이전과 이후의 세계가 완전히 다를 것이라 주장하는 반면, 또 어떤 이들은 기존 추세가 가속화될 뿐 현존 세계질서가 바뀌지는 않을 것이라 주장한다. 양측의 의견 가운데 주류적 흐름은 전자로 모아지고 있는 추세다. 많은 전문가들이 미국의 전 국무장관 헨리 키신저의 지적처럼 '코로나 이후 세상은 과거와 결코 똑같지는 않을 것'이라는 견해에 대체로 동의하고 있기 때문이다.

코로나 사태 이후 새롭게 달라질 것으로 전망되는 분야 중 주목하지 않을 수 없는 것은 경제 면이다. 특히 세계경제적 측면과 관련해서는 정부역할 확대, 세계화의 퇴보, 경제성장률 둔화라는 세

가지 추세가 수년간 형성될 것으로 전망되고 있다.[1] 이러한 추세에 대한 대응 방안 또한 전문가들은 제시하고 있다. 가령 유엔환경계획UNEP, United Nations Environment Programme의 잉거 앤더슨 사무총장은 "코로나19가 끼친 긍정적 영향이라면 우리의 생산 및 소비 습관을 친환경적으로 바꿔야 한다는 것"이라며 "장기적·시스템적 변화만이 대기 중 CO_2의 변화를 가져올 수 있다"[2]라고 지적하였다. 독일의 환경부장관인 스베냐 슐츠Svenja Schulze 역시 "코로나19 위기 해법으로서 기후 영향을 최소화하면서도 지속가능한 경제구조를 촉진시키는 방식으로 탈출구를 찾아볼 수 있다(앞의 글)"라고 역설하였다.

코로나 위기로부터 벗어나려면 친환경적 생활습관 형성, 장기적인 시스템의 변화, 지속가능한 경제구조 형성 등이 수반되어야 한다는 주장들이다. 사실 자연파괴 및 환경위기에 대한 경고는 예전부터 있어 왔다. 그럼에도 세계는 이러한 경고를 무시한 채 정치적 결정을 계속 뒤로 미루고 경제성장을 위해 자연자원을 착취하는 데 혈안이 돼 왔다. 코로나 팬데믹은 바로 그러한 행동의 결과인 만큼 앞으로의 과제가 있다면 그것은 환경과 지속가능성이라는 두 개의 키워드를 어떤 식으로 결합하여 세상을 새롭게 바꿔 나가는

---

1 「하버드 교수가 전망한 코로나 이후 세계경제 트렌드 3가지」, 『동아일보』, 2020년 5월 14일 참조.

2 「포스트 코로나19 시대, 사람과 지구 모두를 위한 지속가능한 경제로의 전환 필요」, 『스키노 뉴스』, 2020년 4월 14일, https://skinnonews.com/archives/70020.

일일 것이다.

바로 이러한 시대적 상황에서 허먼 데일리의 주장은 시사하는 바가 크다. 경제성장의 신화 속에서 여전히 헤매고 있는 현 인류에게 앞으로 나아갈 방향을 제시해 준다고 보기 때문이다. 성장론자들은 기후변화를 비롯한 각종 환경문제가 우리를 옥죄고 있는 상황임에도 경제성장이 없으면 우리 삶이 곧 파탄 날 것처럼 두려워한다. 그들은 기후변화는 물론 자원고갈, 빈부격차와 같은 문제들을 이겨 낼 수 있는 방안도 새롭게 진보된 기술밖에 없으며 이를 위해선 지속적인 경제성장이 뒷받침되어야 한다는 논리를 편다. 하지만 데일리는 그들을 성장광이라 부르며 그들 주장의 논리를 하나하나 비판해 간다. 더불어 데일리는 인류의 경제가 더 이상은 양적 성장이 불가능한 지점까지 이르렀다는 판단 아래 성장 없는 발전을 그 대안으로 제시하고 있다.

데일리에 따르면 '성장'이란 양적 확대, 곧 재화·서비스의 생산과 소비에 필요한 물질과 에너지의 처리량이 증가하는 것인 반면, '발전'이란 처리량당 경제유지력을 개선하고 삶의 기쁨을 향상시키는 것이다. 환언하면 성장이란 게걸스럽게 먹는 양을 늘리고보다 많은 자원을 보다 많은 폐기물로 바꿔 가는 것인 반면, 발전이란 처리량을 가능한 한 낮은 레벨에서 유지함으로써 가치 있고 만족이 높은 삶을 도모하는 것이다.

발전은 가능하지만 성장은 불가능한 경제, 이것이 데일리의 대안으로 이는 정상상태경제라 불린다. 요컨대 데일리는 양적 확대를 수반하지 않고 경제의 질만이 개선되는 상태를 정상상태경제라 부르며 이것이 곧 지속가능한 발전이라 본다.

　여기서는 바로 앞 장의 내용을 토대로 데일리의 핵심 사상인 정상상태경제론의 실체를 드러내는 데 주력할 것이다.

2. 정상상태경제의 개념

데일리는 자연을 생태계로 간주하고 이 생태계와 경제의 관계를 다음 그림과 같이 세 가지 전략으로 파악할 수 있다고 본다.[3]

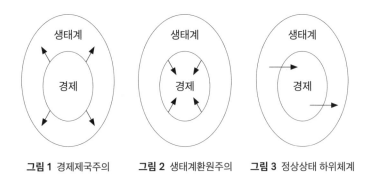

그림 1 경제제국주의　　　**그림 2** 생태계환원주의　　　**그림 3** 정상상태 하위체계

　첫 번째 전략은 그림 1에서 보여 주듯 생태계의 하위 시스템

3　Herman E. Daly and Joshua Farley, *Ecological Economics: Principles and Applications*, 2nd ed.,Washington, D.C.: Island Press, 2011, pp. 51~56 참조.

인 경제가 계속 팽창을 하여 마침내 세상의 모든 것, 곧 생태계 그 자체를 집어삼키는 방식이다. 하위 시스템이 전체 시스템과 동일해짐으로써 모든 것이 경제요, 가격을 가지게 되는데 데일리는 이를 경제제국주의라 부르고 있다. 이 전략하에서는 모든 외부적 비용이나 편익을 내부화함으로써 경제 외부에는 아무것도 남지 않게 된다. 또한 생태계 내의 모든 존재는 인간의 욕구를 충족하는 데 도움이 되는지의 여부에 따라 평가된다.

두 번째 전략은 그림 2와 같이 경제 영역이 축소되어 최종적으로는 모든 것이 생태계로 환원되도록 하는 방식이다. 데일리는 이를 생태계환원주의라 부르는데, 이 전략하에선 모든 인간 행동이 자연법칙에 따라서 해석될 수 있는 것으로 간주된다. 이들 두 가지 전략은 서로 정반대 입장에 있으나 모두 일원적이라는 공통적 특징을 지닌다.

세 번째 전략은 그림 3과 같이 경제를 생태계의 하위 시스템으로 여기고 경제가 자연법칙으로부터 벗어날 수도 없지만 그것을 자연법칙으로 전부 설명할 수 있는 것도 아니라고 간주한다. 인간의 경제는 자연계로 환원될 수도 없는 반면 자연계를 효율적 배분 운영 원칙이 지배하는 영역 속으로 통합시킬 수도 없다고 보는 것이다.

데일리는 위 세 가지 전략 가운데 앞의 두 입장은 거부하고 있다. 첫 번째 전략인 경제제국주의를 거부하는 이유는 경제성장이 한계에 이를 것으로 내다보기 때문이다. 곧 경제성장은 생물물리적 한계와 윤리사회적 한계에 의해 제약받을 수밖에 없다는 것이다. 두 번째 전략인 생태계환원주의를 거부하는 이유는 이 전략이 관철될 경우 모든 존재는 역학적으로 설명되므로 인간의 의지나 목적 등이 게재될 여지가 전부 사라지기 때문이다.

결국 데일리가 채택하고 있는 것은 세 번째 전략이다. 이는 생태계의 하위 시스템인 경제의 적절한 경계선을 긋는 데 관심을 모아야 한다는 입장이다. 데일리에 따르면 하위 시스템이 상위 숙주인 생태계를 너무 많이 포괄해서도 안 되고 너무 적게 포괄해서도 안 된다. 적절한 경계선을 그어 제외할 것과 포함시켜야 할 것을 분명히 해야 한다는 것이다. 이 세 가지 전략 중 현 시점에서는 제국주의 전략이 압도하고 있는 상황인 만큼 지금 이 순간 가장 절실한 요구는 하위 시스템의 기하급수적 팽창을 중단하는 일이다.[4]

세계은행을 비롯하여 세계 각국 정부, 경제학자들은 전통적으로 정의된 경제성장에 의거해 경계선을 확장하는 일에 전념해 왔다. 데일리는 이러한 경계선의 확장, 곧 끊임없는 경제성장에의 욕구를 멈추고 자연환경과 경제성장 간의 관계에 관한 깊은 성찰을 촉구하고 있다. 그래서 그의 대안은 경제제국주의도 생태계환원주의도 아닌 제3의 전략, 곧 하위 시스템의 경계선이 적절하게 그어진 전략이다. 바로 이러한 전략을 데일리는 정상상태경제라고 부른다. 이와 관련한 그의 설명을 직접 살펴보면 다음과 같다.

---

4 허먼 데일리, 『성장을 넘어서』, 박형준 옮김, 열린책들, 2016, 32~33쪽 참조.

정상상태경제의 요점은 사람들이 오랫동안 좋은 삶을 영위하는 데 충분한 수준으로 부(인공자산)와 인구의 저량을 일정하게 유지하는 것이다. 이들 저량을 유지하기 위한 처리량은 낮게 억제되고 또 항상 생태계의 재생력과 흡수력의 범위 내에서 해결돼야 한다. 바로 이럴 때 시스템은 장기간 유지될 수 있다는 의미에서 지속가능하다. 정상상태에서의 진보 방향은 더 이상 커지는 게 아니라 더 좋아지는 것이다(*Ecological Economics*, p. 56).

위 내용을 간추리면 ① 부와 인구 규모의 일정한 유지, ② 생태계의 수용력을 넘어서지 않는 범위 안에서의 처리량의 규모 유지, ③ 양적 성장이 아닌 인간 삶의 질적 향상을 위한 진보 방향 등이 정상상태경제의 요건이라 할 수 있다.

정상상태경제란 기본적으로 '인구와 인공자산(부)의 저량이 일정함'을 전제한다. 인간이나 인공자산은 엔트로피법칙에 따르고 있다. 인간은 노쇠하여 죽어 가며, 책상이나 컴퓨터와 같은 인공자산의 경우도 시간이 흐르면 부서지고 고장이 나 교체가 불가피해진다. 이처럼 엔트로피법칙에 따르는 인구나 인공자산을 일정하게 유지하기 위해선 관리를 하거나 교체하기 위한 자원이 필수적이다. 그리고 이 자원을 우리는 지구(자연, 생태계, 환경)로부터 확보한다. 지구에서 자원을 끄집어내고 이 자원이 쓰레기가 되어 지구에 배출되기까지의 과정이 불가피해지는데 이 과정을 처리량이라 부른다. 처리량이란 곧 인구와 인공자산을 유지하는 데 불가피한 비용이기에 인구와 인공자산의 일정한 저량 수준을 유지할 수 있는 범위에서 최소화해야 한다는 게 데일리의 주장이다.[5] 그래야 지속가능할 수 있다는 것이다.

이상의 내용을 토대로 정상상태경제의 개념을 정의해 보면 '일정한 인구와 일정한 인공자산의 저량을 가능한 한 낮은 레벨의 처리량으로 유지하는 것'이라 할 수 있다(*Ibid.*, p. 17 참조). 여기서 문제가 되는 것은 '가능한 한 낮은 레벨'이라는 말의 의미다. 이는 두 가지 의미를 함축하고 있다.

하나는 지구가 지탱할 수 있는 부양력의 범위 이내라는 것이다. 지구 생태계는 인간경제에 있어서 입구에서의 저엔트로피 물질·에너지의 공급원이고, 또 출구에서의 고엔트로피 물질·에너지의 흡수원에 해당한다. 이 공급원 및 흡수원에 가해지는 압력이 지구가 지탱할 수 있는 범위를 벗어나서는 더 이상 성장하지 못함은 물론 지속가능하지도 않게 된다.

다른 하나는 인구와 인공자산을 유지하는 처리량의 수준이 '사람들이 오랫동안 좋은 삶을 영위하는 데 충분할 정도'여야 한다는 것이다. 현세대뿐만 아니라 머나먼 미래세대의 좋은 삶까지 염두에 둔 처리량, 곧 물리적인 양적 확대가 아닌 질적 향상을 도모해야 한다는 의미다.[6]

안타깝게도 처리량의 현 수준은 적정 수준을 벗어나 있다. 최

5 Daly, *Steady-State Economics*, 2nd ed., Washington, D.C.: Island Press, 1991, pp. 181~182 참조.

6 Daly·枝廣淳子, 『「定常経済」は可能だ!』, 東京: 岩波書店, 2015, p. 21 참조.

근(2016년) 전 세계인의 생태발자국 추정치가 1.6으로 나타났기 때문이다. 이러한 상태에선 지속가능한 수준을 유지할 수 없게 된다. 특히 선진국의 생태발자국 추정치는 세계 평균값을 훨씬 상회하고 있기에[7] 탈성장을 먼저 서두를 필요가 있다. 경제성장의 규모를 축소하여 지속가능한 수준에 이를 수 있도록 정상화를 도모해야 지속가능할 수 있기 때문이다.

3. 정상상태경제의 요청 근거

데일리에 따르면 정상상태경제가 요청되는 이유는 경제성장에 의지해선 더 이상 문제를 해결할 수 없기 때문이다. 그럼에도 현재 세계의 보편적 추세는 여전히 경제성장의 논리가 지배적이다. 이러한 지배적 논리를 데일리의 설명에 기초하여 정리해 보면 이러하다.

빈곤이 문제라면 경제를 성장시켜 재화나 서비스 생산을 늘리고 소비를 늘리면 된다. 그러면 부자들이 많아지고 그것은 결국 물방

---

7 간략하게 정리하면 호주(5.4), 미국(4.8), 캐나다(4.7), 스위스(3.3), 한국(3.3), 일본(2.9) 등의 순위를 보였다. 한국을 예로 들면 3.3이란 전 세계인이 한국인처럼 생태자원을 소비하면서 살아가는 데는 3.3개의 지구가 필요하다는 의미다. 세계자연기금한국본부·글로벌생태발자국네트워크, 『한국생태발자국보고서2016』, 세계자연기금한국본부, 2016, 30~31쪽.

울 떨어지듯 가난한 사람들에게도 자연히 부가 스며들 것이다. 실업이 문제라면 금리를 내려서 투자를 자극하고 재화나 서비스 쪽으로의 수요를 늘리면 좋다. 그러면 경제가 성장하고 고용도 늘어날 것이다. 인구과잉이 문제라면 경제를 성장시키면 해결된다. 20세기의 선진국이 그랬듯 경제가 성장하여 풍요로워지면 출생률은 떨어질 것이므로. 환경문제 역시 걱정거리가 아니다. '경제발전의 초기 단계에서 소득격차는 확대되고 그 후 축소로 바뀐다'라는 '쿠즈네츠 곡선'에 비유하여 '경제발전의 초기 단계에서 공해 등의 오염은 늘지만 그 후 감소로 바뀐다'라는 '환경쿠즈네츠 곡선'을 믿으면 좋다.[8]

이상의 내용을 보면 경제성장이 마치 현재 인류사회가 직면한 모든 문제를 해결할 수 있는 만병통치약처럼 여겨지고 있다. 물론 여전히 경제성장이 필요한 국가들도 있다. 특히 빈곤에 허덕이는 나라들은 이로부터 벗어나기 위해 경제성장이 필요한 것은 분명하다. 따라서 데일리가 정상상태경제를 주장하고 있긴 하지만 빈곤 국가들도 정상상태경제로 이행해야 한다고 보고 있지는 않다. 하지만 데일리는 지구 전체, 세계 전체로 보았을 때는 '경제성장이 모든 문제를 해결'하는 것은 아닌 시대에 들어섰다고 주장하고 있다 (『「定常経済」は可能だ!』, p. 5 참조).

8　Daly, "Economics in a Full World", *Scientific American*, September 2005, p. 100.

그렇다면 이 시대에 경제성장이 문제해결의 동인이 될 수 없는 이유는 무엇인가? 이에 대해 데일리가 피력하고 있는 주장을 분석해 보면 이러하다.

1) 생물물리적 한계 및 윤리사회적 한계

첫째로 성장경제란 두 가지 한계, 곧 생물물리적 한계와 윤리사회적 한계에 직면한다는 사실이다.

　　전자는 유한성, 엔트로피, 생태적 상호의존성에서 발원한다(『성장을 넘어서』, 67쪽; *Steady-State Economics*, p. 187 참조). 지구(생태계, 자연)는 기본적으로 닫힌 계이기에 물리적 차원에선 성장할 수 없다. 곧 유한하다는 의미다. 물론 지구가 질적으로는 변화한다. 곧 지구상의 물질 전체가 가만히 정지해 있지 않고 순환해 간다는 뜻이다. 태어나는 것이 있으면 죽어 가는 것이 있고, 생산을 통해 새것이 만들어지면 마모돼 가는 것도 있다. 옛것은 절멸해 가지만 새로운 것들이 진화를 거듭해 가듯 끊임없이 지구는 변화해 간다. 그러나 중요한 사실은 지구가 성장하고 있지는 않다는 점이다. 경제란 지구의 범위 내에서 영위할 수밖에 없으므로 지구의 하위체계라 할 수 있다. 하위체계인 경제의 성장은 당연히 상위숙주인 지구·생태계의 유한성에 의해 제약이 불가피해진다.

　　그리고 지구는 엔트로피법칙의 지배를 받는다. 지구·생태계·자연을 지배하고 있는 가장 강력한 법칙 중의 하나가 바로 이 엔트로피법칙이라 할 수 있다. 엔트로피법칙이란 "닫힌 계의 엔트로피는 최댓값을 향해 계속 증가한다"라고 요약된다. 닫힌 계는 항상 엔트로피가 가장 높은 상태, 즉 가장 무질서하고 모든 에너지가 무용지물이 되는 상태로 향해 나아간다는 의미다.[9]

지구는 경제에 유용한 자원을 제공하는 공급자이면서 무용한 폐기물을 처리하는 흡수자이기도 하다. 만약 지구의 자원과 폐기물 처리 기능이 무한하다면 엔트로피가 그리 큰 문제는 아닐 것이다. 하지만 둘 다 유한하며, 여기에다 엔트로피법칙이 작용하는 만큼 경제에 의해 생성되는 질서구조는 더 많은 무질서를 여타 시스템에 초래하고 그 희생의 대가로 경제는 운영된다. 만약 무질서 비용, 즉 처리량의 엔트로피적 비용을 주로 태양이 감당해 준다면 걱정할 필요는 없다. 하지만 이러한 엔트로피적 비용(고갈, 오염)이 현대경제에서처럼 지구환경에 초래하는 것이라면 경제를 유지시켜 주는 토대인 복잡한 생태계의 생명유지 장치의 작동에 악영향을 끼칠 수밖에 없게 된다. 바로 이러한 유한성, 엔트로피, 생태적 상호의존관계 등은 성장의 비용으로 계산되어야 하며 이를 인정하고 수용할 때 더 이상의 경제성장은 불가하다는 사실을 깨닫게 된다는 것이다.

이상과 같은 생물물리적 한계와 더불어 데일리는 윤리사회적 한계 또한 네 가지로 나누어 지적하고 있다(『성장을 넘어서』, 72~75쪽; *Steady-State Economics*, pp. 188~189 참조).

첫째는 성장이 미래세대에게 부과될 비용, 곧 현세대가 성장

---

9 권진혁, 『환경위기와 미래과학』, 생능출판사, 1997, 38~39쪽 참조.

에 의해 얻는 편익이 미래세대에게는 비용이 될 수 있다는 이유 때문에 제약된다는 점이다.

둘째는 성장이 인간 이외의 생물종들의 개체 수 감소나 멸종에 의해 제약된다는 점이다. 경제성장은 증가하는 인구와 인공자산 저량을 위해 일정한 공간을 요구하며 자원 및 폐기물 매몰의 확대 또한 필요로 한다. 하지만 공간·자원·폐기물 매몰의 확장은 다른 종들의 서식처를 빼앗아 개체 수 감소나 멸종을 불러오며, 이는 그들이 제공하는 생명유지 기능 또한 크게 훼손시킨다. 생물다양성은 오염물질을 흡수·분해하여 대기와 물을 정화하고 토양의 비옥도와 적절한 기후조건을 유지하는 데 결정적 역할을 한다. 이러한 생물다양성의 손실은 인류의 문화와 복지, 더 나아가선 인류의 생존을 위협하는 요인이 되는 만큼 생물다양성의 보존은 서식지 점령에 대한 제한을 부과하는 근거가 되어야 한다는 게 데일리의 주장이다.

셋째는 성장이 사회적 복지·후생의 총화를 증가시켜 줄 보장이 없다는 이유로 제약된다는 점이다. 인간의 절대적 욕구에는 한계가 있으나 상대적 욕구(타인들보다 더 부유함을 느끼게 해주는 욕구)에는 끝이 없다. 경제적 수준이 높으면 높을수록 상대적 욕구 역시 그만큼 더 커지기 때문이다. 선진국에서의 한계 생산 차원에서 보면 후생(행복)의 증가는 대부분 상대적 소득 변화의 결과물일 가능성이 높다. 그러나 상대적 소득을 위한 경쟁은 제로섬 게임이기에 총성장이 총후생을 증가시켜 주지는 못한다. 그리고 후생이라는 관념이 상대적 지위에 의존하면 할수록 그만큼 성장에 의한 총

377

후생 증진 기능은 떨어지고 만다. 상대적 지위의 자기상쇄효과 탓이다.

넷째는 성장이 윤리적 기준을 좀먹는다는 이유로 제약된다는 점이다. 성장을 열망하는 태도는 탐욕이나 사리사욕에 대한 찬미와 선악 구별에 무관심한 세계관의 유포로 이어지기 쉽고, 이는 맹목적 성장을 추구하게 만든다. 이러한 태도는 결국 생태계의 질서를 교란함은 물론 도덕적·사회적 질서까지 파탄시키고 만다는 것이다.

2) 꽉 찬 세계론

데일리가, 경제성장이 문제해결의 동인이 될 수 없는 이유로 들고 있는 두 번째는 '꽉 찬 세계론'이다.

> 우리가 사는 세계는 '비어 있는 세계'에서 '꽉 찬 세계'로 바뀌었다. 예전에는 인구 수, 자동차나 집, 냉장고, TV, 공장, 다리나 도로 등의 인공자산도 지구의 크기에 비하면 상대적으로 작은 것이었다. 말하자면 '비어 있는 세계'였던 것이다. 그러나 내가 태어난 1938년부터 지금까지 오는 동안 세계 인구는 3배가 되었고 인공자산은 그 이상 늘었다. 예전에는 '비어 있는 세계'였지만 지금은 '꽉 찬 세계'가 되어 버렸다. '비어 있는 세계'에서는 경제성장에 의존하는 것이 가능했을지 모르지만 '꽉 찬 세계'에서는 무리다(『『定常経済』は可能だ!』, pp. 5~6; "Economics in a Full World", p. 102 참조).

성장경제에서 정상상태경제로 이행해야 하는 본질적 이유 중의 하나로 데일리는 이 세계가 비어 있는 세계에서 꽉 찬 세계로 전환되었다는 사실을 들고 있다. 이 부분을 제대로 이해하려면 먼저 태양과 지구와의 관계에 대한 파악이 요구된다.

지구는 태양계에 속하고 있고 태양으로부터 에너지를 공급받으며, 열에너지를 우주에 방출한다. 우주에서 지구에 이르는 것은 태양에너지뿐이며 이 에너지양을 인간이 컨트롤할 수는 없다. 또 지구에서 우주로 방출되는 것은 열밖에 없다. 지구는 우주 안에 있지만 우주와 물질 등의 왕래는 하고 있지 않다는 것이다. 그런 의미에서 지구는 기본적으로 그 자체로 완결된 시스템이요 닫힌 시스템이다.

이와 같이 닫힌 시스템에서 우리가 필요로 하는 제품을 만들어 내려면 엔트로피가 낮은 물질·에너지가 요구된다. 그러나 저엔트로피 물질·에너지를 스스로 만들어 낼 수는 없기에 '있는 것'을 사용하는 수밖에 없다. 우리가 사용할 수 있는 저엔트로피의 근원은 두 가지다. 하나는 태양으로부터의 유입으로, 가령 식물은 태양에너지를 광합성 작용에 의해 영양으로 바꾸어 흡수하며, 동물은 식물을 먹는 것으로 그 에너지를 흡수하는 식이다. 또 하나의 근원은 지구 안에 저장되어 있는 것으로 지하자원이 그 사례에 해당한다.

인간이나 인공자산은 늘 환경으로부터 저엔트로피 물질·에너지를 받아들이고 고엔트로피 물질·에너지를 환경으로 되돌림으로써 모종의 정상상태를 유지하고 있다. 요컨대 인간이나 인공자산

10장·허먼 데일리 2

은 단기적 유지를 위해서건, 장기적 유지 곧 죽거나 마모되어 쓸 수 없게 되는 만큼을 출생이나 신제품으로 바꿔 나가기 위해서건 물질적 처리량이 필수적이다. 그리고 그 처리량의 입구에서든 출구에서든 지구(자연·생태계·환경)에 대한 의존은 불가피하다(『「定常経済」は可能だ!』, pp. 9~10 참조).

데일리가 말하고 있듯 1938년 이후 현재까지 지구 인구는 3배로 늘고 인공자산의 증가는 이를 훨씬 더 상회하고 있다. 이러한 인구나 인공자산을 산출하고 유지하고 바꿔 나가기 위해 지구로부터 끄집어내는 물질·에너지 또한 으레 증가할 수밖에 없었다. 그 결과 지금의 세계는 비어 있는 세계가 아니라 꽉 찬 세계로 변모된 만큼 더 이상의 확장·팽창할 여지가 없게 되었고 따라서 경제성장은 불가하다는 것이 데일리의 입장이다.

3) 제약 요인의 변화

성장경제에서 정상상태경제로 나아가야 하는 세 번째 이유로 데일리가 들고 있는 것은 제약 요인의 변화다. 비어 있는 세계와 꽉 찬 세계에서는 제약 요인이 달라진다는 주장이다. 그에 따르면 비어 있는 세계에서의 제약 요인은 인공자본이지만, 꽉 찬 세계에서의 제약 요인은 잔존한 자연자본이 된다.

가령 어획량의 제약 요인이 과거에는 어선이라는 인공자본이었으나 현재는 바다의 고기 수와 그 재생 능력에 달려 있다. 마찬가지로 원유생산량의 제약 요인이 과거에는 굴착장치와 채굴펌프라는 인공자본이었지만 지금은 원유매장량 또는 원유 연소로 배출되는 이산화탄소를 흡수하는 대기의 수용력이라는 자연자본에 달려 있다.

우리는 상대적으로 자연자본으로 가득 차고 인공자본과 인구는 별로 없던 세계에서 인공자본과 인구는 가득 차고 자연자본은 얼마 남아 있지 않은 세계로 이행한 것이다. 그동안 인류가 경제성장에 매달려 올 수 있었던 것은 자연자본이 넉넉했던 덕분이나 지금은 오히려 자연자본의 고갈로 이것이 제약 요인으로 작용하고 있다는 주장이다. 이렇게 제약 요인이 바뀌면 과거에 경제적이었던 행위가 비경제적인 것으로 변하게 된다. 따라서 행위가 경제적인 것으로 남아 있으려면 행위 자체가 바뀌어야 한다는 게 데일리의 주장이다(『성장을 넘어서』, 149~150쪽 참조).

4) 한계편익 · 한계비용 비교론

성장경제를 멈추고 정상상태경제로 이행해야 하는 마지막 이유로 데일리가 들고 있는 것은 한계편익 · 한계비용 비교론이다. 경제적 성장이란 그를 위해 소요되는 비용보다 얻을 수 있는 편익 쪽이 큰, 즉 실질적으로 플러스가 되는 성장을 의미한다. 그러나 데일리는 경제의 확대가 곧 '경제적'이라고 볼 수는 없다고 말한다. '확대하는 것'의 비용보다 편익이 큰 경우도 있다면 역으로 비용 쪽이 편익보다 큰 경우도 있기 때문이다. '경제'의 성장과 '경제적인' 성장은 완전히 다른 의미임에도 이 두 가지를 혼용하여 '경제성장은 좋은 것'이라고 여기는 사람들이 많다는 것이다(『「定常経済」は可能だ!』, pp. 13~14 참조).

한계비용이란 재화나 서비스를 새롭게 1단위 생산하는 데 필요한 비용이고, 한계편익이란 새롭게 1단위 생산하는 것에 의해 얻게 되는 편익을 뜻한다. GDP가 1단위 성장할 때마다 한계비용은 증가해 가는 한편 한계편익은 감소해 가는 경향이 있다. 한계편익이 감소하는 것은 가장 절박한 요구부터 충족시켜 가기 때문이다. 가장 절박한 요구를 충족시킬 때 편익은 가장 커지다가 그다음의 요구를 충족시켜 갈수록 편익 충족도는 조금씩 내려가게 된다. 역으로 한계비용이 상승하는 것은 가장 이용하기 쉬운 자원부터 쓰기 때문이다. 가장 이용하기 편리한 자원의 비용은 제일 싸지만 그다음으로 이용에 편리한 자원일수록 비용은 조금씩 올라가게 마련이다.

데일리에 따르면 비용이 편익을 상회하는 것을 피하기 위해선 한계비용과 한계편익이 같아지는 지점에서 GDP의 성장을 멈춰야 한다. 비용이 편익을 밑돌고 있으면 GDP 성장은 경제적인 반면 비용이 편익을 상회하면 GDP 성장은 불경제가 된다는 이유에서다. 그래서 데일리는 '풍요로운 쪽이 가난보다 낫다'라는 것은 자명한 이치이나, '경제가 성장하면 늘 우리가 풍요로워진다'라고 믿는 것은 초보적 오류라고 지적한다(앞의 책, p. 14 참조).

그런데 여기서 제기해 볼 수 있는 궁금증이 있다. 그것은 세계 전체적으로 봤을 때 불경제성장의 영역에 접어들었다는 것을 어떻게 확인할 수 있느냐 하는 것이다. 이에 대해 데일리는 많은 선진국들은 이미 불경제성장 영역에 들어섰다고 답하며 이에 대한 실증적 증거로서 두 가지를 들고 있다.

하나는 GDP의 내용을 비용과 편익으로 나누어 GDP에서 '비용' 부분을 뺀 후 경제성장의 실질적 '편익'을 계산하는 방법이다.[10] 데일리는 이 방법에 기초하여 '환경오염의 경제적 손실'을 고려에 넣은 지속가능경제 복지지표ISEW[11]를 개발하였고, 그 후 ISEW에 '인간의 행복에 영향을 주는 항목(여가시간의 손실)'을 더하여 한 단계 더 업그레이드된 진정한 복지지표, GPI[12]도 고안해 냈다. 중요한 것은 양쪽 모두의 계산 결과를 봤을 때 '어떤 시점부터는 GDP가 늘더라도 ISEW·GPI는 늘지 않는다는 사실'을 알게 되었다는 점이다. 미국이나 다른 선진국에서는 1980년께까지는 GDP와 IS-EW·GPI가 플러스 상관관계를 보였으나 그 이후는 GDP가 상승을 지속하더라도 두 지표는 제자리걸음을 하거나 떨어지는 것으로 나타났다(*Ecological Economics*, pp. 274~277 참조).

---

10 데일리는 1970년대 이래 거시경제의 가장 대표적 지표인 GNP 및 GDP를 계속 비판해 왔다. 그 이유는 ① GNP에서는 양적 증가인 성장의 성과와 질적 개선인 발전의 성과가 하나가 돼 버린다는 점, ② GNP는 복지 지표가 아니라는 점, ③ 환경오염의 방지 또는 제거 등을 위한 '방어적 지출'을 소득으로 계상하는 반면 자연자본의 감모는 계상되지 않는다는 점, 세 가지다. *Ecological Economics*, pp. 266~270 참조.

11 데일리는 GNP를 비판할 뿐 아니라 존 코브 주니어와 함께 ISEW(Index of Sustainable Economic Welfare)를 작성하여 그 추계결과도 발표하고 있다. Daly and John B. Cobb Jr., *For The Common Good: Redirecting the Economy toward Community, the Environment, and a Sustainable Future*, 2nd ed., Boston: Beacon Press, 1994, p. 443 이하 참조.

12 GPI란 진정한 진보 지표(Genuine Progress Indicator)라는 의미다. GPI는 GDP에서 배제되는 많은 요소들을 포함한다. 예를 들면 자원감손, 오염, 장기적인 환경피해, 가사노동과 비시장적 거래 등도 측정한다. GPI는 비용과 자원감손을 고려하지 않은 채 성장을 추구하는 데 따르는 부정적 결과들을 가시화하기 시작했다는 점에서 전통적인 GDP 회계를 넘어 크게 개선된 지표라 할 수 있다.

10장 · 허먼 데일리 2

또 하나의 증거는 자기평가에 의한 행복도의 측정이다. 다양한 행복도 연구에 따르면 행복도의 자기평가는 1인당 GDP가 연 2만 달러 정도가 되기까지는 1인당 GDP와 더불어 상승하다 거기서 그쳤다. 이 결과는 행복도에 있어서 실질소득의 절대액수는 충족 라인까지는 중요하지만 그것을 넘어서면 자기 자신의 아이덴티티를 구성하는 인간관계의 질적 영향이 더 커진다는 것을 보여 주고 있다. 소득이 높은 나라들에서의 행복의 압도적인 결정 요인은 1인당 GDP가 아니라 친구관계, 결혼, 가족, 사회적 안정성, 신뢰, 공정성 등이라는 것이다(『『定常経済』は可能だ!』, pp. 15~16 참조).

이들 두 가지 증거에서 알 수 있는 것은 충족 수준을 넘어선 이후는 GDP 성장이 자기평가에 의한 행복도는 물론 경제적으로 계산된 복지·행복도 높여 주지 못한다는 사실이다. 그러나 고갈, 오염, 교통체증, 스트레스 등의 비용은 계속 늘고 있는 게 현실이다.

경제성장의 한계편익이 한계비용보다 큰 개도국에서는 여전히 성장경제가 필요하다. 하지만 데일리는 선진국들은 경제성장이 낳는 플러스보다 마이너스가 커지고 있기에 그 지점에서 경제성장을 중단하고 경제성장에 의해 해결하려 했던 다양한 문제에는 다른 방법으로 대응해 나가야 한다고 주장한다.

이상에서 살펴봤듯 데일리는, 경제성장의 논리는 더 이상 현 인류가 직면한 여러 가지 문제를 해결해 나갈 수 없음을 여러 각도에서 질타하고 있다. 하지만 아직도 주류적 흐름은 '경제성장이 답!'이라는 사고방식이 차지하고 있다. 마치 '경제성장만이 해결책'이라고 여기는 거대한 경제학의 세계에 파고든 바이러스처럼 데일리의 정상상태경제론은 환영을 받기는커녕 오히려 외면받고 있는 게 현 상황이다. 하지만 데일리는 자신의 초기 주장을 굽히지 않고 정상상태의 구현을 위한 구체적 방안까지 제시하고 있는바, 이에 대해 고찰해 보기로 한다.

4. 정상상태경제로 전환하기 위한 전략

정상상태경제를 실현하는 것이 인간사회의 지속가능한 발전을 달성하기 위한 조건이라 한다면 이를 실현할 수 있는 구체적 방안은 있는 것일까. 데일리가 제안하고 있는 방안들을 몇 가지로 나누어 고찰해 보면 이러하다.

첫째는 인구대책이다. 선진국에서는 출산율 저하로 인구 정체 및 감소, 고령화로 인한 노동력 부족, 노인 인구 부양비 증가 등이 사회문제로 부상한 지 이미 오래다. 하지만 세계 전체적으로 봤을 때는 인구가 증가하고 있고 따라서 데일리는 인구를 안정화시키는 게 필요하다고 주장한다. 정상상태경제란 '인구와 인공자산의 저량이 일정함'을 전제한다고 하였다. 정상상태경제를 위해선 인공자산의 저량과 마찬가지로 인구도 일정할 필요가 있다는 것이다. 이를 위해 데일리는 자주적인 가족계획과 민주적으로 제정된 합리적인 이민법의 시행을 지원해야 한다고 말한다. 그리하여 '출생자 수+이입자 수' = '사망자 수+이출자 수'가 되도록 해야 한다는 것이다(앞의 책, pp. 61~62 참조).

둘째는 국민계정 개혁이다. 국민계정이란 가계, 기업, 정부 등 모든 경제주체가 일정한 시점에서 행한 다양하고 복잡한 경제활동의 결과를 알아보기 위해 규정된 회계기준이다. 즉 기업의 재무제표와 같이 한 나라가 그 해에 경영한 종합 재무제표라 할 수 있다. 이 국민계정은 국내총생산GDP, 1인당 국민총소득GNI, 1인당 가계총처분가능소득PGDI 이렇게 세 항목으로 구성돼 있는데, 이 중 GDP는 '일정 기간 동안(보통 1년) 한 국가 안에서 생산된 최종 재화 및 용역의 시장가치'를 합한 것이다.[13]

데일리는 국민계정을 개혁하여 이 GDP를 비용계정과 편익계정으로 나눌 것을 제안한다. 현재의 GDP는 편익은 물론 그를 위한 비용도 함께 합산하고 있기 때문이다. 이렇게 비용계정과 편익계정을 나누어 놓고 GDP의 성장, 곧 처리량 확대의 한계비용과 한계편익을 비교해 보아 양쪽이 같아지는 지점에서 그 성장과 확대를 중단해야 한다는 것이 데일리의 제안이다(『「定常経済」は可能だ!』, p. 62 참조). 이렇게 계산할 경우 많은 국가들에서 GDP의 성장은 이미 편익보다 비용 쪽이 커지고 있음을 알 수 있다는 게 데일리의 판단이다. 데일리는 또 그럼에도 여전히 '경제성장이 답!'이라고 주장하는 사람들은 'GDP의 성장이 불경제적 성장이 아님'을 입증해낼 것을 요구하면서 자신의 주장이 확고함을 강조하고 있다.

셋째는 캡앤트레이드Cap & Trade 제도를 도입하는 방안이다. 앞

---

13 정혁준, 「[아하 그렇구나] 국민계정」, 『한겨레』, 2011년 4월 3일 참조.

에서 정상상태경제가 요청되는 한 가지 근거로 자연자본의 한계를 들었다. 성장경제가 지속되려면 자연자본에 대한 의존이 불가피한데 이제는 더 이상의 성장을 지탱할 만한 자연자본이 한계에 직면했다는 것이다. 이에 데일리는 자연자본과 같은 기본적 자원의 지속가능성을 위해선 캡앤트레이드 구조를 마련할 것을 제안한다.

캡앤트레이드에서 먼저 '캡'이란 상한을 정한다는 의미다. 자원을 지구로부터 캐내든 폐기물을 지구로 돌려보내든 지구가 지탱할 수 있는 범위 안에서 이뤄질 수 있도록 그 상한을 정한다는 것이다. 이어서 할당량을 정하는데 이 할당량을 배분하는 방식으로 데일리는 '경매'를 권유한다.[14] 경매를 통하는 것이 공정하게 재배분할 수 있다는 이유에서다. 이렇게 재배분하고 난 이후의 할당량은 매매할 수 있도록 함으로써 가장 높은 요금을 지불하는 용도에 효율적으로 할당하는 구조다.

이때 할당량의 최초 소유권은 국가에 귀속된다. 정부가 할당

---

14 할당량을 배분하는 방식은 캡앤트레이드 구조가 적용되는 자원에 따라 달라질 수 있다. 가령 이산화탄소 배출량에 대한 캡앤트레이드 구조는 배출권거래제도라 불리며, 이 제도의 운영방식은 배출권 할당방식에 따라 크게 세 가지로 나눠진다. 첫째는 그랜드파더링(grandfathering) 방식으로 이는 과거 배출량을 기준으로 배출권을 할당하는 것이다. 둘째는 업데이팅(updating) 방식으로 이는 할당 대상연도의 전년도 또는 당해 연도의 투입열량이나 산출물에 비례하여 할당하는 것이다. 셋째는 경매 방식으로 이는 기준배출량 대비 삭감량을 경매하는 것이다. 기업은 정부로부터 경매를 통해 배출량을 구입하고 또한 삭감량을 판매하는 방식이다. 이 제도는 선진국을 중심으로 이미 시행되고 있는 중이다. 채종오·박선경, 「한국의 탄소배출권 거래제 시행 1년 후 현황과 개선방안」, 『한국기후변화학회지』 제7권 1호, 한국기후변화학회, 2016, 42쪽 참조.

10장 · 허먼 데일리 2

량을 경매하면 개인이나 기업은 돈을 지불하여 입수할 수 있다. 이렇게 일단 할당량을 경매에서 구입하면 나중에는 제3자가 자유로이 매매할 수 있게 된다. 요컨대 캡은 지속가능한 규모라는 목표를, 경매는 공정한 배분을, 트레이드(매매)는 효율적 할당이라는 목표를 달성할 수 있다는 것이다(『「定常経済」は可能だ!』, pp. 52~53 참조). 데일리는, 캡앤트레이드 구조는 이미 여러 나라에서 도입되어 성과를 거두고 있는 만큼 자연자본의 지속적 유지를 위한 방안으로 적극 권유하고 있다.

넷째는 환경세를 개혁하는 것이다. 환경세에는 두 가지 개념이 있다. 하나는 환경투자재원 확보를 목적으로 하는 목적세로서의 환경세다. 환경오염 사건이 발생했을 경우 그 이유가 환경오염 방지 시설의 미비에 있다고 보고 이를 확충하기 위한 투자재원 마련 차원에서 요청되는 것이다. 다른 하나는 경제학자들이 오래전부터 권고해 온 것으로 환경오염의 억제에 초점을 둔 조세다. 환경오염이라는 외부효과를 내부화하기 위한 정책 수단으로서 제안되는 조세를 의미한다. 이것은 환경오염 및 파괴를 초래하는 상품의 생산량, 소비량을 적정 수준으로 통제함으로써 시장왜곡으로 인한 사회적 손실을 방지하는 데 그 의도가 있다.[15]

데일리가 제안하고 있는 환경세는 두 번째 의미다. 중요한 점은 데일리가 단순히 환경세를 도입하자는 것이 아니라 과세의 기

---

15 이정전, 『환경경제학 이해』 개정판, 박영사, 2011, 192~197쪽 참조.

반 자체를 바꾸자고 주장하는 데 있다. 현재의 '노동'과 '자본'에 기초한 과세 기반을 자연에서 끄집어내는 '자원'과 자연으로 되돌리는 '폐기물'로 전환하자는 것이다. 공급원인 지구로부터 뭔가를 꺼냈을 때 그 양에 따라 과세한다거나 흡수원인 지구에다 뭔가를 내다 버릴 때 그 양에 따라 과세해야 한다는 주장이다. 이러할 때 희소함에도 지금까지는 가격이 매겨지지 않은 자연의 공헌에 가격을 매길 수 있고 외부 비용을 내부화함과 동시에 보다 공정한 방식으로 세수를 얻을 수 있다는 게 데일리의 생각이다.

과세 방식에는 두 가지가 있다. 처리량의 입구에서 자연으로부터 꺼내는 자원과 출구에서 자연으로 되돌리는 폐기물 중 어느 쪽에 과세를 할 것이냐 하는 것이다. 데일리가 권고하는 방식은 전자다. 출구보다 공간적으로 집중되어 있기에 세금 부과나 모니터링이 쉽다는 이유에서다. 그리고 입구에서의 과세는 자원 가격이 상승할 경우 그 후의 생산공정의 각 단계에서 효율화를 도모할 수 있고, 출구에서의 폐기물 배출이나 거기에 수반되는 공해나 오염을 적어도 총량 면에서는 줄일 수 있다고 말한다(『「定常経済」は可能だ!』, pp. 53~55 참조).

다섯째는 재분배, 곧 최저소득과 최고소득 간 소득격차의 폭을 제한하는 방안이다. 성장이 불경제가 되어 우리에게 풍요가 아니라 가난을 초래하는 상황에선 성장에 의해 빈곤을 해결할 수가 없다. 이와 같이 경제가 총량으로서 성장하지 않는 가운데에서의 해결책은 재분배가 최선이라는 게 데일리의 생각이다. 최저소득과 최고소득 간 격차의 폭을 줄임으로써 불평등 문제를 해소해 나가

자는 것이다.

데일리에 따르면 완전한 평등이 공평이 아니듯 무제한적 불평등 또한 공평이 아니다. 그는 완전한 평등도 무제한적 불평등도 아닌 제한적 불평등을 주장하고 있는 것이다. 소득격차로 인한 불평등이 심화하면 민주주의에 필수적인 공동체의식을 유지하기가 어려워진다. 격심한 소득격차로 가로막힌 '부유한 사람들'과 '가난한 사람들'은 거의 다른 생물종인 것처럼 공통의 경험이나 관심이 사라져 버리기 때문이다. 성장론자들은 소득격차를 해소하려면 지속적인 경제성장이 필요하고 경제가 성장하면 언젠가 모두가 부유해진다고 주장해 왔다. 하지만 데일리는, 그러한 논리는 비어 있는 세계에선 그럴듯하게 들렸을지 모르나 현재와 같은 꽉 찬 세계에서는 옛날이야기라고 일축한다. 데일리가 추구하는 방향은 자본주의도, 사회주의도 아닌 분배국가라 할 수 있다.[16]

마지막으로는 국제무역을 규제하고 자유무역, 자유로운 자본의 이동, 글로벌화를 제한하는 것이다. 경제세계화론자들은 새로운 자원, 저렴한 노동력, 새로운 시장에 대한 추가적 접근 경로를 끊임없이 찾아냄으로써 기업의 초고속 성장 달성을 우선적으로 이뤄 낼 것을 주장한다. 이러한 주장의 이면에는 기업활동에 대한 규제 완화 내지 폐지를 수반하는 자유무역이 기본 전제로 깔려 있고,

---

16 Daly ed., *Toward a Steady-State Economy*, San Francisco: W. H. Freeman and Company, 1973, pp. 168~169 참조.

자유무역이란 말에는 기업활동 확장에 장애가 되는 요소들을 모두 제거하자는 뜻이 담겨 있다. 기업활동의 장애물이란 각종 법규, 즉 환경 법규, 대중보건 법규, 노동자의 권리에 관한 법규, 각국 정부가 자국 내 투자를 통제하는 데 필요한 법규 등이다. 이들 법규는 기업의 자유무역을 방해하는 것으로 간주되어 새로운 무역협정과 투자협정의 위협을 받게 된다. 그 결과 기업들은 규제에서 벗어나 자유로워지는 반면 국가와 지역 정부들은 엄격한 규제로 활동에 제약을 받게 되어 지역의 일자리와 정체성, 전통은 물론 국가 주권과 자연을 보호하는 것도 훨씬 더 어렵게 된다.[17]

데일리는 경제세계화의 바로 이러한 현실 탓에 이에 대해 반대하고 있다. 초고속 성장을 최우선 가치로 여기는 경제세계화 논리에 따르면 자연은 어디까지나 희생양으로서의 수단화가 불가피해진다. 그리되면 앞서 데일리가 강조했던 캡앤트레이드, 환경세 개혁 등 환경 비용을 내부화하는 국내 정책 시행도 불가능하게 된다. 환경 비용을 내부화하게 되면 제품 가격은 으레 상승할 것이고 그러면 환경 비용을 내부화하지 않는 국가들과의 국제무역 경쟁에서 불리해지기 때문이다(『성장을 넘어서』, 295~297쪽 참조).

이 경우의 대안으로 데일리는 상쇄관세[18]를 부과하고 환경 비

---

17 세계화국제포럼, 『더 나은 세계는 가능하다』, 이주명 옮김, 필맥, 2003, 44~45쪽 참조.

18 수출국이 자국 정부로부터 보조금 또는 장려금을 지원받아 수출경쟁력이 높아진 물품이 수입됨으로 인해 국내산업이 실질적인 피해를 입거나 입을 우려가 있는 경

용을 내부화하는 국가의 기업이 비용을 내부화하지 않는 해외기업에 뒤지지 않도록 할 것을 제시하고 있다. 그에 따르면 '글로벌 경제와의 통합'과 '세계의 다른 국가들보다도 더 높은 임금, 환경기준, 사회안전망을 갖추는 것'은 양립 불가능하다. 각자 독립적인 국가경제의 상호의존성은 허용해야 하지만 하나의 글로벌 경제로의 통합은 거부해야 한다는 것이다. 무역과 자본의 이동은 무규제나 '자유로운 것'이 아니라 균형 잡힌 공정성을 갖추어야 한다는 주장이다.

이러한 데일리의 입장은 WTO, 세계은행, IMF 등과도 충돌하므로 이에 대해서도 나름의 대안을 마련하고 있다. 경제세계화론자들은 이 세 기구야말로 상품과 자본의 이동, 글로벌 기업의 자유로운 이동에 장애가 되는 요소들을 제거하는 데 반드시 필요하고도 유익한 기구라고 찬양해 왔다. 이들 기구는 시장을 자유롭게 하고 경제성장에 이로운 여건을 조성하기 위해 상거래의 규칙을 재작성하는 위대한 작업에 종사하고 있다는 게 그들의 생각이다(『더 나은 세계는 가능하다』, 23쪽 참조). 하지만 자유무역의 제한을 주장하는 데일리에게 있어서 이 세 기구의 역할은 결코 달가울 수 없다. 그래서 데일리는 이들 기구의 지위를 강등시키고 케인스의 당초 계획과 같은 조직으로 대체할 것을 주장하고 있다.

우, 수입국이 국내산업의 피해를 막기 위해 상대국이 특정 상품에 지급한 보조금만큼의 관세를 부과하게 되는 경우가 있는데 이를 상쇄관세라 부른다.

케인스의 당초 계획이란 1944년 브레턴우즈회의[19]에 영국 대표로 참석했을 당시 케인스가 발표한 구상을 말한다. 이의 골자는 국제청산동맹ICU, International Clearance Union의 창설과 ICU가 발행하는 방코르Bancore라는 국제통화[20]였다. 이러한 구상의 이면에는 채무조정에 대한 부담을 채무국과 채권국에 고르게 지우는 시스템, 즉 '채무자의 의무이며 채권자의 자발적 봉사'로 만들 수 있는 시스템을 구축하려는 의도가 있었다. 이를 위해 케인스는 세계주요 국들이 ICU에 의무적 가입을 주장하였다.

그 운영방식을 살펴보면 이러하다. ICU가 각 가맹국에 그 국가의 국제무역 비중을 고려하여 일정 한도의 방코르를 배정한다. 각 가맹국의 수입이 누적되어 방코르가 부족해지면 이자를 물고 환율을 내려 방코르에 대한 자국의 화폐가치를 절상해야 한다. 해

---

19 제2차 세계대전이 막바지로 접어들던 1944년 미국 등 연합국들이 모여 전후 국제 금융 질서를 새로 수립하고자 달러와 금을 연동시키고 다시 다른 나라 통화를 달러에 연동시키는 방식의 체제에 합의하는데 이를 브레턴우즈체제라고 한다. 그러나 이 약속은 1971년 미국이 달러와 금과의 연동을 중단한다고 발표하면서 사실상 막을 내렸다. 이후 새로운 통화질서를 수립하지 못한 채 세계는 여전히 달러를 거의 절대적인 기축통화로 사용하고 있는 실정이다. 현재의 달러중심 통화질서의 가장 큰 문제는 달러가 미국이라는 한 나라의 통화인 동시에 세계의 기축통화라는 점과 함께 달러의 가치에 영향을 줄 정책을 미국이라는 한 나라가 전담하고 있지만 이를 간섭할 국제기구는 존재하지 않는다는 데 있다.

20 그가 국제통화를 주장한 이유는 두 가지였다. 국제통화 활용을 통해 무역의 국제 불균형 문제를 해소하고, 동시에 특정 국가의 위기가 다른 국가로 전이되는 현상을 방지할 수 있다는 것이다. 달러가 기축통화일 경우, 미국 내에서 유동성 위기가 일어나면, 경제위기는 전 세계적으로 전이된다. 하지만 국제통화를 활용할 경우, 경제위기의 전이는 제한적인 수준에 그친다는 게 케인스의 구상이었다.

외자본이 유입되어 무역수지 적자분을 채울 수 있기 때문이다. 반대로 수출이 늘어나 방코르가 쌓여 일정액 이상 누적되면 해당 금액에 대한 이자를 물고 환율을 올려 화폐가치를 절하해야 한다. 자본이 유출되도록 하기 위해서다. 바로 이러한 체제로 세계 각국에서의 불균형한 자본 유출, 고액의 대외채무, 부족한 국제 총수요 등의 문제를 해결하고 국제무역의 균형을 유지하고자 했던 것이다.[21]

데일리에 따르면 WTO·세계은행·IMF는 글로벌 기업의 이익에 봉사하기 위해 해외 생산을 추진하는 정책을 펴면서 이를 자유무역이라는 잘못된 호칭으로 부르는 등 자기모순적 행동을 하고 있다. 글로벌 정부는 존재하지 않는 만큼 글로벌 기업에 대한 컨트롤도 사실상 이뤄지고 있지 않다. 오히려 글로벌 정부에 가장 가까운 역할을 할 수 있는 것이 WTO·세계은행·IMF 체제임에도 이들 기구는 공공의 이익을 위해 다국적 자본을 규제하는 데는 전혀 관심이 없다. 그 결과 무역 불균형 확대, 무분별한 금융투기가 크게 늘어나는 반면 불공평의 심화, 서로 믿고 보호하는 사회관계의 침식, 지구생태계의 붕괴 등의 부작용을 초래하였다. 따라서 데일리는 이 세 기구의 지위 및 역할을 강등시키고 무역불균형 해소 및 금융시장 안정을 위해 케인스식 해법을 대안으로 제시하고 있는 것이다(『「定常経済」は可能だ!』, pp. 58~59 참조).

---

21 정진영, 「케인스, 국제통화체제, 세계금융위기: 케인스의 복수와 귀환?」, 『국제정치논총』 제49권 5호, 한국국제정치학회, 2009, 176~181쪽 참조.

5. 요약

정상상태란 인구와 인공자산(기계, 건물, 인프라 등)의 저량이 일정하게 유지되는 상태를 말한다. 이는 완전한 정지상태가 아니라 세대교체와 자본의 갱신을 지속하면서 인구나 자본량, 생산량, 소비량 등이 변하지 않는 채 추이하는 동적 평형 상태다. 고전파 경제학자들은 경제성장 프로세스에서 사회는 이윤율이 최소한으로 떨어진 정상상태에 결국 이를 것으로 전망하고 있었다. 이러한 상태는 경제적으로 정지된 것으로 간주했고 따라서 고전파 경제학자들은 대부분 정상상태가 진보의 끝을 의미하는 것으로 두려워했다.

하지만 밀만큼은 정상상태를 삶의 질을 배려한 안정된 사회로서 오히려 적극적으로 파악하였다. 밀은 자본 및 인구의 정지상태·정상상태가 반드시 인간적 진보의 끝을 의미하는 것은 아니며, 정상상태에서도 정신적 교양이나 도덕적·사회적 진보를 위한 여지와 인간적 기술을 개선할 여지가 충분하다고 보았다.[22]

데일리는 밀의 정상상태에 대해 인구와 물질적 자본 저량은 제로성장이지만 기술과 윤리는 지속적으로 개선되는 상태, 곧 지속가능한 발전(양적 증가를 수반하지 않는 질적 개선)을 말하고 있다며 높이 평가하였다. 밀의 이러한 사고로부터 영향을 입은 데일리 역시 자기 나름의 이론을 정립해 놓은바 이것이 이른바 정상상

---

22 존 스튜어트 밀, 『정치경제학 원리 4』, 박동천 옮김, 나남, 2010, 96쪽 참조.

태경제론이다.

데일리의 출세작 논문은 1971년 앨라배마대학교에서 발표된 「정상상태경제: 생물물리학적 균형과 도덕적 성장의 정치경제학을 향하여」[23]로 알려져 있다. 중요한 것은 데일리의 환경사상의 골격이 1970년대 초기에 발표된 논문 및 저서에서 이미 완성되고 있다는 점이다. 1970년대 초반 이후의 연구는 그의 사상 및 이론을 세련되게 함과 동시에 그 외연을 확장하는 것이었다. 이처럼 데일리는 약 반세기 동안 자신의 환경사상의 정수인 정상상태경제론을 초지일관 꾸준히 심화·확대함으로써 그 주장의 신뢰성을 높이 사왔다. 학자로서의 성실성·신뢰성을 확보함으로써 요즘 들어 그 사상의 가치를 널리 인정받기 시작한 점은 큰 귀감이 될 만하다고 본다.

데일리의 주장은 현대세계가 나아갈 방향을 제시해 주고 있다는 점에서도 그 의의를 찾을 수 있다. 지금 인류는 18세기 말 이후 산업화에 기초한 경제활동에 의해 자연적 제약[24]으로부터 벗어나

---

23 이 논문의 원 제목은 "The Stationary-State Economy: Toward a Political Economy of Biophysical Equilibrium and Moral Growth"이다. 데일리는 1973년에 『정상상태경제를 향하여』라는 책을 편집해 냈는데, 이 책에는 자신의 위 논문도 실려 있으며 제목 중의 일부인 stationary-state가 steady-state로 바뀌어 있다. *Toward a Steady-State Economy*, pp. 149~174 참조.

24 17~18세기의 근대사회에서 인간의 경제활동은 여전히 '자연적 제약' 속에 머물러 있었다. 상업 곧 공동체를 초월한 개인의 자유로운 교역활동이 전개되어 가더라도 생산 그 자체가 농업 중심인 이상, 자연 특히 토지가 갖는 유한성에서 벗어날 수 없었다. 경제활동이 공동체의 틀은 넘더라도 자연의 틀은 넘지 못했던 것이다. 이 틀을 넘는 계기가 된 것은 산업화였다. 산업화에 의해 경제활동은 자연적 제약에서 벗어나 보다 큰 확대, 성장으로 전개되었다. 廣井良典, 『定常型社會: 新しい「豊かさ」

성장과 양적 확대에 몰두해 온 이래 여전히 성장제일주의 굴레에 갇혀 있다. 그러나 이제 우리는 이러한 성장제일주의 사고로부터의 탈피를 강요받고 있다. 코로나라는 사태에 의해 인류는 싫든 좋든 기존의 성장중심의 경제질서에 대한 반성적 성찰과 함께 새로운 방식의 경제구조를 모색하지 않으면 안 될 상황에 놓였기 때문이다. 바로 이러한 상황에서 데일리의 정상상태경제론 혹은 무성장경제론은 큰 울림으로 다가온다. 마치 포스트 코로나 시대를 예견이라도 한 듯 데일리는 일찍이 성장경제는 한계에 이르기에 새로운 경제 패러다임으로의 전환을 서둘러야 한다고 주장해 왔기 때문이다.

　데일리가 이러한 주장을 편 것은 1960년대 말부터였다. 하지만 당시 데일리가 정상상태경제론의 원조 격인 '밀로 돌아가자'라며 정상상태경제학을 외쳤을 때 주변 경제학자들의 반응은 '생뚱맞다'는 게 주류였다. 대부분의 경제학자들은 데일리의 주장을 무시했던 것이다. 약 30~40년간 일부 전문가들 외에는 데일리의 주장을 거들떠보지도 않았고[25] 완전히 무가치한 것으로 여겼다. 하지만 지금은 데일리의 저서들 중 일부가 여러 나라에서 번역되거나 데일리 관련 글들도 나오는 것을 보면 그의 주장이 새롭게 평가받고 있는 것으로 간주된다.

の構想』, 東京: 岩波書店, 2016, p. 119 참조.

25 大森正之, 「経済学における定常状態と持続可能性」, 『Symbiotic Housing』, no. 48, 2017, p. 14 참조.

　　　　　　　　　　　　　　　　10장 · 허먼 데일리 2

그의 주장은 아직도 경제성장만이 만병통치약이라는 신념의 굴레에 갇혀 있는 현대인들로 하여금 과연 우리의 삶이 이대로 지속돼도 좋은지에 대한 반성을 촉구하고 있다는 면에서 큰 의의가 있다고 본다. 한마디로 데일리의 주장은 유한한 지구자원의 한계에 조응하도록 경제구조 전체의 패러다임을 근원적으로 재편할 것을 촉구하고 있다. 그것은 발전은 가능하나 성장은 불가능한 경제, 지구생태계의 용량 범위 안에서 경제활동을 영위하는 경제, 생산-분배-지출의 규모가 일정불변인 경제를 말한다.

지금까지 세계의 주류는 성장과 발전 가운데 전자였고 지금도 그것이 대세를 이루고 있다. 성장만이 부의 불균형한 배분을 비롯한 모든 경제문제를 해결할 수 있는 만병통치약으로 여기고 있는 것이다. 그러기에 이제까지의 환경대책도 일반적으로 경제성장에 방해가 되지 않는 범위에서 대증요법적으로 실행되어 왔을 뿐, 환경문제를 일으키고 있는 사회의 근본적·구조적 변혁과는 거리가 멀었다. 이러한 시대적 상황에서 데일리의 주장은 기존의 사고에 대한 중대한 도전이요, 코페르니쿠스적 발상의 전환이라 할 만하다. 포스트 코로나 시대의 방향 모색을 하는 데 데일리의 주장은 큰 교훈이 될 수 있을 것으로 여겨진다.

이상에서와 같이 데일리의 주장은 시의적절하면서도 충분한 설득력을 갖추고 있으나 한계점 또한 분명해 보인다.

첫째는 인구대책 부분이다. 데일리는 정상상태경제로 이행하기 위한 핵심적 요소 중의 하나로 인구통제를 들고 있다. 정상상태란 인구와 인공자산의 저량이 일정함을 전제하기에 일정한 인구

규모를 유지하는 것은 기본요건이 된다. 인구 규모의 일정함이란 투입과 산출의 일정함, 곧 출생률과 사망률의 동일함을 의미하며, 데일리는 이를 위해선 자주적 가족계획이 필요하다고 제언하였다. 하지만 세계 전체적으로 인구 규모의 일정함을 유지하는 것은 개개인의 자주적 가족계획만으로는 실현이 불가능해 보인다. 정상상태를 위한 자주적 가족계획이 제대로 수립될지도 의문이며, 설령 이것이 수립된다 하더라도 인구의 안정화라는 목표 달성에 이르기는 결코 쉽지 않기 때문이다. 이는 어디까지나 세계적 차원에서의 의도적인 정책적 노력 없이는 실현 가능성이 없을 것으로 판단된다.

다음은 부의 재분배다. 이는 최고소득과 최저소득의 한계를 제도적으로 정하여 '너무 부유하거나 너무 가난한' 양극단을 피하자는 주장이었다. 이러한 주장을 데일리는 자본주의도 아니고 사회주의도 아닌 분배국가라고 불렀다. 그런데 이 분배국가를 실현하는 방법은 복지국가의 관료주의나 중앙집권적 통제에 의해서가 아니라 사유재산과 자유시장에 근거한 분배정책을 통한 것이었다. 물론 데일리가 분배의 격차 폭을 조금씩 제한해 갈 것을 권고하고는 있지만(『『定常経済』は可能だ!』, p. 63 참조), 사유재산과 자유시장에 근거한 분배정책에 의거하여 이를 실현한다는 것은 그 가능성이 희박해 보인다.

끝으로 거론하고 싶은 것은 정상상태사회 관련 사항이다. 정상상태사회는 세 가지 갈래로 나눠 볼 수 있다. 첫째는 물질·에너지의 소비가 일정한 사회 곧 '탈물질화'로서의 정상형 사회다. 예를 들면 유럽환경청EEA, European Environment Agency은 재활용이나 에너지 소비 방식의 전환을 통해 환경효율성이 높은 경제사회를 이룩함으로써 환경에 대한 부하를 줄이고 또 자원고갈 없이 '풍요'가 확대돼 가는 경제사회를 추구할 것을 제안하고 있는데 이것이 첫째 의미의 정상사회다. 둘째는 경제의 양적 확대를 기본적 가치나 목표로 하지 않는 사회라는 의미다. 이는 양적 확대보다 질적 변화에 주된 가치를 두는 사회, GDP 등이 증가하지 않는 제로성장사회라고도 할 수 있다. 셋째는 변화하지 않는 것에도 가치를 둘 수 있는 사회라는 의미다. 변화하지 않는 것이란 자연, 커뮤니티 또는 예전부터 전해져오는 전통행사나 예능, 민예품 등을 예로 들 수 있다(『定常型社會』, pp. 142~146 참조).

데일리가 말하는 정상형 사회란 첫 번째와 두 번째 의미에 경도되어 있는 것으로 보인다. 물론 자원고갈 없는 안정적 사회, 환경효율성이 높은 경제사회, 지속가능한 질적 발전을 이루는 사회 건설도 중요하다. 하지만 이러한 사회를 이룩하려면 세계관의 변화가 전제돼야 한다. 나의 입장보다 지구생태계 전체의 입장을 우선시하는, 곧 개인주의가 아닌 지구전체주의를 먼저 내세울 수 있어야 한다. 자연을 이용의 대상물로만 볼 것이 아니라 자연 그 자체에 인간의 목적에서 독립한 고유의 가치가 있음을 인정할 줄 알아야 한다는 의미다. 그러지 않고는 데일리가 제안하는 전략들 중 그 어느 것도 실현이 어려워 보인다. 그러기에 위 세 번째 의미도 함께 수용하여 정상사회를 새롭게 구상해 나갈 필요가 있다고 판단된다.

생각해 볼 문제

1. 데일리는 생태계와 경제의 관계를 세 가지 전략으로 파악하였다. 그 세 전략이란 경제제국주의, 생태계환원주의, 정상상태경제를 말한다. 데일리는 이 가운데 앞의 두 전략은 거부하고 세 번째 전략을 자신의 입장으로 택하였다. 그 배경에 대해 설명해 보자.

2. 데일리가 주장하는 정상상태경제의 개념을 정의해 보자.

3. 현재 세계적인 보편적 추세는 경제성장의 논리가 지배적이다. 마치 경제성장이 인류사회가 직면한 모든 문제를 해결할 수 있는 만병통치약처럼 여겨지고 있다. 하지만 데일리는 경제성장에 의지해선 더 이상 문제를 해결할 수 없는 시대에 접어들었기에 정상상태경제로 이행해야 한다고 주장한다. 그렇다면 경제성장이 문제해결의 동인이 될 수 없는 이유에 대해 떠올려 보자.

    ① 첫 번째 이유는 생물물리적 한계와 윤리사회적 한계다. 성장경제는 이 두 한계에 직면하기에 지속될 수 없다는 것이다. 생물물리적 한계 및 윤리사회적 한계는 무엇인지 이에 대해 구체적으로 설명해 보자.

    ② 두 번째 이유로는 꽉 찬 세계론을 들고 있다. 우리가 사는 세계가 텅 빈 세계에서 꽉 찬 세계로 전환되었기에 성장경제는 한계를 피할 수 없다는 것이다. 이에 대해 설명해 보자.

    ③ 세 번째 이유는 제약 요인의 변화다. 텅 빈 세계에서의 제약 요인과 꽉 찬 세계에서의 그것이 달라지기에 성장경제는 한계에 직면한다는 것이다. 이에 대해 설명해 보자.

    ④ 네 번째 이유로는 한계편익·한계비용 비교론을 들고 있다. 이에 대해 설명해보자.

4. 데일리는 정상상태경제체제를 실현하는 것이 곧 지속가능한 발전을 도모하기 위한 조건이라 말하며, 그 실현을 위한 구체적 방안들을 제시하고 있다. 그 방안들의 타당성을 검토해 보자.

11장
J. 베어드 캘리콧
동물해방론과 대지윤리의 차이점은 어디에 있는가?

1. 캘리콧의 환경사상을 들여다보는 이유

캘리콧은 1941년, 미국 테네시주 멤피스 태생이다. 멤피스에 위치한 로즈대학교 졸업 후, 시라큐스대학교 대학원에서 플라톤철학 전공으로 박사학위를 받았다. 1969년에는 위스콘신주립대학교 스티븐스포인트 분교의 철학 및 자연자원학 교수로 임용되어 1995년까지 머물렀는데, 그가 살았던 지역의 경관이 그로 하여금 환경윤리학의 길을 걷게 만든 하나의 계기로 작용하였다.

그가 26년간 살았던 스티븐스포인트시는 위스콘신 강변에 위치한 위스콘신주 모래 군sand counties[1]의 북쪽 끝에 자리 잡고 있었

---

1 모래 군이란 고유지명이 아니라 지표가 모래 투성이로 된 위스콘신주의 약 8개 군

403   11장 · J. 베어드 캘리콧

다. 그 지역은 레오폴드와 뮤어가 살았던 곳과 불과 90마일 정도 떨어진 지역으로 환경사상가인 그 두 사람의 영혼을 일깨워 준 곳이기도 했다. 캘리콧은 그 지역에 대해 다음과 같이 말한다. "뮤어와 레오폴드의 초기 진화론적·생태학적 사고를 형성하고 고무시키는 데 도움을 준 그곳의 경관은 환경윤리학의 창시자로서 내 평생의 천직을 시작하기에 완벽한 배경이었다."[2] 1995년에는 북텍사스대학교의 철학 및 종교학과로 자리를 옮겨 거기서 근무하다 2015년 퇴임을 맞았다. 퇴임 후 그는 고향인 멤피스로 돌아와 미시시피강 근처에서 생활하며 여전히 강의와 집필활동을 지속하고 있다.

그의 주된 관심은 환경윤리학·환경철학에 있었으며, 이 분야의 최전선에서 선도적인 업적들을 남겨 왔다.[3] 1971년에는 세계 최초로 환경윤리학 강좌를 개설하여 강의하였고, 1979년에는 유진 하그로브를 도와 이 분야 세계 최초의 전문학술지 『환경윤리』*Environmental Ethics*를 발행하는 데 기여하였다. 북텍사스대학교에서는 세계 최고의 환경철학 대학원 프로그램을 개발하는 데 공을 세웠으며, 1994년부터 2000년까지는 국제환경윤리학회 부회장으로도 일

의 일부 지역을 묶어서 부르는 말이다. 위스콘신주를 북에서 남으로 가르는 위스콘신강 동쪽에 위치하고 있다.

2 https://jbcallicott.weebly.com/index.html.

3 Michael P. Nelson, "J. Baird Callicott 1941~", ed. Joy A. Parmer, *Fifty Key Thinkers on the Environment*, New York: Routledge, 2001, p. 290; J. Baird Callicott and Robert Frodeman, "Editors in Chief", *Encyclopedia of Environmental Ethics and Philosophy*, vol. 1, Farmington Hills: Macmillan, 2009, pp. 129~130 참조.

했다.

이러한 이유들로 캘리콧은 환경윤리학 분야를 창설한 개척자 중의 한 명으로 평가를 받아 왔다. 어떤 학자가 캘리콧에 관하여 언급하길 "실제로 환경윤리학을 발명한 인물("J. Baird Callicott 1941~", p. 290)"이라 불렀는데 이 표현 역시 과언이 아니다.

캘리콧은 통찰력이 풍부하고 상상력을 자극하는 논의, 명쾌하고 매혹적인 산문 그리고 도발적인 사상 등으로 큰 관심을 끌어왔으며, 현대의 많은 환경사상가들로부터 높은 평가를 받고 있다. 『환경윤리』, 『환경가치』*Environmental Value*는 물론이고 그 밖의 많은 환경 관련 학술지나 잡지를 대할 때 캘리콧에 대한 언급이나 주해를 찾아보지 못하는 경우가 거의 없을 정도다.

『환경가치』의 편집자는 최근 "캘리콧에 대한 지속적인 비판적 관심은 결코 중단되는 일이 없을 것(Ibid., p. 291)"이라 말했다. 데이브 포먼Dave Foreman(1980년대 미국의 전투적인 자연보호운동 단체 '지구 먼저!'Earth First!의 공동설립자) 역시 "학식, 성실성 그리고 솔직함에 있어서 … 캘리콧은 대학의 그의 동료들 가운데 매우 우수하다(Ibid.)"라고 기술한 적이 있다. 몬태나주에서 열렸던 원생자연Wilderness회의에서는 캘리콧 소개 시 그의 기여도를 설명하기 위해 헨리 밀러의 말이 인용된 적도 있었다.

"인간 역사의 어떤 시점에서건 위대한 문제, 요컨대 인간의 문제와 씨름할 수 있는 특권을 부여받고 있는 자는 아주 소수에 한정된다." 캘리콧이 바로 그러한 사람입니다(Ibid.).

캘리콧의 훌륭한 점은 자신의 철학을 상아탑 내에 가둬 두는 게 아니라 늘 현실세계의 환경문제에 적용함과 동시에 다른 학문 분야에도 응용하려는 새로운 시도를 감행한 것이었다. 그는 철학 분야 이외의 다수의 저널, 다양한 백과사전, 보전생물학 교과서 등에 글을 썼고, 자연자원에 관한 자문회의의 구성원으로도 활약해 왔다.

캘리콧은 또 레오폴드의 철학적 유산에 대한 탁월한 해석자로도 잘 알려져 있다. 진화론과 생태학이 우리 자신과 우리 주변 세계에 대한 기본적 관점을 바꿔 놓았다는 레오폴드의 인식은 그가 초기의 환경철학자임을 잘 말해 준다. 하지만 레오폴드는 철학 전공자가 아니었고 따라서 그의 사상은 많은 해명을 필요로 했다. 캘리콧은 레오폴드의 형이상학적·윤리학적 전제를 확고히 하기 위해 개념적·철학적 기초를 부여하는 데 많은 애를 썼다. 그러기에 소크라테스의 사상이 어디에서 끝나고 플라톤의 사상이 어디에서 시작되는지 간파하기 어려운 것과 마찬가지로 레오폴드와 캘리콧의 사상 역시 그러하다(Ibid., p. 292 참조).

캘리콧은 '대지윤리'를 발표한 레오폴드를 '환경윤리학의 아버지'로 평가하면서 대지윤리를 적극 옹호해 왔다. 『대지윤리의 옹호』(1989)가 레오폴드 주장의 지적 토대를 탐구하여 보다 완벽한 철학적 근거를 제공하고자 시도했다면, 『대지윤리를 넘어서』(1999)는 레오폴드의 환경철학을 더욱 확장시키고 있다. 그리고 『지구의 통찰』(1994)은 비교환경철학 분야가 싹트는 데 중요한 기여를 한 것으로 평가받는다.[4]

바로 여기서 다룰 내용은 캘리콧의 첫 번째 논문집인 『대지윤리의 옹호』에 실려 있는 「동물해방: 3극 구조」라는 글이다. 이 글은 캘리콧의 명성을 널리 떨치게 해주었으며 현대의 고전으로 평가받을 만큼 수많은 환경철학 선집에도 재수록되어 있다. 캘리콧 자신도 이 글을 『대지윤리의 옹호』의 1장으로 엮고 있는 사실에서 알 수 있듯 이는 자타가 공히 인정하는 대표작이라 할 수 있다.

여기서는 먼저 「동물해방: 3극 구조」에 담겨 있는 캘리콧의 주장을 온전히 드러내고 난 뒤, 이어서 그의 주장 가운데 논의가 필요한 부분을 가려내어 비판적으로 검토해 보려 한다.

---

4 『대지윤리의 옹호』는 알도 레오폴드의 환경철학을 명확히 표현·옹호하고, 확장하려는 10년 동안의 긴 노력의 결과물들을 한 권으로 묶어 놓은 것이다. 『대지윤리를 넘어서』는 『대지윤리의 옹호』의 속편에 해당한다. 이는 환경철학의 현 주류철학과의 난해한 관계를 포함하여, 진화론과 생태학의 최근의 발전이 레오폴드의 대지윤리에 미치는 관계, 내재적 가치의 존재론적 지위와 도덕적 다원주의의 필요성에 대한 끊임없는 논쟁 등 이 분야의 핵심적인 광범위한 주제들을 다루고 있다. 『지구의 통찰』에서는 비서양적 세계관에 내재된 생태학적 가르침을 포함하도록 환경윤리의 범위를 확장할 것을 요구한다. 이는 환경위기는 범세계적인 반면 현대의 환경윤리는 주로 서양의 철학과 종교에 집중되어 있다는 진단에서 연유하고 있다. 이에 캘리콧은 이슬람교, 힌두교, 자이나교, 도교, 유교, 선불교의 성서뿐만 아니라 폴리네시아, 남북아메리카 그리고 호주의 구전에까지 광범위하게 탐구하고 있다.

2. 양극 대립이 아닌 3극 대립

1) 동물해방운동에 대한 캘리콧의 평가

서양의 전통적 윤리체계는 인간중심적이다. 인간은 개인의 권리나 이익 면에서 평등하고 공정한 것이 이상으로 여겨졌으며, 또 개인을 그렇게 대우하는 사회야말로 윤리적·도덕적이라고 간주돼 왔다. 반면에 인간 이외의 동물이나 식물에는 아무런 도덕적 지위나 권리도 부여해 오지 않았다. 하지만 레오폴드의 윤리체계에서는 동물이나 식물, 게다가 토양이나 물까지도 그 수익자의 공동체에 포함된다. 요컨대 윤리적 배려의 직접적 대상을 인간 존재에서 자연의 모든 존재로 확대했던 것이다. 캘리콧은 바로 이 점이 레오폴드의 대지윤리에서 가장 새로운 내용이라고 강조한다.[5]

이러한 주장과 함께 캘리콧은 근래의 동물해방·동물권 운동에 대해서도 평가한다. 동물해방운동가들은 억압받고 있는 동물들에게 인간과 동등한 도덕적 배려를 해주도록 요구한다. 이들은 또 인간중심주의자들을 종차별주의자 또는 인간우월주의자라고 부르며 공격을 가하기도 한다. 캘리콧은 이러한 동물해방운동이 요점을 벗어난 것은 아니라는 평가를 내리고 있다.

그에 따르면 동물해방운동은 도덕적 권리를 누리는 '인격'의

---

5 Callicott, "Animal Liberation: A Triangular Affair", Callicott, *In Defense of the Land Ethic: Essays in Environmental Philosophy*, Albany: State University of New York Press, 1989, p. 15 참조.

범위를 확대해 가자는 역사적 진보의 과정이다. 이는 대지윤리의 주장과도 궤를 같이한다. 레오폴드에 따르면 대지윤리 역시 문화적으로 일고 있는 진화론적 가능성이며, '다음에 올 연속적 단계'이기 때문이다(Ibid., p. 16 참조).

2) 동물해방운동과 대지윤리 간의 차이점

다만 양자 간에 차이가 있다면 대지윤리가 동물해방운동에 비해 훨씬 더 철저하고 포괄적이라는 점이다. 즉 대지윤리는 윤리체계에 포함되는 공동체에 동물뿐만 아니라 토양이나 물, 식물까지도 포함하고 있다. 레오폴드는 진정으로 대지의 모든 존재를 윤리적 관점에서 파악할 것을 강조하였다. 그에 따르면 해변이나 밤나무도 늑대나 사슴과 같이 동등한 생물적 권리를 갖는 '생명'이다. 인간의 행동이 산이나 개울에 미치는 영향 또한 알을 품는 암탉의 안락이나 장수만큼 진지한 윤리적 관심을 받을 만한 가치가 있다 (Ibid., pp. 16~17 참조).

그런데 여기엔 유의사항이 있다. 그것은 레오폴드가 후자(암탉의 안락이나 장수)보다 오히려 전자(인간의 행동이 산에 미치는 영향)를 더 중시하고 있다는 점이다. 아무리 봐도 레오폴드가 계란 공장의 암탉이나 비육장의 거세 소 대우문제를 도덕상의 긴급과제로 다루었던 흔적은 찾을 수 없다. 그보다는 삼림이 우거진 땅의 보전과 같은 문제 쪽에 더 강한 관심을 품고 있었다.

캘리콧에 따르면 동물해방론과 대지윤리의 차이점은 또 있다. 동물해방론자는 채식주의를 관철함으로써 그 윤리관을 실천에 옮기며, 채식주의에 얽힌 복잡한 도덕문제는 동물의 권리에 따르는 부수적 문제로 다루어 왔다. 하지만 이와 대조적으로 레오폴드의 경우는 수렵행위를 단죄하지 않는다. 오히려 그는 소년시절부터 열성적인 사냥꾼이었으며, 윤리적 책임 범위가 인간계 바깥으로 확장되어야 함을 자각하고 나서도 그 취미를 포기하려 하지 않았다. 더구나 동물을 먹는 일이 그에겐 아무 문제도 되지 않는 것이었다(Ibid., p. 17 참조).

언뜻 보면 위선자처럼 보이는 레오폴드의 태도에 대해 캘리콧은 이렇게 해석한다.

첫째는 레오폴드의 대지윤리가 수렵이나 잔혹한 도살, 육식 등을 실제로 금해선 안 되는 일로 여기고 있었다는 점이다. 일정한 룰에 따른 스포츠로서의 수렵과 육식을 시인하고 있는 대지윤리는 원래부터 그러한 인간 대 동물의 관계를 배제하고 있지 않았기 때문이다. 둘째는 위 내용의 당연한 귀결로서 레오폴드의 대지윤리와 동물해방론의 주장은 원래 전혀 다른 이론적 기초 위에 서 있다는 점이다. 이 둘은 표면상으로는 같은 환경윤리학이면서도 내용상으로는 전혀 별개라는 입장이다(Ibid. 참조).

캘리콧은 그에 대한 이유를 다음과 같이 해명한다. 캘리콧에 따르면 동물해방론자에게서의 절박한 문제는 가축의 고통이지만 이 문제에 대한 레오폴드의 태도는 무관심 그 자체라 할 수 있다. 레오폴드의 가장 큰 관심은 멸종위기에 처한 동물이나 식물이며, 또 토양침식이나 하천오염 등에 집중돼 있었다. 캘리콧은 "바로 이 점이야말로 양자가 단지 서로 다른 관점에 서 있다는 것뿐만 아니라 그 우주관에서부터 완전히 다름을 보여 주는 것(Ibid., pp. 17~18)"이라고 말한다. 그러기에 동물해방론과 대지윤리의 유사점이란 아주 표면적인 것에 불과하며, 그 근저에는 서로 간에 전혀 비슷하지도 않은 사상과 가치관이 숨겨져 있다는 것이다.

　동물해방론과 대지윤리는 각각의 이론적 기초에서부터 서로 친밀하기는커녕 상호보완은 물론 양립조차 어렵다는 것이 캘리콧의 입장이다. 결국 동물해방론이 이제까지 인간과 동물의 엄격한 분리를 지지하는 많은 보수적 사상가들과 논쟁해 왔지만, 또 다른 환경윤리체계를 지닌 뜻밖의 적을 마주하게 된 셈이다. 캘리콧이 말하고자 하는 핵심 내용은 동물해방·동물권을 둘러싼 논쟁은 이제까지 여겨져 왔던 것과 같은 양극 대립이 아니라 실은 3극 대립이라는 것이다(Ibid., p. 18 참조).

3. 양극에 대한 비판과 대지윤리의 기본 원칙

1) 인간중심주의와 동물해방론의 비교·비판

캘리콧은 자신이 옹호하는 대지윤리와 그 기본 원칙을 부각시키기 위해 양극, 곧 인간중심주의와 동물해방주의를 먼저 비교·비판한다.

　인간중심주의는 인간 이외의 동물들에게 도덕적 지위를 부여하는 것에 대해 반대한다. 그 이유는 인간 이외의 동물은 그와 같은 특권을 가질 만한 가치가 없다고 보기 때문이다. 인간만이 이성적이고 이익추구나 자기인식능력을 소유하며, 언어를 사용할 수 있기에 그러한 특권은 전적으로 인간의 소유물이라는 입장이다. 이른바 인간 이외의 동물은 윤리적 배려를 받을 만한 결정적 자격이 없고, 따라서 인격이 아닌 물건으로 또한 목적이 아닌 수단으로 다루어져도 무방하다고 주장하는 것이다.

이에 대한 동물해방론자들의 전형적인 반론은 이렇다. 인간을 특별 취급하는 근거로서 제시되는 다양한 기준을 한 명 한 명의 인간에게 적용하면 인간 중에도 그 기준을 충족하지 못하는 존재가 있음을 우리는 안다. 그러면 당연히 그러한 인간은 도덕적 대우를 받을 자격을 상실하게 되며, 따라서 동물과 같이 단순한 물건으로 다뤄져도 무방하지 않을까 하는 것이다.

그러나 중증 지적장애아가 의학실험에 쓰이거나 그 밖의 다른 목적을 위한 단순한 수단으로 다뤄진다면 인간중심주의자는 크게 분개할 것임에 틀림없다. 따라서 인간중심주의자는 일구이언의 위선자가 되고 만다. 인간중심주의자는 도덕적 대우를 받을 가치가 있는 존재와 없는 존재를 구분하는 기준이 객관적이고 공평한 것이라고 주장하지만 사실 그것은 옹호의 여지가 없는 종차별적 사상인 것이다. 인간중심주의자가 드는 다양한 기준, 곧 도덕적 지위를 누리기 위한 기준은 원래 모든 생물에 대한 적용을 염두에 둔 것이 아니라 오로지 인간만을 고려하기 위한 것이었다(Ibid., pp. 18~19 참조).

반면에 동물해방론자는 도덕적 대우라는 지위를 누리는 데 필요한 능력은 감각 능력뿐이라고 주장한다. 감각 능력은 인간 이외의 동물들 또한 지니고 있고 동물의 고통은 우리 인간의 그것과 동일한 정도의 윤리적 관심을 받을 만한 가치가 있다. 그런 측면에서 그들은 반문한다. "이성이나 자기인식 능력, 언어 등과 같은 속성들을 갖는 존재들만이 도덕적 지위를 부여받고, 그 이외의 존재는 배제되는 이유가 무엇인가? 그것은 하얀 피부의 인간만이 자유의 권리를 갖는다거나 오로지 남자들만이 재산을 소유할 수 있다는 논리와 동일한 게 아닐까(Ibid., p. 19)?"

요컨대 동물해방론자들은 인간중심주의자가 내세우는 기준은 원래 목적에 완전히 어긋나는 것이라고 비판하며, 고통스러워하는 감각 능력이야말로 도덕적 대우와 더 관련이 깊다고 말한다. 왜냐하면 벤담이나 밀, 또는 에피쿠로스와 같은 고금의 저명한 사상가들이 단언한 대로 고통은 악이며, 이로부터의 해방이나 기쁨은 선이기에 도덕행위자인 인간에게는 선을 촉진하거나 초래하려는 행동, 악을 최소화하려는 행동을 취할 책무가 있기 때문이다. 그리고 고통은 그것이 누구의 것이건 차이가 없다(Ibid. 참조).

도덕행위자로서의 인간은 타인의 고통과 기쁨보다 자신의 고통과 기쁨 쪽을 더 중시하는 행동을 취해선 안 된다. 동물이 고통을 받고 있다면 타인이 괴로워하고 있을 때와 마찬가지로 그 고통은 의식적인 도덕행위자에 의해 극력으로 가볍게 해주어야 할 악이라는 인식을 우리는 지녀야 한다. 심지어 수렵이나 도살, 육식이나 동물실험 등의 행동을 통해 우리 자신이 동물의 고통의 원인이 되는 것은 도덕적으로 괘씸하기 그지없는 것이다(Ibid., pp. 19~20 참조).

캘리콧에 따르면, 이상의 논의에 납득이 가는 사람이라면 육식을 중단하고 수렵을 그만두며 모피나 가죽제품, 뼈로 만든 장식품 등 동물로부터 제작된 물건 일체를 버려야 한다. 그뿐만 아니라 만약 어떤 동물성 식품 생산자가 동물을 비인도적인 열악한 환경에 가두고 있음을 알았다면 거기서 생산되는 알이나 우유도 보이콧해야 한다. 동물원에서 노는 것도 물론 중단해야 한다.

　그러면서도 동물해방론자들은 한편으로 모든 동물에까지 도덕적 대우를 할 필요는 없다고 말한다. 고통이나 기쁨에 대해 무감각할 정도로 아주 단순한 생물의 경우는 제외해도 무방하다는 것이다. 마찬가지로 나무나 강, 산 또한 도덕적 대우의 대상 범위에 들지 않는다. 이들 존재는 생명의 영위에 대해 기여는 하고 있으나 의식을 지니고 있지 않기 때문이다. 이처럼 동물해방론자 역시 인간중심주의자와 마찬가지로 도덕적 배려를 할 만한 존재와 그렇지 않은 존재와의 사이에 확실한 구별을 짓는다. 다만 양자 각각이 구별 짓는 경계선의 기준이 다를 뿐이다(Ibid., p. 20 참조).

　이상에서와 같이 캘리콧은 동물해방론자와 인간중심주의자 양자를 비교하면서 다음과 같은 평가를 내리고 있다. "양자의 비교에서는 동물해방론자 쪽이 윤리적 요청의 관점에서 보다 옹호하기 쉬운 기준을 제시하고 있고, 실천면에서도 일관성을 가지고 있다(Ibid.)." 동물해방론 쪽이 도덕적 지위를 부여하는 기준 측면이나 실천 측면에서 더 합리적이라는 평가다. 하지만 캘리콧이 이처럼 동물해방론 측에 호의적 평가를 내리면서도 잘 따져 보면 사실은 양측 간의 논쟁은 자중지란(집안싸움)처럼 보인다고 말한다(Ibid. 참조).

캘리콧에 따르면 동물해방론이 제기하고 있는 주장은 분명히 새로운 느낌을 가져다줄 뿐만 아니라 사회적·정치적으로도 전위적이라 할 수 있다. 캘리콧은 그러나 동물해방론은 벤담의 고전적 윤리이론이 공장축산이나 동물실험이라는 비교적 새롭게 대두한 전례 없는 윤리적 문제해결을 위해 개정·변형되어 이용되고 있을 뿐이라고 말한다. 따라서 이제까지 신봉되어 온 여러 원칙에 대한 진정한 도전은 이뤄지고 있지 않다는 게 캘리콧의 지적이다. 동물해방론은 결국 역사적 윤리이론에 대한 창의적 반성이나 탐구, 재점검을 수반하지 않은 채 새로운 논쟁으로서의 기세만을 드높인 이론이라는 것이다. 이러한 맥락에서 캘리콧은 동물해방론이란 "역사적으로 낯익은 이론들이 축약되어 응용되고 실행에 옮겨지고 있음에 불과하다(Ibid., pp. 20~21)"라고 비판하고 있다.

2) 대지윤리의 제1원칙

이러한 비판과 더불어 캘리콧은 동물해방을 둘러싼 논쟁에 있어서 제3의 세력이 있음을 주장한다. 이 세력은 동물뿐만 아니라 식물이나 흙, 물까지도 윤리적 배려 측면에서 인간과 동등한 지위로 끌어올리라고 주장하는 반면, 도살이나 육식, 수렵, 덫 등 언뜻 보기에 잔혹한 처우에는 반대하지 않는다(Ibid., p. 21 참조). 캘리콧이 말하는 제3의 세력이란 생태계중심주의 입장을 의미하며, 이를 대표하는 것이 대지윤리다.

대지윤리의 절대적 명령이라고도 할 수 있는 제1원칙에 해당하는 것은 "어떤 것이 생물공동체의 온전성·안정성·아름다움을 보존한다면 그것은 옳다. 반면에 그 반대의 경향에 있다면 옳지 않다"[6]라는 규범이다. 이 규범에서 특히 주목해야 할 점은 생물공동체의 이익에 도움이 되는지의 여부가 어떤 것의 도덕적 가치를 헤아리고, 옳고 그름을 구분하는 궁극적 척도로 작용하고 있는 점이다.

예를 들어 어느 지역에서 사슴의 개체 수가 과잉 증가하여 그 지역의 환경을 파괴할 정도의 상황이라면 사슴 사냥은 도덕적으로 요청될 수도 있다. 한편 개체 수가 과소하여 멸종위기에 처한 스라소니와 같은 동물은 극진히 보호하여 종 보존을 위해 노력해야 한다. 벤담주의 관점에서 보면 스라소니라든지 퓨마와 같은 야생고양이과의 육식동물은 작은 동물들을 단순히 죽일 뿐만 아니라 잔혹하게도 그 시체를 가지고 노는 냉혹하고 변덕스러운 구제불능의 살육자이며, 세상의 고통을 증가시킬 뿐인 존재다. 반면에 대지윤리 입장에서 보면 이들 육식동물은 생물공동체에 불가결한 구성원으로서 보호받아야 할 존재로 여겨진다. 대지윤리에서는 어떤 경우든지 간에 '생태계에 미치는 영향'이라는 것이 모든 행동에 대한 윤리적 평가를 내리는 결정적 요소이기 때문이다("Animal Liberation", p. 21 참조).

---

6 Aldo Leopold, "The Land Ethic", ed. David R. Keller, *Environmental Ethics: The Big Questions*, Malden: Blackwell Publishing, 2010, p. 200.

4. 캘리콧이 옹호하는 대지윤리의 관점

1) 생태학적 관점

캘리콧은 대지윤리에서 발견할 수 있는 특징적 관점으로서 생태학적 관점을 든다. 생태학은 생태계를 주 연구 대상으로 삼는 학문이다. 생태계란 그 구성요소인 생물과 생물이 이루는 군집 그리고 주변 환경의 무생물적 부분들이 역동적으로 상호작용하는 시스템을 말한다. 생태학은 바로 이러한 상호작용에 주목하며, 이 작용이 원활할 때 조화와 균형이 이루어질 수 있다고 본다. 캘리콧은 대지윤리 역시 바로 이러한 생태학적 관점을 취하고 있음을 강조하고 있다. 이러한 자신의 주장을 부각시키기 위해 그는 먼저 동물해방론이 지니고 있는 한계를 낱낱이 밝혀 나간다.

동물해방론자들에 따르면 인간이라는 존재는 자신을 둘러싼 유기적 자연과 유대관계를 맺고 있는 한 존재로서 이해되어야 한다. 동물해방론자들은 다위니즘을 옹호하며, 인간은 어디까지나 단순한 동물에 불과하다고 주장하면서 인간중심주의를 거부한다. 캘리콧은 이에 관한 한 동물해방운동이 생물학적으로 진보한 것이라고 말한다(Ibid., p. 23 참조). 그와 더불어 캘리콧은 다음의 주장을 펴고 있다.

동물해방론자들이 악의 화신으로 파악하고 있는 고통은 분명히 인간과 다른 감각적 동물들에게는 공통적인 것이다. 고통은 확실히 인간이 자랑하는 발달된 대뇌피질(지성을 관장함)보다 더 동물적

인 대뇌변연계(감정을 관장함)에서 경험하는 것임에 틀림없다. 만약 아픔이나 괴로움이 궁극의 악이라 한다면, 게다가 그것이 인간 고유의 것이 아니라 동물 일반에 적용되는 것이라 한다면, 이 경험을 우리와 공유하는 동물도 그 고통으로부터 해방하는 것이 필수적이게 된다. 그리고 그것을 위한 수단으로서 필요로 하는 것이 동물에게 인간의 것과 유사한 권리를 부여하는 일이다(Ibid., pp. 23~24).

이와 같이 캘리콧은 인간중심주의와 달리 쾌고감수성을 지닌 인간과 동물을 동등하게 대우하자는 동물해방론의 입장을 강력히 옹호하고 있다. 그러나 그럼에도 불구하고 캘리콧은 동물해방운동에는 결정적 한계가 있음을 지적한다.

하지만 동물해방운동이 신봉하는 생물학은 인간과 그 밖의 동물과의 연속성이라는 영역을 넘어서 발전할 기미가 없다. 특히 더욱 새로운 생태학적 관점은 완전히 무시하고 있는 것 같다. 생태학의 전체론적 관점과 거기서 발생하는 생물공동체의 아름다움, 온전성, 안정성이라는 가치는 동물해방론자의 사고를 조금도 자극하지 못하는 것 같다(Ibid., p. 24).

동물해방론이 인간중심주의의 한계를 벗어나 동물에게도 인간과 동등한 도덕적 지위를 부여하자는 입장은 크게 칭찬할 만하다. 그러나 동물해방론에는 세계를 하나의 통일체로 파악하는 생태학적 관점이 결여돼 있다는 게 큰 약점이다. 동물해방론은 벤담주의에 의거하고 있다. 벤담에 따르면 "공동체란 마치 그 구성원인 것처럼 행동하는 다수 회원들에 의해 형성된 가공의 조직이며 … 공동체의 이익이란 공동체를 구성하는 개개인의 이익의 총화다(Ibid.)". 벤담은 공동체의 이익이란 그 구성원 각자의 이익의 총화에 불과하다는 환원주의적 입장을 취하고 있다.

하지만 캘리콧은 사회 전체의 이익이 반드시 그 구성원의 이익의 총화와 일치하진 않으며, 사회의 온전성을 유지하기 위해선 규율이나 희생, 개인의 억제가 자주 요구된다고 말한다. 그뿐 아니라 사회란 그 구성원들이 사리사욕에만 사로잡혀 공동체의 이익을 무시하는 순간 순식간에 붕괴할지도 모르는 위약함을 갖고 있다고 지적한다(Ibid. 참조).

벤담주의를 추종하는 동물해방운동은 인간 이외의 동물에게도 도덕적 지위를 부여하도록 호소할 때, 그것은 어디까지나 여러 동물들 중에 특정한 존재의 복지만을 염두에 둔 개체론적 입장을 따르고 있다. 반면에 대지윤리는 생물공동체의 안정성 유지에 가장 큰 중요성을 부여한다. 따라서 특정 동물 보호가 오히려 자연 식물계에는 유해하기 짝이 없는 위협이 될 수도 있다. 생태계에 미치는 영향이라는 것이 어떤 행동의 윤리적 평가를 결정하는 관건으로 작용하고 있는 것이다.

2) 전체론적 관점

앞에서 살펴봤다시피 동물해방론은 개체론적 입장을 취하는 반면,

대지윤리는 전체론적 입장을 취한다. 캘리콧은 대지윤리의 전체론적 관점에 대해 더 깊은 설명을 함으로써 이를 더욱 강조하고 있다.

생태계는 식물, 동물, 액체, 기체 등을 구성요소로 한다. 생물공동체의 온전성과 안정성, 아름다움을 지고의 선으로 간주하는 대지윤리가 도덕적 고찰의 대상으로 삼는 것은 바로 이들 식물이고 동물이며, 또 흙이고 물이다. 바꿔 말하면 전체로서의 공동체에 도움이 되는지의 여부가 이들 구성원의 상대적 가치나 상대적 우열을 평가하는 기준이 되는 것이다.

캘리콧은 이 기준이야말로 서로 모순되는 생태계의 각 구성원들의 요구를 비교·형량하여 심판을 내릴 수 있게 해준다고 말한다. 이 기준에 따르면 가령 생물다양성이 생태계의 안정을 확보하는 데 기여할 경우 희소한 종이나 멸종위기종에 우선적 지위를 부여해야 한다. 또한 예를 들어 꿀벌과 같이 자연의 영위에서 결정적으로 중요한 역할을 하는 생물은 토끼나 두더지와 같이 진화상으로는 보다 상위에 위치하는 생물보다도 우선시된다. 토끼나 두더지가 심리적으로 꿀벌보다도 복잡하고 감수성 면에서도 우수하지만 이 세계 어디에서든 많이 찾아볼 수 있고 번식력도 강하며, 자연의 영위 안에서 특별한 역할을 하고 있지는 않기 때문이다(Ibid., p. 25 참조).

대지윤리에서는 동물뿐만 아니라 식물, 산, 강, 바다, 대기 등도 중요한 수익자가 된다. 생물공동체 또는 생물권 그 자체의 복지는 그러한 수익자들의 생존이나 복지와 떼려야 뗄 수 없기 때문이다. 캘리콧은 이러한 기준에 대한 설명과 더불어 중요한 질문을 제기한다. 그것은 대지윤리에서 강조하는 생물공동체의 안정성·온전성·아름다움의 가치가 인간을 위한 것인지, 아니면 생물공동체 그 자체를 위한 것인지 하는 물음이다. "우리가 건강한 생물공동체에 가치를 인정하는 것은 우리의 행복뿐만 아니라 생존마저 거기에 의존하고 있는 탓일까, 아니면 우리가 아무 사심 없이 생물공동체 그 자체의 가치를 인정하고 있는 탓일까(Ibid., p. 26)?"

이 물음에 대해 레오폴드는 후자를 택하고 있다. 생물공동체는 그 자체의 가치(비도구적 가치)를 지니며, 그 구성원의 가치는 생물공동체의 필요에 따라 바뀔 수 있다는 입장이다(Ibid. 참조). 이러한 입장에 서게 되면 인간 역시 자연계 전체의 복지라는 맥락에서 도덕적 가치평가를 받게 된다. 하지만 레오폴드는 생물공동체의 안정을 위해 야생동물들을 희생시키는 것에 대해선 동의하지만 인간의 희생에 대해선 그렇지 않다. 반면에 캘리콧은 인간도 예외일 수 없다는 입장을 취한다. 인간 역시 생물공동체의 구성원인 이상 그 가치는 공동체 전체의 필요에 따라 상대적으로 오르내릴 수 있다는 것이다. "개별적인 사슴의 존엄성은 다른 모든 사슴과 마찬가지로 그 종의 전체 개체 수에 반비례하는데(Ibid., p. 27)" 인간에게도 동일한 논리가 그대로 적용된다는 것이 캘리콧의 입장이다.

이러한 시각에서 캘리콧은 "적정한 인구는 신체의 크기가 인간의 갑절인 곰 개체 수의 2배(Ibid.)" 정도라고 말한다. 그럼에도 현재의 세계 인구는 그보다 훨씬 많으며 이는 생물공동체에 미치는 지구 규모의 재해라고 주장한다. 그에 따르면 현대 환경주의의 인간혐오 정도는 그것이 얼마나 생명중심적인가 하는 점을 재는 척도로서 간주할 수 있다. 우리가 보다 강한 생명중심적 입장을 취할수록 인간혐오 정도 또한 높아질 수밖에 없다는 논리다.

캘리콧은 이러한 자신의 논리를 강화하고자 에드워드 애비의 말을 인용하기까지 한다. "애비는 『사막의 고독』*Desert Solitaire*에서 거리낌 없이 뱀보다 인간을 살해하는 편이 더 낫다고 쓰고 있다. 애비를 단순히 불량하다고만 평가할 수는 없다. 아마도 이는 그가 주장하는 바를 가장 극적으로 표현하는 방법이었을 것이다(Ibid.)." 이러한 인용과 더불어 캘리콧은 이렇게 주장한다. "생태학적 관점에서 볼 경우, 만약 호모 사피엔스라는 종과 설령 뱀과 같이 끔찍하기는 하지만 희소한 종 가운데 어느 하나를 택해야만 한다면 거기에 선택의 여지는 없을 것이다(Ibid.)." 생물공동체의 조화가 무엇보다 중요한 가치를 갖는다는 전체론적 입장에 섰을 때, 인간의 가치 또한 그에 따라 평가될 수밖에 없다는 것은 논리적으로 합당한 처사일 것이다. 하지만 인간의 생명을 무엇보다 중시하는 입장에서 본다면 이러한 주장은 인간혐오적이라는 비판을 면하기 힘들 줄 안다.

캘리콧은 전체론적 관점의 환경윤리를 더욱 공고히 하기 위해 이번에는 플라톤철학을 동원한다. 그에 따르면 플라톤철학이야말로 서양에서 최상급으로 평가받는 고전윤리 중의 하나이며 이는 대지윤리와 똑같은 전체론적 관점을 취하고 있다(Ibid., p. 28 참조). 이 부분과 관련하여 캘리콧은 다음과 같이 말한다.

플라톤은 『국가』에서 바로 덕과 정의의 이름하에 그 악명 높은 영아 솎아 내기를 요청하고 있다. 솎아 내기를 당한 영아의 죄라면 국가의 인가를 받지 않고 태어났다는 것뿐이다.[7] 또한 전투 중에 포로가 된 사람들을 적에게 넘겨주는 것이라든지 의료는 부상 붕대나 계절병 치료 정도에 멈추는 것도 요구하고 있다. 의료 범위를 한정하는 까닭은 허약체질자나 만성질환자는 비참한 삶을 살뿐더러 국가의 선을 위해선 아무런 공헌도 하지 못한다는 이유 때문이다. 실제로 플라톤은 개인의 목숨이나 특히 인간의 고통이나 괴로움에는 아주 무관심했던 것처럼 보인다. 반면에 공동체의 이익이 된다고 여겨지는 것에 대해선 조금도 주저할 수 없었다. 그가 보다 나은 공동체의 실현을 위해 했던 아무리 봐도 비인간적인 제언 중에는 우생학 프로그램까지 있었다. 또한 부부나 가족의 유대관계 파괴(강한 군대, 효율적 행정, 집단의 연대 등을 위해)라든지 사유재산의 폐지도 주장했다("Animal Liberation", pp. 28~29).

---

7 플라톤에 따르면 가장 성스러운 혼인은 가장 유익한 혼인이며, 가장 유익한 혼인이란 혈통이 우수한 아이를 낳는 혼인이다. 이를 위해선 신체적으로나 지혜에 있어서나 절정기에 있는 최선의 남녀 사이에서 가능한 한 많은 아이들을 낳도록 해야 한다. 여기서 최선의 남녀란 여자는 20세에서 40세까지를, 남자는 25세에서 55세까지를 의미한다. 이들보다 나이가 많거나 또는 나이가 어린 사람이 공동체를 위해 출산에 가담한다면 그것은 경건하지도 올바르지도 못한 잘못이다. 이러한 남녀 사이에서 태어나는 아이는 무절제의 산물로 이들 태아는 세상을 보게 하는 일이 없도록 할 것을 권고하고 있다. 만약에 생겨나서 어쩔 수 없이 태어나게 되더라도 그런 아이한테는 양육이 있을 수 없는 것으로 처리해야 한다고 말한다. 플라톤, 『플라톤의 국가·정체』, 박종현 옮김, 서광사, 2005, 335~345쪽 참조.

11장 · J. 베어드 캘리콧

플라톤에게 있어서 제1의 가치는 특정한 개인이나 특정한 계급의 이익이 아니라 공동체 전체의 복지였다는 주장이다. 캘리콧은 이와 같은 플라톤의 도덕철학과의 유사성을 근거로 했을 때, 대지윤리의 전체론적 사고는 결코 낯선 것이 아니라 서양 고전윤리학이라는 보다 광범한 맥락에서는 이미 익숙한 것임을 알 수 있다고 말한다(Ibid., p. 29 참조). 요컨대 대지윤리는 생물공동체의 모든 구성원이 동일한 도덕적 가치를 갖는다고 여기지 않는다. 개체의 도덕적 가치(인간도 포함하여)는 상대적인 것이며 그것은 레오폴드가 대지윤리라고 부르는 집합적 존재와 그 개체와의 관계에서 평가된다.

5. 캘리콧의 주장에 대한 비판

1) 전체론

캘리콧은 생태계중심주의 환경윤리 노선을 따르고 있다. 생태계중심주의 입장에 따르면 환경보호의 목적은 개별적 인간이나 집단으로서의 인간의 행복이 아니며, 개별적 생물이나 특정한 종의 번영도 아니다. 이 입장에서 최고의 가치를 두는 것은 생태계의 건전성이며, 개별 구성원의 가치는 바로 이 생태계 전체에 대한 기여도를 기준으로 평가된다. '생물공동체 내지는 생태계 전체의 온전성·안정성·아름다움을 보존하라'는 규범이 근본원칙 또는 정언명법이기 때문이다. 따라서 전체에 대한 기여도가 낮거나 전체의 이익에 반하는 것은 희생되더라도 무방해진다. 생물공동체의 조화를 유지하기 위해서라면 인간의 희생 또한 예외일 수 없다.

캘리콧은 지구상의 인간의 수가 너무 많다고 말한다. 그 수가 생태계의 건전성을 해치고도 남을 정도이므로 인간의 희생도 당연히 감수해야 한다는 논리다. 이러한 주장에 대해 권리론자 리건은 다음과 같이 표현한다.

희소한 야생화 한 그루를 없앨 것인지 수많은 인간 중의 한 명을 죽일 것인지 하는 선택 상황에 직면했을 때, 만일 그 야생화가 인간 이상으로 생물공동체의 온전성·안정성·아름다움에 더 크게 기여하고 있다면 인간을 죽이고 야생화를 구한다 하더라도 아마 잘못을 범한 게 아닐 것이다.[8]

리건은 이러한 사고방식이야말로 환경파시즘이라고 지적하며, 환경파시즘과 권리론은 물과 기름의 관계처럼 그 둘은 결코 섞이지 않는다고 말한다.

미국의 환경사가 로더릭 내시 역시 캘리콧의 입장에 대하여 다음과 같이 말하고 있다.

---

8 Tom Regan, *The Case for Animal Rights*, 2nd ed., Berkeley: University of California Press, 2004, p. 362.

캘리콧의 생태중심적 견해에 따르면 심지어 토양 박테리아와 산소를 발생시키는 해양 플랑크톤조차도 인간과 같이 먹이사슬의 꼭대기에 있는 존재들보다 더 많은 윤리적 무게를 지니게 된다.[9]

내시는 이러한 캘리콧의 '극단적' 주장이야말로 인간을 희생케 하여 세균의 권리를 보호하려는 '과격하고 반인간적인' 윤리라는 비판을 가하고 있다.

이들 비판은 캘리콧의 생태계중심주의 노선에 대해 당연히 제기될 수 있는 것으로 여겨진다. 가령 동물권 이론가인 리건의 경우는 권리의 주체로 개체를 설정하며 진정한 윤리는 개체주의 입장에 서야 한다고 본다. 반면에 대지윤리는 환경 '전체'를 위해 그 구성 '요소들'의 희생을 마다하지 않으므로 그것은 전체주의이며 환경파시즘이라는 비판에 직면할 수밖에 없다.

직관적으로도 환경파시즘, 곧 생태계의 조화를 위해서라면 인간의 희생도 불가피하다는 주장은 수용하기가 거북해진다. 그렇다고 하여 생태계의 안정과 조화를 무시하고 개체들의 도덕적 지위와 권리만을 강조하는 개체론적 입장 또한 받아들이기 쉽지 않다.

여기서의 대안은 양쪽 입장 간의 조화를 모색하는 것이라 본다. 필자는 그 방안으로 내재적 가치를 부여하는 기준 설정을 들고

---

9 Roderick Frazier Nash, *The Rights of Nature: A History of Environmental Ethics*, Madison: The University of Wisconsin Press, 1989, p. 153.

자 한다. 곧 내재적 가치부여 기준을 두 가지 기준, 곧 포섭기준과 비교기준으로 나누어 적용하자는 것이다. 포섭기준이란 어떤 존재가 내재적 가치를 갖는지를 결정하는 기준, 곧 도덕적 영역의 경계를 설정해 주는 기준을 말하며, 비교기준이란 어떤 존재가 지닌 자연적 속성의 정도에 따라 내재적 가치를 차등적으로 부여해 주는 기준을 말한다.[10]

필자는 포섭기준으로는 생명을, 비교기준으로는 유정성을 삼고자 한다. 우리는 이제까지 비인간생명체들을 인간 삶의 수단으로만 다루어 왔던 전통적 인간중심주의를 넘어서 그들도 인간과 더불어 공존해야 할 가치가 있는 존재로 수용해야 한다. 그것이 생태계 위기를 극복해 나가는 하나의 길이 될 수 있기 때문이다. 그러나 생명이 있는 존재라고 해서 모두 다 동등한 가치를 지닌 것으로 볼 수는 없다. 우리는 식물보다는 동물을, 하등동물보다는 고등동물을, 동물보다는 인간을 직관적으로 더 중시한다. 때문에 그 차등을 부여하기 위해 우리는 비교기준을 필요로 한다. 그 비교기준으로 물론 절대적이진 않지만 유정성을 삼는 이유는 유정성의 정도에 따라 동식물의 세계를 차등화할 수 있기 때문이다.

필자의 이러한 기준 설정에 대해 혹자는 의문을 제기할지도 모른다. 유정성의 정도에 따라 차등적이긴 하지만 유정적인 모든 생명체에 내재적 가치를 부여하게 되면 존재론적으로 동식물의 희

---

10 김일방, 『환경윤리의 쟁점』, 서광사, 2005, 150쪽 참조.

11장·J. 베어드 캘리콧

생에 의존할 수밖에 없는 우리 인간의 삶은 어떻게 정당화할 수 있는가 하는 궁금증 때문이다. 필자는 이러한 의문사항을 해결하려면 위 두 가지 기준 적용을 좀 더 신축적으로 해야 한다고 본다. 그러니까 이 두 기준을 동식물은 종에, 인간을 비롯하여 인간과 유사한 고등 능력을 지닌 존재들은 개체에 적용하자는 것이다. 이렇게 할 경우 동식물의 종을 멸종으로 몰아가지 않는 한 우리가 특정 동식물을 식용으로 삼는 행위는 정당화될 수 있게 된다(앞의 책, 152쪽 참조).

2) 인구삭감의 불공정성

캘리콧의 주장 가운데 고려해 봐야 할 사항은 인간 개체 수의 삭감 문제다. 먼저 이와 관련된 캘리콧의 추론을 정리해 보면 이렇다.

> 환경을 보호하는 데 가장 중요한 가치는 생태계 전체의 안정과 조화에 있고, 과잉인구는 그 가치를 훼손하므로 인간의 수는 마땅히 삭감되어야 한다.

이 추론을 재정리하면 다음과 같을 것이다.

> 생태계 전체의 안정과 조화를 유지하는 것은 옳다.
> 인간의 수는 과잉이며 이는 생태계의 안정과 조화를 훼손하고 있다.
> 그러므로 인간의 수를 삭감하는 것은 옳다.

위 두 전제 가운데 문제 삼고 싶은 것은 소전제다. 캘리콧은 "세계 인구는 40억[캘리콧의 논문이 발표되던 1980년경의 세계 인구는 약 45억 명이었음 ─ 지은이]을 초과했고 … 현시점에서도 이는 생물공동체에 악영향을 끼치고 있는 지구 규모의 재해다. 1인당 소비량이 커지는 만큼 그 피해도 더 클 것으로 보인다("Animal Liberation", p. 27)"라고 말한다. 이처럼 인간의 수가 문제라면 이에 대한 관리가 으레 요구될 것이다. 그래서 캘리콧은 "잡식동물로서의 인간의 적정 수는 마찬가지로 잡식이지만 체중이 인간의 갑절인 곰 개체 수의 2배 정도(Ibid.)"라고 말한다.

인간과 곰은 똑같은 잡식동물이지만 곰의 체중이 인간의 2배인 만큼 그 개체 수는 인간의 2분의 1이어야 한다는 논리다. 여기에는 체중이 많이 나가거나 체중은 덜 나가더라도 그 개체 수가 많을수록 많이 먹을 수밖에 없고 이는 환경에 끼치는 피해도 그만큼 커진다는 의미가 담겨 있다. 요컨대 캘리콧은 개체 수가 과잉인 인간이 포식자로서 동식물을 과식하는(또는 목축이나 곡물 재배로 생태계를 훼손하는) 것이 환경파괴의 주된 요인으로 간주하고 있는 것이다. 이처럼 인간도 단순한 포식자로 여겨지게 되면 사슴이나 그밖의 동물들과 마찬가지로 개체 수 관리 대상이 되고 만다.

그렇다면 과잉인 인간의 수를 줄이는 방책은 무엇인가? 고려할 수 있는 구체적 방책으로는 추첨방식이라든가 아니면 사회에 의존도가 너무 큰 약자들을 선별하여 처리하는 방식이 있을 것이다. 하지만 이는 너무나 비현실적이다. 그나마 나은 방법은 차별 없이 공평하게 모든 인간의 자녀 수를 일정 수로 억제하는 방식일 것이다. 후자를 택하면 결국 개도국의 인구증가를 지구환경 문제의 한 요인으로 간주하는 셈이 된다. 선진국은 인구감소 추세에 진입하였거나 앞으로도 계속 감소할 것으로 예측되는 반면 대부분의 개도국에서의 인구증가 문제는 지금보다 더 심각해질 것으로 예측되기 때문이다.

그러나 여기에는 심각한 불공정성의 문제가 놓여 있다. 일반적으로 인간 이외의 동물은 생물학적 개체 차이가 작고 집단 전체의 환경에 대한 영향은 개체 수에 비례한다고 볼 수 있으므로, 무차별적 개체 수의 억제가 환경에 대한 악영향을 규제하는 것으로 이어진다고 볼 수 있다. 그러나 인간의 경우는 개체차·개인차가 매우 크다.

생존에 빠듯한 곡물만의 식사로 연명하는 사람과 마음껏 육식을 즐기는 사람은 대략적으로 환경에 대한 영향 면에서 10배 이상의 차이가 난다. 원양에서 잡거나 혹은 제3세계에서 양식하여 냉동 가공하는 등 막대한 에너지를 써가며 고급어류를 대량 소비하는 일부 선진국 사람들은 제3세계 사람들에 비하면 식량 섭취를 통하여 수십 배의 환경파괴를 하고 있을 것으로 추정된다.[11]

물론 환경에 대한 영향은 식량 생산, 소비를 통한 것만이 아니다. 대량의 화석에너지 사용에 의한 온난화, 프레온가스에 의한 오

---

11 須藤自由児, 「自然保護·エコファシズム·社会進化論」, 川本隆史·高橋久一郎 編, 『応用倫理学の転換』, 京都: ナカニシヤ出版, 2000, pp. 109~110 참조.

존층 파괴, 원전 개발, 핵폐기물의 투기에 의한 지구 규모의 혹은 지역적인 방사능 오염, 자동차·공장에서의 배출가스에 의한 대기 오염, 가정·공장에서의 배수, 가정 쓰레기, 산업폐기물의 불법 투기 등 낭비적인 생산과 소비활동 전반이 온갖 영역에 걸쳐 복합적으로 환경파괴를 야기하고 있다. 그리고 이러한 환경파괴에 대해서는 선진국의 책임이 매우 크다고 할 수 있다(앞의 글, p. 110). 식량 소비, 에너지 소비, 각종 폐기물의 배출 등 여러 가지 면에서 선진국 사람들의 대환경적 영향이 개도국 사람들의 그것을 압도하고 있기 때문이다. 이와 같은 선후진국 국민들 간의 차이를 고려하지 않고 무차별로 인구를 삭감 내지 억제한다는 방식은 불공정 그 자체라고 할 수밖에 없다.

그리고 인구문제는 생태계를 보호하는 데 핵심과제가 아님에도 그렇게 간주하는 캘리콧의 인식 자체에 문제가 있어 보인다. 낭비적인 대량생산과 소비, 폐기의 경제활동 전체를 변혁하지 않는 한 환경·생태계 보호는 그 실현이 불가능하다. 인간을 단순히 잡식 동물인 포식자로 간주하고 환경문제를 인구문제로 논의하는 것은 이 본질적 문제에 대한 대처로부터 눈길을 돌리게 만들 수 있다.

3) 인간혐오의 환경윤리

캘리콧의 주장에는 '인간혐오의 환경윤리'라는 꼬리표가 늘 따라 붙는다. 캘리콧에 따르면 우리가 생태중심적 입장을 취할수록 인간혐오 정도 또한 높아질 수밖에 없다. 그는 앞서 이야기했듯 생태학적 관점에서는 호모 사피엔스보다 뱀을 택해야 한다고 말한다.

희소한 어떤 종의 개체는 개체 수가 많은 인간보다 보존 가치가 훨씬 크다는 주장이다.

"개별적 사슴의 소중함은 다른 모든 사슴과 마찬가지로 그 종의 전체 개체 수에 반비례하듯("Animal Liberation", p. 27)" 현재 인간의 수는 너무나 비대한 만큼 개별적 인간의 가치는 아주 낮게 매겨진다. 그러기에 캘리콧은, 이상적 인구는 곰 개체 수의 2배라는 극소수로 설정하는 것이다. 이러한 입장을 고려할 때 캘리콧의 입장을 인간혐오의 환경윤리라고 명명하는 것도 무리는 아니다.

이러한 평가를 받는 근본적 이유는 인간을 다른 동물들과 마찬가지로 단순한 포식자로 간주하고 있기 때문이다. 하지만 이는 오류라고 판단된다. 사슴과 같은 동물의 개체 수 억제는 이들 동물의 먹이 섭취 방식이나 먹는 양이 유전적으로 결정돼 있고 바꿀 수 없기 때문에 취해지는 방법이다. 그리고 과잉 동물들에 대한 인위적 방식의 개체 수 억제는 환경에 대한 긍정적 효과를 불러올 수도 있다.

하지만 인간의 경우는 다르다. 인간은 스스로 행동방식을 바꿔 나갈 수 있는 자율적 존재다. 그리고 인간은 또 '사회적 동물', '사회적 제 관계의 앙상블'이라 할 수 있다. 인간 행동의 대부분은 사회적으로 요청된 행동이고 식사나 목욕 등 사적인 행동들도 가스, 전기, 수도 등 사회적 구조·시스템, 제도적 틀 안에서 거기에 얽매여 이루어진다. 사람들이 환경에 끼치는 영향 또한 대부분 사회제도적 요인에 의해 결정되고 있다(「自然保護·エコファシズム·社會進化論」, p. 111 참조). 가령 '자원 채취, 대량생산과 폐기'라는 비경

432

제적 선형 시스템, 현대사회를 플라스틱 사회라 해도 과언이 아닐 만큼 현대인들의 생활과 불가분의 관계에 있는 플라스틱 사용 문화 구조 등 개인으로선 어쩔 수 없는 사회적 구조·시스템이 심각한 문제라는 것이다. 이러한 문제를 해결하려면 문제를 야기하고 있는 사회구조나 시스템을 바꾸는 일이 필요하다.

이들 경제, 사회적 구조·시스템은 결코 유전적으로 결정된 것이 아니기에 자유롭게 다시 선택할 수 있는 것이다. 환경을 보호해야 한다는 대전제에서 도출해야 할 결론은 인간이 현재 환경을 심각하게 파괴하고 있지만 동시에 다른 생물과 달리 자신의 행동방식을 바꿀 수 있는 자유로운 존재라는 점을 소전제로 삼고, 환경파괴적인 행동양식을 바꾸는 것 그리고 생산·소비·폐기방식 등의 사회구조·시스템을 바꿔야 한다는 것이다.

지구는 유한하며 인구의 안정화도 필요하다. 그러나 '생태계 전체의 건전성에 대한 공헌'이라는 원리로부터 인간의 자유로운 선택을 무시하고 인간의 개체 수를 줄인다는 파시즘적 정책이 직접적으로 귀결되는 것은 결코 아니라 본다.

6. 요약

환경윤리학의 초창기에 이 학문의 패러다임은 전통적 인간중심주의 대 동물해방·권리론이라는 양극 구조 중심으로 전개되었다. 싱어나 리건으로 대표되는 동물해방·권리론이 전통적 인간중심주의

11장·J. 베어드 캘리콧

에 반기를 들어 명확한 대항 축으로서 기능해 왔던 것이다. 하지만 이러한 상황에 대해 이의를 제기함으로써 그 이후의 환경윤리학의 전개 과정에 파문을 일으켰던 것이 캘리콧의 획기적인 논문, 「동물해방: 3극 구조」였다. 여기서는 바로 이 캘리콧의 논문에 담겨 있는 주 내용을 밝히고 이를 비판적으로 검토하는 데 주력하였다.

캘리콧에 따르면 생태계중심주의라는 입장이 대두하기 이전까지의 환경윤리는 전통적 인간중심주의와 동물해방·권리론이라는 양극을 중심으로 전개되어 왔다. 캘리콧은 이 양극 가운데 후자가 도덕적 지위와 권리를 누리는 '인격'의 범위를 확대할 것을 주장한다는 점에서 대지윤리와도 궤를 같이 하며, 따라서 역사적으로 진보한 주장이라 평가한다.

그러나 캘리콧에 따르면 동물해방·권리론은 고유한 권리를 소유하는 존재를 '삶의 주체'라고 규정하는 리건에게서 전형적으로 드러나듯 '원자론적'이며, 바로 이 점에서는 인간중심주의 입장과 동질적이다. 그래서 캘리콧은 인간중심주의와 동물해방·권리론 간의 논쟁은 잘 따져 보면 사실은 한 집안싸움에 불과한 것이라고 논평한다.

캘리콧에 따르면 근대윤리학은 일관되게 도덕적 가치를 개체에 내재하는 것으로서 자리매김하고 도덕적 가치를 갖는 개체와 그것을 갖지 않는 개체를 구분하기 위한 형이상학적 이유를 해명하려 노력해 왔다("Animal Liberation", p. 37 참조). 그러한 의미에서 동물해방·권리론과 인간중심주의는 표면상으로만 대립적일 뿐 내면적으로는 다 같이 구태적인 근대윤리학의 패러다임인 원자론적 사고에 사로잡혀 있다.

캘리콧은 이러한 개체론적 입장의 환경윤리학의 패러다임에 이의를 제기하면서 전체론적 입장을 취하는 대지윤리를 제3극으로 제안한다. 그에 따르면 대지윤리야말로 "가장 창조적이며 흥미 깊고 또한 실행 가능한 선택지(Ibid., p. 36 참조)"다.

주지하다시피 대지윤리란 원래 레오폴드에 의해 제기된 윤리설이며, 이는 그의 유저 『모래 군의 열두 달』의 마지막 장인 「대지윤리」에 그 내용이 집약되어 있다. 대지윤리의 전제는 공동체 개념의 확장에 있다. 즉 "공동체의 틀을 토양, 물, 식물, 동물, 일괄해서 말하면 대지로까지 확장한다("The Land Ethic", p. 194 참조)". 이 공동체에서의 중심은 인간이 아니라 대지공동체 전체이며, 인간은 전체의 일부분에 불과한 것으로 여겨진다. "대지윤리는 호모 사피엔스의 역할을 대지공동체의 정복자에서 평범한 한 구성원 및 시민으로 바꿔 놓는다(Ibid.)." 인간은 어디까지나 환경이라는 전체의 한 부분으로서 그에 적합한 역할을 요청당할 뿐이다. 그러기에 대지윤리에서는 인간중심의 가치라는 전제를 가치판단의 기준으로 삼지 않는다. 인간을 포함한 환경 전체의 건전성이 가치판단의 궁극적 기준으로 작용하는 것이다.

캘리콧은 이러한 레오폴드를 계승하여, 대지윤리야말로 환경윤리학의 패러다임으로 적합하다고 주장한다. 그리고 그는 대지윤리의 입장에서 개체론을 다음과 같이 전체론 속으로 포괄시킨다. "대지윤리는 궁극적 가치를 생물공동체 안에 자리매김하고, 생물공동체를 구성하는 개체의 도덕적 가치는 그 공동체의 이익을 기준으로 상대적으로 결정된다("Animal Liberation", p. 37)."

이상에서 간추린 캘리콧의 주장을 잘 따져 보면 여러 가지 문제를 발견할 수 있으나 이 장에서는 세 가지를 지적해 보았다.

하나는 전체론의 문제다. 캘리콧에 따르면 내재적 가치를 갖는 것은 생태계 전체이며, 개별 구성원의 가치는 그 전체에 미치는 기여도에 따라 평가된다. 생태계 전체의 건전성을 위해서라면 인간의 희생 또한 예외가 인정되지 않는다. 그러기에 캘리콧의 주장은 환경파시즘, 반인간적 윤리라는 비판을 받는다. 이러한 비판으로부터 벗어나려면 전체론과 개체론 중 어느 하나만을 고집할 게 아니라 양자를 조화시킬 수 있는 방안이 필요해 보인다. 여기서는 그 방안으로 내재적 가치를 부여하는 기준 방식을 들어 보았다.

이를 요약하면 첫째, 생명을 지닌 존재들은 모두 포섭하여 내재적 가치를 부여하도록 한다. 둘째, 생명체라 하더라도 그들이 느끼는 쾌고감수성 정도는 다를 수 있기에 유정성을 기준으로 차등을 허용한다. 셋째, 이 두 가지 기준은 동식물은 종에, 인간을 비롯한 고등동물은 개체에 적용한다.

두 번째로 지적했던 사항은 인구삭감의 불공정성 문제다. 캘리콧에 따르면 생태계 전체의 안정·조화를 이루는 데 인간의 수가 너무 많아 부정적 결과를 초래하는 만큼 인구는 마땅히 삭감되어야 한다. 인구를 삭감하는 방식은 여러 가지를 고려할 수 있으나 그나마 가장 나은 방법으로는 차별 없이 공정하게 모든 인간의 자녀 수를 일정 수로 억제하는 것이다.

그러나 이 방법은 선진국을 비켜 가게 하는 반면 개도국의 인구증가 문제만을 타깃으로 삼게 만든다. 선진국의 인구는 이미 감소 추세에 접어들었으나 개도국의 인구는 더욱 증가하는 추세에 있기 때문이다. 그리고 여기에는 심각한 불공정성의 문제가 내재해 있음을 간과해선 안 된다. 사람들의 생활양식을 들여다볼 때 선진국 사람들의 그것은 개도국 사람들의 그것에 비해 훨씬 더 많은 환경파괴적 결과를 초래하고 있기 때문이다.

세 번째로 지적했던 사항은 인간혐오의 환경윤리라는 평가 문제다. 캘리콧의 환경윤리가 이러한 평가를 받는 데는 그 윤리에 있어서 인간은 단순한 포식자, 잡식동물로 간주되며 따라서 다른 동물과 마찬가지로 개체 수 관리 대상으로 여겨지고 있기 때문이다. 캘리콧에 따르면 어떤 개별적 동물의 존엄성이라는 가치는 그 종의 전체 개체 수에 반비례한다. 개별적 인간의 존엄성이라는 가치 또한 인간 전체의 개체 수에 따라 평가되는데 그 가치는 아주 낮게 매겨진다. 현재만 하더라도 인구는 이미 과잉이고 그 증가는 멈추지 않고 지속되고 있기 때문이다.

인간을 이와 같이 다른 동물들처럼 단순한 잡식동물로 간주하여 개체 수 관리 대상으로 삼는 것은 과연 타당한가? 인간을 다른 동물과 차별 지을 수 있는 특징들은 무시돼도 좋은가?

특정 동물의 개체 수가 과잉일 때 이를 인위적으로 조절하는 것은 의미가 있다. 동물들은 먹는 양이라든지 먹이 섭취방식 등이 유전적으로 결정돼 있기에 개체 수 조절은 의미 있는 효과를 불러올 수 있다. 하지만 인간은 다른 동물과 달리 자율적으로 행동방식을 바꿔 나갈 수 있는 존재다. 스스로 자신의 행동방식을 반성하고

11장·J. 베어드 캘리콧

오류를 시정해 나갈 수 있는 자율적 존재를 타율적 방식의 개체 수 조절 대상으로 삼는 것은 수용하기가 매우 어려운 처사다.

그리고 현재의 환경문제는 개인의 생활방식에서 연유하기도 하나 많은 부분은 사회적 구조·시스템에서 비롯하고 있음을 알 필요가 있다. 개인의 생활방식이든 사회적 구조든 문제가 있다면 이를 시정해 나가는 것이 옳다. 그리고 이를 실행에 옮길 수 있는 것은 인간밖에 없기에 그러한 인간을 인위적 방식의 개체 수 관리 대상으로 삼는 것은 결코 현명한 처사로 볼 수 없다.[12]

---

12 캘리콧은 그 이후의 논문에서 자신에 대한 여러 비판을 고려하여 종전의 입장을 수정해 나간다. 생태계중심주의 입장을 수정하여 종래의 인간중심의 도덕과 타협을 도모한다는 것이다. 그에 따르면 우리는 상이한 구조와 상이한 도덕적 요건을 갖춘 중첩된 공동체의 일원이다. 물론 그 공동체의 중심은 직계가족이 차지한다. 우리는 각 공동체의 구성원에 대해서 상이한 의무를 갖는다. 친자식에 대한 의무와 이웃의 자식에 대한 의무, 이웃에 대한 의무와 덜 친한 동료시민들에 대한 의무, 동료시민들에 대한 의무와 일반사람들에 대한 의무, 일반 사람들에 대한 의무와 동물에 대한 의무를 구분하며 당연히 전자를 중시한다. 가까운 공동체일수록 '자연적 정감'에 기초하여 보다 소중히 여겨진다는 것이다. 따라서 피터 싱어가 말하는 자신과 자신의 자식을 빈곤화시키면서 지구의 반대 측 사람들이 겪는 기아의 고통을 줄이려는 보편주의윤리는 '완전한 잘못'이라고 말한다. 캘리콧은 말하자면 과거의 래디컬리즘을 포기하고 레오폴드와 마찬가지로 상식 앞에 무릎을 꿇음으로써 논리적 일관성을 잃어버렸다고 할 수 있다. Callicott, "Animal Liberation and Environmental Ethics: Back Together Again", J. Baird Callicott, *In Defense of the Land Ethic: Essays in Environmental Philosophy*, Albany: State University of New York Press, 1989, pp. 55~56 참조.

1. 캘리콧에 따르면 동물해방을 둘러싼 논쟁은 양극 대립이 아니라 3극 대립이다. 곧 인간중심주의와 동물해방론 간의 논쟁만이 아니라 사실은 인간중심주의, 동물해방론, 대지윤리 간의 3극 대립이라는 것이다. 그렇다면 이 3극 대립을 보다 분명하게 이해하기 위해 다음 질문에 대한 답변을 모색해 보자.

   ① 인간중심주의와 동물해방론 간의 차이점은 어떻게 설명할 수 있는가?

   ② 대지윤리의 제창자, 레오폴드는 소년시절부터 열성적인 사냥꾼으로서 동물고기를 먹는 일에 대해 아무런 문제의식도 없었다. 하지만 동물해방론자들로선 이러한 태도를 결코 받아들일 수 없다. 캘리콧은 동물해방론과 대지윤리는 상호보완은커녕 양립조차 어렵다고 주장하며 그 유사점과 차이점에 대해 말하고 있다. 그 유사점과 차이점은 무엇인가?

2. 대지윤리의 절대적 명령이라고도 할 수 있는 제1원칙은 무엇인지 이에 대해 설명해 보자.

3. 캘리콧은 인간중심주의와 달리 쾌고감수성을 지닌 인간과 동물을 동등하게 대우하자는 동물해방론의 입장을 강력히 옹호한다. 그러나 그럼에도 불구하고 캘리콧은 동물해방운동에는 결정적 약점이 있음을 지적한다. 그 약점이란 세계를 하나의 통일체로 파악하는 생태학적 관점이 결여돼 있다는 것이다. 생태학적 관점이란 무엇인지 이에 대해 자세히 설명해 보자.

4. 레오폴드는 생물공동체의 안정을 위해 야생동물들을 희생시키는 것에 대해선 동의하지만 인간의 희생에 대해선 동의하지 않는다. 반면에 캘리콧은 인간도 예외일 수 없다는 입장을 취한다. 인간 역시 생물공동체의 구성원인 이상 그 가치는 공동체 전체의 필요에 따라 상대적으로 오르내릴 수 있다는 것이다. 이와 같은 전체론적 입장에 섰을 때, 인간의 가치 또한 그에 따라 평가될 수밖에 없다는 것은 논리적으로 합당한 처사일 것이다. 하지만 이러한 주장은 인간혐오주의, 환경파시즘이라는 비판을 면치 못한다. 캘리콧의 지나친 전체론적 입장을 비판해 보고 이에 대한 대안을 모색해 보자.

12장

존 벨러미 포스터
자본주의는 생태사회주의로 대체되어야 하는가?

1. 포스터의 환경사상을 들여다보는 이유

포스터는 1953년 워싱턴주 시애틀 출신이다. 1975년 에버그린주
립대학교를 졸업하고, 그 이듬해인 1976년에는 캐나다로 건너가
토론토 소재 요크대학교에서 정치학 석사 및 박사 학위를 받았다.
1985년부터 오리건대학교 유진 캠퍼스의 사회학과 교수로 임용되
어 현재에 이르고 있다.

포스터의 삶에서 중요한 부분을 차지하는 것은 교수로서의 역
할뿐 아니라 『월간 리뷰』*Monthly Review*[1]의 편집자로서의 역할이다.

---

1 뉴욕에 본사를 두고 1949년 5월부터 매월 발행되고 있는 사회주의 잡지다. 어떤
   정치조직으로부터도 독립적이며, 비판적이면서도 활기차게 사회주의를 대변한
   다. 그리스도교 사회주의자 매티슨(F. O. Matthiessen)의 경제적 후원에 힘입어 공

『월간 리뷰』와의 인연은 에버그린주립대학교의 동료인 로버트 맥체스니의 주선 덕분이었다. 맥체스니가 포스터에게 『월간 리뷰』뿐만 아니라 이 저널의 공동편집장인 폴 스위지와 프레드 맥도프의 저서들도 함께 소개해 준 것이다. 이를 계기로 포스터는 1989년에서 1999년까지 『월간 리뷰』의 편집위원으로 활동하였고 2000년부터는 맥체스니와 함께 공동편집장으로서 스위지와 맥도프 사이에 합류하였다. 2004년 맥체스니가 공동편집장직을 사임하고, 스위지는 세상을 떠났다. 이어서 2006년 맥도프가 작고하면서 결국 같은 해부터는 포스터만이 편집장으로 남게 되었다.[2]

　포스터의 초기 관심사는 맑스의 정치경제학과 자본주의발전이론이었으나 1980년대 후반에 들어와선 관심 분야를 환경문제로 전환하였다. 이 당시 초점을 두었던 것은 지구환경위기와 자본주의 경제위기 간의 관계였고, 한편으로는 그 대안으로 지속가능한 사회주의 방식을 강조하였다. 이러한 관심사는 현재까지 쭉 이어지고 있다. 포스터의 주 관심 분야가 여전히 자본주의와 경제위기의 정치경제학, 생태학과 생태위기 그리고 맑스이론에 있기 때문이다.

동편집장인 스위지(Paul Sweezy)와 휴버먼(Leo Huberman)에 의해 창간되었다. 세계에서 가장 중요한 맑스주의 출판물 중 하나로 평가받는다. 일간 웹 메거진인 『월간 리뷰 온라인』(*MR Online*)도 발행 중이다. Robert W. McChesney, "The Monthly Review Story: 1949-1984", *MR Online*, 6 May 2007 참조.

2　https://www.professorwatchlist.org/professor/johnbellamyfoster 참조.

포스터는 2004년 『월간 리뷰』와의 인터뷰에서 "오늘날의 세계 경제는 자연계의 모든 것을 점점 더 사적 상품으로 만들어 시장에서 거래하고 있다"[3]며 한탄했다. 자연의 사유화 행위는 자본주의의 고질적 문제인 여러 종류의 환경문제들을 가속화함으로써 엄청난 파괴적 영향을 미친다는 이유 때문이다. 포스터는 이 문제에 대한 유일한 해결책으로 "자연의 사회화"를 제시한다. 천연자원은 사적 소유가 아니라 공유화, 곧 정부의 소유화로 해야 한다는 주장이다.

포스터는 『월간 리뷰』 2005년 3월 호에선 "이제는 세계 자본주의 사회의 생태학적 붕괴 가능성을 고려하는 것이 합리적"이라 말하면서 "문제는 자본주의"이고 그 "유일한 해결책은 사회주의"[4]라고 썼다. 더욱이 포스터는 "소련 블록의 붕괴는 이제 자본주의의 보편화에 아무런 장애물이 없는 것처럼 보여 주었다는 점에서 환경문제를 더욱 악화시켰다(Ibid.)"며 개탄했다.

2011년 「자본주의와 환경재앙」이라는 제목의 한 강연에서 포스터는 자본주의의 글로벌 생산 시스템이야말로 기후변화, 종의 멸종, 해양산성화, 오존고갈, 지구환경 파괴 등의 원인이라고 진단했다. 더불어 그는 이러한 상황을 반전시킬 수 있는 유일한 방법은

---

3 John Bellamy Foster and Dennis Soron, "Ecology, Capitalism, and the Socialization of Nature: An Interview with John Bellamy Foster", *Monthly Review*, vol. 56, no. 6, November 2004.

4 Foster, "The End of Rational Capitalism", *Monthly Review*, vol. 56, no. 10, March 2005.

자본주의체제의 급진적 변혁에 있다고 주장하면서 이를 위해선 이윤, 생산, 축적을 지향하는 체제, 곧 경제성장을 지향하는 체제에서 벗어나 지속가능한 정상국가 경제를 지향하는 운동이 필요하다고 역설했다. 요컨대 '사회주의의 고전적 목표와 일치하는' 민주적인 생태적·사회적 계획이 필요하다는 주장이다.[5]

포스터는 2017년 2월 「트럼프와 기후재앙」이라는 제목의 기사에선 '축적'과 '지수적 성장'에 대한 끊임없는 무제한적 추구를 통해 '지구상의 전쟁'을 벌이는 자본주의를 맹비난했다. 그는 "우파의 기후 부정 이면에는 지구상에서 벌이는 자본주의의 전쟁에서 패배하지 않으려는 경제적 현실에 대한 고려가 있다"며 "체제의 타파가 필요하다"[6]고 썼다. 곧 포스터는 우파와 자본주의 옹호자들을 위한 유일한 대안으로 자본주의체제의 현실을 뒤엎고 과학을 포기할 것을 권유한다. 이어서 포스터는 "트럼프 행정부의 기후변화 부정주의는 어떤 대가를 치르더라도 화석연료 채굴과 소비를 극대화하려는 목표와 맞물려 있어서, 놈 촘스키의 말처럼 '인류의 종말'을 초래할 수 있다(Ibid.)"고 덧붙였다.

이상과 같은 포스터의 일련의 강연과 글 속에 내재돼 있는 공통의 주장을 추상하면 이럴 것이다. "현 인류가 겪고 있는 환경문

---

5 Foster, "Capitalism and Environmental Catastrophe", *MR Online*, 29 October 2011 참조.

6 Foster, "Trump and Climate Catastrophe", *Monthly Review*, vol. 68, no. 9, February 2017.

제의 본질적 원인은 자본주의체제에 있고 이를 극복할 수 있는 방안은 맑스이론에 기초한 생태사회주의에 있다."

우리는 지금 자본주의가 자명한 시대에 살고 있다. 자본주의의 대항마로 출발했던 사회주의가 몰락하면서 자본주의의 자명성은 더욱 분명해졌다. 맑스가 저주했던 자본주의가 오히려 사회주의와의 체제경쟁에서 승리하면서 이제는 독주체제를 이루고 있는 셈이다. 그런데 포스터는 이러한 자본주의체제의 부도덕성을 질타한다. 그에 따르면 자본주의는 개인의 욕망을 최대한 부추김으로써만 존립할 수 있는 구조를 갖는다. 그러기에 개인의 욕망을 위해서라면 자연의 어떠한 것도 상품화하려 달려든다. 개인의 행복을 과도하게 강조함으로써 전체의 행복은 안중에도 없게 만드는 것이다. 그런데 포스터는 이러한 자본주의의 한계를 극복하기 위한 대안으로 이미 체제경쟁에서 실패한 사회주의 방식을 다시 끌어오고 있다. 과연 그의 주장이 설득력이 있는지 궁금해지는 대목이다. 여기서는 포스터의 주장, 곧 환경문제의 근원은 자본주의에 있다는 점과 그 대안으로 생태사회주의가 안성맞춤이라는 점, 두 가지 사항의 타당성 여부를 검토해 보려 한다.

2. 포스터의 환경론: 자본주의 비판론

1) 환경문제의 원인: 자본주의

포스터는 환경위기의 본질적 원인을 체제에서 찾는다. 바로 우리가 살고 있는 경제·사회 질서인 자본주의체제가 환경악화의 주된 원인이라는 것이다. 이와 관련한 포스터의 표현을 직접 살펴보면 다음과 같다.

우리가 겪는 심각한 환경문제의 대부분이 우리가 속해 있는 경제체제의 작동에 의해 야기되었거나 더욱 악화되었다. 중요한 환경문제들은 인간의 무지나 타고난 탐욕의 결과가 아니다. 환경문제들은 회사 소유자들의 도덕적 결함 때문에 일어난 것도 아니다. 또는 단순히 적절한 규제의 부재에서 오는 것도 아니다. 대신에 이를 설명하려면 우리는 정치·경제의 근본적인 작동을 봐야만 한다. 생태파괴가 현재 우리의 생산과 분배체제의 내적 본성과 논리 속에 내재돼 있기 때문에 그것을 해결하는 게 그렇게도 어려운 것이다.[7]

환경의 지속가능성과 충돌하는 자본주의의 핵심적 특성에는 몇 가지가 있으나 포스터는 특히 두 가지 사항에 주목한다. 하나는 자본주의체제의 추동력이 이윤과 축적을 향한 끝없는 추구에 있다는 점이다. 포스터에 따르면 "자본주의는 자본의 소유자(자본가)가 직접생산자(노동자)가 발생시킨 잉여생산물을 전유하고, 이를 통해 소유자가 자본 축적을 할 수 있게 하는 경제적·사회적 체제(앞

---

7 존 벨러미 포스터·프레드 맥도프, 『환경주의자가 알아야 할 자본주의의 모든 것』, 황정규 옮김, 삼화, 2012, 40~41쪽.

의 책, 51쪽)"다. 이러한 정의에서처럼 포스터는 자본주의를 움직이는 힘은 더 많은 이윤과 축적을 낳게 하는 새로운 자본의 형성을 위해 경쟁적으로 이윤을 긁어모으고, 또 이를 무한히 반복하는 것이라 본다.

자본주의 생산체제에서 교환의 일반 공식은 M(화폐)-C(상품)-M'이라는 형태를 띤다. 화폐는 상품 생산에 투입되는 자원을 구매하는 데 이용되고 완성된 상품은 더 많은 화폐, 즉 M'(M+∆m)을 얻기 위해 판매된다. 바꿔 말하면 이 교환과정의 목표는 출발 시점보다 더 많은 화폐, 즉 잉여가치·이윤을 확보하는 것이다. 그리고 이러한 교환과정에는 끝이 없다는 점이 특징이다. 훨씬 더 높은 수준으로 축적하려는 끊임없는 충동 속에서 이 과정이 반복되는 것이다(앞의 책, 55~58쪽 참조). 축적이 멈출 때 자본주의체제는 패닉상태에 빠지므로 이 체제는 자기 팽창에 대한 어떠한 한계도 인정하지 않는다. 요컨대 자본주의의 본질은 "너희는 자본 축적 외에 어떠한 신도 섬겨서는 안 된다(앞의 책, 52쪽)"라는 표현으로 압축할 수 있다는 것이 포스터의 주장이다.

포스터가 주목하는 자본주의의 또 하나의 특징은 팽창의 불가피성이다. 이윤추구를 위한 경쟁 때문에 기업은 판매증가와 시장점유율 상승을 위해 지속적으로 노력하지 않을 수 없다는 것이다. 그에 따르면 자본의 내적 논리에 따라 성장하지 못하고 시장점유율을 높이지 못하는 기업은 사멸하고 만다.

그는 이를 상징적으로 보여 주는 예로 인수합병을 든다. 설립자가 아무리 사회적 사명을 갖고 애초부터 소규모를 유지하려 애쓰지만 시장에서의 경쟁이라는 현실을 인정하지 않을 수 없고 그 경쟁에 의해 소규모 기업들은 결국 거대기업에 팔리게 된다. 주주들의 자산을 늘려 주고 기업 규모를 증대시켜 주는 인수합병은 오늘날 자본주의경제에서는 하나의 규칙처럼 여겨지고 있다(앞의 책, 60~63쪽 참조). 그리고 인수합병의 최종 결과는 적은 수의 기업들이 거의 독점적 통제력을 행사할 수 있는 것으로 마무리된다. 이렇게 되면 가격경쟁은 점점 축소되고 만다. 독과점 기업들은 가격인하를 효과적으로 막는 한편 되레 가격을 인상하기 때문이다.

가격경쟁이 더 이상 지속가능하지 않은 해답임을 의식한 독과점 기업들은 가격경쟁에서 가격이 아닌 영역에서의 경쟁으로 특히 판매 노력과 마케팅이라는 측면과 관련되어 구조적 변화를 일으킨다(앞의 책, 66쪽 참조). 이러한 측면에서의 경쟁에 의해 초래된 것이 낭비적·과소비적 생활양식의 확대다. 우리가 먹고, 마시고, 여행하고, 거주하고, 쉬고, 노는 방식 등 거의 모든 측면에서 폭발적 소비문화가 초래된 것이다. 이러한 소비자본주의의 포로로 살아가는 와중에도 우리는 이러한 삶이 의존하는 자원과 에너지가 무한하며 그 이용 과정에서 배출되는 심각한 결과로부터 자유롭다고 생각해 왔다. 이러한 삶이 미치는 생태적 충격은 커져 감에도 불구하고 이를 제대로 의식하진 못했던 것이다.

포스터는 이와 같은 무책임한 낭비적 삶의 원인을 개인 소비자보다도 독과점 자본주의체제에 돌린다. 이 체제하에선 사람들이 경제에 봉사하지 경제가 사람들에게 봉사하지 않기 때문이다. 가령 소비자는 각본에 쓰인 대로 조종되는 일개 배우로 비쳐질 뿐이다(앞의 책, 66~67쪽 참조). 나아가 자본주의체제는 소비자들이 더 많은 구매를 하도록 정교한 광고 심리 기술까지 동원한다. 그럼으로써 자본주의체제는 사회적 지위, 인정, 위신의 척도를 소비 패턴에서 찾아볼 수 있게 만든다. 삶이 가진 의미와 의의 자체가 소비라는 측면으로 표현되게 하는 것이다. 그에 따라 자본주의체제하에서 사람들의 인간성은 서로 간의 그리고 공동체와의 관계가 아니라 상품과의 관계에 의해 정의된다고 포스터는 비판한다(앞의 책, 74쪽 참조).

자본주의를 특징짓는 것이 성장이요, 팽창임을 생각할 때 이 체제가 잘 작동해서 경제성장률이 높을 때 환경에는 가장 파괴적이 된다. 역으로 체제가 경제위기에 놓이고 성장이 침체될 때 환경에는 가장 덜 파괴적이 된다. 이른바 성장의 역설이다. 지속적인 경제성장이 환경에는 부정적인 반면 오히려 경기후퇴가 환경에는 긍정적이다. 하지만 경기후퇴는 많은 사람들에게 심각한 고통을 야기한다. 경기후퇴 시기에는 실업문제가 초래되면서 환경 관련 안전 조치들을 제거하고 생산과 고용을 확대시키는 길을 열어 준다(앞의 책, 86~88쪽 참조). 자본주의경제가 성장할 때는 당연히 그에 비례하여 더 많은 자원과 에너지를 소비하지만 경제침체기에는 환경을 유지하기 어려운 사치재로 간주하여 보호 수단을 제거하는 것이다. 이것이 경제회복에는 도움이 될지 몰라도 환경에는 언제나 파괴적이다. 그러니까 성장의 역설은 어디까지나 이론적 차원의 얘기일 뿐 실질적으로 자본주의체제하에선 경기가 성장하든 후퇴하든 언제나 자연환경은 희생양으로 활용된다는 것이다.

2) 녹색산업혁명과 생태사회혁명

포스터의 주장에 따라 자본주의가 지속적으로 악화되고 있는 전 지구적 재앙의 주된 원인임을 인정한다고 했을 때, 그렇다면 해결책은 무엇인가? 그 해결책으로 포스터가 검토하고 있는 것이 녹색산업혁명과 생태사회혁명이다.

먼저 녹색산업혁명은 주류 정치경제학에서 제시하는 방식이다. 정치적 성향이 진보적이건 보수적이건 구분 없이 전문가들은 문제는 다른 데 있지 않고 자본주의체제의 기술적 특성에서 비롯했을 뿐이라고 주장한다. 그들은 마치 공짜 점심을 먹듯 효율성을 높이기만 하면 지구를 더 착취하지 않고도 기하급수적 경제성장이 지속될 수 있다고 본다. "자본주의와 지속가능성 사이에 해결될 수 없는 모순은 없다"[8]라는 입장이다. 요컨대 그들이 말하는 녹색산업혁명이란 보다 효율적인 에너지 시스템과 같은 기술적 수단에 의존하여 자본주의의 발전을 지속시키려는 산업혁명을 의미한다.

하지만 포스터는 이러한 논리는 문제의 핵심을 회피하는 것이고 사회과학이 수 세기에 걸친 탐구를 통해 내린 결론을 무시하는 처사라 말한다. 그에 따르면 현존하는 자본주의체제와 생태계 간의 갈등을 부인하는 사람들은 시장이 끊임없이 기술발전의 기적을 가져다줄 것이라고 주장한다. 그들은 자본 축적, 경제적 낭비의 확산, 소유적 개인주의의 강화로부터 벗어나야만 해결할 수 있는 문

---

8 포스터, 『생태혁명』, 박종일 옮김, 인간사랑, 2010, 24쪽.

제를 신기술이 등장하여 해결해 줄 것으로 믿는 것이다.

이러한 논리에 따르면 개선된 공학기술이 모든 문제를 해결해 줄 것이므로 사회구조와 인간행태는 바꿀 필요가 없게 된다. 포스터에 따르면 이러한 전략은 벼랑 끝으로 몰린 인류를 구하기보다 전 지구적 경제위기의 확산과 더불어 인류사회가 영속적으로 낭떠러지 끝에서 아슬아슬하게 살아가도록 만든다. 포스터는 지속가능한 발전이란 기술발전을 통해 실현할 수 있는 공학의 한 분야에 지나지 않으며, 지구생태계의 절대적 한계를 넘어서지 않는 선에서 지구에 대한 착취는 극대화될 것이라고 비판한다(앞의 책, 25~26쪽 참조).

녹색산업혁명론의 분명한 특징은 자본주의적 관점에서 변화의 범위를 설정한다는 점이다. 자본주의 자체나 자본주의가 갖고 있는 본질적 파괴성은 논란 대상이 되지 않는다. 환경문제 해법의 필요성보다는 기존 생산체계의 정당성을 옹호하는 데 주력하기 때문에 포괄적이고 비기술적 접근법은 아예 고려하지도 않는다. 최우선가치는 경제성장이며 환경보호란 '친성장주의적' 기술혁신을 통해 달성될 수 있는 부차적 가치에 머문다(앞의 책, 26~29쪽 참조).

녹색산업혁명 전략과 비슷한 주장으로 생태적 근대화 전략을 제시하는 학자들도 있다.[9] 이 전략의 주장은 자본주의는 지속가능

---

9 이러한 주장을 펴는 이들 가운데 가장 대표적인 인물로 포스터는 네덜란드 사회학

하며, 따라서 생태혁명은 생산방식의 급진적 전환이 아니라 기존 체제의 근대화를 통해 추진되어야 한다는 것이다. 이 전략에 의하면 투입되는 에너지와 원재료의 양을 줄임으로써 자본주의경제는 탈물질화될 수 있다. 하지만 포스터에 따르면 기술혁신이 이뤄짐에 따라 원재료와 에너지 사용의 효율성이 꾸준히 증가해 온 것은 사실이지만 총체적으로 볼 때 에너지 소비의 총량은 줄지 않는다. 이는 자본주의경제하에서 효율성의 증가는 또 다른 축적의 확대와 경제적 팽창으로 이어지고, 그 결과 규모의 팽창이 효율증가를 통해 이뤄 낸 성과를 무의미하게 만들어 버리는 전형적 현상이 나타나기 때문이다.[10] 그러므로 생태적 근대화는 전반적인 생태계 파괴를 막아 낼 수 없다는 것이 포스터의 입장이다.

포스터는 기술주의적 접근방식의 중요한 허점으로 바로 기술을 너무 편협하게 정의한다는 점을 지적한다. 이러한 접근방식은 지구생태계를 고려하지 않은 채 무제한적인 경제성장과 자본 축적을 가능케 해주는 아주 제한적인 기술만을 수용한다는 것이다. 근대화 기술의 주목적은 생태문제의 해결이 아니라 현재의 생산방식

자 아서 몰(Arthur Mol)을 들고 있다. 앞의 책, 30쪽 참조.

10 이를 '제본스(W. S. Jevons)의 역설'이라 부른다. 제본스는 자연자원을 사용하는 과정에서 효율성이 증가하면 그 자원에 대한 수요가 감소할 것 같지만 실제로는 오히려 수요증가를 유발한다고 주장한다. 가령 에너지 효율이 높은 자동차가 나오면 연료 수요가 감소할 것 같지만 반대로 운전 수요를 증대시킴으로써 자동차 대수가 늘어나고, 냉장고 기술의 발전은 단순히 더 큰 냉장고 숫자만 불린다는 것이다. 앞의 책, 167~176쪽 참조.

을 영속화하는 것이다(앞의 책, 30~31쪽 참조). 그러므로 편협한 목표, 곧 에너지 효율 제고와 원자재 절감만을 추구하는 생태·기술적 혁신은 바로 그 혁신으로 인해 가능하게 된 경제체계가 팽창함에 따라 혁신의 궁극적 목표인 체계 자체의 근저를 위태롭게 하기 때문에 기술혁신의 본래 의미가 무색해지게 된다(앞의 책, 31쪽 참조). 기술적 대안들은 이윤추구체계의 요구를 반영한 것일 뿐 결코 기술 자체의 환경적 효율을 고려한 것이 아니라는 것이다.

이상에서 살펴봤듯이 포스터는 기술적 접근에 의존하는 생태적 근대화, 녹색산업혁명 전략으로는 환경문제를 결코 개선할 수 없다는 진단을 내리고 있다. 이에 대한 대안으로 그가 제안하고 있는 것은 진정한 혁명이라는 생태적·사회적 혁명이다. 이는 단순한 산업혁명이 아니라 사회혁명과 연계되어 있으며 광범위한 대중들로부터 시작된다.[11] 모든 사회혁명이 그러하듯 이 또한 사회의 모든

---

11 포스터에 따르면 진정한 생태혁명과 녹색산업혁명의 차이는 사회적 행위주체에 달려 있다. 후자는 기술전환을 바탕으로 하는 하향식 시도이고 생태적 현대화 엘리트들이 주도하기 때문에 자본주의사회의 경제·사회·문화·환경규범을 변화시키려는 대중운동은 배제한다. 반면에 진정한 생태혁명은 광범위한 대중들로부터 시작되며 사회의 모든 분야에 대한 근본적인 의문을 제기한다. 앞의 책, 44쪽. 표현은 양쪽이 다 혁명이지만 후자는 개혁, 전자는 혁명으로 이해하는 것이 바람직해 보인다. 개혁이란 사회체제 및 정치조직의 개선이나 모순의 제거를 말하며 전면적 변혁이 아니라 부분적 변혁이다. 폭력적이 아닌 합법적 절차에 의한 변혁이며 기존 지배계급에 의해 행해지므로 계급관계의 기본적 변경은 이뤄지지 않는다. 반면에 혁명이란 사회체제나 정치조직의 전면적 변혁이고 급격히 진행됨과 동시에 비합법적·폭력적 성향을 띠며 대중에 의해 아래로부터 일어난다. 한용희, 『혁명론』, 일조각, 1974, 39~54쪽 참조.

분야에 대한 근본적인 의문을 제기한다(『생태혁명』, 43~44쪽 참조). 그 이유는 인간과 자연의 관계와 사회의 구성을 그 바탕이 되는 생산의 사회적 관계에서부터 바꾸기 위해서다. 생산과 분배, 교환과 소비를 평등하고 공동체적 방식으로 전환함으로써 사회질서의 주류 논리와 결별하려는 것이다.

요컨대 이러한 방식의 궁극적 초점은 자본주의적 생산체제를 대체하는 새로운 생산체계를 구축하는 데 있다. 그러기 위해 급격한 기술변화도 필요하지만 중요한 것은 생산의 사회적 관계를 포괄적으로 변화시키는 것이다. 문제는 기술이 아니라 생산관계에 있다고 보기 때문이다. 근본적인 사회관계는 무시한 채 기술적·산업적 또는 자유시장의 수단만을 가지고는 문제를 해결할 수 없다고 보는 것이다(앞의 책, 20~21쪽 참조).

포스터가 주장하는 진정한 생태혁명이란 곧 자본주의 생산방식을 사회주의 방식으로 전환하는 것을 의미한다. 이러한 자신의 주장을 뒷받침하기 위해 포스터는 우고 차베스의 사례를 든다. 포스터에 따르면 차베스는 베네수엘라의 볼리바르혁명[12]이 21세기형 새로운 사회주의임을 설명하면서 '사회주의 기초 삼각형'이란 개념을 제시하였다. 이는 곧 ① 사회적 소유, ② 노동자들이 조직한 사회적 생산, ③ 공동체적 수요의 충족 등 세 꼭짓점으로 이뤄져

---

12 시몬 볼리바르는 스페인 제국주의에 대항하여 남미의 독립투쟁을 벌인 인민봉기의 지도자였다. 차베스는 그의 이름을 따 자신의 정치를 '볼리바르혁명 운동'이라 부른다.

있다. 이 세 가지 문제를 동시에 해결할 수 있을 때 사회주의는 비로소 지속가능하다고 보는 것이 차베스의 입장이다(앞의 책, 49쪽 참조).

포스터에 따르면 사회주의 기초 삼각형은 맑스가 말하는 생태적 기초 삼각형을 그 근거로 삼고 있다. 생태적 기초 삼각형이란 ① 소유 대상이 아닌 자연의 사회적 이용, ② 결합된 생산자들에 의한 인간과 자연 간의 신진대사 과정의 총체, ③ 현재뿐 아니라 미래세대의 공동체적 수요의 충족이란 세 요소로 구성된다(앞의 책 참조). 맑스가 그렸던 미래는 자연의 점유자이자 수혜자가 될 수 있을 뿐 소유자는 될 수 없는 사회, 인간소외가 없는 조건에서 인간과 자연 간의 신진대사를 조화롭게 조절하는 사회, 자연을 보다 개선된 상태로 미래세대에게 물려줄 책임을 갖는 사회라는 것이 포스터의 주장이다.

요컨대 포스터가 지향하는 바는 생태혁명과 사회주의혁명이 서로에게 필요조건이자 충분조건으로 작용하는 혁명이다. 인간소외를 극복하려는 사회주의의 목표는 자연소외를 극복한다는 목표와 함께할 때 의미를 갖게 되며, 마찬가지로 자연소외를 극복하려는 생태적 목표는 사회혁명을 배제하고는 달성될 수 없다는 것이다. 사회주의와 생태주의는 동시적으로 이뤄질 때 완전해질 수 있다는 주장이다(앞의 책, 51쪽 참조).

3. 포스터의 환경론 비판 : 생태사회혁명론 비판

1) 자본주의는 환경문제의 주범인가?

우리는 자본주의가 너무나 자명한 시대에 살고 있다. '요람에서 무덤까지' 우리는 화폐를 통해 재화와 서비스를 구매하고 거기서 삶의 필요를 충족해 나간다. 자본주의경제 시스템이 이처럼 매일매일의 삶을 가능케 하는 조건이 되고 있으므로 이 시스템을 수반하지 않는 삶을 생각한다는 것이 곤란할 정도로 자본주의라는 제도는 자명하다. 이 제도 없이는 더 이상 삶을 유지하는 것 자체가 어려워지고 있으므로 이에 대해 의문을 제기할 필요가 있을까 하고 반문을 펴는 자도 있을 것이다.

더욱이 자본주의의 자명성은 사회주의체제의 붕괴에 의해 더욱 강화돼 왔다. 20여 년 전까지만 해도 사회주의는 자본주의와 함께 세계를 양분하는 거대 세력으로 군림하고 있었다. 하지만 현존했던 사회주의가 무너지면서 그것은 곧 자본주의의 자명성을 입증해 주는 것으로 기능하였다. 이에 후쿠야마는 사회주의가 몰락한 이후 자유민주주의와 자본주의의 최종 승리를 선언하면서 이를 '역사의 종언'이라 불렀다. 결과적으로 자본주의 또한 만능일 수 없음에도 자본주의를 대신할 우수한 경제 시스템은 불가능하다는 신념이 넓게 공유되고 있다. 이른바 공식적으로는 자본주의의 천적이 사라졌다는 얘기다.

그러나 한편으로는 매우 걱정스러운 상황이 초래되었다. 세상이 약육강식의 무대가 되고 있기 때문이다. 자본주의의 천적이 사라진 게 아니라 잠시 고개를 숙이고 있을 뿐 자본주의는 그 내부에 천적을 키우는 악순환을 거듭하고 있는 것이다. 그 원인은 포스터가 지적하고 있듯이 자본주의의 내적 논리에 있다.

자본주의체제는 벤담의 쾌락이론을 바탕으로 한 효용이론에 기초하고 있다. 원래 벤담은 쾌락을 수량화할 수 있다고 보았는데, 자본주의 경제학자들은 그것을 수량화하여 효용이론을 만들어 냈다. 여기서 말하는 효용이란 어떤 상품이나 서비스를 소비할 때 느끼는 만족도를 가리킨다. 자본주의를 이끌어 가는 원초적 질료인 효용의 실체는 결국 개인의 욕망충족이다. 이처럼 욕망충족에 몰두하는 자본주의는 마침내 끝을 모르는 쾌락주의, 배금주의에 탐닉할 수밖에 없게 만든다.[13] 이러한 탐닉은 나아가 각종 범죄들과 공동체의 파탄을 불러왔는데 이것이 자본주의가 가진 가장 무서운 속성 중의 하나인 것이다. 자본주의는 개인의 욕망을 끊임없이 자극함으로써만 살아남을 수 있는 구조를 가지고 있다.

이러한 자본주의의 속성을 맑스는 정확히 짚어 내고 있다. "현대의 부르주아사회는 자기가 주술로 불러낸 명부冥府(사람이 죽은 뒤에 심판을 받는 곳) 세계의 힘을 더 이상 통제할 수 없는 마법사와 같다."[14] 사람들이 욕망이라는 이름의 전차에 올라타긴 했지만 그 방향을 컨트롤하지 못하고 그저 전차가 질주하는 방향을 따라 갈

---

13 김운회, 『왜 자본주의는 고쳐 쓸 수 없는가』, 알렙, 2013, 67~70쪽 참조.

14 칼 맑스·프리드리히 엥겔스, 『공산당선언』, 남상일 옮김, 백산서당, 1989, 67쪽.

12장 · 존 벨러미 포스터

뿐인 것이 자본주의사회의 모습이라는 것이다.

이러한 통제 불능의 자본주의사회의 특성을 폴라니는 색다른 시선으로 분석해 내고 있다. 그에 따르면 시장이란 원래 사회조직의 일부에 불과한 것이었다. 그러나 자본주의가 등장하면서 시장이 사회로부터 분리돼 나왔고 급기야 사회와 대립하며 결국 사회를 집어삼켜 사회를 시장의 일부로 편입해 놓았다. 즉 사회조직의 일부로 기능해야 할 시장이 사회조직으로부터 분리돼 나와 오히려 사회를 지배하는 시장사회가 돼 버린 것이 바로 자본주의사회라는 것이다. 그리고 시장이 사회를 지배하게 되는 과정에서 자기 조절 기능을 상실하여 제국주의, 파시즘, 세계대전으로 이어졌듯이 시장사회가 초래할 수 있는 위험이 매우 크다는 주장을 폈다.[15]

이와 같은 통제 불능의 자본주의사회에서 현재 우리가 겪고 있는 가장 큰 문제 중의 하나를 들라 하면 그것은 바로 자원의 낭비일 것이다. 욕망충족을 위해 끊임없이 질주하는 과정 속에서 자연은 단지 부를 창출하는 경제적 자산, 이윤의 원천으로 간주될 뿐이다. 자본주의는 몰염치할 정도로 물질주의적이고, 이윤경쟁에서 실패한 사람들은 낙오자로 몰아세우며 믿을 수 없을 만큼 낭비를 부추긴다.

그러기에 브로스위머는 "인류는 지구 역사상 가장 규모가 큰, 어쩌면 최후가 될지도 모르는 만찬에 참가하고 있다. 이 시대의 인

---

15 칼 폴라니, 『거대한 전환』, 홍기빈 옮김, 길, 2009, 237~248쪽 참조.

류야말로 미래를 먹는 존재, 곧 호모 에소파구스 콜로서스로 변해 버렸다"[16]라고 갈파하였다. 자본주의의 가치관에는 기본적으로 환경을 소중히 하기는커녕 조금이라도 겸손해지거나 자제하려는 자세가 전혀 포함돼 있지 않다. 자연을 대하는 자본주의의 태도는 태생적으로 상업적이고 제국주의적인 것이다.

이렇게 본다면 자본주의체제에선 경기가 성장하든 후퇴하든 기본적으로 환경은 더 많은 발전과 진보를 위한 희생양으로 활용된다는 포스터의 비판은 타당한 것으로 판단된다. 따라서 현재의 자본주의 패러다임을 바꾸지 않는 한 인류는 자원고갈로 인해 더 이상 회복이 불가능한 상황에 이를지도 모른다. 현대의 자본주의는 마치 끝없는 식욕으로 결국 자기 자신까지 먹어 치우는 에리식톤의 형상과도 같기 때문이다(『왜 자본주의는 고쳐 쓸 수 없는가』, 493쪽 참조).

2) 생태사회혁명론의 오류

① 현행 자본주의의 개혁안으로는 환경문제의 대안이 될 수 없는가?

오늘날 인류가 겪고 있는 환경문제의 본질적 원인이 자본주의체제에 있다는 포스터의 주장이 타당하다고 한다면 이어서 검증해 봐야 할 것은 그 원인에 대한 해결책이다. 포스터는 그 대안으로 녹색

---

16 프란츠 브로스위머, 『문명과 대량멸종의 역사』, 김승욱 옮김, 에코리브르, 2006, 184쪽.

산업혁명과 생태사회혁명, 두 가지를 제시함과 아울러 전자의 한
계를 밝히는 가운데 후자의 정당성을 드러내 보이려 애쓰고 있다.

전자, 곧 녹색산업혁명이란 과학기술에 의거하여 문제를 해결
코자 하는 기술중심적 환경론을 말한다. 기술중심주의자들은 자본
주의체제가 인류 역사의 그 어느 시기와도 비교할 수 없을 만큼 생
산성의 비약적 증진을 통해 인류에게 엄청난 물질적 풍요와 혜택
을 선사했다고 자부한다. 자본주의체제가 사회주의체제와의 경쟁
에서 승리할 수 있었던 것도 바로 자본주의체제의 생산성과 자유
경쟁 시스템 덕분이라고 그들은 믿는다. 따라서 기술주의자들은
어떤 문제가 있든 간에 자본주의체제의 기본 골격은 결코 포기할
수 없다는 입장을 취한다.[17]

그러나 친환경적 기술이란 것이 아무리 자원을 효율적으로 활
용하여 오염물질을 최소화한다 해도 기존의 환경문제를 어느 정도
완화시킬 수 있을 뿐 근원적으로는 해결할 수 없다. 자본주의가 갖
고 있는 본질적 파괴성은 고려하지 않은 채 단순히 기존 체제의 기
술적 근대화를 통해 문제를 해결하고자 하기 때문이다. 그러기에
포스터는 녹색산업혁명 전략의 주목적은 생태문제의 해결이 아니
라 현재의 생산방식을 쳇바퀴 돌리듯 영속화하는 것이라고 비판한
다(『생태혁명』, 21쪽 참조). 이러한 비판과 함께 포스터는 환경문제
를 근원적으로 해소해 나가려면 자본주의체제를 어떤 새로운 체제,
곧 사회주의로 대체할 수밖에 없다고 주장한다.

이제까지의 논의를 정리해 보면 이렇다. 자본주의는 본질적으
로 환경파괴를 초래할 수밖에 없는 내재적 구조를 가지고 있고, 그

환경파괴를 자본주의체제 내에서 해결코자 하는 녹색산업혁명 전략은 문제를 근원적으로 해결할 수 없는 피상적 전략에 불과한 것이다. 따라서 근원적인 문제해결 전략으로 생태사회혁명에 의한 생태사회주의를 이룩하는 것이 최선의 방책이다. 이를 도식화해 보면 다음과 같다.

자본주의는 본질적으로 환경파괴적이다.
그러므로 자본주의는 생태사회혁명에 의해 사회주의로 대체되어야 한다.

필자가 여기서 제기하고 싶은 물음은 앞의 전제에서 '자본주의는 사회주의로 대체되어야 한다'라는 주장이 도출될 수 있는가 하는 점이다. '자본주의는 생태문제의 근원적 원인'이고, '사회주의는 생태문제의 근원적 해결책'이라는 나이브한 인과론적 도식이 생태문제와 사회체제 간의 연관성을 지나치게 단순화하고 있는 것으로 보인다. 사회체제의 구조적 성격이 생태문제와 일정한 관계에 있는 것은 사실이지만 그렇다고 단순한 인과관계로 묶을 수 있는 것은 아니다.[18]

---

17 한면희, 「산업자본주의 및 사회주의 자연 이념의 특성과 한계」, 한국환경철학회 엮음, 『환경철학의 이념』, 철학과현실사, 2003, 106~108쪽 참조.

18 이성백, 「맑스주의와 생태론 패러다임의 전환」, 『진보평론』 14호, 현장에서미래를, 2002 겨울, 219쪽 참조.

바꿔 말하면 자본주의가 본질적으로 환경파괴를 불러올 수 있는 내재적 구조를 가지고 있다는 점을 인정한다 해도 그것이 곧 자본주의의 해체 또는 대체에 대한 주장을 정당화해 주는 것은 아니라는 의미다. 집이 오래되어 페인트칠은 벗겨지고 누수가 생겨 볼품이 없어졌다고 하여 그것이 그 집을 허물고 새 집을 지어야 한다는 필연적 주장을 정당화해 주는 것은 아니다. 신축을 생각하기 전에 먼저 고려해 봐야 할 사항은 개축이나 증축일 것이다. 그것이 훨씬 더 합리적일 수 있기 때문이다.

우리는 바쿠닌주의자와 같은 '혁명 미치광이' 또는 '묻지마 혁명주의자' 등은 경계해야 한다. 물론 혁명이 필요한 사회는 혁명을 해야겠지만 지금의 상황이 과연 혁명이 절대 명령으로서 요구되는 상황인지는 냉철하게 되돌아봐야 한다. 인류 역사는 혁명을 회피하려는 노력의 연속이었다(『혁명론』, 49~54쪽 참조). 혁명이란 너무나 큰 희생과 비용을 요구하며 돌이킬 수 없는 많은 결과를 낳을 수 있기 때문이다. 현 상황은 많은 것을 감내해야 하는 생태사회혁명이 요구되기보다 자본주의체제를 새롭게 탈바꿈할 수 있는 개혁안이 먼저 요구되는 상황이라는 얘기다.

포스터의 주장과 달리 자본주의가 환골탈태하여 앞으로도 지속될 수 있을지는 누구도 모른다. 역사가 계속되고 수많은 가능한 세계들 중에서 현재 실현된 세계와는 다른 세계가 정치적으로 계획되고, 그리하여 '가능한 세계들 중 최상의 세계'로 부각된다면 자본주의의 종말에 관해서도 숙고해 볼 수 있을 것이며, 자본주의를 넘어서는 대안을 제시하고 검증해 볼 수도 있을 것이다. 그런데 과연 포스터가 제안하는 생태사회혁명에 의한 사회가 최상의 세계인지 어떤지는 아직 장담할 수 없다. 그러기에 자본주의의 대체안을 찾기 전에 먼저 자본주의의 문제를 해소하여 새로운 길로 나아갈 수 있는 방안(녹색산업혁명을 넘어선 방안)을 모색해 보는 노력이 필요하다고 생각된다.

그동안 자본주의는 양면적 결과를 가져다주었다. 먼저 시장의 팽창은 경제발전을 가져왔으며 개인적으로도 더 나은 생활수준을 선사해 주었다. 그 결과 휴식과 재충전, 사회적 상호작용, 문화적·지적 활동을 위한 더 많은 시간이 가능해졌다. 하지만 자본주의는 처참하다 할 수 있는 부정적 결과들도 초래하였다. 시장의 팽창은 분업에 의한 전문화를 강요하였고, 이러한 노동의 분화가 이번에는 사회적 삶의 기본 구조를 분화시켰다. 자본주의는 지난 200년 동안 지속적으로 사회관계들을 해체하고 공동체와 기존의 삶의 방식을 무너뜨려 왔다.

게다가 자본주의 팽창은 우리 삶을 갈수록 시장 세력에 종속시키고 있다.[19] 사람들의 욕구를 충족시켜 줄 만한 것은 모두 상품화되었고, 그에 따라 모든 가치는 가격으로 대체된 것이다. 더불어 자본주의체제하의 자원은 고갈 위험에 놓여 있고 자연의 재생능력 또한 파괴될 위기에 처해 있다. 이러한 상황을 "파티는 끝났

---

19 에릭 링마, 『자본주의 구하기』, 왕혜숙 옮김, 북앤피플, 2011, 27~28쪽 참조.

12장·존 벨러미 포스터

다"[20]라고 표현한 리처드 하인버그는 적확했다고 생각된다.

이와 같은 양면적 결과 탓에 자본주의는 거부하기도 어렵고 그렇다고 현재의 자본주의를 온존시켜 나가기도 상황이 너무 버거운 실정이다. 자본주의를 거부할 수 없는 이유는 경제적 번영과 함께 그것에 의해 주어지는 소중한 사회적 재화들을 가져올 더 나은 방법이 없기 때문이다. 자본주의를 온존시켜 나갈 수 없는 이유는 비인간적이기 때문이다. 바꿔 말하면 자본주의가 우리의 공동체, 우리의 가치를 저해할 뿐 아니라 삶의 터전인 환경을 위기로 몰아넣기 때문이다. 거부할 수 없기에 자본주의는 유지되어야 하며, 비인간적이기에 자본주의는 통제되어야 한다. 중요한 문제는 이 상충하는 두 가지 요구에 어떻게 동시적으로 대응할 수 있느냐 하는 것이다(『자본주의 구하기』, 28~29쪽 참조).

이러한 딜레마적 상황을 타파하는 실마리를 여기서는 둘리엔, 헤어, 켈러만이라는 3인의 견해에서 모색해 보고자 한다.

이들은 현행 자본주의의 문제를 진단한 결과 자본주의는 피상적이 아닌 그야말로 근본적인 변혁이 필요하다고 주장한다. "지금은 세계경제에 일종의 근본적인 방향전환이 절실한 순간"[21]이라는 것이다. 그들은 오늘날 우리가 알고 있는 자본주의가 향후 몇 세기 동안 계속해서 존속할 가능성은 매우 낮다고 본다(앞의 책, 209쪽 참조). 그런 시각에서 그들은 무엇인가 근본적인 변혁들을 아주 시

---

20 엘마 알트파터, 『자본주의의 종말』, 염정용 옮김, 동녘, 2007, 43쪽에서 재인용.

급하게 마련함으로써 '괜찮은 자본주의'를 이뤄 나가야 한다고 주장한다. 그들이 제안하는 괜찮은 자본주의의 경제모델은 물질적 번영을 포기하지 않으면서 사회적 정의와 지속가능한 환경을 확보하는 것을 목표로 한다. 그리고 그들은 그 목표를 달성해 가기 위해 현존하는 경제모델이 안고 있는 두 가지 문제를 해결할 것을 권고한다(앞의 책, 31~34쪽 참조).

하나는 천진난만한 시장근본주의에 기초한 경제정책들이다. 위 3인에 따르면 시장이 경제적 안정을 가져다주는 자기 조절 메커니즘으로 간주되어 이를 자유롭게 풀어놓았지만 기대와는 다른 결과들이 나타났다. 자본주의의 문제들은 사회경제제도는 물론이고 모든 측면을 완전히 탈규제화·지구화된 자본 및 금융시장에 순응하도록 바꿔 놓은 데서 비롯했다는 것이다. 그러기에 폴라니는 시장이 비록 경제와 사회 발전에 중요한 역할을 수행하긴 하지만 토지·노동·화폐만큼은 상품이 아니기에 엄격한 규제하에 묶어 두어야 한다고 강조하였다. 그렇지 않으면 노동시장, 금융시장, 환경의 순환과정들은 모두 '사탄의 맷돌'로 변해 버릴 수 있다는 것이다(『거대한 전환』, 243~244쪽 참조). 아마티아 센 역시 시장이 자유의 원천이긴 하지만 그것이 제 기능을 발휘하려면 시장메커니즘이 제대로 작동하도록 보장하는 제도와 규제들이 필요함을 주장하였

---

21 세바스티안 둘리엔·한스외르그 헤어·크리스티안 켈러만, 『자본주의 고쳐쓰기』, 홍기빈 옮김, 한겨레출판, 2012, 186쪽.

다.[22]

다른 하나는 고삐 풀린 시장을 통제하고 규제하는 시스템의 결여다. 3인의 저자에 따르면 1970년대 이후 시장은 세계화되었지만 시장을 규제하는 노력은 국가 수준이나 일부 국가들의 연합 수준에 머물렀다. 지구적인 경제안정과 지속가능성을 확보하려면 이러한 비대칭성을 해결하지 않고는 어림없다는 것이 3인의 생각이다. 지구적 차원에서 효력을 발휘할 수 있는 제도와 규제 방안을 마련하지 못한다면 사회적·환경적 문제들이 격화될 수 있을 것으로 그들은 내다본다.

위 3인은, 이들 문제를 시정한 바탕 위에 수립되는 괜찮은 자본주의 모델은 세 가지 차원을 포함해야 한다고 주장한다. 첫째는 생태적으로 지속가능해야 하며, 둘째는 성장 과정에서 인플레이션이나 디플레이션의 위협을 받지 않으면서 더불어 또 다른 위기를 낳지 않아야 한다. 그리고 생태문제를 해결할 뿐 아니라 물질적 번영도 증대시킬 수 있는 기술발전과 혁신을 장려하는 것도 요구된다. 셋째는 모든 이들이 괜찮은 삶을 살 수 있도록 소득과 분배의 불평등에 일정한 한계가 있어야 한다(『자본주의 고쳐쓰기』,

---

22 센에 따르면 시장메커니즘이 성공할 수 있도록 하려면 시장에서 제공된 기회를 모두가 합리적으로 나눠 가질 수 있어야 한다. 이런 조건이 가능하려면 학교교육의 확립, 최소한의 의료시설 정비, 모든 경제활동에 필요한 자원(예를 들면 농업인에게서의 토지)의 고른 분배 등이 이뤄져야 한다고 그는 주장한다. 아마티아 센, 『센코노믹스, 인간의 행복에 말을 거는 경제학』, 원용찬 옮김, 갈라파고스, 2008, 53~56쪽 참조.

189~190쪽 참조). 이러한 내용을 보면 3인의 저자는 생산과 소비, 기술발전의 구조를 근본적으로 바꿔 나가되 생태적으로 부정적 결과를 낳지 않는 녹색성장을 원하고 있음을 알 수 있다.

3인이 주장하는 괜찮은 자본주의가 가능한 세계들 중 최상의 세계인지 그리고 현실적으로 실현 가능성이 높은지에 대해선 판단이 쉽지 않다. 그래도 자본주의의 큰 틀 안에서 자본주의의 변혁을 시도하는 것은 생태사회혁명이라는 포스터의 방안보다는 현실성이 높으며, 또 포스터의 오류, 곧 자본주의 = 환경문제의 근본 원인, 사회주의 = 환경문제의 해결책이라는 인과론적 도식에 기초하여 환경문제와 사회체제 간 관계를 지나치게 단순화하는 오류로부터 벗어날 수 있는 장점을 지닌다.

② 생태사회주의의 실현 가능성 조건은 충분한가?

포스터의 주장에 관해 다음으로 제기하고 싶은 물음은 생태사회주의에 대한 개념 정의와 그것의 실현 가능성 조건에 대해서다. 포스터가 주장하는 생태사회혁명이란 생태혁명을 통해선 자연소외를, 사회혁명을 통해선 인간소외를 극복하자는 것이다. 다시 말하면 인간과 자연의 신진대사 관계뿐만 아니라 생산을 둘러싼 사회적 관계까지 혁명적으로 바꿔야 한다는 주장이다. 포스터의 주장을 간단히 정리하면 기존의 자본주의체제를 생태사회주의체제로 전환하자는 것이다.

생태사회주의란 말 그대로 생태학(녹색)과 사회주의(적색)의 합성어로 생태학 입장에서 맑스에 대한 비판을 옹호하고 맑스사상과 생태학의 결합을 통하여 환경문제 해결을 지향한다. 생태사회주의의 핵심은 무엇보다 자본주의 비판에 있다. 포스터를 포함한 많은 맑스주의자들은 맑스의 자본주의 비판론 안에는 이미 생태학적 관점이 내포돼 있으며, 이미 맑스가 환경문제의 원인이 다른 사회문제와 마찬가지로 자본주의 논리에 내재하고 있음을 주장했다고 말한다.[23]

이 지점에서 품게 되는 의문점은 포스터가 생태사회혁명론을 전개하면서 자신이 주장하는 생태사회주의라는 용어에 대해 분명한 정의나 설명도 없이 활용하고 있다는 것이다. 생태주의와 사회주의는 서로 간에 공통되는 측면도 있지만 대립되는 측면도 있고,[24]

---

23 오제키 슈지 외, 『환경사상 키워드』, 김원식 옮김, 알마, 2007, 208~209쪽 참조.

24 영국 적록연구그룹(Red-Green Study Group)의 견해에 기초하여 공통적·대립적 측면을 정리하면 이렇다. 먼저 공통적 측면 첫째는 양자 모두 이윤극대화를 목표로 하는 사회에 반대한다는 점이다. 이런 사회에선 탐욕과 이용이 우선시되기 때문에 사람들은 공동체적 연대가 무너지면서 소외되고 만다. 더불어 이윤 확보를 위한 끊임없는 개발과 성장 추구는 지역적·지구적 환경을 파괴한다. 둘째는 양자 모두 국가 수준의 정치적 행위에 만족하지 않는다는 점이다. 풀뿌리 수준의 지방적 행동을 매우 중시하며 지구적 수준에서의 국제적 조정과 연대를 요구한다. 셋째는 중요한 가치들, 곧 수단이 아닌 목적적 존재로서의 인간의 가치, 인간의 복지에 기여하는 환경의 중요성, 공동체적 연대, 인간 평등 등의 가치를 공유한다는 점이다. 대립적 측면 첫째는 생태주의가 종종 사회주의에 반대한다는 점이다. 생태주의에 따르면 국가사회주의는 위계적·중앙집중적·비참여적이고 적어도 환경파괴 면에선 서구 자본주의와 다름없는 생산력주의 형태의 하나이기 때문에 무시된다. 사회민주주의적 사회주의는 노동자들의 더 높은 생활수준이라는 미명하에 경제성장과 소비주의를 조장하는 공모자로 거부된다. 둘째는 사회주의 역시 종종 생태주의에 반대한다는 점이다. 그 이유는 일자리·생활수준과 환경 간의 갈등이 야기될 때 전자가 당연히 우선시되는데도 생태주의에선 후자를 중시하기 때문이다. 더

또 양자의 조합 방식에 따라 그 입장이 여러 가지로 나뉠 수 있기 때문에 용어 사용자가 그 개념을 분명히 하지 않을 때는 여러 가지 오해를 불러올 소지가 있다.

이와 관련하여 필자 나름의 두 가지 분류 기준에 따라 생태사회주의를 구분해 보면 이렇다(다음 페이지 표 1 참조).

첫 번째 분류 기준은 자연을 보는 관점인데, 이는 '소극적' 입장과 '적극적' 입장으로 나뉜다. 소극적 입장이란 인간을 목적으로 보는 반면 인간 이외의 존재들은 그 목적을 위한 수단으로 보는 인간중심주의를 수용한다. 적극적 입장이란 자연을 인간 삶의 목적이 아니라 내재적 가치를 지닌 존재로 보는 탈인간중심주의를 수용한다. 두 번째 기준은 현존하는 자본주의체제를 평가하는 태도인데, 이는 '개량'과 '변혁'으로 구분된다. 먼저 개량이란 현행 자본주의의 문제점을 해소할 수 있도록 구조를 개혁함으로써 새로운 자본주의사회로 바꿔 나가자는 입장이다. 반면 변혁이란 자본주의는 내재적으로 자본 축적의 본성과 경쟁에 의해 생태파괴를 필연적으로 초래하므로 자본주의를 해체하여 사회주의로 대체하자는 입장이다.

실용적 생태주의는 전형적인 인간중심의 입장에서 자본주의 사회의 문제를 해결할 수 있도록 구조적 개혁을 함으로써 환경문

자세한 설명은 서영표·영국적록연구그룹, 『사회주의, 녹색을 만나다』, 한울, 2010, 33~46쪽 참조.

12장·존 벨러미 포스터

		자연관	
		소극적	적극적
자본주의에 대한 태도	개량	실용적 생태주의	개혁적 생태주의
	변혁	실용적 생태사회주의	개혁적 생태사회주의

표 1 사회주의와 생태주의의 조합 방식

제를 극복해 나가려 한다. 개혁적 생태주의는 자본주의체제를 구조적으로 개혁하려는 입장에선 위와 일치하지만 인간뿐만 아니라 인간 이외의 존재들에게도 도덕적 지위나 법적 권리를 인정함으로써 환경문제에 접근하는 점이 다르다. 실용적 생태사회주의는, 자본주의는 필연적으로 환경파괴를 불러올 수밖에 없는 체제이므로 이를 다른 체제, 곧 사회주의로 대체하지 않고서는 환경문제 해결이 어렵다고 본다. 더불어 그 과정에서 자연은 어디까지나 인간의 안녕을 위한 수단으로 간주된다. 끝으로 개혁적 생태사회주의는 자본주의를 사회주의로 대체해야 한다는 점에선 실용적 생태사회주의와 일치하지만, 탈인간중심적 입장을 취하는 점이 다르며 네 입장 중 가장 급진적이라 할 수 있다.

이렇게 구분해 놓고 볼 때 포스터는 세 번째 부류인 실용적 생태사회주의에 속하는 것으로 추론된다. 그 근거는 그의 생태사회주의가 확고하게 맑스주의에 기초를 두고 있고, 맑스주의는 또 인간중심주의에 기반하고 있기 때문이다.

우리가 환경문제를 다룰 때 본격적인 논의에 앞서 우선적으로 밝혀야 할 것은 우리 자신의 입장이다. 자연관은 물론이고 자본주의 및 사회주의를 보는 관점 역시 그 스펙트럼이 다양하기에 자신의 입장을 분명히 하지 않고 논의를 전개할 경우 설득력은 차치하고 오히려 오해를 불러올 소지가 있기 때문이다. 포스터가 바로 그러한 경우에 해당한다.

포스터의 주장에 관해 마지막으로 제기하고 싶은 물음은 생태사회주의가 실현될 수 있는 조건 문제다. 페르낭 브로델에 따르면 자본주의체제가 무너지는 데는 내부적 쇠퇴와 함께 더 이상 견뎌낼 수 없을 정도의 심한 외부적 충격 그리고 신빙성 있는 대체방안이 서서히 생겨날 때에만 가능해진다.[25]

바로 이러한 논리에 따른다면 포스터의 주장은 브로델이 요구하는 두 조건을 형식상으로는 갖추고 있는 것으로 판단된다. 포스터에 따르면 자본주의가 생태사회주의로 대체되어야 하는 이유는 자본주의체제의 본성에서 기인한다. 즉 자본주의는 이윤추구를 위한 부단한 성장 없이는 붕괴될 수밖에 없는 체제이기에, 이 체제하에서라면 언제 어디서건 끊임없는 개발과 생산이 필수적이고 그에 따라 자연파괴는 불가피하며, 바로 이러한 원인들에 의해 자본주의는 종말을 맞이하는데 그 대안은 생태사회주의라는 것이다. 간단히 정리하면 자본주의가 무너질 수밖에 없는 내부적 원인으로는 마침내 한계에 봉착할 개발과 성장이라는 요소가 있고, 외부적

---

25 페르낭 브로델, 『물질문명과 자본주의 3-2』, 주경철 옮김, 까치, 1997, 861쪽 참조.

12장 · 존 벨러미 포스터

원인으로는 파국적인 자연파괴라는 요소가 있는데, 그 대안으로는 생태사회주의가 권고되고 있다는 것이다.

브로델에 따르면 자본주의는 내부적 위기 그 자체만으로는 결코 붕괴될 수 없다. 외부로부터의 격심한 충격이 신빙성 있는 대안들과 결합될 때 자본주의를 무너뜨릴 수 있다. 포스터의 주장에 관해 이 지점에서 제기하고 싶은 물음은 현재 생태사회주의가 신뢰성 있는 대안이라 할 수 있을 만큼 사회 내부에서 서서히 무르익어 왔는가 하는 점이다. 생태사회주의에 관한 주장이 포스터뿐만 아니라 다른 맑스주의자들에 의해서도 꾸준히 제기돼 온 것은 사실이지만 신빙성 있는 대안이 될 정도로 성숙하진 않았다고 본다. 생태사회주의가 믿을 만한 대안이 될 수 있으려면 일반 대중들 사이에서 그것이 생태학적으로 실현 가능하고, 사회적으로 적합하며, 인간의 요구에 부합하는 것임을 충분히 인식시킬 수 있어야 한다. 하지만 아직은 그런 상황이 아니기에 자본주의의 대안이 되기엔 매우 미흡하다고 판단된다.

4. 요약

후쿠야마에 따르면 자본주의체제 이후의 대안체제는 없다. 자본주의체제에 필적할 만한 수준의 번영을 가져다줄 체제는 더 이상 찾을 수 없다는 의미다. 실로 자본주의체제하의 인류는 유례없는 물질적 풍요를 누리고 있는 중이다. 마치 '가능한 모든 세계들 중 최상의 세계'가 현실인 것처럼 느껴지는 시대가 아닌가 싶을 정도다. 하지만 그러한 풍요의 이면에는 어두운 그림자가 드리워져 있는 것 또한 사실이다. 자연의 수용 능력이 한계에 봉착하고, 금융위기가 계속 이어지며, '테러와의 전쟁'이 세계의 광범한 지역을 혼란에 빠뜨릴 수도 있는 상황이 전개되고 있기 때문이다.

특히 이러한 부정적 유산들 가운데 자본주의체제의 존립 자체를 위기로 몰아넣고 있는 것은 다름 아닌 자연파괴다. 지금까지 자본주의는 자연자원은 제한되어 있다는 부동의 사실과 생태적 난제들을 도외시한 채 생산 및 소비를 증대시켜 왔다. 그 결과 이제는 무엇인가 근본적인 변화들이 아주 시급하게 마련되지 않는 한 전 지구적 규모의 생태적 재난을 피할 수 없게 된 상황을 마주하고 있다.

포스터는 이러한 생태적 파국을 초래하게 된 원인이 다름 아닌 자본주의의 내재적 본성에서 기인한다고 주장한다. 자본주의는 내재적으로 이윤추구를 위한 경쟁과 지속적인 개발·성장이 없이는 존립 자체가 어렵기에 경쟁과 개발이 불가피하며 그 과정에서 자연파괴 역시 피할 수 없다는 것이다. 필자 역시 이 부분에 대해선 동의하는 바이며, 따라서 자본주의에 대한 대안체제를 숙고하는 것은 결코 추상적 행위가 아니라 당위적 행위라 할 수 있다.

포스터는 자본주의체제 내에서의 개혁안은 그 어떤 것도 환경파괴를 불러오는 자본주의의 본성을 허물 수 없기에 단호히 거부하면서 생태사회혁명을 통한 생태사회주의만이 최상의 대안임을 강조한다. 하지만 이러한 주장에는 동의하기 어렵다. 포스터의 주

12장·존 벨러미 포스터

장은 자본주의＝환경문제의 근원, 사회주의＝환경문제의 해결책이라는 아주 나이브한 인과론적 도식에 빠져 있음을 알 수 있기 때문이다. 포스터가 이러한 오류에 빠지게 된 것은 그 역시 역사주의를 믿는 맑스주의자의 일원이기 때문으로 보인다.

필자는 포스터의 주장처럼 자본주의 이후의 대안체제로 반드시 사회주의가 되어야 할 이유는 없다고 본다. 체제 자체를 바꾼다는 것은 그만큼 비용이 많이 요구되며 현실성 또한 있어 보이지 않기 때문이다. 오히려 앞에서 제기했던 괜찮은 자본주의 방식이 훨씬 더 실효성이 있을 것으로 판단된다. 그 이유는 이 모델이 세계화된 시장을 규제하는 데 요구되는 장치 마련과 더불어 신뢰성 높은 대안들을 강구하고 있기 때문이다.

포스터의 주장에 관한 또 하나의 비판은 생태사회주의라는 개념 규정과 연관된 것이다. 이 개념은 생태주의와 사회주의의 합성어로 양자 간에는 공통적·대립적 측면도 있고, 각각의 용어가 지니고 있는 의미의 스펙트럼 또한 다양하므로 이를 사용할 때는 나름대로의 개념 정의가 요구된다. 그럼에도 포스터는 이러한 시도를 하지 않고 있다. 그러기에 포스터가 주장하는 생태사회주의가 인간중심주의와 생태중심주의 가운데 어느 쪽에 기우는지, 사회정의와 환경파괴 중 어느 쪽을 우선시하는지, 이에 대해 이해하기가 쉽지 않다.

포스터의 주장에 관한 마지막 비판은 생태사회주의가 자본주의 이후를 책임질 미래의 대안으로 충분한 조건을 갖추었다고 보기엔 무리가 있다는 점이다. 브로델에 따르면 자본주의가 종말을 맞이하는 데는 두 가지 조건, 즉 내부적 쇠퇴와 외부에서의 충격 그리고 믿을 수 있는 대안이 서로 결합할 때 가능해진다. 하지만 생태사회주의가 아직은 현 사회에서 자본주의를 대체할 만한 대안으로 성숙했다고 보기는 매우 어려운 실정이다.

인류는 인류사의 99퍼센트가 넘는 기간 동안 비자본주의체제에서 일하며 살아왔다. 어느 한 체제로 일관하지 않고 일정한 기간이 흐르면 다른 체제로 변해 왔듯이 자본주의체제 역시 항구불변하진 않을 것이다. "자본주의는 머리가 100개쯤 달린 변화무쌍한 히드라 같은 존재"[26]라는 표현처럼 현실 적응 능력이 아주 뛰어난 강점을 지니고 있긴 하지만 언젠가 수명이 다하면 다른 체제로 옮아갈 수밖에 없을 줄 안다.

자본주의 이후의 대안체제로 맑스주의자들은 '사회주의인가, 야만인가'를, 자본주의를 고수하려는 자들은 '자본주의인가, 야만인가'를 기본 신조로 삼고 있다. 하지만 미래의 대안체제는 그 어느 쪽도 아닌 '연대의식인가, 야만인가'가 기본 신념이 되리라 본다. 앞서 살펴봤던 괜찮은 자본주의 모델, 생태사회주의 모델, 최근 주목을 끌고 있는 한계비용 제로사회[27] 모델 등도 그 구체적 실현 방

---

26 페르낭 브로델, 『물질문명과 자본주의 읽기』, 김홍식 옮김, 갈라파고스, 2012, 183쪽.

27 제러미 리프킨이 제안한 개념이다. 그에 따르면 자본주의세계는 외적으로는 지구온난화와 사이버테러라는 격심한 충격이 불어닥치고 내적으로는 자본주의 운용 논리의 내적 모순에 의해 결국 '협력적 나눔사회'로 이행하게 된다. 자본주의 운용 논리의 내적 모순이란 자본주의는 최종적 성공에 의해 결국은 무너지도록 설계되

12장 · 존 벨러미 포스터

법은 다 다르지만 하나의 공통적 경향을 띠고 있음을 알 수 있다.

그것은 바로 사회구성원들 서로가 지구 자원을 어떻게 하면 공동으로 나눠 쓰고 관리할 수 있을 것인가 하는 점이다. 지구 자원은 더 이상 개발할 여지가 없는 한계에 봉착하고 있기에 이제 남은 방법은 구성원들의 연대의식하에 공공재를 다 같이 공유하면서 공동의 것으로 사용·유지·관리하는 가치를 지향해야 한다는 의미다.

어 있는 측면을 가리킨다. 즉 자본주의의 운용논리가 더 이상 뛰어넘을 수 없는 수준으로 성공하는 종반전에 이르면 치열한 경쟁으로 기술이 계속 발전하고 그에 따라 생산성이 최고점에 달해 한계비용이 제로에 가까운 상황이 전개된다. 한계비용이 제로로 되면 상품 가격 역시 거의 공짜가 되는데 이렇게 되면 자본주의의 생명줄이라 할 수 있는 '이윤'을 더 이상 확보할 수 없게 된다. 대부분의 재화와 서비스가 공짜가 되고 이윤이 사라지며 소유가 무의미해지고 시장이 더 이상 필요치 않은 세상에서 시장경제는 자멸하게 되고 결국 협력적 나눔사회로 서서히 변해간다는 것이다. 제러미 리프킨, 『한계비용 제로 사회』, 안진환 옮김, 민음사, 2014, 1장 참조: 윤정로 외, 「특별좌담: 신문명의 도래를 전망한다」, 『철학과 현실』 104호, 철학과현실사, 2015 봄 참조.

생각해 볼 문제

1. 포스터는 환경위기의 본질적 원인을 체제에서 찾는다. 우리가 살고 있는 경제·사회질서인 자본주의체제가 환경악화의 주원인이라는 것이다. 환경의 지속가능성과 충돌하는 자본주의의 핵심적 특성에는 몇 가지가 있으나 포스터는 특히 두 가지 사항에 주목한다. 그 두 가지란 무엇인가?

2. 자본주의가 환경위기의 본질적 원인임을 진단한 뒤, 이를 넘어설 수 있는 방안으로 포스터는 녹색산업혁명과 생태사회혁명을 제시한다.

   ① 녹색산업혁명은 주류 정치경제학자들이 주장하는 방식으로 그들은 문제의 원인이 다름 아닌 자본주의체제의 기술적 특성에 있다고 본다. 하지만 포스터는 이러한 논리는 문제의 핵심을 회피하는 것이고 결코 환경문제를 개선할 수 없다는 진단을 내린다. 그 이유는 무엇인가?

   ② 포스터는 녹색산업혁명의 대안으로 생태적·사회적 혁명을 제시한다. 이것의 궁극적 초점은 자본주의적 생산체제를 대체하는 새로운 생산체계를 구축하는 데 있다. 그가 주장하는 진정한 생태혁명은 곧 자본주의 생산방식을 사회주의 방식으로 전환하는 것이다. 생태사회혁명이 지향하는 바를 설명해 보자.

3. 자본주의는 개인의 욕망을 끊임없이 자극함으로써만 살아남을 수 있는 구조를 가지고 있다. 문제는 욕망의 조절이다. 사람들을 욕망이라는 이름의 전차에 올려 태우긴 했지만 그 방향을 컨트롤하지 못하고 그저 전차가 질주하는 방향을 따라갈 뿐인 것이 자본주의사회의 모습이다. 이러한 통제 불능의 자본주의 사회에선 경기가 성장하든 후퇴하든 환경은 기본적으로 진보를 위한 희생양이 될 수밖에 없다는 포스터의 비판은 타당한 측면도 있다. 환경과 자본주의 간의 관계를 설명해 보자.

4. 그동안 자본주의체제는 우리에게 양면적 결과, 곧 긍정적·부정적 결과를 동시에 안겨 주었다. 이러한 결과 탓에 자본주의는 거부하기도 어렵고 그렇다고 현재의 체제를 온존시켜 나가기도 버거운 실정이다. 이러한 딜레마적 상황을 타개해 나가는 방안을 둘리엔, 헤어, 켈러만이라는 3인의 입장에서 모색해 보자.

5. 포스터가 주장하는 생태사회주의의 개념을 정의해 보고 그 실현 가능성 조건이 충분한지 이를 따져 보자.

수록글 출처

이 책에 수록된 글들은 다음 지면에 게재된 글들을 수정, 보완한 것이다

2장 「데카르트(René Descartes)의 자연관: 그 형성배경과 공과 그리고 그 대안」, 『환경철학』 제23호, 한국환경철학회, 2017, 101~133쪽.

3장 「존 로크(John Locke)의 자연관에 관한 분석적 고찰」, 『환경철학』 제24호, 한국환경철학회, 2017, 155~182쪽.

4장 「칸트철학에서 엿볼 수 있는 친환경적 시사점」, 『철학연구』 제160권, 대한철학회, 2021, 25~55쪽.

5장 「한스 요나스(Hans Jonas)의 맑스주의 비판에 관한 일고찰」, 『철학논총』 제74권 4호, 새한철학회, 2013, 127~154쪽.

6장 「아르네 네스(Arne Naess)의 삶과 사상이 주는 교육적 시사점과 그 한계」, 『환경철학』 제30호, 한국환경철학회, 2020, 69~98쪽.

7장 「존 패스모어(John Passmore)의 '보전(Conservation)' 개념에 내포된 도덕적 문제: 미래세대에 대한 책임론과 그 정당성」, 『철학연구』 제161권, 대한철학회, 2022, 101~128쪽.

8장 「개럿 하딘(Garett Hardin)의 '구명보트윤리'」, 『환경윤리의 실천』, 이담북스, 2012.

9장 「허먼 데일리(Herman E. Daly)의 생태경제사상: 그 형성배경을 중심으로」, 『환경철학』 제25호, 한국환경철학회, 2018, 31~60쪽.

10장 「허먼 데일리(Herman E. Daly)의 '정상상태 경제'론의 실체」, 『철학연구』 제156권, 대한철학회, 2020, 1~28쪽.

11장 「캘리콧(J. Baird Callicott)의 환경윤리에 관한 비판적 고찰: '동물해방: 3극 구조'를 중심으로」, 『환경철학』 제27호, 한국환경철학회, 2019, 1~30쪽.

12장 「포스터(J. B. Foster)의 환경론에 관한 비판적 고찰」, 『철학논총』 제82권 4호, 새한철학회, 2015, 149~171쪽.

참고문헌

「가는 길은 달라도… 기후변화 대응은 공감」, 『조선일보』, 2009년 8월 13일 자 A6면.

강신주, 『철학 vs 철학』 개정판, 오월의봄, 2016.

구니야 준이치로, 『환경과 자연인식의 흐름』, 심귀득·안은수 옮김, 고려원, 1992.

권진혁, 『환경위기와 미래과학』, 생능출판사, 1997.

그라프, 존 드·데이비드 웬·토머스 네일러, 『어플루엔자』, 박웅희 옮김, 한숲, 2002.

김균진, 「기계론적 자연관의 생태학적, 이데올로기적 문제성」, 『신학논단』 제37권, 연세대학교신과대학, 2004, 183~223쪽.

김명식, 『환경, 생명, 심의민주주의』, 범양사, 2002.

김상환, 『왜 칸트인가』, 21세기북스, 2019.

김성호, 「동물의 도덕적 지위에 관한 칸트의 견해」, 『환경철학』 제1집, 2002, 77~98쪽.

김성환, 『17세기 자연 철학』, 그린비, 2008.

김수용, 『아름다움과 인간의 조건』, 한국문화사, 2016.

김수행, 『마르크스가 예측한 미래사회』, 한울, 2012.

김양현, 「칸트의 목적론적 자연관에 나타난 인간중심주의」, 『철학』 제55집, 1998, 97~120쪽.

_____, 「칸트철학의 생태철학적 비판과 반비판」, 『사회와철학』 제28집, 2014, 131~154쪽.

김영식, 『과학혁명』, 아르케, 2001.

김용민, 『생태주의자 괴테』, 문학동네, 2019.

김운회, 『왜 자본주의는 고쳐 쓸 수 없는가』, 알렙, 2013.

김일방, 『환경윤리의 쟁점』, 서광사, 2005.

_____, 「존 패스모어(John Passmore)의 환경사상에 관한 비판적 고찰」, 『철학논총』 제80집, 2015, 139~160쪽.

_____, 「비인간중심주의 환경윤리의 내재적 가치·권리론에 관한 비판적 입장 고찰」,

『철학연구』 제140집, 2016, 191~216쪽.

_____, 「데카르트의 자연관: 그 형성배경과 공과 그리고 대안」, 『환경철학』 제23호, 한국
환경철학회, 2017 여름, 101~133쪽.

_____, 「허먼 데일리(Herman E. Daly)의 생태경제사상: 그 형성배경을 중심으로」, 『환경
철학』 제28호, 2018, 31~60쪽.

김진, 『칸트와 생태사상』, 철학과현실사, 2003.

남경태, 『사람이 알아야 할 모든 것: 철학』, 들녘, 2007.

네스, 아르네 외, 『산처럼 생각하라』, 이한중 옮김, 소동, 2012.

노영덕, 『처음 만나는 미학』, 알에이치코리아, 2015.

니체, 프리드리히, 『서광』, 이필렬·임수길 옮김, 청하, 1983.

닐, 조너선, 『기후변화와 자본주의』, 김종환 옮김, 책갈피, 2011.

데이비스, 마이크, 「인류는 녹아내리고 있다」, 『창작과 비평』 141호, 창비, 2008 가을,
123~136쪽.

데일리, 허먼, 『성장을 넘어서』, 박형준 옮김, 열린책들, 2016.

데자르댕, 조제프 R., 『환경윤리』 제5판, 김명식·김완구 옮김, 연암서가, 2017.

데카르트, 르네, 『방법서설』, 이현복 옮김, 문예출판사, 1997.

_____, 『철학의 원리』, 원석영 옮김, 아카넷, 2002.

_____, 『데카르트 연구: 방법서설·성찰』 개정판, 최명관 옮김, 2010.

_____, 『정념론』, 김선영 옮김, 문예출판사, 2013.

_____, 『방법서설/성찰/철학의 원리/세계론/정념론/정신지도를 위한 규칙』 제3판, 소
두영 옮김, 동서문화사, 2016.

둘리엔, 세바스티안·한스외르그 헤어·크리스티안 켈러만, 『자본주의 고쳐 쓰기』, 홍기
빈 옮김, 한겨레출판, 2012.

랑케, L., 『젊은이를 위한 세계사』, 장병칠 옮김, 삼성문화재단, 1976.

레오폴드, 알도, 『모래땅의 사계』, 윤여창·이상원 옮김, 푸른숲, 1999.

_____, 『모래 군의 열두 달』, 송명규 옮김, 따님, 2000.

레이첼즈, 제임스, 『도덕철학의 기초』, 노혜련 외 옮김, 나눔의집, 2006.

로크, 존, 『통치론』, 강정인·문지영 옮김, 까치, 1996.

_____, 『인간지성론 1』, 정병훈 외 옮김, 한길사, 2014.

_____, 『인간지성론 2』, 정병훈 외 옮김, 한길사, 2014.

롤스, 존, 『사회정의론』, 황경식 옮김, 서광사, 1985.

리프킨, 제러미, 『한계비용 제로 사회』, 안진환 옮김, 민음사, 2014.

481

렁마, 에릭, 『자본주의 구하기』, 왕혜숙 옮김, 북앤피플, 2011.

마토바 아키히로 외 엮음, 『맑스사전: 현대철학사전 3』, 오석철·이신철 옮김, 도서출판b, 2011.

맑스, 칼, 『데모크리토스와 에피쿠로스 자연철학의 차이』, 고병권 옮김, 그린비, 2001.

_____, 『경제학-철학 수고』, 강유원 옮김, 이론과실천, 2006.

_____, 『자본 1-1』, 강신준 옮김, 길, 2008.

_____, 『자본 1-2』, 강신준 옮김, 길, 2008.

_____, 『자본 3-1』, 강신준 옮김, 길, 2010.

_____, 『자본 3-2』, 강신준 옮김, 길, 2010.

맑스, 칼·프리드리히 엥겔스, 『공산당선언』, 남상일 옮김, 백산서당, 1989.

맥닐, 존 R., 『20세기 환경의 역사』, 홍욱희 옮김, 에코리브르, 2008.

맥클로스키, H. J., 『환경윤리와 환경정책』, 황경식·김상득 옮김, 법영사, 1995.

머천트, 캐럴린, 『래디컬 에콜로지』, 허남혁 옮김, 이후, 2007.

몰리뉴, 존, 『마르크스주의와 정당』, 최일봉·이수현 옮김, 책갈피, 2013.

밀, 존 스튜어트, 『정치경제학 원리 4』, 박동천 옮김, 나남, 2010.

박삼열, 「데카르트 실체 개념의 문제점과 후대 합리론자들의 해결방안」, 『철학논집』 제 20권, 서강대학교철학연구소, 2010, 133~163쪽.

박영호, 『공산당선언 바로 읽기』, 지식을만드는지식, 2012.

박주원, 「마르크스의 자연 개념에 대한 연구」, 『정치사상연구』 제11집 2호, 2005 가을, 153~178쪽.

박찬국, 「목적론적 자연관에 대한 재검토」, 『시대와 철학』 제15권 1호, 한국철학사상연구 회, 2004, 292~323쪽.

박필배, 「칸트의 자연관과 문화」, 『칸트연구』 제11집, 한국칸트학회, 2003, 126~162쪽.

_____, 「칸트의 목적론적 자연관의 현재성」, 『인문과학』 제54집, 성균관대학교인문학연 구원, 2014, 417~447쪽.

배리, 존, 『녹색사상사』, 허남혁·추선영 옮김, 이매진, 2004.

백종현, 『서양근대철학』, 철학과현실사, 2001.

_____, 「『덕이론의 형이상학적 기초원리』 해제」, 이마누엘 칸트, 『윤리형이상학』, 백종 현 옮김, 아카넷, 2012.

번스, E. M.·R. 러너·S. 미첨, 『서양 문명의 역사 하』, 손세호 옮김, 소나무, 2007.

베이컨, 프랜시스, 『신기관』, 진석용 옮김, 한길사, 2016.

보머, 프랭클린, 『유럽 근현대 지성사』, 조호연 옮김, 현대지성사, 1999.

볼딩, K. E. 외, 『제로 성장사회』, 박동순 옮김, 삼성문화재단, 1975.

브로델, 페르낭, 『물질문명과 자본주의 3-2: 세계의 시간 하』, 주경철 옮김, 까치, 1997.

──────, 『물질문명과 자본주의 읽기』, 김홍식 옮김, 갈라파고스, 2012.

브로스위머, 프란츠, 『문명과 대량멸종의 역사』, 김승욱 옮김, 에코리브르, 2006.

서동석, 『에머슨, 조화와 균형의 삶』, 은행나무, 2014.

서양근대철학회 엮음, 『서양근대철학』, 창비, 2001.

──────, 『서양근대철학의 열가지 쟁점』, 창비, 2004.

서영표·영국적록연구그룹, 『사회주의, 녹색을 만나다』, 한울, 2010.

세계자연기금한국본부·글로벌생태발자국네트워크, 『한국생태발자국보고서2016』, 세
　　　계자연기금한국본부, 2016.

세계화국제포럼, 『더 나은 세계는 가능하다』, 이주명 옮김, 필맥, 2003.

세계환경발전위원회, 『우리 공동의 미래』, 조형준·홍성태 옮김, 새물결, 1994.

센, 아마티아, 『센코노믹스, 인간의 행복에 말을 거는 경제학』, 원용찬 옮김, 갈라파고스,
　　　2008.

소광희, 『인간의 사회적 존재 의미』, 문예출판사, 2013.

소병철, 「역사적 모험에서 역사적 책임으로: 탈근대적 도전에 대한 한스 요나스의 응답
　　　을 중심으로」, 『인문논총』, 제61집, 2009, 253~275쪽.

송규범, 『존 로크의 정치사상』, 아카넷, 2015.

송안정, 「한스 요나스의 철학함」, 『인문과학』 제39집, 성균관대학교인문학연구원, 2007,
　　　179~214쪽.

스페스, 제임스 구스타브, 『아침의 붉은 하늘』, 김보영 옮김, 에코리브르, 2005.

스퐁빌, 앙드레 콩트, 『자본주의는 윤리적인가』, 이현웅 옮김, 생각의 나무, 2010.

싱어, 피터, 『응용윤리』, 김성한 외 옮김, 철학과현실사, 2005.

──────, 『실천윤리학』 제3판, 황경식·김성동 옮김, 연암서가, 2013.

아리스토텔레스, 『정치학』, 김재홍 옮김, 길, 2017.

아퀴나스, 토마스, 『대이교도대전 3-1』, 김율 옮김, 분도출판사, 2019.

악젤, 아미르 D., 『데카르트의 비밀노트』, 김명주 옮김, 한겨레출판, 2007.

알트파터, 엘마, 『자본주의의 종말』, 염정용 옮김, 동녘, 2007.

앨버트, 데이비드 Z., 『양자역학과 경험』, 차동우 옮김, 한길사, 2004.

야나기다 겐주로, 『역사철학』, 이운구 옮김, 심산문화, 2003.

양동안, 『사상과 언어』, 북앤피플, 2011.

양해림, 『한스 요나스의 생태학적 사유 읽기』, 충남대출판문화원, 2013.

오제키 슈지 외, 『환경사상 키워드』, 김원식 옮김, 알마, 2007.

요나스, 한스, 『책임의 원칙: 기술시대의 생태학적 윤리』, 이진우 옮김, 서광사, 1994.

요네모토 쇼우헤이, 『지구환경문제란 무엇인가』, 박혜숙·박종관 옮김, 따님, 1995.

월, 데렉, 『그린 레프트』, 조유진 옮김, 이학사, 2013.

월러스틴, 이매뉴얼, 『근대세계체제 2』, 유재건 외 옮김, 까치, 1999.

윤정로 외, 「특별좌담: 신문명의 도래를 전망한다」, 『철학과 현실』 104호, 철학과현실사, 2015 봄, 5~105쪽.

윤효녕·최문규·고갑희, 『19세기 자연과학과 자연관』, 서울대학교출판부, 1997.

이근식, 『존 스튜어트 밀의 진보적 자유주의』, 기파랑, 2006.

이글턴, 테리, 『왜 마르크스가 옳았는가』, 황정아 옮김, 길, 2012.

이명현, 『哲學』 제12권, 1978, 166~167쪽.

이상호, 「조지스큐-로이젠의 생태경제학과 시장 비판」, 『경제학의 역사와 사상』 5호, 나남, 2002, 87~120쪽.

_____, 「조지스큐-로이젠의 생명경제학과 플로우-펀드 모델」, 『經濟學硏究』 제56집 4호, 한국경제학회, 2008, 195~221쪽.

_____, 「생태경제학과 탈성장」, 『기억과 전망』 제34권, 민주화운동기념사업회, 2016, 149~186쪽.

이성백, 「맑스주의와 생태론 패러다임의 전환」, 『진보평론』 14호, 현장에서미래를, 2002 겨울, 203~222쪽.

이은선, 「한스 요나스의 『책임의 원리』」, 『신학사상』 제73집, 한국신학연구소, 1991 여름, 453~478쪽.

이정전, 『녹색경제학』, 한길사, 1994.

_____, 『환경경제학 이해』 개정판, 박영사, 2011.

이진경, 『철학과 굴뚝청소부』, 그린비, 2005.

이진우, 「맑스의 자연 개념」, 『哲學』 제34집, 한국철학회, 1990, 247~270쪽.

이필렬, 「환경문제의 역사」, 유네스코한국위원회, 『교양 환경론』, 따님, 1995.

임경순, 「레이첼 카슨의 『침묵의 봄』(1962) 출현의 역사적 배경 및 그 영향」, 『醫史學』 제5권 2호, 대한의사학회, 1996, 99~109쪽.

장오현, 「사회진보와 복지에 관한 존 스튜어트 밀의 사상」, 조순 외, 『존 스튜어트 밀 연구』, 민음사, 1992.

장윤재, 『세계화시대의 기독교신학』, 이화여대출판부, 2011.

정진영, 「케인스, 국제통화체제, 세계금융위기: 케인스의 복수와 귀환?」, 『국제정치논총』

제49권 5호, 한국국제정치학회, 2009, 173~196쪽.

정혁준, 「[아하 그렇구나] 국민계정」, 『한겨레』, 2011년 4월 3일

제임스, 올리버, 『어플루엔자』, 윤정숙 옮김, 알마, 2009.

조항구, 「맑스에 있어서 자유와 필연의 문제」, 『인문과학연구』 제35집, 2010, 21~39쪽.

주광첸, 『아름다움이란 무엇인가』, 이화진 옮김, 쌤앤파커스, 2018.

차승한, 「칸트의 목적론에서 '자연의 최종목적'으로서의 문화」, 『도덕윤리과교육』 제
66호, 한국도덕윤리과교육학회, 2020, 251~283쪽.

채종오·박선경, 「한국의 탄소배출권 거래제 시행 1년 후 현황과 개선방안」, 『한국기후변
화학회지』 제7권 1호, 한국기후변화학회, 2016, 41~48쪽.

촘스키, 놈, 「미국의 이라크 정책: 동기와 결과들」, 놈 촘스키 외, 『미국의 이라크전쟁』, 이
수현 옮김, 북막스, 2002.

최광진, 『미학적 인간으로 살아가기』, 현암사, 2020.

최종욱, 「환경(생태계)문제의 철학적 의미에 관한 비판적 소론」, 『어문학논총』 제13권,
국민대학교어문학연구소, 1994, 333~357쪽.

칸트, 이마누엘, 『판단력비판』, 백종현 옮김, 아카넷, 2009.

──, 『도덕형이상학』, 이충진·김수배 옮김, 한길사, 2018.

──, 『도덕형이상학 정초/실천이성비판』, 김석수·김종국 옮김, 한길사, 2019.

──, 『비판기 저작 1(1784~1794)』, 김미영 외 옮김, 한길사, 2019.

콜링우드, R. G., 『자연이라는 개념』, 유원기 옮김, 이제이북스, 2004.

크로퍼드, D. W., 『칸트 미학 이론』, 김문환 옮김, 서광사, 1995.

툴민, 스티븐 E., 『코스모폴리스: 근대의 숨은 이야깃거리들』, 이종흡 옮김, 경남대학교출
판부, 1997.

페퍼, 데이비드, 『현대환경론』, 이명우 외 옮김, 한길사, 1989.

포스터, 존 벨러미, 『생태계의 파괴자 자본주의』, 추선영 옮김, 책갈피, 2007.

──, 『마르크스의 생태학』, 이범웅 옮김, 인간사랑, 2010.

──, 『생태혁명』, 박종일 옮김, 인간사랑, 2010.

포스터, 존 벨러미·프레드 맥도프, 『환경주의자가 알아야 할 자본주의의 모든 것』, 황정
규 옮김, 삼화, 2012.

폰팅, 클라이브, 『클라이브 폰팅의 녹색세계사』, 이진아·김정민 옮김, 민음사, 2019.

폴라니, 칼, 『거대한 전환』, 홍기빈 옮김, 길, 2009.

프롬, 에리히, 『소유냐 존재냐』, 차경아 옮김, 까치, 1996.

──, 『에리히 프롬, 마르크스를 말하다』, 최재봉 옮김, 에코의서재, 2007.

플라톤, 『플라톤의 국가·정체』, 박종현 옮김, 서광사, 2005.

하그로브, 유진, 『환경윤리학』, 김형철 옮김, 철학과현실사, 1994.

하먼, 크리스, 『좀비자본주의』, 이정구·최용찬 옮김, 책갈피, 2012.

「하버드 교수가 전망한 코로나 이후 세계경제 트렌드 3가지」, 『동아일보』, 2020년 5월
    14일.

하일브로너, 로버트 L·윌리엄 밀버그, 『자본주의 어디서 와서 어디로 가는가』, 홍기빈
    옮김, 미지북스, 2010.

「한국에 동물을 위한 법은 없다」, 『시사주간』, 2019년 1월 28일.

한국브리태니커, 『브리태니커 세계대백과사전 2』, 한국브리태니커, 1992.

한면희, 「산업자본주의 및 사회주의 자연 이념의 특성과 한계」, 한국환경철학회 엮음,
    『환경철학의 이념』, 철학과현실사, 2003.

한용희, 『혁명론』, 일조각, 1974.

한자경, 『칸트 철학에의 초대』, 서광사, 2006.

한형식, 『맑스주의 역사 강의』, 그린비, 2013.

호이카스, R., 『근대과학의 출현과 종교』, 손봉호·김영식 옮김, 정음사, 1987.

홀랜더, 잭 M., 『환경위기의 진실』, 박석순 옮김, 에코리브르, 2004.

홍성태, 「한국에서의 생태맑스주의 논의」, 최병두 외, 『녹색전망』, 도요새, 2002.

황야의 목소리, 「경제 제재에 관한 열한 가지 신화」, 놈 촘스키 외, 『미국의 이라크전쟁』,
    이수현 옮김, 북막스, 2002.

회페, 오트프리트 엮음, 『철학의 거장들 2: 근대편 1』, 이현복 외 옮김, 한길사, 2001.

휴스, 도널드, 『고대문명의 환경사』, 표정훈 옮김, 사이언스북스, 1998.

桂木 健次, 「アメリカ環境経済学における学史的研究: Herman E. Dalyを中心にして」, 『研究
    と資料』, no. 4, 1980.

廣井良典, 『定常型社會: 新しい「豊かさ」の構想』, 東京: 岩波書店, 2016.

金子光男·尾崎和言, 『環境の思想と倫理』, 東京: 人間の科學社, 2005.

今村 健一郎, 『労働と所有の哲学: ジョン·ロックから現代へ』, 京都: 昭和堂, 2011.

大森正之, 「経済学における定常状態と持続可能性」, 『Symbiotic Housing』, no. 48, 2017.

大倉茂, 『機械論的世界観批判序説: 内省的理性と公共的理性』, 東京: 学文社, 2015.

尾崎和彦, 『ディープ·エコロジーの原郷: ノルウェーの環境思想』, 東京: 東海大学出版会,
    2006.

杉田聡, 『カント哲学と現代』, 大津: 行路社, 2012.

三浦永光, 『環境思想と社会: 思想史的アプローチ』, 東京: 御茶の水書房, 2006.

松下 和夫,「変革の思想としての持続可能な発展」,『現代の理論』第4号 春号, 2015.

須藤自由児,「自然保護・エコファシズム・社会進化論」, 川本 隆史・高橋 久一郎 編, 『応用倫理学の転換』, 京都: ナカニシヤ出版, 2000.

田上孝一,『實踐の環境倫理學』, 東京: 時潮社, 2006.

中川光弘,「二つの世界観の適用誤謬について」, 関陽子・増田敬祐 編著,『自然といのちの尊さについて考える』, 東京: ノンブル社, 2015.

Attarian, John, "Herman Daly's Ecological Economics: An Introductory Note", *The Social Contract Press*, vol. 13, no. 3, Spring 2003.

Attfield, Robin, *The Ethics of Environmental Concern*, Athens, Georgia: University of Georgia Press, 1991.

_____, *Environmental Thought: A Short History*, Cambridge: Polity Press, 2021.

Bodian, Stephan, "Simple in Means, Rich in Ends: A Conversation with Arne Naess", https://openairphilosophy.org/simple-in-means-rich-in-ends-a-conversation-with-arne-naess.

Boulding, K. E., "The Economics of the Coming Spaceship Earth", *Beyond Economics*, Ann Arbor: University of Michigan Press, 1968.

Callicott, J. Baird, "Animal Liberation and Environmental Ethics: Back Together Again", *In Defense of the Land Ethic: Essays in Environmental Philosophy*, Albany: State University of New York Press, 1989.

_____, "Animal Liberation: A Triangular Affair", *In Defense of the Land Ethic: Essays in Environmental Philosophy*, Albany: State University of New York Press, 1989.

_____, *In Defense of the Land Ethic: Essays in Environmental Philosophy*, Albany: State University of New York Press, 1989.

_____, *Earth's Insights*, Berkeley: University of California Press, 1994.

_____, *Beyond the Land Ethic: More Essays in Environmental Philosophy*, New York: SUNY Press, 1999.

Callicott, J. Baird and Robert Frodeman eds., *Encyclopedia of Environmental Ethics and Philosophy*, vol.1, Farmington Hills: Macmillan, 2009.

Cooper, David E., "John Passmore", ed. Joy A. Parmer, *Fifty Key Thinkers on the Environment*, New York: Routledge, 2001.

Czech, Brian and Herman E. Daly, "In My Opinion: The steady state economy—what it is, entails, and connotes", *Wildlife Society Bulletin*, vol. 32, no. 2, 2004.

487

Daly, Herman E. ed., *Toward a Steady-State Economy*, San Francisco: W. H. Freeman and Company, 1973.

———, *Steady-State Economics*, 2nd ed., Washington, D. C. : Island Press, 1991.

———, *Beyond Growth*, Boston: Beacon Press, 1996.

———,「地球を語る」,『京都新聞』, 1997. 11. 6, http://www.kyoto-np.co.jp/kp/cop3.

———, "Economics in a Full World", *Scientific American*, September 2005.

Daly, Herman E. and John B. Cobb Jr., *For The Common Good: Redirecting the Economy toward Community, the Environment, and a Sustainable Future*, 2nd ed., Boston: Beacon Press, 1994.

Daly, Herman E. and Joshua Farley, *Ecological Economics: Principles and Applications*, 2nd ed., Washington, D.C. : Island Press, 2011.

Daly, Herman E.・枝廣 淳子,『「定常経済」は可能だ!』, 東京: 岩波書店, 2015.

Des Jardins, Joseph R., *Environmental Ethics: An Introduction To Environmental Philosophy*, 2nd ed., Belmont: Wadsworth Publishing Co., 1997.

Descartes, René, "Discourse on the Method of Rightly Conducting the Reason", *The Philosophical Works of Descartes*, vol. 1, trans. Elizabeth S. Haldane and G. R. T. Ross, London: Cambridge University Press, 1979.

———, "Meditations on First Philosophy", *The Philosophical Works of Descartes*, vol. 1, trans. Elizabeth S. Haldane and G. R. T. Ross, London: Cambridge University Press, 1979.

———, "The Principles of Philosophy", *The Philosophical Works of Descartes*, vol. 1, trans. Elizabeth S. Haldane and G. R. T. Ross, London: Cambridge University Press, 1979.

———, "The Passions of the Soul", *The Philosophical Works of Descartes*, vol. 1, trans. Elizabeth S. Haldane and G. R. T. Ross, London: Cambridge University Press, 1979.

Drengson, Alan and Yuichi Inoue, "Introduction", eds. Alan Drengson and Yuichi Inoue, *The Deep Ecology Movement: An Introductory Anthology*, Berkeley: North Atlantic Books, 1995.

Feinberg, Joel, "The Rights of Animals and Unborn Generations", eds. T. A. Mappes and J. S. Zembaty, *Social Ethics*, 2nd ed., New York: McGraw-Hill, 1982.

Fleming, Pat and Joanna Macy, "The Council of All Beings", eds. Alan Drengson and Yuichi Inoue, *The Deep Ecology Movement: An Introductory Anthology*, Berkeley: North Atlantic Books, 1995.

Foster, John Bellamy, "The End of Rational Capitalism", *Monthly Review*, vol. 56, no. 10,

March 2005.

_____, "Capitalism and Environmental Catastrophe", *MR Online*, 29 October 2011.

_____, "Trump and Climate Catastrophe", *Monthly Review*, vol. 68, no. 9, February 2017.

Foster, John Bellamy and Dennis Soron, "Ecology, Capitalism, and the Socialization of Nature: An Interview with John Bellamy Foster", *Monthly Review*, vol. 56, no. 6, November 2004.

Fuller, R. Buckminster, *Operating Manual for Spaceship Earth*, Carbondale: Southern Illinois University Press, 1969.

Georgescu-Roegen, Nicholas, *The Entropy Law and the Economic Process*, Cambridge: Harvard Univ. Press, 1971.

_____, "The Entropy Law and the Economic Problem", ed. Herman Daly, *Toward a Steady-State Economy*, San Francisco: W. H. Freeman and Company, 1973.

_____, *Energy and Economic Myths*, New York: Pergamon, 1976.

Hardin, Garett, *Exploring New Ethics for Survival: The Voyage of the Spaceship Beagle*, New York: Viking Press, 1972.

_____, "Commentary: Living on a Lifeboat", *Bioscience*, vol. 24, no. 10, October 1974, pp. 561~568.

_____, *Living within Limits: Ecology, Economics, and Population Taboos*, New York: Oxford University Press, 1993.

_____, "The Tragedy of the Commons", ed. K. S. Shrader-Frechette, *Environmental Ethics*, 2nd ed., Pacific Grove: Boxwood Press, 1991.

_____, *The Ostrich Factor: Our Population Myopia*, New York: Oxford University Press, 1999.

_____, "Lifeboat Ethics", ed. Louis P. Pojman, *Environmental Ethics: Readings in Theory and Application*, 3rd ed., CA: Wadsworth, 2001.

Jonas, Hans, *The Imperative of Responsibility*, Chicago: University of Chicago Press, 1984.

Kant, Immanuel, *Lectures on Ethics*, trans. Peter Heath, Cambridge: Cambridge University Press, 1997.

Leopold, Aldo, "The Land Ethic", ed. David R. Keller, *Environmental Ethics: The Big Questions*, Malden: Blackwell Publishing, 2010.

Light, Andrew, "Contemporary Environmental Ethics from Metaethics to Public Philosophy", *Metaphilosophy*, vol. 33, no. 4, July 2002.

Light, Andrew and Eric Katz, "Introduction", eds. A. Light and E. Katz, *Environmental*

Pragmatism, New York: Routledge, 1996.

Locke, John, "Nature as Economic Resource", ed. David R. Keller, *Environmental Ethics: The Big Questions*, Malden: Blackwell Publishing, 2010.

Marx, Karl, "Critique of the Gotha Program", *The Marx-Engels Reader*, ed. Robert C. Tucker, 2nd ed. New York: W. W. Norton&Company, 1978.

――――, "Economic and Philosophic Manuscripts of 1844", *The Marx-Engels Reader*, ed. Robert C. Tucker, 2nd ed., New York: W. W. Norton&Company, 1978.

Marx, Karl and Friedrich Engels, "Manifesto of the Communist Party", *The Marx-Engels Reader*, ed. Robert C. Tucker, 2nd ed. New York: W.W. Norton&Company, 1978.

McChesney, Robert W., "The Monthly Review Story: 1949-1984", *MR Online*, 6 May 2007.

Murdoch, William W. and Alla Oaten, "Population and Food: A Critique of Lifeboat Ethics", ed. Louis P. Pojman, *Environmental Ethics: Readings in Theory and Application*, 3rd ed., CA: Wadsworth, 2001.

Næss, Arne, *Ecology, Community and Lifestyle*, trans. David Rothenberg, New York: Cambridge University Press, 1989.

――――, "Self-Realization: An Ecological Approach to Being in the World", eds. Alan Drengson and Yuichi Inoue, *The Deep Ecology Movement: An Introductory Anthology*, Berkeley: North Atlantic Books, 1995.

――――, "The Apron Diagram", eds. Alan Drengson and Yuichi Inoue, *The Deep Ecology Movement: An Introductory Anthology*, Berkeley: North Atlantic Books, 1995.

――――, "The Shallow and the Deep, Long-Range Ecology Movement: A Summary", eds. Alan Drengson and Yuichi Inoue, *The Deep Ecology Movement: An Introductory Anthology*, Berkeley: North Atlantic Books, 1995.

――――, "Deep Ecology and Lifestyle", eds. Harold Glasser and Alan Drengson, *The Selected Works of Arne Naess*, vol. X, Dordrecht: Springer, 2005.

――――, "How My Philosophy Seemed to Develop", eds. Harold Glasser and Alan Drengson, *The Selected Works of Arne Naess*, vol. IX, Dordrecht: Springer, 2005.

Næss, Arne and George Sessions, "Platform Principles of the Deep Ecology Movement", eds. Alan Drengson and Yuichi Inoue, *The Deep Ecology Movement: An Introductory Anthology*, Berkeley: North Atlantic Books, 1995.

Nash, Roderick Frazier, *The Rights of Nature: A History of Environmental Ethics*, Madison: The

University of Wisconsin Press, 1989.

Nelson, Michael P., "J. Baird Callicott 1941~", ed. Joy A. Parmer, *Fifty Key Thinkers on the Environment*, New York: Routledge, 2001.

Norton, Bryan G., *Why Preserve Natural Variety?*, Princeton, N. J.: Princeton University Press, 1987.

Palmer, Clare, "An Overview of Environmental Ethics", eds. A. Light and H. Rolston III, *Environmental Ethics: An Anthology*, Malden: Blackwell Publishing, 2003.

Parker, Kelly A., "Pragmatism and Environmental Thought", eds. Andrew Light and Eric Katz, *Environmental Pragmatism*, New York: Routledge, 1996.

Parmer, Joy A. ed., *Fifty Key Thinkers on the Environment*, New York: Routledge, 2001.

Passmore, John, "The Treatment of Animals", *Journal of the history of ideas*, vol. 36, no. 2, 1975, pp. 195~218.

_____, *Hundred Years of Philosophy*, Reprint ed., London: Penguin Books, 1978.

_____, *Man's Responsibility for Nature*, 2nd ed., London: Duckworth, 1980.

_____, *The Perfectibility of Man*, 3rd ed., New York: Scribner's, 2000.

Regan, Tom, *The Case for Animal Rights*, 2nd ed., Berkeley: University of California Press, 2004.

Rollin, Bernard E., "Environmental Ethics and International Justice", eds. Larry Mary and Shari Collins Sharratt, *Applied Ethics: A Multicultural Approach*, Englewood Cliffs, N. J.: Prentice Hall, 1994.

Sachs, Wolfgang, *Planet Dialectics: explorations in environment and development*, New York: Zed Books, 2015.

Samuelsson, Lars, "Environmental Pragmatism and Environmental Philosophy: A Bad Marriage!", *Environmental Ethics*, 32, Winter 2010, pp. 405~409.

Sessions, George, "Arne Naess and the Union of Theory and Practice", eds. Alan Drengson and Yuichi Inoue, *The Deep Ecology Movement: An Introductory Anthology*, Berkeley: North Atlantic Books, 1995.

Shrader-Frechette, K. S., "'Frontier Ethics' and 'Lifeboat Ethics'", ed. K. S. Shrader-Frechette, *Environmental Ethics*, 2nd ed., Pacific Grove, CA: Boxwood Press, 1993.

_____, "Spaceship Ethics", ed. K. S. Shrader-Frechette, *Environmental Ethics*, 2nd ed., Pacific Grove, CA: Boxwood Press, 1993.

_____, "Technology, the Environment, and Intergenerational Equity", ed. K. S. Shrader-Frechette, *Environmental Ethics*, 2nd ed., Pacific Grove, CA: Boxwood Press, 1993.

Taylor, Paul W., *Respect for Nature*, Princeton, N.J.: Princeton University Press, 1986.

Weston, Anthony, "Beyond Intrinsic Value: Pragmatism in Environmental Ethics", *Environmental Ethics*, 7, Winter 1985, pp. 321~339.

White, Lynn, "The Historical Roots of Our Ecological Crisis", ed. Louis P. Pojman, *Environmental Ethics*, 3rd ed., Belmont: Wadsworth, 2001.

찾아보기

내용

366

찾아보기

찾아보기

찾아보기

해질녘 스쿨 01

환경사상의 흐름: 데카르트에서 포스터까지, 자연을 사유한 10인의 사상가

초판1쇄 펴냄 2022년 11월 18일

지은이 김일방
펴낸이 유재건
펴낸곳 (주)그린비출판사
주소 서울시 마포구 와우산로 180, 4층
대표전화 02-702-2717 | **팩스** 02-703-0272
홈페이지 www.greenbee.co.kr
원고투고 및 문의 editor@greenbee.co.kr

편집 이진희, 구세주, 송예진 | **디자인** 권희원, 이은솔
마케팅 육소연 | **물류유통** 유재영 | **경영관리** 유수진

ISBN 978-89-7682-693-0 03130

學問思辨行: 배우고 묻고 생각하고 판단하고 행동하고

독자의 학문사변행을 돕는 든든한 가이드 _그린비 출판그룹

그린비 철학, 예술, 고전, 인문교양 브랜드
엑스북스 책읽기, 글쓰기에 대한 거의 모든 것
곰세마리 책으로 크는 아이들, 온가족이 함께 읽는 책